LEA JÄGER

Die Beleidigung in sozialen Netzwerken

Internetrecht und Digitale Gesellschaft

Herausgegeben von
Dirk Heckmann

Band 79

# Die Beleidigung
# in sozialen Netzwerken

Rechtsgutsqualilät der Folgen,
deren Zurechnung und die Bedeutung für
die Ausgestaltung als Qualifikation

Von

Lea Jäger

Duncker & Humblot · Berlin

Die Rechtswissenschaftliche Fakultät der Albert-Ludwigs-Universität Freiburg
hat diese Arbeit im Jahr 2024 als Dissertation angenommen.

Bibliografische Information der Deutschen Nationalbibliothek

Die Deutsche Nationalbibliothek verzeichnet diese Publikation in
der Deutschen Nationalbibliografie; detaillierte bibliografische Daten
sind im Internet über http://dnb.d-nb.de abrufbar.

Alle Rechte vorbehalten
© 2025 Duncker & Humblot GmbH, Berlin
Satz: TextFormA(r)t, Daniela Weiland, Göttingen
Druck: Beltz Grafische Betriebe GmbH, Bad Langensalza
Printed in Germany

ISSN 2363-5479
ISBN 978-3-428-19528-2 (Print)
ISBN 978-3-428-59528-0 (E-Book)

Gedruckt auf alterungsbeständigem (säurefreiem) Papier
entsprechend ISO 9706 ∞

Verlagsanschrift: Duncker & Humblot GmbH, Carl-Heinrich-Becker-Weg 9,
12165 Berlin, Germany | E-Mail: info@duncker-humblot.de
Internet: https://www.duncker-humblot.de

*Für meine Familie*

# Vorwort

Die vorliegende Arbeit wurde im Sommersemester 2022 von der rechtswissenschaftlichen Fakultät der Albert-Ludwigs-Universität Freiburg als Dissertation angenommen. Das Rigorosum fand am 6. November 2024 statt. Rechtsprechung und Literatur konnten in der vorliegenden leicht überarbeiteten Fassung bis Anfang März 2025 aktualisiert werden.

Mein erster Dank gilt meinem Doktorvater Herrn Prof. Dr. Roland Hefendehl für die hervorragende Betreuung meiner Promotion. Meine Arbeit unterstützte er von der Themenfindung bis zur Veröffentlichung mit stets offenen Türen und durch seine wertvollen und konstruktiven Hinweise. Mit Veröffentlichung dieser Arbeit endet zugleich auch meine Zeit als Mitarbeiterin an seinem Institut für Kriminologie und Wirtschaftsstrafrecht, die ich, auch dank ihm, immer in sehr schöner Erinnerung behalten werde.

Ebenfalls bedanken möchte ich mich bei Herrn Prof. Dr. Dr. h. c. Walter Perron für die zügige Erstellung des Zweitgutachtens und die hilfreichen Anregungen. Herrn Prof. Dr. Dirk Heckmann danke ich für die Aufnahme der Arbeit in die Schriftenreihe „Internetrecht und Digitale Gesellschaft".

Mein herzlicher Dank gilt weiter all meinen Freundinnen und Freunden, die mich in dieser Phase auf verschiedenste Weise begleitet und unterstützt haben. Besonders bedanken möchte ich mich bei Dr. Yannik Thomas, der auch inhaltlich immer ein offenes Ohr für mich hatte.

Danken möchte ich zudem der Konrad-Adenauer-Stiftung, welche mich während meiner Promotion mit einem Stipendium gefördert und damit so manche Entfaltung erst ermöglicht hat.

Ich danke weiter meinen Eltern, die mich während meiner gesamten juristischen Ausbildung bedingungslos und liebevoll unterstützt haben und immer an mich geglaubt haben. Von Herzen danke ich schließlich Fabian Lux für seine Zuversicht, seine Fürsorge und seine Kraft, die er mir während meiner Promotionszeit geschenkt hat.

Freiburg, den 5. März 2025 *Lea Jäger*

# Inhaltsverzeichnis

| | | |
|---|---|---|
| § 1 | **Einleitung** | 19 |
| | A. Hinführung zum Thema | 19 |
| | B. Gang der Untersuchung | 20 |
| § 2 | **Soziale Netzwerke** | 22 |
| | A. Begriffsbestimmung: Soziale Medien, Messenger Dienste und soziale Netzwerke | 22 |
| | B. Funktionen und Funktionieren sozialer Netzwerke | 23 |
| | C. Einfluss sozialer Netzwerke auf Gesellschaft und Politik | 25 |
| |     I. Auswirkungen auf die Gesellschaft | 25 |
| |         1. Zusammenhalt | 25 |
| |         2. Kehrseite | 26 |
| |             a) Gruppierungen und Mobilmachung | 27 |
| |             b) Fake News | 28 |
| |     II. Politik in sozialen Netzwerken | 29 |
| |         1. Nutzer:innen als Teil der Wahlkommunikation | 29 |
| |         2. Parteien und Politiker:innen in sozialen Netzwerken | 30 |
| | D. Rechtliche Einordnung sozialer Netzwerke | 34 |
| |     I. Zivilrecht | 34 |
| |         1. Vertragliche Ausgestaltung | 34 |
| |         2. Rechtliche Auseinandersetzungen | 36 |
| |     II. Strafrecht | 37 |
| |     III. Öffentliches Recht | 37 |
| |         1. Grundrechtsberechtigung sozialer Netzwerke | 37 |
| |             a) Einordnung als inländische juristische Person | 38 |
| |             b) Wesensmäßige Anwendbarkeit | 38 |
| |                 aa) Rechtsträgereigenschaft | 38 |
| |                 bb) Einschlägige Grundrechte | 39 |
| |                     (1) Meinungsfreiheit | 40 |
| |                     (2) Medienfreiheit | 41 |
| |                     (3) Wirtschaftsgrundrechte | 43 |

         2. Reichweite der mittelbaren Drittwirkung ................................. 43
            a) Grundrechtliche Ausgangslage ......................................... 43
            b) Rechtsprechung des Bundesgerichtshofs ............................... 44
            c) Reichweite der mittelbaren Drittwirkung durch Würdigung der Rechtsprechungen des Bundesverfassungsgerichts ......................... 45
               aa) Stärkere Beachtung der Grundrechte der Nutzer:innen .......... 45
               bb) Einer unmittelbaren Grundrechtswirkung gleichkommenden Verschiebung? .............................................................. 46
   E. Zwischenergebnis ................................................................. 50

# § 3 Hass im Netz – Notwendige Vorüberlegungen ............................. 51

A. Begriffsbestimmung „Hass im Netz" ................................................. 51
B. Erscheinungsformen und begünstigende Faktoren für Hass im Netz ............... 53
   I. Erscheinungsformen von Hass im Netz ........................................... 53
   II. Begünstigende Faktoren für Hass im Netz ..................................... 54
C. Die Strafbarkeit von Hass im Netz ................................................ 55
   I. Beleidigungsdelikte nach §§ 185 ff. StGB ..................................... 56
   II. Weitere Delikte gegen die Person ............................................ 58
   III. Delikte gegen die Allgemeinheit ............................................ 58
D. Gesetzgeberische Reaktionen ...................................................... 59
   I. Änderungen im StGB ........................................................... 59
      1. Strafschärfungen und Ergänzungen der Beleidigungsdelikte ................. 59
      2. Sonstige Änderungen ..................................................... 62
   II. Einführung von Compliance-Regelungen ........................................ 63
      1. Das Netzwerkdurchsetzungsgesetz auf Bundesebene .......................... 64
         a) Das Gesetz zur Verbesserung der Rechtsdurchsetzung in sozialen Netzwerken ........................................................... 64
         b) Gesetz zur Bekämpfung des Rechtsextremismus und der Hasskriminalität ........................................................ 65
         c) Gesetz zur Änderung des Netzwerkdurchsetzungsgesetzes ............ 65
      2. Fortführung auf EU-Ebene ................................................ 66
   III. Verstärkte Rechtsdurchsetzung .............................................. 67
E. Auswirkungen grundrechtlicher Spannungen auf die Rechtsprechung ............. 68
   I. Bisheriges Stimmungsbild des Bundesverfassungsgerichts: Entscheidungstendenz zugunsten der Meinungsfreiheit ..................................... 69

Inhaltsverzeichnis 11

|     | II.   | Daraus resultierende justizielle Praxis | 69 |
|     | III.  | Neue Entwicklungen des Bundesverfassungsgerichts | 70 |
| F. Empirische Erkenntnisse | | | 73 |
|     | I.    | Amtliche Statistiken | 73 |
|     | II.   | Zahlen der sozialen Netzwerke | 76 |
|     | III.  | Umfrageergebnisse | 78 |
|     | IV.   | Auswertung | 79 |
| G. Festlegung des Untersuchungsgegenstandes: Öffentlich zugängliche Beleidigungen in sozialen Netzwerken | | | 80 |

## § 4 Folgen von öffentlich zugänglichen Beleidigungen in sozialen Netzwerken ... 82

A. Angriff auf die Ehre des/der Adressierten ... 82
    I. Begriff der Ehre ... 83
        1. Zusammenlaufende Entwicklung von Rechtsprechung und herrschender Literatur ... 83
        2. Vorwiegend normative Betrachtung ... 84
            a) Konkretisierung des Geltungswertes ... 84
                aa) Personaler Geltungswert ... 85
                bb) Zusätzliche Berücksichtigung des sozialen Geltungswertes ... 85
                cc) Abschließende Erkenntnisse ... 87
            b) Konkretisierung des Achtungsanspruches ... 88
        3. Konkretisierung eines Ehrangriffs ... 88
    II. Auswirkungen des öffentlichen Zugänglichmachens einer Beleidigung in sozialen Netzwerken ... 91
        1. Besonderheiten des öffentlichen Zugänglichmachens einer Beleidigung in sozialen Netzwerken ... 91
        2. Kenntnisnahme weiterer Nutzer:innen ... 93
        3. Interaktion und Vervielfältigungen durch weitere Nutzer:innen ... 94
        4. Zwischenergebnis ... 97

B. Nachfolgende Angriffe auf die Ehre Dritter ... 97
    I. „Broken-Windows"-Theorie ... 97
    II. „Broken-Web"-Theorie ... 99
        1. Empirische Überprüfung der Ausgangslage ... 99
        2. Verhaltensabläufe im „Broken-Web" ... 100

| | | |
|---|---|---|
| C. | Einschränkung der Meinungsfreiheit Dritter | 101 |
| I. | „Silencing effect" | 101 |
| II. | Empirischer Nachweis | 102 |
| D. | Veränderung des öffentlichen Diskurses | 103 |
| E. | Gefahr für die Funktionsfähigkeit demokratischer Institutionen | 104 |
| I. | Empirische Ausgangslage | 104 |
| II. | Gesamtgesellschaftliche Bedeutung der Beleidigung einzelner Politiker:innen | 106 |
| F. | Folgen für real stattfindende Gewalt? | 107 |
| I. | Kein nachweisbares Entstehen einer realen Bedrohungslage | 107 |
| II. | Jedenfalls: Auswirkungen auf das Sicherheitsgefühl | 108 |
| G. | Folgen für die psychische Gesundheit | 109 |
| H. | Angriff auf die Menschenwürde | 110 |
| I. | Zusammenfassung | 111 |

**§ 5 Einordnung der betroffenen Interessen als Rechtsgüter** ... 112

A. Der Begriff des Rechtsguts ... 112
   I. Die Funktion des Rechtsguts ... 113
      1. Nach einem systemimmanenten Rechtsgutsbegriff ... 113
      2. Nach einem systemkritischen Rechtsgutsbegriff ... 114
         a) Systemkritische Eigenschaft ... 114
         b) Positive Verankerung eines systemkritischen Rechtsgutsbegriffs ... 115
            aa) Keine vorpositive Herleitung ... 115
            bb) Verfassungsimmanente Geltung ... 116
         c) Folge eines Verstoßes gegen den systemkritischen Rechtsgutsbegriff ... 117
         d) Zulässige Unterscheidung gegenüber anderen Rechtsgebieten ... 119
         e) Absage durch das Bundesverfassungsgericht? ... 121
            aa) Position des Bundesverfassungsgerichts ... 121
            bb) Würdigung: Unterschied von Legitimität und Verfassungskonformität ... 122
   II. Materialisierung des Rechtsgutsbegriffs ... 123
      1. Direkte Kriterien aus der Verfassung ... 125
      2. Ableitbare Kriterien der Verfassung ... 126
         a) Kategorisierung von Rechtsgütern anhand der personalen Ausgestaltung der Verfassung ... 126
            aa) Individualrechtsgüter ... 127
            bb) Kollektivrechtsgüter ... 127

|  |  |  |  |
|---|---|---|---|
|  |  | (1) Kategorisierung nach den Rechtsgutsträger:innen ............ | 128 |
|  |  | (a) Kategorisierung nach Hefendehl ........................ | 128 |
|  |  | (b) Würdigung ................................................ | 129 |
|  |  | (2) Formale Kriterien ................................................ | 130 |
|  |  | (3) Ausschluss bei gleichzeitigem Individualrechtsgüterschutz? | 132 |
|  | b) | Neutralitätsgebot ......................................................... | 135 |
|  | 3. | Weiteres Kriterium: Unterscheidung zum Handlungsobjekt ............. | 137 |
| III. | Integration des Rechtsguts in den Verhältnismäßigkeitsgrundsatz ............ | | 138 |
|  | 1. | Erläuterung des Verhältnismäßigkeitsgrundsatzes ......................... | 138 |
|  | 2. | Konkrete Anknüpfungspunkte des Rechtsgutsbegriffs ..................... | 139 |

B. Konkrete Einordnung der betroffenen Interessen ..................................... 141
    I. Ehre des/der Adressierten ........................................................ 141
    II. Ehre Dritter ............................................................................ 141
    III. Meinungsfreiheit Dritter .......................................................... 142
    IV. Öffentlicher Diskurs ................................................................ 143
    V. Funktionsfähigkeit demokratischer Institutionen ........................ 145
    VI. Sicherheitsgefühl .................................................................... 148
        1. Kognitive Komponente ....................................................... 148
        2. Affektive Komponente ....................................................... 149
        3. Konative Komponente ....................................................... 150
        4. Affektive und konative Komponente als Rechtsgutsbestandteil? ......... 151
    VII. Psychische Gesundheit ............................................................ 152
    VIII. Menschenwürde: Anerkennung als gleichwertiges Mitglied der Gesellschaft ............................................................................. 155
    IX. Zwischenfazit ......................................................................... 156

## § 6 Fragen der Deliktsstruktur .................................................................. 157

A. Relevanz der Deliktsstruktur ...................................................................... 157

B. Überblick der Tatbestandstypen ................................................................. 159
    I. Anknüpfung an das Handlungsobjekt: Erfolgs- und Tätigkeitsdelikte ....... 159
    II. Anknüpfung an das Rechtsgut: Verletzungs- und Gefährdungsdelikte ...... 160

C. Nähere Erörterung der Deliktsstrukturtrias ................................................ 160
    I. Verletzungsdelikte ................................................................... 161
    II. Konkrete Gefährdungsdelikte ................................................... 162
    III. Abstrakte Gefährdungsdelikte .................................................. 164

|     |                                                                                                                 |     |
| --- | --------------------------------------------------------------------------------------------------------------- | --- |
|     | 1. Grundsätzliches zu abstrakten Gefährdungsdelikten ....................... | 164 |
|     | 2. Vereinbarkeit mit dem Schuldprinzip ......................................... | 165 |
|     | 3. Kategorisierung abstrakter Gefährdungsdelikte ............................ | 166 |
|     |    a) Abschließendes gefährliches Verhalten ................................ | 167 |
|     |    b) Hinzukommen von weiterem Verhalten ................................ | 168 |
|     |       aa) Kumuliertes Verhalten ................................................ | 169 |
|     |          (1) Entwicklung des Kumulationsdeliktes ....................... | 169 |
|     |          (2) Ausräumung der Kritik ............................................ | 170 |
|     |             (a) Beschränkung auf realistische Effekte ................... | 170 |
|     |             (b) Vereinbarkeit mit dem Schuldprinzip – Haftung für eigenes Verhalten ........................................... | 171 |
|     |             (c) Relevanz einer Handlung für das Rechtsgut? ........... | 172 |
|     |             (d) Vereinbarkeit mit dem Bagatellprinzip ................. | 173 |
|     |          (3) Grund für den Schutz kollektiver Rechtsgüter durch Kumulationsdelikte ................................................... | 175 |
|     |          (4) Deliktsart ............................................................ | 176 |
|     |       bb) Anschließendes Verhalten ........................................... | 177 |
|     |          (1) Ohne subjektiven Bezug ......................................... | 177 |
|     |          (2) Mit subjektivem Bezug (Vorbereitungsdelikte) ............... | 178 |
|     |          (3) Kumulations-Vorbereitungsdelikte ............................ | 178 |
| IV. | Besonderheit: Kollektivrechtsgüter des Staates zum Schutz staatlicher Institutionen ............................................................................... | 179 |
| V.  | Zwischenfazit: Bedeutung des Rechtsguts für die Deliktsstruktur ............ | 179 |

D. Deliktsstruktur des § 185 StGB als Grunddelikt ........................................ 180

E. Suche nach Deliktsstrukturen für die betroffenen Rechtsgüter von einer in sozialen Netzwerken öffentlich zugänglich gemachten Beleidigung ..................... 183

|     |                                                                                                                 |     |
| --- | --------------------------------------------------------------------------------------------------------------- | --- |
| I.  | Deliktsstruktur für den Schutz der Ehre des/der Betroffenen ................. | 184 |
|     | 1. Konkrete Gefahr der intensiveren Ehrverletzung ........................... | 185 |
|     | 2. Konkrete Gefahr weiterer Ehrverletzungen .................................. | 186 |
|     | 3. Zwischenfazit: Schutz des Rechtsguts der Ehre durch eine Ausgestaltung als konkretes Gefährdungsdelikt ....................................... | 190 |
| II. | Deliktsstruktur für den Schutz der Meinungsfreiheit Dritter ................. | 190 |
|     | 1. Ausgestaltung als Verletzungsdelikt? ........................................... | 191 |
|     |    a) Bejahung der Kausalität und objektiven Zurechnung (Tatbestandsebene) ................................................................................ | 191 |
|     |    b) Keine Legitimation der Kriminalisierung ................................. | 194 |
|     | 2. Ausgestaltung als Kumulationsdelikt .......................................... | 195 |
|     |    a) Ungefährlichkeit der einzelnen Erfolge ..................................... | 196 |

|     |      |        |                                                                                   |     |
| --- | ---- | ------ | --------------------------------------------------------------------------------- | --- |
|     |      | b)     | Prognostizierte Kumulation ......................................................  | 196 |
|     |      | c)     | Keine Notwendigkeit der strafbegründenden Wirkung des Kumulationsgedankens ...... | 197 |
|     |      | d)     | Notwendigkeit eines materiellen Äquivalents zur realen Verletzungskausalität ..... | 198 |
|     |      | e)     | Das Hinzukommen weiterer Faktoren .........................................       | 200 |
|     |      |        | aa) Vergleich mit Ausgangsbeispiel der Gewässerverunreinigung von Kuhlen ........ | 201 |
|     |      |        | bb) Kriminalisierung weiterer Kumulationsbeiträge? ...................             | 203 |
|     |      | f)     | Minimales Eigengewicht des einzelnen Beitrages ......................              | 204 |
|     |      | g)     | Legitimation der Kriminalisierung ............................................    | 205 |
|     |      |        | aa) Legitime Ausgestaltung als Kumulationsdelikt ...................              | 205 |
|     |      |        | bb) Legitimer Schutz über § 185 Hs. 2 Alt. 1 StGB ..................              | 206 |
|     | III. | Deliktsstruktur für den Schutz der Ehre Dritter? .......................          | 207 |
|     |      | 1. Ausgestaltung der Verletzung als tatbestandlicher Erfolg? ..........           | 208 |
|     |      |        | a) Kausalität, aber fehlende objektive Zurechnung (Tatbestandsebene)              | 208 |
|     |      |        | b) Keine Legitimation der Kriminalisierung ............................           | 209 |
|     |      | 2. Ausgestaltung als Kumulationsdelikt? ..................................        | 209 |
|     |      |        | a) Vorliegen der Voraussetzungen ...........................................      | 209 |
|     |      |        | b) Keine Legitimation der Kriminalisierung als Kumulations-Vorbereitungsdelikt ... | 210 |
|     |      | 3. Keine taugliche Deliktsart ....................................................| 211 |
|     | IV.  | Deliktsstruktur für den Schutz der Funktionsfähigkeit demokratischer Institutionen ... | 211 |
|     |      | 1. Eingrenzung des für das Rechtsgut in Betracht kommenden Verhaltens             | 211 |
|     |      | 2. Keine mit § 185 Hs. 2 Alt. 1 StGB vereinbare Deliktsstruktur ............      | 212 |
|     |      | 3. Schutz über § 188 Abs. 1 S. 1 Alt. 1 StGB ................................     | 213 |
|     |      |        | a) Schutzgut des § 188 StGB .................................................     | 213 |
|     |      |        | b) Deliktsstruktur ................................................................| 214 |
|     | V.   | Deliktsstruktur für den Schutz der psychischen Gesundheit? ................       | 216 |
|     | VI.  | Deliktsstruktur für den Schutz des Rechts auf Anerkennung als gleichwertiges Mitglied der Gesellschaft als Teil der Menschenwürde? ................ | 217 |
| F.  | Zwischenfazit ...................................................................  | 217 |

## § 7 Gesetzliche Ausgestaltung des § 185 StGB de lege ferenda ....................... 219

A. Beibehaltung der Kriminalisierung des Grundtatbestands ........................... 219

    I. Keine unverhältnismäßige Ausdehnung des Strafrahmens ..................... 220

    II. Rechtliche Praxis ............................................................................... 221

|  |  |  |
|---|---|---|
| III. | Relevanz der Intensität der Rechtsgutsverletzung | 222 |
| IV. | Zwischenergebnis: Beibehaltung der Kriminalisierung | 223 |

B. Ausgestaltung strafschärfender Tatbestandsmerkmale .................................................. 223
    I.  Qualifikationen des § 185 Hs. 2 StGB de lege lata ............................................ 224
        1. Erläuterung der Qualifikationen des § 185 Hs. 2 StGB ............................. 224
            a) Weitere Konstellationen von „öffentlich" (Alt. 1) ............................... 225
            b) „In einer Versammlung" (Alt. 2) ......................................................... 225
            c) „Durch Verbreiten eines Inhalts" (Alt. 3) ............................................. 226
            d) „Mittels einer Tätlichkeit" (Alt. 4) ....................................................... 227
        2. Maßstäbe zur Ermittlung der Unrechtshöhe ............................................... 227
            a) Handlungsunrecht ................................................................................. 228
                aa) Äußere Komponente ...................................................................... 229
                bb) Personale Komponente .................................................................. 229
            b) Erfolgsunrecht ...................................................................................... 230
        3. Analyse des Unrechts der Qualifikationstatbestände des § 185
           Hs. 2 StGB .................................................................................................... 231
            a) Handlungsunrecht ................................................................................. 231
            b) Erfolgsunrecht ...................................................................................... 233
            c) Gesamtwürdigung ................................................................................. 235
    II.  Umgestaltung der bisherigen Qualifikationstatbestände des § 185
        Hs. 2 StGB ............................................................................................................ 237
    III.  Würdigung öffentlich zugänglicher Beleidigungen in sozialen Netzwerken
        und Verankerung der konkreten Gefahr als Tatbestandsmerkmal ............ 238
    IV.  Ausgestaltung des Schutzes weiterer Rechtsgüter ............................................ 240
        1. Funktionsfähigkeit demokratischer Institutionen ........................................ 241
        2. Weitere Ehrverletzung an Dritten? ............................................................... 242
        3. Psychische Gesundheit ................................................................................. 243
        4. Menschenwürde: Recht auf Anerkennung als gleichwertiges Mitglied
           der Gesellschaft ............................................................................................. 249

C. Weitere Fragen der Deliktsausgestaltung .................................................................. 253
    I.  Tatbestandskombinationen ................................................................................... 253
    II.  Schutz von Personengemeinschaften ................................................................. 254

D. Abschließender Gesetzesvorschlag ............................................................................. 257

E. Fazit ................................................................................................................................. 257

## § 8 Schlussbetrachtung .................................................................................. 259
### A. Die Berücksichtigung von als Rechtsgut qualifizierten Interessen durch Beleidigungen in sozialen Netzwerken ...................................................... 259
#### I. Folgen öffentlich zugänglicher Beleidigungen in sozialen Netzwerken ..... 259
#### II. Als Rechtsgut qualifizierte Interessen ............................................ 260
#### III. Einbettung in eine Deliktsstruktur ................................................ 261
#### IV. Gesetzesvorschlag ...................................................................... 263
### B. Zusammenfassung und Ausblick ...................................................... 264

**Literaturverzeichnis** ............................................................................... 265

**Sachwortverzeichnis** .............................................................................. 302

# Abbildungsverzeichnis

Abbildung 1: Darstellung des sozial-personalen Geltungswertes .......................... 87
Abbildung 2: Darstellung möglicher Kundgaben der Miss- oder Nichtachtung und deren Einordnung als Angriff auf die Ehre .................................... 89
Abbildung 3: Darstellung der Bedeutung eines Angriffs auf die Ehre für den Geltungswert ............................................................................................. 91
Abbildung 4: Systematisierung von Kollektivrechtsgütern ................................... 132
Abbildung 5: Verhältnis von Individual- zu zulässigen Kollektivrechtsgütern ............ 135
Abbildung 6: Überblick der Deliktsstrukturtrias ............................................... 180

# § 1 Einleitung

## A. Hinführung zum Thema

Beleidigungen, Diffamierungen und Anfeindungen gab es schon immer, aber Beleidigungen, Diffamierungen und Anfeindungen, die im Alleinsein geäußert und zugleich von unzählig vielen gelesen werden können, sind ein neues Phänomen des digitalen Zeitalters. Die Möglichkeit dieser raschen Verbreitung bieten soziale Netzwerke, die Anfang 2024 von 81 % der Deutschen genutzt wurden.[1] Hierüber können Inhalte anonym und von überall hochgeladen und dann von bekannten und unbekannten Dritten gelesen, geteilt, gelikt oder kommentiert werden. Die Verfasser:innen kennen die adressierte Person häufig nicht, müssen keine Stimme erheben, um gehört zu werden und ihrem potenziellen „Opfer" nicht in die Augen schauen – sie brauchen allein einen Internetzugang. Die betroffene Person hingegen kann nur erschwert gegen Löschungen vorgehen, hat keinen räumlichen Rückzugsort und muss damit rechnen, dass Freund:innen, Familie und Arbeitskolleg:innen die Inhalte sehen, was nicht selten zu psychischen und physischen Problemen bei den Adressierten führt.

Dieses Phänomen fällt unter den Begriff „Hass im Netz" und ist in allen drei Rechtsgebieten von Bedeutung. Die Behandlung von Äußerungen in sozialen Netzwerken steht im dauerhaften Spannungsfeld zwischen der Beachtung der Meinungsfreiheit der Verfasser:innen (Art. 5 Abs. 1 S. 1 Alt. 1 GG) und der zeitgleichen Wahrung des allgemeinen Persönlichkeitsrechts der Adressierten (Art. 2 Abs. 1 GG i. V. m. Art. 1 Abs. 1 GG). Zivilrechtlich können sowohl Löschungsansprüche bezüglich bestehender Beiträge als auch Wiederherstellungsansprüche bezüglich gelöschter Beiträge gegenüber den Anbieter:innen sozialer Netzwerke geltend gemacht werden.

Maßgebend ist in dieser Arbeit vor allem aber die Behandlung im Strafrecht. Die ständige Debatte befasst sich hier besonders intensiv mit den *Folgen* strafrechtlich relevanter Äußerungen im Netz und thematisiert hierbei die intensive Betroffenheit der Adressierten, Auswirkungen auf unbeteiligte Dritte und Effekte in der gesamten Gesellschaft. Ebendiese Folgen bildeten auch eine wesentliche Grundlage der Gesetzesbegründungen zweier Gesetzesinitiativen zum Vorgehen gegen Hass im

---

[1] Neue Daten: Statistiken zur Social-Media-Nutzung in Deutschland, 11.04.2024, abrufbar unter: https://blog.hubspot.de/marketing/social-media-in-deutschland (letzter Abruf: 04.03.2025).

Internet[2] und stellten wichtige Faktoren dar, die das Bundesverfassungsgericht in seiner Abwägung anführte,[3] als es in verschiedenen Verfahren über strafrechtlich geahndete Beleidigungen in sozialen Netzwerken zu urteilen hatte.

Inwieweit diese von Beleidigungen in sozialen Netzwerken betroffenen Interessen jedoch mit Hilfe des Strafrechts zu schützen sind und ob sie auch dem/der einzelnen Beleidigenden zugerechnet werden können, ist monographisch bislang nicht aufgearbeitet. Diese Arbeit hat es daher zum Ziel, die von Beleidigungen in sozialen Netzwerken betroffenen Interessen aus strafrechtsdogmatischer Sicht einzuordnen. Dabei wird es auf die Frage nach der Funktion des geschützten Rechtsguts und in diesem Rahmen auf die Rechtsgutsqualität derjenigen Positionen ankommen, die durch entsprechende Handlungen potenziell betroffen sind. Darüber hinaus sollen die Möglichkeiten passender Deliktsstrukturen durch § 185 StGB de lege lata für diese Rechtsgüter kritisch untersucht und ein Vorschlag für § 185 StGB de lege ferenda gemacht werden.

## B. Gang der Untersuchung

Im Rahmen des folgenden Kapitels (§ 2) werden zunächst die Grundpfeiler zu den Funktionen, der rechtlichen Einordnung und der Nutzung sozialer Netzwerke in der Gesellschaft gelegt, bevor in § 3 das Phänomen „Hass im Netz" begrifflich und empirisch aufgearbeitet wird und dessen Ursachen erörtert werden. In diesem Kapitel erfolgt zudem eine strafrechtliche Einordnung von Hass im Netz und eine Darstellung der gesetzgeberischen und richterlichen Reaktionen hierauf. Hier findet zudem die Präzisierung des Themas auf öffentlich zugängliche Beleidigungen in sozialen Netzwerken i. S. v. § 185 Hs. 2 Alt. 1 StGB statt.

Nachdem durch diese Vorüberlegungen der Kontext der Arbeit aufgezeigt wurde, werden die in Literatur, Rechtsprechung und Gesetzgebung vorgebrachten Folgen von öffentlich zugänglichen Beleidigungen in sozialen Netzwerken aufgearbeitet (§ 4). Nach einer Erörterung der Rolle eines systemkritischen Rechtsgutsverständnisses gilt es dann, diese betroffenen Interessen auf ihre Rechtsgutsqualität hin zu

---

[2] Entwurf der Bundesregierung für ein Gesetz zur Verbesserung der Rechtsdurchsetzung in sozialen Netzwerken (Netzwerkdurchsetzungsgesetz) vom 05.04.2017, abrufbar unter: https://www.bmj.de/SharedDocs/Downloads/DE/Gesetzgebung/RegE/RegE_NetzDG.pdf?__blob=publicationFile&v=3 (letzter Abruf: 04.03.2025) (im Folgenden: RegE NetzDG); Referentenentwurf des Bundesministeriums der Justiz und für Verbraucherschutz zum Gesetz zur Bekämpfung des Rechtsextremismus und der Hasskriminalität vom 19.12.2019, abrufbar unter: https://www.bmj.de/SharedDocs/Downloads/DE/Gesetzgebung/RefE/RefE_Bekaempfung Hatespeech.pdf?__blob=publicationFile&v=4 (letzter Abruf: 04.03.2025) (im Folgenden: RefE Gesetz zur Bekämpfung des Rechtsextremismus und der Hasskriminalität).

[3] BVerfG, Beschluss v. 19.05.2020, 1 BvR 2397/19, NJW 2020, 2622; BVerfG, Beschluss v. 19.05.2020, 1 BvR 1094/19, NJW 2020, 2631; BVerfG, Beschluss v. 19.05.2020, 1 BvR 2459/19, NJW 2020, 2629; BVerfG, Beschluss v. 19.05.2020, 1 BvR 362/18, NJW 2020, 2636.

untersuchen (§ 5) und so die Frage zu beantworten, ob ihnen überhaupt strafrechtliche Relevanz zugeschrieben werden kann. Hierbei wird unter anderem besonderes Augenmerk auf die Anforderungen eines Kollektivrechtsguts gelegt.

Die weitere Untersuchung widmet sich der Frage, inwiefern die ausgemachten Rechtsgüter von dem Qualifikationsmerkmal „öffentlich" des § 185 Hs. 2 Alt. 1 StGB erfasst werden können (§ 6). Dabei wird besonders das Einbeziehen des Anschlussverhaltens Dritter etwa in Form von Liken, Teilen oder Kommentieren berücksichtigt, aber unabhängige Beleidigungen durch Dritte werden eingeordnet.

Im Anschluss daran wird untersucht, wie § 185 StGB de lege ferenda auszugestalten ist und ein Gesetzesvorschlag gemacht (§ 7). Dafür wird zum einen das Unrecht der weiteren Qualifikationen des § 185 Hs. 2 StGB mit dem Unrecht von öffentlich zugänglichen Beleidigungen in sozialen Netzwerken verglichen, um die bisherige Ausgestaltung der Qualifikationen des § 185 Hs. 2 StGB kritisch zu hinterfragen. Zum anderen wird die Einführung weiterer strafschärfender Tatbestandsmerkmale zum Schutz derjenigen Rechtsgüter untersucht, die bislang nicht durch § 185 Hs. 2 Alt. 1 StGB geschützt werden. Im Zuge dieser Überlegungen wird auch die Entkriminalisierung des Grunddeliktes thematisiert. Abgeschlossen wird die Arbeit mit einer Schlussbetrachtung (§ 8).

# § 2 Soziale Netzwerke

## A. Begriffsbestimmung: Soziale Medien, Messenger Dienste und soziale Netzwerke

Wenn es um die Verschiebung oder Verlagerung des Austausches und der Kommunikation in das Internet geht, so sind hiermit die sozialen Medien (auch: Social Media) gemeint. Der Duden versteht unter dem Begriff „Social Media" die „Gesamtheit der digitalen Technologien und Medien wie Weblogs, Wikis, soziale Netzwerke u. Ä., über die Nutzerinnen und Nutzer miteinander kommunizieren und Inhalte austauschen können".[1] Social Media stellt demnach einen Oberbegriff dar und umfasst sowohl soziale Netzwerke als auch Messenger-Dienste – die beiden großen digitalen Räume für Kommunikation und Austausch.[2]

Bei Messenger-Diensten können Nutzer:innen untereinander Textnachrichten, Bilder oder Audionachrichten in Echtzeit versenden. Bei einem sozialen Netzwerk sind diese Funktionen in aller Regel ebenfalls möglich. Darüber hinaus erstellen Nutzer:innen ein Profil, auf dem sie Inhalte durch Textform, Fotos oder Videos mit der (begrenzten) Öffentlichkeit teilen.[3] In einem Newsfeed, einer Art digitalen Pinnwand, wird den Nutzer:innen ein Überblick über neue Beiträge befreundeter Mitglieder,[4] abonnierte Seiten[5] oder auch gesponserte Inhalte, wie Werbung,[6] angezeigt.

Auch juristisch lassen sich diese beiden digitalen Räume unterschiedlich einordnen. Bis zum 13. April 2024 wurde zwischen Telemediendienstanbieter:innen und Telekommunikationsanbieter:innen unterschieden, die jeweils in einem eigenen Gesetz geregelt wurden: Telemediendienste in § 1 Abs. 1 S. 1 TMG a. F. und Telekommunikationsdienste in § 3 Nr. 61 TKG.[7] Die Abgrenzung erfolgte dabei

---

[1] Duden-Eintrag zu „Social Media", abrufbar unter: https://www.duden.de/rechtschreibung/Social_Media (letzter Abruf: 04.03.2025).
[2] Vgl. *Kalbhenn*, ZUM 2022, 266 (266 f.).
[3] *Elsaß/Labusga/Tichy*, CR 2017, 234 (234); *Adelberg*, Rechtspflichten und -grenzen der Betreiber sozialer Netzwerke, S. 16.
[4] *Tassis*, Die Kommentierung von Statusmeldungen in sozialen Netzwerken, S. 24; *Adelberg*, Rechtspflichten und -grenzen der Betreiber sozialer Netzwerke, S. 17.
[5] *Adelberg*, Rechtspflichten und -grenzen der Betreiber sozialer Netzwerke, S. 17.
[6] *Adelberg*, Rechtspflichten und -grenzen der Betreiber sozialer Netzwerke, S. 17; *Dietrich/Ziegelmayer*, CR 2013, 104 (104 ff.).
[7] Bis zum 30.11.2021 waren Telekommunikationsdienste in der Nr. 24 des § 3 TKG legaldefiniert.

durch das, was übertragen wird. Während es bei Telemediendiensten um die Übertragung von Inhalten ging, übertragen Telekommunikationsdienste ganz oder überwiegend Signale. Eine Signalübertragung ermöglicht Individual-, Gruppen- oder Massenkommunikation,[8] sodass klassische Messenger wie WhatsApp, Signal oder Telegram als Telekommunikationsdienstanbieter:innen zu klassifizieren sind. Die inhaltliche Leistung sozialer Medien liegt in der oben erwähnten Darstellung des Newsfeeds. Soziale Netzwerke waren somit als Telemediendienst einzuordnen,[9] was sich auch aus der ebenfalls bis zum 13. April 2024 geltenden Legaldefinition in § 1 Abs. 1 S. 1 NetzDG a. F. ergab. Diese waren dort definiert als „Telemediendiensteanbieter, die mit Gewinnerzielungsabsicht Plattformen im Internet betreiben, die dazu bestimmt sind, dass Nutzer beliebige Inhalte mit anderen Nutzern teilen oder der Öffentlichkeit zugänglich machen". Klassische Beispiele für soziale Netzwerke sind Facebook, Instagram oder YouTube.

Die Unterscheidung nach dem Gegenstand der Übertragung (Inhalt oder Signal) gibt es seit der Einführung des Digitalen-Dienste-Gesetzes (DDG) am 13. April 2024 in dieser Form nicht mehr. Dieses hat im Rahmen der Umsetzung des Digital Services Act (DSA)[10] das TMG abgeschafft. Der DSA regelt für unterschiedliche Dienstanbieter:innen unterschiedliche Pflichten. Für die Einordnung als „Online-Plattform" i. S. d. Art. 3 lit. i) DSA ist maßgebend, dass Dienstanbieter:innen „im Auftrag des Nutzers Informationen speicher[n] und diese öffentlich verbreite[n]". Eine öffentliche Verbreitung ist dann anzunehmen, wenn Inhalte unabhängig von einer Bestimmung des Absenders/der Absenderin einer potenziell unbegrenzten Anzahl an Nutzer:innen angezeigt werden.[11] Während soziale Netzwerke hierunter zu fassen sind, ist das für Messenger-Dienste grundsätzlich nicht der Fall. Allein ihr Anbieten nicht-individualkommunikativer Funktionen, wie das Anbieten öffentlicher Gruppen oder öffentlicher Stories, lässt sich so einordnen.[12]

Der Fokus des weiteren Verlaufs der Arbeit liegt auf sozialen Netzwerken, da auf diesen der Schwerpunkt des öffentlichen digitalen Diskurses stattfindet und dort die Reichweite und Sichtbarkeit geposteter Inhalte am größten ist.

## B. Funktionen und Funktionieren sozialer Netzwerke

Neben den beschriebenen Hauptfunktionen eines sozialen Netzwerkes, Inhalte in Form von Text, Bildern oder Videos zu veröffentlichen, werden die weiteren Aktionsmöglichkeiten der Nutzer:innen in sozialen Netzwerken kurz vorgestellt.

---

[8] Vgl. *Hoven/Gersdorf*, in: BeckOK Informations- und Medienrecht, § 1 NetzDG Rn. 12.
[9] *Ricke*, in: Spindler/Schuster, § 1 TMG Rn. 12.
[10] Mehr dazu unten § 3 D. II. 2.
[11] Siehe dazu Erwägungsgrund Nr. 14 zum DSA, abrufbar unter: https://eu-digitalstrategie.de/erwaegungsgruende-dsa/erwaegungsgrund-14/ (letzter Abruf: 04.03.2025).
[12] *Hofmann*, in: Hofmann/Raue, Art. 3 GG Rn. 102.

Beiträge in sozialen Netzwerken können durch andere Nutzer:innen kommentiert werden. Dieser Kommentar ist dann für alle diejenigen einsehbar, die auch den eigentlichen Beitrag sehen können. Auf Facebook können Nutzer:innen Beiträge anderer liken. Dadurch drücken sie auf eine kleine Schaltfläche, die nach Verfassen eines Inhalts unter dem jeweiligen Beitrag erscheint und die als Daumenhoch-Symbol ausgestaltet ist.[13] Inzwischen können Nutzer:innen, wie auch bei anderen sozialen Netzwerken, durch Smileys, Herzen oder ähnliche Symbole auf Posts reagieren.[14] Durch die Teilen-Funktion kann ein fremder Beitrag auf der eigenen Seite veröffentlicht werden, der dann mit einem Link zur ursprünglichen Quelle versehen ist und als Vervielfältigung kenntlich gemacht wird.[15] Jeder Beitrag lässt erkennen, wie oft dieser durch andere Nutzer:innen gelikt, kommentiert oder geteilt wurde.

Daneben gibt es die Story-Funktion. Durch diese können Nutzer:innen Bilder oder Videos veröffentlichen, die jedoch nach 24 Stunden in der Regel wieder verschwinden, sofern sie nicht von dem/der Nutzer:in gespeichert werden. Hier können die anderen Nutzer:innen zusätzlich durch Umfragen oder Fragen mit Freitextfeldern miteinbezogen werden. Diese Ergebnisse sind jedoch (sofern sie nicht veröffentlicht werden) ausschließlich von dem/der veröffentlichenden Nutzer:in einsehbar. Auch erscheinen keine für die Öffentlichkeit einsehbaren Klick- oder Reaktionszahlen zu den Stories.

Nutzer:innen bekommen jedoch bei weitem nicht alle Stories, Posts, Likes oder Kommentare ihrer befreundeten Nutzer:innen oder ihrer gefolgten Seiten angezeigt. Vielmehr erfolgt die Auswahl in dieser Masse durch Algorithmen.[16] Unter Algorithmen sind automatisierte Verfahren zu verstehen, die nach genau definierten Schritten ablaufen und dabei ein bestimmtes Ziel erreichen.[17] Bei sozialen Netzwerken dienen Algorithmen dazu, die für die Nutzer:innen relevantesten oder interessantesten Inhalte (oben) in ihrem Newsfeed anzuzeigen.[18] Giere hat die verschiedenen Algorithmen von Facebook, X (ehemals Twitter) und YouTube analysiert und konnte durch ihre Gemeinsamkeiten die Funktionsweise sozialer Netzwerke ausmachen.[19] Zunächst sammeln Algorithmen alle Inhalte, selektieren diese anhand bestimmter Kriterien, schätzen die Relevanz der Inhalte ein und sortieren die Inhalte schließlich nach dieser Relevanz.[20]

---

[13] *Krischker*, JA 2013, 488 (489).
[14] *Eckel/Rottmeier*, NStZ 2021, 1 (2).
[15] *Eckel/Rottmeier*, NStZ 2021, 1 (2).
[16] *Giere*, Grundrechtliche Einordnung sozialer Netzwerke, S. 42.
[17] *Barth*, Algorithmik für Einsteiger, S. 8.
[18] *Zweig/Deussen/Krafft*, Informatik-Spektrum 2017, 318 (319).
[19] *Giere*, Grundrechtliche Einordnung sozialer Netzwerke, S. 42 ff.
[20] *Giere*, Grundrechtliche Einordnung sozialer Netzwerke, S. 45.

Algorithmen stellen somit einen „Gatekeeper" dar,[21] indem Nutzer:innen aufgrund der durch Algorithmen gesteuerten Bestimmung der Relevanz abseits ihres Nutzungsverhaltens keine Möglichkeit haben, selbst zu steuern, welche Inhalte sie angezeigt bekommen.[22] Folge hiervon ist, dass Nutzer:innen überwiegend Inhalte sehen, die ihren eigenen Interessen entsprechen, und damit seltener mit Gegenmeinungen konfrontiert werden.[23] Das kann zu sogenannten Filterblasen- oder Echokammern-Effekten führen.[24] In Echokammern werden Nutzer:innen nur mit Meinungen konfrontiert, die der eigenen entsprechen; in Filterblasen wird dieser Effekt durch den algorithmusbasierten Newsfeed herbeigeführt.[25] Dadurch kommt es zu einer starken Verzerrung: Die Inhalte selbst stellen kein Abbild der Alltagsgeschehnisse dar und die Meinungen zu diesen Inhalten entsprechen nicht der heterogenen, diversen Debatte der Gesellschaft.

## C. Einfluss sozialer Netzwerke auf Gesellschaft und Politik

Nachfolgend ist die Auswirkung der Verschiebung weiter Teile des öffentlichen Lebens in die digitale Welt der sozialen Netzwerke für die Gesellschaft und Politik kurz zu erläutern.

### I. Auswirkungen auf die Gesellschaft

#### 1. Zusammenhalt

Die Möglichkeit, Mitmenschen jederzeit und überall zu erreichen, überwindet physische Barrieren und ermöglicht es, Kontakte aufzubauen und zu festigen. So können sich Menschen über soziale Netzwerke vernetzen und austauschen. Hierbei kann es unter Umständen besonders förderlich sein, anonym oder unter Angabe eines Pseudonyms Mitglied in Gruppen Gleichgesinnter zu sein. Während Facebook die Angabe des Klarnamens in seinen AGBs vorsieht,[26] hat der Bundes-

---

[21] *Beyerbach*, in: Rechtshandbuch Social Media, S. 507 (511).
[22] *Pille*, Meinungsmacht sozialer Netzwerke, S. 327; *Adelberg*, Rechtspflichten und -grenzen der Betreiber sozialer Netzwerke, S. 15.
[23] *Adelberg*, Rechtspflichten und -grenzen der Betreiber sozialer Netzwerke, S. 15.
[24] *Adelberg*, Rechtspflichten und -grenzen der Betreiber sozialer Netzwerke, S. 15; *Drexl*, ZUM 2017, 529 (529 f.); *Niggemann*, Hasskriminalität in sozialen Netzwerken, S. 2; *Bredler/Markard*, JZ 2021, 864 (864); *Stegbauer*, Shitstorms, S. 67 ff.; *Zweig/Deussen/Krafft*, Informatik-Spektrum 2017, 318 (323 f.); *Gersdorf*, MMR 2017, 439 (444); *Beyerbach*, in: Rechtshandbuch Social Media, S. 507 (512); *Koch-Priewe*, in: Hate Speech, S. 191 (198).
[25] *Mitsch*, DVBl 2019, 811 (812); *Stegbauer*, Shitstorms, S. 67 ff.
[26] Siehe hierzu 3.1 der Facebook Nutzungsbedingungen, abrufbar unter: https://www.facebook.com/legal/terms (letzter Abruf: 04.03.2025).

gerichtshof solch eine Verpflichtung nach alter Rechtslage als rechtswidrig eingeordnet.[27]

Auch für Themen, die gesamtgesellschaftlich relevant sind, bieten soziale Netzwerke eine Plattform zur Vernetzung.[28] So wurde etwa zu den lokalen *Fridays for Future* Demonstrationen in sozialen Netzwerken aufgerufen, die dann überregional, gar global über soziale Netzwerke geplant und zeitlich koordiniert wurden. Die Erfolge, die Online-Instrumentalisierung haben kann, zeigt exemplarisch eine Online-Petition, die 2019 von mehr als 80.000 Menschen unterzeichnet wurde und die Senkung der Mehrwertsteuer für Menstruationsprodukte bewirken konnte.[29] Zudem bieten soziale Netzwerke die Möglichkeit, das Gefühl der Solidarität und Gemeinschaft zu erzeugen, beispielsweise durch die Verwendung sogenannter Hashtags. Durch das Versehen eines Beitrages mit einem Hashtag als eine Art Titel oder Kategorisierung können auch Aussagen von Nutzer:innen ohne große Reichweite in diesem Themenkomplex des konkreten Hashtags eingesehen werden und Diskussionskomplexe erzeugen.[30] Unter *#metoo* folgte eine Bewegung gegen sexualisierte Gewalt an Frauen, indem Frauen unter diesem Hashtag von ihren Erfahrungen mit sexuellen Übergriffen berichteten.[31] *#blacklivesmatter* wurde zwischenzeitlich über 25,5 Millionen Mal verwendet[32] und stellt eine Bewegung dar, die sich gegen Gewalt an People of Color richtet. Die Vielfalt an Verbindungen, die soziale Netzwerke herstellen können, ist groß und kann zu mehr Solidarität, Unterstützung und Verständnis führen.

### 2. Kehrseite

Besonders die große Reichweite und der auf Algorithmen basierende Newsfeed bergen jedoch auch Potenzial für Missbrauch. Die Bildung von Gruppierungen und die leichte Verbreitung sogenannter Fake News sollen nachfolgend beleuchtet werden. Hass im Netz, speziell in Form einer Beleidigung, der auch Teil dieses Themenkomplexes der Kehrseiten sozialer Netzwerke ist, wird in „§ 3 Hass im Netz – Notwendige Vorüberlegungen" ein eigenes Kapitel gewidmet.

---

[27] BGH, Urteil v. 27.01.2022, III ZR 3/21 Rn. 7, 16f., MMR 2022, 375 (375f.).
[28] *Koch/Heidrich*, MMR 2020, 581 (581).
[29] *Stendel*, Bundestag senkt Tampon-Steuer – warum es um mehr geht als um ein paar gesparte Euro, Stern vom 07.11.2019, abrufbar unter: https://www.stern.de/neon/wilde-welt/politik/keinluxus/tampon-steuer--bundestag-entscheidet-ueber-ermaessigung---warum-das-wichtig-ist-8939778.html (letzter Abruf: 04.03.2025).
[30] *Hohlfeld/Godulla/Planer*, in: Rechtshandbuch Social Media, S. 13 (36).
[31] Auf Instagram wurde der Hashtag über drei Millionen Mal verwendet, #metoo, abrufbar unter: https://www.instagram.com/explore/tags/metoo/ (letzter Abruf: 04.03.2025).
[32] #blacklivesmatter, abrufbar unter: https://www.instagram.com/explore/tags/blacklivesmatter/ (letzter Abruf: 04.03.2025).

*a) Gruppierungen und Mobilmachung*

Die soeben angesprochene Vielfalt an Angeboten und Möglichkeiten des Austausches wird begrenzt durch Algorithmen,[33] da diese den Nutzer:innen keinen Querschnitt aller Inhalte, sondern nur solche Inhalte anzeigen, die am besten zum eigenen Profil und dem eigenen Nutzungsverhalten passen. Diese Selektion ist auch der Grund, weshalb vielfach von der Bildung sogenannter Echokammern oder Filterblasen[34] die Rede ist. Hierbei wird jedoch in der Regel exemplarisch auf die Gruppierungsstrukturen in den USA verwiesen,[35] bei denen diese Phänomene auch empirisch nachgewiesen werden konnten.[36] Eine der wenigen Studien hat ergeben, dass sich diese Merkmale in Deutschland allein bei der AfD finden, ansonsten seien sie hier nicht nachweisbar[37]: Bei der AfD ließen sich zwar Echokammern, nicht aber Filterblasen feststellen.[38] Grund dieser geringeren Nachweisbarkeit in Deutschland wird in der bedeutenden Rolle des öffentlichen Rundfunks, in der (bislang) noch großen Bedeutung analoger Medien[39] und in den unterschiedlichen politischen Systemen gesehen, da das der USA anders als das in Deutschland sehr konkurrenzorientiert und von zwei starken Polen geprägt ist.[40]

Soziale Netzwerke stellen aber in der Verbreitung von Meinungen, der Planung von Veranstaltungen und der Mobilisierung einen nicht unwesentlichen Faktor dar. Das lässt sich besonders im Bereich einzelner Themenkomplexe erkennen. Mit der Flüchtlingswelle 2015 kam es etwa dazu, dass Flüchtlingsgegner:innen, Islamkritiker:innen und Rassist:innen begannen, sich online zu vernetzen.[41] Vorreiter war hier die Facebook-Gruppe der Pegida, die bereits 2014 gegründet wurde und innerhalb von vier Monaten 155.000 Mal gelikt wurde.[42] Die Relevanz der Facebook-Gruppe bestand vor allem darin, ihre Demonstrationen zu bewerben, zu vernetzen und zu organisieren, sodass die Facebook-Gruppe der Pegida in Dresden es schaffte, bis zu 17.500 Demonstrant:innen zu mobilisieren.[43] Aber auch während der Zeit der Corona-Pandemie spielten soziale Netzwerke eine große Rolle.[44] Hier gab es von Kritiker:innen der politischen Maßnahmen zwar keine zentrale Facebook-Seite,

---

[33] Siehe dazu oben § 2 B.
[34] Siehe dazu bereits oben § 2 B.
[35] *Paal/Hennemann*, ZRP 2017, 76 (76); *Drexl*, ZUM 2017, 529 (529).
[36] *Nelson/Webster*, Social Media + Society 2017, Band 3 S. 1 ff.
[37] *Schemmel*, DER STAAT 2018, 501 (509 f.).
[38] *Brühl/Brunner/Ebitsch*, Der Facebook-Faktor – Wie das soziale Netzwerk die Wahl beeinflusst, abrufbar unter: https://gfx.sueddeutsche.de/apps/e502288/www/ (letzter Abruf: 04.03.2025).
[39] *Schemmel*, DER STAAT 2018, 501 (511).
[40] *Stark/Magin/Jürgens*, in: Ein Überblick über Filterblasen und Echokammern, S. 303 (313).
[41] *Schweiger*, Der (des)informierte Bürger im Netz, S. VI.
[42] *Hurtz*, Ohne Facebook kein Pegida, Süddeutsche Zeitung vom 26.01.2015, abrufbar unter: https://www.sueddeutsche.de/wirtschaft/digitaler-stammtisch-ohne-facebook-kein-pegida-1.2321113 (letzter Abruf: 04.03.2025).
[43] *Dietrich/Gersin/Herweg*, in: Muslime, Flüchtlinge und Pegida, S. 235 (240).
[44] *Koch/Heidrich*, MMR 2020, 581 (582).

doch dienten Messenger-Dienste wie Telegram zur Übermittlung von Informationen und zur Planung von Demonstrationen.[45] Dadurch kam es am 03. Januar 2022 bundesweit zu mehr als 100.000 Teilnehmer:innen sogenannter Spaziergänge oder Hygienedemonstrationen.[46]

Besonders bei Themenkomplexen, die die Gesellschaft bewegen, lassen sich eine große Reichweite und ein Erfolg bei der Verwendung sozialer Medien feststellen. Sowohl die Flüchtlingswelle als auch die Corona-Pandemie waren sehr außergewöhnliche Ereignisse, die viele Individuen betroffen haben. Dennoch bleibt offen, wie groß der Einfluss sozialer Netzwerke auf die Mobilisierung oder Bildung extremer Ansichten ist.

### b) Fake News

Besonders während der Corona-Pandemie wurden viele sogenannte Fake News über angeblich anstehende Maßnahmen der Bundesregierung, mögliche Impfschäden oder über Theorien zur Entstehung des Virus über soziale Netzwerke verbreitet, was eine weitere Erscheinung der missbräuchlichen Verwendung sozialer Netzwerke darstellt. Der Begriff Fake News (wörtlich übersetzt: falsche Nachrichten) meint inhaltlich falsche Tatsachenbehauptungen, die trotz Kenntnis der Unwahrheit geschaffen werden, um möglichst viele zu täuschen.[47] Zwar sind Falschnachrichten an sich kein neues Phänomen, sie können jedoch in sozialen Netzwerken viel weitreichender und schneller verbreitet werden und erreichen somit einen viel größeren Personenkreis.[48] Zudem kann es in sozialen Netzwerken viel häufiger zur Verbreitung von Falschnachrichten kommen, da Inhalte, anders als bei klassischen Medien, keine redaktionelle oder fachliche Überprüfung durchlaufen.[49] Exemplarisch dafür steht die Verbreitung eines vermeintlichen Artikels des Nachrichtenportals *Focus Online*, in dem es heißt, die größten Supermarktketten hätten sich gemeinsam zur ausschließlichen Öffnung montags für zwei Stunden und freitags für vier Stunden entschlossen.[50] Nicht nur kann das zu Panik und Hamsterkäufen

---

[45] *Leopoldina/acatech/Union der deutschen Akademien der Wissenschaften*, Digitalisierung und Demokratie, S. 13; *Koch/Heidrich*, MMR 2020, 581 (582); *Kalbhenn*, ZUM 2022, 266 (268).

[46] *Debionne*, Corona-Proteste: Mehr als 100.000 Menschen auf der Straße, Berliner Zeitung vom 04.01.2022, abrufbar unter: https://www.berliner-zeitung.de/news/corona-proteste-mehr-als-100000-menschen-auf-der-strasse-li.203991 (letzter Abruf: 04.03.2025).

[47] *Holznagel*, MMR 2018, 18 (18); *Lammich*, Fake News als Herausforderung des deutschen Strafrechts, S. 89.

[48] *Paal/Hennemann*, JZ 2017, 641 (644); *Leopoldina/acatech/Union der deutschen Akademien der Wissenschaften*, Digitalisierung und Demokratie, S. 29.

[49] *Hoven*, ZStW 129 (2017), 718 (718).

[50] Fake-Artikel zu neuen Supermarkt-Öffnungszeiten wegen Corona im Umlauf, Focus online vom 16.03.2020, abrufbar unter: https://www.focus.de/gesundheit/news/in-eigener-sache-fake-artikel-zu-geaenderten-supermarkt-oeffnungszeiten-wegen-corona-krise-im-umlauf_id_11773132.html (letzter Abruf: 04.03.2025).

führen, sondern auch zu Verlust des Vertrauens in die Informationsweitergabe öffentlicher Stellen[51] sowie zu Unmut und Misstrauen gegenüber der Politik und dem Rechtsstaat. Auch ist es, wie eine kognitionswissenschaftliche Studie gezeigt hat, sehr schwierig, Gläubiger:innen einer Falschnachricht von ihrer Unrichtigkeit zu überzeugen: Wird etwa im Rahmen einer Richtigstellung die Falschnachricht wiederholt, so kann das sogar eine verstärkende Wirkung haben. Erfolgreicher ist das ausschließliche Präsentieren der Gegendarstellung als neue, selbstständige Erklärung.[52]

Ein gesteigertes Ausmaß stellen sogenannte Deepfakes dar, die mit Hilfe künstlicher Intelligenz Foto-, Video- oder Audioaufnahmen modifizieren oder neu generieren.[53] Dadurch können Menschen in verschiedenen fiktiven Konstellationen wiedergegeben werden und ihnen Worte in den Mund gelegt werden.[54] Werden beispielsweise Politiker:innen manipuliert dargestellt, so erreicht die Glaubwürdigkeit ihrer vermeintlichen Aussage eine ganz neue Dimension. Das LG Berlin II hat im Februar 2024 einen Unterlassungsanspruch gegen einen Deepfake des Kanzlers Scholz zur angeblichen Ankündigung eines Parteiverbotsverfahrens der AfD bejaht, da die Verbreitung von Fake News das Vertrauen in die seriöse Öffentlichkeitsarbeit der Bundesregierung und generell in die Berichterstattung erschüttere.[55]

## II. Politik in sozialen Netzwerken

Auch aus dem Lebensbereich der Politik sind soziale Netzwerke nicht mehr wegzudenken. Selbstverständlich haben sich durch die Präsenz von Politiker:innen und Parteien in sozialen Netzwerken die Möglichkeiten ihrer Öffentlichkeitsarbeit und ihrer Wahlwerbung verändert. Neu hinzugekommen ist aber auch die Bedeutung der Bürger:innen durch ihre Nutzung von sozialen Netzwerken für den Wahlkampf.

### 1. Nutzer:innen als Teil der Wahlkommunikation

Während Bürger:innen früher lediglich *passiv* den Wahlkampf beobachteten, so wirken diese, durchaus auch unbewusst, durch ihre Nutzung sozialer Netzwerke heutzutage *aktiv* am Wahlkampf mit.[56] Von diesem Verhalten sind nicht nur das ausdrückliche Bekennen zu einer Partei auf dem eigenen Profil und das Weiterleiten von Beiträgen von Politiker:innen umfasst. Vielmehr ist damit jede Form

---

[51] *Tschorr*, ZfDR 2021, 381 (383).
[52] *Nyhan/Reifler*, Journal of Experimental Political Science 2015, Band 2 81.
[53] *Lantwin*, MMR 2020, 78 (78).
[54] *Erdogan*, MMR 2024, 379 (379).
[55] LG Berlin II, Beschluss v. 13.02.2024, 15 O 579/23 Rn. 22.
[56] *Schulz*, Medien und Wahlen, S. 9; *Schweiger*, Der (des)informierte Bürger im Netz, S. 45 ff., beschreibt die Bedeutung von „Bürgerjournalismus" und „alternativen Medien".

von Interaktion mit politischen oder gesellschaftlich relevanten Themen gemeint, die sich sowohl auf Beiträge von Politiker:innen als auch auf Beiträge von anderen Nutzer:innen beziehen kann. Jeder Kommentar, unabhängig davon, ob er kritisch oder zustimmend ist, jeder Like und jedes Teilen generiert Reichweite und führt dazu, dass mehr Nutzer:innen den entsprechenden Beitrag sehen. Somit können Diskussionen und Kommentierungen von Diskussionen unabhängig von räumlicher Distanz zwischen zukünftigen Wähler:innen entstehen, die dann auch Nicht-Diskussionsbeteiligten in ihrem Newsfeed angezeigt werden. Auch wenn dieser Einfluss häufig unterschätzt wird, bilden ebendiese verschiedensten Beiträge dann unter anderem die Grundlage für die eigene Meinungsbildung und demnach auch für das eigene Wahlverhalten.

## 2. Parteien und Politiker:innen in sozialen Netzwerken

Während das Internet zunächst durch Parteien überwiegend als „Einweg-Kommunikation" durch das alleinige Bereitstellen von Inhalten auf ihren Websites genutzt wurde, so begannen sie im Bundestagswahlkampf 2009 mit der Implementierung von Werbekampagnen in sozialen Netzwerken.[57] Mittlerweile sind jede Partei Deutschlands sowie die meisten Politiker:innen auf Facebook, X und/oder Instagram vertreten. Politiker:innen können somit auch außerhalb des Wahlkampfes leichter, jederzeit und ohne räumliche Einschränkungen Ausschnitte aus ihrem Alltag zeigen, Einblicke in ihre politischen Vorhaben ermöglichen und Stellungnahmen zu aktuellen Geschehnissen abgeben. Wohl überdurchschnittlich hat Gesundheitsminister Lauterbach (Stand März 2025) über 12.000 Posts auf X verfasst.[58] Neu dazugekommen sind auch schnellere und direktere Möglichkeiten der Interaktion zwischen Politiker:innen und Bürger:innen,[59] etwa via Direktnachricht oder durch die Teilnahme an live-Streaming-Events.

Diese neue Reichweite ermöglicht es unter anderem auch junge Menschen und Menschen, die an Politik nicht interessiert sind und beispielsweise keine Zeitung lesen oder keine Nachrichten schauen, leichter zu erreichen.[60] So gaben 28 % der Befragten einer Studie an, *nur* durch soziale Netzwerke über die bei der Bundestagswahl antretenden Parteien und deren Kandidat:innen erfahren zu haben.[61] Eine Studie, die das politische Informationsverhalten junger Menschen vor den Europawahlen 2024 analysiert hat, ergab, dass sich die Hälfte der Befragten nie über Ra-

---

[57] *Unger*, Parteien und Politiker in sozialen Netzwerken, S. 121 f.
[58] X-Profil von Prof. Karl Lauterbach, abrufbar unter: https://x.com/karl_lauterbach (letzter Abruf: 04.03.2025).
[59] *Schemmel*, DER STAAT 2018, 501 (505); *Emmer/Bräuer*, in: Handbuch Online-Kommunikation, S. 311 (312 f.); *Emmer/Wolling*, in: Handbuch Online-Kommunikation, S. 36 (44).
[60] *Unger*, Parteien und Politiker in sozialen Netzwerken, S. 121.
[61] *Brettschneider/Güllner/Matuschek*, Bundestagswahl 2021: Wahlplakate, Social Media und Gespräche, S. 21.

dio und Zeitungen informieren würden – die am häufigsten genutzte Informationsquelle seien soziale Netzwerke.[62] Dieses Ergebnis bestätigt auch eine andere Studie, wonach sich 48 % der 18 bis 24-Jährigen am häufigsten durch soziale Medien über den Wahlkampf informieren.[63] Es wundert daher nicht, dass die Parteien und Politiker:innen besonders, aber nicht ausschließlich, zum Zeitpunkt von Bundes- oder Landtagswahlen viel Geld in das Schalten von Werbung in sozialen Netzwerken investierten.[64] Solche Beiträge werden durch den Zusatz „Gesponsert – Finanziert von [*Name der Partei oder dem/der Politiker:in*]" für Nutzer:innen transparent als Werbung inklusive Geldgeber kenntlich gemacht.

Die Parteien können beim Schalten einer Werbung ihre Zielgruppe mithilfe verschiedener Merkmale eingrenzen, wie etwa Geschlecht, Alter, Sprache und Region. Von dieser Funktion machen alle Parteien für fast jede ihrer Werbungen Gebrauch.[65] Darüber hinaus bietet Facebook die Möglichkeit des sogenannten detaillierten Targetings. Dadurch werden angegebene Interessen, angeklickte Werbeanzeigen oder auch Seiten, mit denen interagiert wurde, analysiert und zu verschiedensten Oberbegriffen, wie beispielsweise „Elektroautos", „Pendler", „Biokost" oder „Tuning Cars", zusammengefasst. Für die verschiedenen Merkmale und die Targeting-Begriffe können die Seitenbetreibenden auswählen, ob sie Nutzer:innen, die diesen Begriffen durch Facebook zugeordnet werden, von dem Anzeigen ihrer Werbung ein- oder ausschließen wollen und wie viel Prozent der ausgegebenen Summe auf diese Merkmale eingesetzt werden soll.[66] Recherchen des *ZDF Magazin Royals* haben ergeben, dass alle Parteien im Bundestag für die Bundestagswahlen 2021 die Targeting-Funktion nutzten.[67] Auch nach wie vor machen die Parteien vom de-

---

[62] *Faas/Roßteutscher/Schäfer*, Jugend wählt, S. 17. Diese Studie hat dabei zudem Unterschiede des Informationsverhaltens junger Menschen je nach Bildungsgrad, Geschlecht und Ortsgröße ausmachen können.
[63] *Statista*, Und in welchem Medium haben Sie sich hauptsächlich über den Wahlkampf informiert?, abrufbar unter: https://de.statista.com/statistik/daten/studie/1287753/umfrage/wichtigste-informationsquellen-im-wahlkampf-nach-alter/ (letzter Abruf: 04.03.2025).
[64] So sind die Gesamtausgaben, die Werbeanzeigen selbst sowie die Zielgruppe für alle Parteien und Politiker:innen einsehbar unter Werbebibliothek, abrufbar unter: https://www.facebook.com/ads/library/?active_status=all&ad_type=political_and_issue_ads&country=DE&sort_data[direction]=desc&sort_data[mode]=relevancy_monthly_grouped&media_type=all (letzter Abruf: 04.03.2025).
[65] Für die einzelnen Parteien generierbar unter der Werbebibliothek, abrufbar unter: https://www.facebook.com/ads/library/?active_status=all&ad_type=political_and_issue_ads&country=DE&sort_data[direction]=desc&sort_data[mode]=relevancy_monthly_grouped&media_type=all (letzter Abruf: 04.03.2025).
[66] Zum Ganzen: Detailliertes Targeting, abrufbar unter: https://www.facebook.com/business/help/182371508761821?id=176276233019487%3B%20Detailliertes%20Targeting%20verwenden%2C%20abrufbar%20unter%3A%20www.facebook.com%2Fbusiness%2Fhelp%2F440167865365513%3Fid%3D176276233019487&locale=de_DE (letzter Abruf: 04.03.2025).
[67] *ZDF Magazin Royale*, Die schmutzigen Facebook-Tricks der Parteien, 24.09.2021, abrufbar unter: https://www.youtube.com/watch?v=8vq6MzGNZyM (letzter Abruf: 04.03.2025).

taillierten Targeting Gebrauch,[68] wenn auch die Parteien CDU, CSU, SPD, Grünen, FDP und Linkspartei in einer Vereinbarung über einen fairen Wahlkampf bekannt gaben, sensible Daten wie religiöse Zugehörigkeit oder sexuelle Identität im Wahlkampf für die Bundestagswahlen 2025 nicht verwenden zu wollen.[69] Der Einsatz detaillierten Targetings ist besonders kritisch zu sehen, da ein und dieselbe Partei für unterschiedliche Gruppen von Wähler:innen unterschiedliche, möglicherweise sogar sich widersprechende Wahlwerbung schalten kann. Auch kann die Öffentlichkeit durch das selektive Anzeigen nur erschwert auf die Inhalte reagieren.[70]

Die Gefahren des Einsatzes politischer Werbung aufgrund eines gezielten Targetings haben auch der Europäische Rat und das Europäische Parlament erkannt. Am 13.03.2024 wurde eine Verordnung über die Transparenz und Targeting politischer Werbung beschlossen.[71] Personenbezogene Daten dürfen demnach nur noch für politische Werbung verwendet werden, wenn Nutzer:innen ausdrücklich zustimmen. Zudem sollen gewisse personenbezogene Daten wie Religionszugehörigkeit, Hautfarbe oder sexuelle Orientierung der politischen Werbung gänzlich entzogen werden.

Besonders die überdimensional große Medienpräsenz der AfD wird als Grund für ihren Aufschwung bei der Bundestagswahl 2017 gesehen. Auf Facebook und auf TikTok ist die AFD die Partei mit der deutlich größten Follower:innenanzahl.[72] Nur auf der Plattform X liegen die CDU/CSU und das Bündnis 90/Die Grünen vorne.[73] Der Wahlkampf von Weidel auf Facebook wurde im Frühjahr 2019 auch teilweise durch eine Spende i. H. v. 132.000 € aus der Schweiz finanziert,[74] die jedoch als Auslandsspende wegen Verstoßes gegen § 25 Abs. 2 Nr. 3 lit. c) PartG unzulässig

---

[68] Für die einzelnen Parteien generierbar unter der Werbebibliothek, abrufbar unter: https://www.facebook.com/ads/library/?active_status=all&ad_type=political_and_issue_ads&country=DE&sort_data[direction]=desc&sort_data[mode]=relevancy_monthly_grouped&media_type=all (letzter Abruf: 04.03.2025).

[69] Vereinbarung für fairen Wahlkampf, Tagesschau vom 22.12.2024, abrufbar unter: https://www.tagesschau.de/inland/bundestagswahl/fairness-abkommen-wahlkampf-100.html (letzter Abruf: 04.03.2025).

[70] *Schemmel*, DER STAAT 2018, 501 (508).

[71] Verordnung (EU) 2024/900 des Europäischen Parlaments und des Rates vom 13.03.2024 über die Transparenz und das Targeting politischer Werbung.

[72] *Statista*, Anzahl der Follower ausgewählter Parteien zur Bundestagswahl auf ausgewählten Social-Media-Plattformen im Februar 2025, abrufbar unter: https://de.statista.com/statistik/daten/studie/1550377/umfrage/social-media-follower-parteien-bundestagswahl-2025/ (letzter Abruf: 04.03.2025).

[73] *Statista*, Anzahl der Follower ausgewählter Parteien zur Bundestagswahl auf ausgewählten Social-Media-Plattformen im Februar 2025, abrufbar unter: https://de.statista.com/statistik/daten/studie/1550377/umfrage/social-media-follower-parteien-bundestagswahl-2025/ (letzter Abruf: 04.03.2025).

[74] *Balser*, AfD muss hohe Strafe zahlen, Süddeutsche Zeitung vom 16.06.2021, abrufbar unter: https://www.sueddeutsche.de/politik/afd-alice-weidel-spendenaffaere-1.5324331 (letzter Abruf: 04.03.2025).

war und auch nicht nach § 25 Abs. 4 PartG angezeigt wurde.[75] Durch die Spende sollen unter anderem Facebook-Likes gekauft worden sein.[76] Solch eine verfälschte Darstellung kreiert den irreführenden Eindruck, ein Thema sei besonders relevant und Tausende würden der eingenommenen Ansicht zustimmen oder, im Falle von Fehlinformationen, dem Inhalt sogar einen erhöhten Wahrheitsgehalt zusprechen.

Während die anderen Parteien die Verwendung sogenannter Social Bots im Wahlkampf ablehnten, sprach sich die AfD ausdrücklich für deren Nutzung aus.[77] Social Bots beschreiben eine Software, die sich in sozialen Netzwerken als menschliche User ausgeben und nach Vorgaben ihres Erstellers/ihrer Erstellerin Beiträge verfassen, kommentieren oder liken.[78] Social Bots führen – in noch gesteigertem Maße als gekaufte Likes – ebenfalls zu verzerrten Diskussionen und vermeintlichen Mehrheitsverhältnissen.[79] Zudem kann es passieren, dass durch die Masse an Beiträgen echte Inhalte, die gegenteiliger oder kritischer Ansicht sind, nicht mehr oder nur vermindert angezeigt werden. Varol et al. sahen in einer Ermittlung 2017 9 % bis 15 % aller englischsprachigen X-Konten als Social Bots.[80] X geht von nur 5 % aus, Musk (der Inhaber von X) selbst hingegen von ca. 20 %.[81] Diese Ungewissheit über präzise Zahlen zur Verwendung von Bots, besonders auch über eine Nutzung in Deutschland, erschwert die Ermittlung ihrer Folgen und Auswirkungen.

Während also die Nutzung sozialer Netzwerke in der Politik einerseits zu mehr Teilhabemöglichkeiten, Interaktion und gezielter Wahlwerbung führen kann, führt der Missbrauch zu verzerrten Darstellungen und Einordnungen, deren Auswirkungen (noch) nicht erforscht sind. Instagram hat beschlossen,[82] politische Inhalte nicht mehr algorithmisch anzuzeigen. Nutzer:innen bekommen politische Inhalte nur noch zu sehen, wenn sie diese Voreinstellung gezielt aufheben oder politischen Accounts folgen, ansonsten bleibt ein Anzeigen von Inhalten politischer Accounts, etwa auf der „Entdecken-Seite", aus. Diese Entscheidung wird kritisch beurteilt, da nicht davon auszugehen sei, dass diese Änderung zu einer geringeren Polarisie-

---

[75] Die Anzeigepflicht ist auch in Art. 21 Abs. 1 S. 4 GG festgeschrieben.
[76] *Bender*, Weidel bezahlte Wahlkämpfer mit Spende, FAZ vom 13.11.2018, abrufbar unter: https://www.faz.net/aktuell/politik/inland/alice-weidel-bezahlte-wahlkaempfer-mit-spende-aus-der-schweiz-15888985.html (letzter Abruf: 04.03.2025).
[77] AfD will Social Bots im Wahlkampf einsetzen, Zeit online vom 21.10.2016, abrufbar unter: https://www.zeit.de/digital/internet/2016-10/bundestagswahlkampf-2017-afd-social-bots (letzter Abruf: 04.03.2025).
[78] *Milker*, ZUM 2017, 216 (216); *Künast*, ZRP 2019, 62 (63); *Drexl*, ZUM 2017, 529 (530); *Volkmann*, MMR 2018, 58 (59).
[79] *Schemmel*, DER STAAT 2018, 501 (509).
[80] *Varol et al.*, in: Proceedings of the Eleventh International AAAI Conference, S. 280 (288).
[81] *Benrath*, Die Frage nach den Bots, FAZ vom 07.06.2022, abrufbar unter: https://www.faz.net/pro/d-economy/twitter-uebernahme-durch-elon-musk-die-frage-nach-den-bots-18086907.html (letzter Abruf: 04.03.2025).
[82] Continuing our Approach to Political Content on Instagram and Threads, 09.02.2024, abrufbar unter: https://about.instagram.com/blog/announcements/continuing-our-approach-to-political-content-on-instagram-and-threads (letzter Abruf: 04.03.2025).

rung führen werde, im Gegenteil: Politische Ränder würden es nämlich schaffen, anders als der „gemäßigte Rest", ihre Inhalte durch Austricksen des Algorithmus dennoch zu verbreiten.[83]

## D. Rechtliche Einordnung sozialer Netzwerke

Aufgrund dieses vielfältigen Einflusses sozialer Netzwerke stellt sich die Frage, wie diese in den drei verschiedenen Rechtsgebieten einzuordnen sind. Diese Einordnung ist deswegen von Bedeutung, um die Spannungsfelder zwischen sozialen Netzwerken und Nutzer:innen sowie zwischen den Nutzer:innen untereinander besser verstehen zu können. So ist ein Grundverständnis von den zivilrechtlichen Löschpflichten der sozialen Netzwerke relevant, um ihre Löschpraxis nachzuvollziehen – neben den strafbewehrten Verboten ein weiterer Mechanismus, um gegen Hass im Netz vorzugehen. Auf die Löschpraxis wird daher im Laufe der Arbeit an unterschiedlichen Stellen als Grundlage für Argumente und Anknüpfungen zurückgegriffen.[84]

### I. Zivilrecht

#### 1. Vertragliche Ausgestaltung

Weitestgehend unstrittig ist, dass zwischen dem sozialen Netzwerk und den Nutzer:innen ein vertragliches Schuldverhältnis besteht[85] und dessen Einordnung von den Leistungspflichten im Einzelfall abhängig ist.[86] In der Regel wird der Leistungsumfang seitens des sozialen Netzwerkes darin bestehen, die technische Online-Plattform bereitzustellen, ihren Zugang zu ermöglichen und Speicherplatz für das Posten der Inhalte von Nutzer:innen bereitzustellen.[87] Während der Bundesgerichtshof selbst keine vertragliche Einordnung vornimmt,[88] klassifiziert das OLG München den Vertrag als Vertrag sui generis.[89] Wohl überwiegend wird der Vertrag als typengemischter Vertrag mit werk-, dienst- und mietvertraglichen

---

[83] *Blome*, Wer Algospeak versteht, weiß dann Bescheid, Zeit vom 11.05.2024, abrufbar unter: https://www.zeit.de/kultur/2024-05/politische-inhalte-instagram-einschraenkung-meinungsfreiheit (letzter Abruf: 04.03.2025).
[84] So in § 3 F. II., § 4 B. II. 2. und § 6 E. II. 2. e).
[85] *Beurskens*, NJW 2018, 3418 (3419); *Friehe*, NJW 2020, 1697 (1697); *Elsaß/Labusga/Tichy*, CR 2017, 234 (237); OLG Dresden, Beschluss v. 08.08.2018, 4 W 577/18 Rn. 14, NJW 2018, 3111 (3112).
[86] *Bräutigam/Richter*, in: Rechtshandbuch Social Media, S. 81 (86 f.).
[87] *Spindler*, CR 2019, 238 (239); *Bräutigam/Richter*, in: Rechtshandbuch Social Media, S. 81 (85).
[88] BGH, Urteil v. 29.07.2021, III ZR 179/20 Rn. 28, NJW 2021, 3179 (3182).
[89] OLG München, Beschluss v. 24.08.2018, 18 W 1294/18 Rn. 18, NJW 2018, 3115 (3116).

Elementen eingeordnet,[90] wobei sich die Entgeltlichkeit aus der Einräumung der Nutzung personenbezogener Daten ergibt.[91]

In der Praxis spielen in der Vertragsausgestaltung besonders die sogenannten Gemeinschaftsstandards,[92] Nutzungsbedingungen[93] oder Community-Richtlinien[94] eine große Rolle. Das sind die Nutzungsbedingungen der sozialen Netzwerke, die Grundsätze für die Kommunikation festlegen. Sie ermöglichen oft die Löschung von Beiträgen oder die Sperrung von Nutzer:innen, sofern gegen diese verstoßen wird. Wichtig ist dabei zu betonen, dass sie zum einen die Einhaltung nationaler Gesetze vorschreiben, zum anderen aber auch Inhalte untersagen, die rechtlich zulässig sind,[95] wie es etwa bei „Hassrede"[96] oder „Hass schürendem Verhalten"[97] der Fall sein kann. Dieses Vorgehen wird auch grundsätzlich vom Bundesgerichtshof gebilligt.[98] Die Gemeinschaftsstandards werden in der Regel als allgemeine Geschäftsbedingungen i. S. v. § 305 Abs. 1 BGB eingeordnet,[99] wobei es immer wieder vorkommt, dass sie je nach Ausgestaltung einer Inhaltskontrolle nach §§ 307 ff. BGB nicht standhalten.[100] Zur Durchsetzung der Gemeinschaftsstandards setzen die sozialen Netzwerke auf unterschiedliche Kombinationen aus manuellen und automatisierten Moderationseingriffen.[101]

---

[90] *Müller-Riemenschneider*, MMR 2018, 547 (547); *Bräutigam/Richter*, in: Rechtshandbuch Social Media, S. 81 (89); *Härting*, in: Handbuch der IT-Verträge, Teil 3.14 Rn. 23 mit kurzer Erläuterung der dienst- und mietvertraglichen Elemente; *Spindler*, CR 2019, 238 (239); LG Frankfurt/M., Beschluss v. 14.05.2018, 2-03 O 182/18 Rn. 11, MMR 2018, 545 (545); KG, Urteil v. 31.05.2017, 21 U 9/16 Rn. 60, DNotZ 2018, 286 (288).
[91] *Bräutigam*, MMR 2012, 635 (640); *Holznagel*, CR 2018, 369 (370); *Roos*, in: Handbuch Multimedia-Recht, Teil 12 Rn. 25 f.
[92] So für Facebook: Facebook-Gemeinschaftsstandards, abrufbar unter: https://transparency.meta.com/de-de/policies/community-standards/ (letzter Abruf: 04.03.2025).
[93] So für Instagram: Nutzungsbedingungen, abrufbar unter: https://help.instagram.com/478745558852511?helpref=faq_content (letzter Abruf: 04.03.2025).
[94] So für YouTube: Community-Richtlinien, abrufbar unter: https://www.youtube.com/howyoutubeworks/policies/community-guidelines/ (letzter Abruf: 04.03.2025).
[95] *Holznagel*, CR 2018, 369 (371).
[96] So für Facebook, abrufbar unter: https://transparency.meta.com/de-de/policies/community-standards/hate-speech (letzter Abruf: 04.03.2025).
[97] So für X, abrufbar unter: https://help.twitter.com/de/rules-and-policies/hateful-conduct-policy (letzter Abruf: 04.03.2025).
[98] BGH, Urteil v. 29.07.2021, III ZR 179/20 Rn. 58 f., NJW 2021, 3179 (3185).
[99] *Bräutigam/Richter*, in: Rechtshandbuch Social Media, S. 81 (99); *Friehe*, NJW 2020, 1697 (1697); *Elsaß/Labusga/Tichy*, CR 2017, 234 (237); *Schwenke*, WRP 2013, 37 (39); *Eckert*, DSRITB 2023, 715 (723); OLG München, Beschluss v. 24.08.2018, 18 W 1294/18 Rn. 21, NJW 2018, 3115 (3116); OLG Dresden, Beschluss v. 08.08.2018, 4 W 577/18 Rn. 17, NJW 2018, 3111 (3112).
[100] So stellte etwa BGH, Urteil v. 29.07.2021, III ZR 179/20 Rn. 29 ff., NJW 2021, 3179 (3182) eine unangemessene Benachteiligung i. S. v. § 307 Abs. 1 S. 1 und S. 2 BGB fest, da die AGBs u. a. kein Widerspruchsverfahren vorsahen.
[101] Für einen weiteren Überblick dazu siehe *Haim*, in: Das Phänomen „Digitaler Hass", S. 89 (92).

## 2. Rechtliche Auseinandersetzungen

Zu zivilrechtlichen Auseinandersetzungen zwischen Nutzer:innen und sozialen Netzwerken kommt es vor allem in Folge von Löschungen von Inhalten oder Kontosperrungen. Anlass dazu geben meist Inhalte, die das allgemeine Persönlichkeitsrecht eines Nutzers/einer Nutzerin i. S. v. Art. 2 Abs. 1 GG i. V. m. Art. 1 Abs. 1 GG potenziell verletzen.

Wird unberechtigt ein Beitrag gelöscht oder ein Konto gesperrt, so haben die Nutzer:innen einen Anspruch auf Rückgängigmachung dieser Einschränkung.[102] Auf der Gegenseite können soziale Netzwerke auch dazu verpflichtet werden, ihre Nutzer:innen vor Angriffen zu schützen.[103] Eine allgemeine Überwachungspflicht der Inhalte gibt es allerdings nicht.[104] Mit Kenntniserlangung eines Inhalts, der das allgemeine Persönlichkeitsrecht verletzt, sind soziale Netzwerke nach der Störerhaftung analog gem. §§ 1004 Abs. 1 S. 1, 823 Abs. 1 BGB dazu verpflichtet, den Inhalt zu entfernen oder den/die Nutzer:in des sozialen Netzwerks zu sperren.[105] Das OLG Frankfurt hat zudem bestätigt, dass soziale Netzwerke für das Auffinden sinn- und kerngleicher Inhalte verantwortlich sind, sofern ein solcher Inhalt der Plattform einmal gemeldet wurde.[106] Aus § 241 Abs. 2 BGB ergibt sich zudem die Pflicht, eine Möglichkeit zu schaffen, um potenzielle Rechtsverstöße zu melden.[107]

Im Zuge dessen ist auf den Auskunftsanspruch von Nutzer:innen gegenüber dem sozialen Netzwerk hinzuweisen, wonach diese gem. § 21 Abs. 2 S. 1 TTDSG[108] zur Auskunft der vorhandenen Bestandsdaten verpflichtet sind, sofern sie zur Durchsetzung zivilrechtlicher Ansprüche wegen der Verletzung absolut geschützter Rechte aufgrund rechtswidriger Inhalte erforderlich sind.

---

[102] Die konkrete Anspruchsgrundlage einer solchen Rückgängigmachung ist nicht eindeutig. Der Bundesgerichtshof leitet ihn über einen Anspruch auf Naturalrestitution aus §§ 280 Abs. 1, 249 Abs. 1 BGB her: BGH, Urteil v. 29.07.2021, III ZR 179/20 Rn. 27, NJW 2021, 3179 (3182). Andere ziehen §§ 1004, 241 Abs. 2 BGB zur Unterlassung der Sperre und der Löschung als Anspruchsgrundlage heran: LG Frankfurt/M., Beschluss v. 14.05.2018, 2-03 O 182/18 Rn. 10, MMR 2018, 545 (545). Teilweise wird dieser Anspruch auch auf den Nutzungsvertrag i. V. m. § 241 Abs. 2 BGB begründet: OLG München, Beschluss v. 17.07.2018, 18 W 858/18 Rn. 17, 20, MMR 2018, 760 (760 f.).
[103] *Adelberg*, Rechtspflichten und -grenzen der Betreiber sozialer Netzwerke, S. 76.
[104] *Ludyga*, NJW 2024, 703 (707).
[105] *Steinbach*, JZ 2017, 653 (660); *Nolte*, ZUM 2017, 552 (554); *Lang*, AöR 2018, 220 (227).
[106] OLG Frankfurt, Urteil v. 25.01.2024, 16 U 65/22 Rn. 43, GRUR-RS 2024, 588.
[107] *Adelberg*, Rechtspflichten und -grenzen der Betreiber sozialer Netzwerke, S. 76.
[108] Früher: § 14 Abs. 3 TMG.

## II. Strafrecht

Als juristische Personen können sich Anbieter:innen sozialer Netzwerke nicht nach dem StGB strafbar machen. Das ergibt sich primär aus ihrer fehlenden Handlungs- und Schuldfähigkeit.[109] Lediglich die Strafbarkeit der hinter den Anbieter:innen sozialer Netzwerke stehenden natürlichen Personen kommt in Betracht (§ 14 StGB), sofern rechtswidrige Inhalte auf der Plattform zugänglich sind. Allein das Bereitstellen der Plattform ist strafrechtlich nicht relevant.[110] Denkbar ist hingegen eine Strafbarkeit wegen Beihilfe durch Unterlassen.[111]

Mit Hilfe des Ordnungswidrigkeitenrechts können hingegen Maßnahmen gem. § 30 Abs. 1 OWiG auch direkt gegenüber juristischen Personen verhängt werden, sofern eine Straftat oder Ordnungswidrigkeit ihr zugerechnet werden kann. Wie auch § 4 NetzDG a. F.[112] sehen Art. 73, 74 des DSA[113] vor, dass bei Nicht-Erfüllung der Verordnungsbestimmungen Bußgelder verhängt werden können, beispielsweise wenn sie ihrer Pflicht zum Umgang mit Beschwerden von Nutzer:innen über Hasskriminalität oder der Auskunft von Bestandsdaten nicht nachkommen.

## III. Öffentliches Recht

Aus öffentlich-rechtlicher Perspektive sind besonders die Fragen der Grundrechtsberechtigung sozialer Netzwerke sowie ihrer Grundrechtsverpflichtung in den bereits angesprochenen zivilrechtlichen Auseinandersetzungen von großer Bedeutung.

### 1. Grundrechtsberechtigung sozialer Netzwerke

Neben den Grundrechten der sich Äußernden (Art. 5 Abs. 1 S. 1 Alt. 1 GG) und den Grundrechten der Verletzten (Art. 2 Abs. 1 i. V. m. Art. 1 Abs. 1 GG) stehen auch den sozialen Netzwerken selbst Grundrechte zu. Zur Ermittlung des grundrechtlichen Schutzes der Anbieter:innen sozialer Netzwerke als juristische Personen des Privatrechts kommt es auf die Erfüllung der Voraussetzungen des Art. 19 Abs. 3 GG an.

---

[109] RG, Urteil v. 26.05.1887, Rep 1040/87, RGSt 16, 121 (123); *Jescheck/Weigend*, Strafrecht AT, S. 227; *Jäger*, in: SK StGB, vor § 1 StGB Rn. 52; *Stratenwerth*, in: FS Schmitt 1992, S. 295 (305); *Lange*, JZ 1952, 261 (262 ff.); *Greco*, GA 2015, 503 (514 ff.).
[110] *Ceffinato*, JuS 2017, 403 (404); *Freund*, in: MüKo StGB, § 13 StGB Rn. 167.
[111] *Friehe*, NJW 2020, 1697 (1698); *Ceffinato*, JuS 2017, 403 (404).
[112] § 4 NetzDG besteht zwar weiterhin, jedoch bezieht sich die n. F. allein auf die Pflicht zur Benennung eines Zustellungsbevollmächtigten.
[113] Mehr dazu unten § 3 D. II. 2.

*a) Einordnung als inländische juristische Person*

Nach dem Wortlaut des Art. 19 Abs. 3 GG genießen nur inländische juristische Personen grundrechtlichen Schutz. Herrschend wird dabei auf den tatsächlichen Sitz der juristischen Person abgestellt.[114] Aufgrund des Anwendungsvorrangs der Grundfreiheiten im Binnenmarkt nach Art. 26 Abs. 2 AEUV und des Diskriminierungsverbots i. S. v. Art. 18 AEUV umfasst das Merkmal „inländisch" das gesamte Gebiet der Europäischen Union.[115] Dadurch, dass beispielsweise Meta Platforms Inc., das bis 2021 noch Facebook Inc. hieß, ihr Tochterunternehmen Meta Platforms Ireland Ltd. in Irland betreibt,[116] ist sie „inländisch" i. S. d. Art. 19 Abs. 3 GG.

*b) Wesensmäßige Anwendbarkeit*

Art. 19 Abs. 3 GG verlangt zudem eine wesensmäßige Anwendbarkeit der jeweiligen Grundrechte, die durch zwei Gesichtspunkte zu ermitteln ist: die Rechtsträgereigenschaft der juristischen Person und den Inhalt des konkreten Grundrechts.[117]

aa) Rechtsträgereigenschaft

Es gilt daher zu untersuchen, ob Anbieter:innen sozialer Netzwerke die Rechtsträgereigenschaft juristischer Personen zur Anerkennung ihrer Grundrechtsberechtigung erfüllen. Das Bundesverfassungsgericht fordert ein sogenanntes personales Substrat, wonach die Bildung und Betätigung von juristischen Personen Ausdruck der hinter ihr stehenden natürlichen Person sein muss.[118] Bei juristischen Personen des Privatrechts, sofern diese nicht (überwiegend) vom Staat getragen werden,[119] ist das in der Regel der Fall. Für *Groß*unternehmen, wie es nahezu alle Anbieter:innen

---

[114] *Kaufhold*, in: Dreier, Art. 19 III GG Rn. 89; *Ernst*, in: von Münch/Künig, Art. 19 GG Rn. 89; *Remmert*, in: Dürig/Herzog/Scholz, Art. 19 III GG Rn. 78 ff.; *Huber*, in: von Mangoldt/Klein/Starck, Art. 19 GG Rn. 296.

[115] Erstmalig in BVerfG, Beschluss v. 19.07.2011, 1 BvR 1916/09 Rn. 75 ff., BVerfGE 129, 78 (91).

[116] Nutzungsbedingungen, abrufbar unter: https://www.facebook.com/legal/terms?ref=p (letzter Abruf: 04.03.2025).

[117] *Jarass*, in: Jarass/Pieroth, Art. 19 GG Rn. 18 f.; *Schoch*, JURA 2001, 201 (203); *Volkmann*, Staatsrecht II, § 16 Rn. 21.

[118] BVerfG, Beschluss v. 02.05.1967, 1 BvR 578/63 Rn. 22, BVerfGE 21, 362 (369); BVerfG, Beschluss v. 31.10.1984, 1 BvR 35/82, 1 BvR 356/82, 1 BvR 794/82 Rn. 12, BVerfGE 68, 193 (205 f.); BVerfG, Beschluss v. 14.04.1987, 1 BvR 775/84 Rn. 17, BVerfGE 75, 192 (195 f.); BVerfG, Beschluss v. 08.07.1982, 2 BvR 1187/80 Rn. 57, BVerfGE 61, 82 (101).

[119] Folgerung der Fraport-Entscheidung (BVerfG, Urteil v. 22.02.2011, 1 BvR 699/06, BVerfGE 128, 226), wonach juristische Personen des Privatrechts, die überwiegend in öffentlicher Hand stehen, grundrechtsverpflichtet sind. Diese können dann nicht zeitgleich auch Grundrechtsberechtigte sein.

der gängigen sozialen Netzwerke sind, erscheint solch ein personaler Bezug jedoch höchst fraglich. Das Bundesverfassungsgericht möchte aber Art. 19 Abs. 3 GG dennoch auch bei Großunternehmen aufgrund ihrer wesentlichen Rolle in einer „hochentwickelten und leistungsfähigen Volkswirtschaft" anwenden.[120] Es betrachtet durch diese Argumentation daher ausnahmsweise die juristische Person als eigenes Konstrukt und nicht die Individuen.

Zum selben Ergebnis kommt auch die Literatur, die jedoch die Herleitung über das personale Substrat als Konstrukt mit vielen Ausnahmen überwiegend ablehnt.[121] Diese sieht Art. 19 Abs. 3 GG als eigenständige Grundrechtsberechtigung juristischer Personen und diese nicht nur als Summierung natürlicher Personen an. Sie verlangt eine grundrechtstypische Gefährdungslage,[122] bei der sich die juristische Person in einer Lage befindet, in der sie, vergleichbar mit einer natürlichen Person, der staatlichen Gewalt unterworfen ist und sich auf ihren grundrechtlichen Schutz berufen kann. Gerade eine solche grundrechtstypische Gefährdungslage kann für Anbieter:innen sozialer Netzwerke in verschiedenen Situationen bestehen: Vorschriften, die die Verbreitung bestimmter Meinungen verbieten, ihnen Steuerzahlungen auferlegen oder sie zur Einrichtung von Meldemöglichkeiten von Beiträgen für Nutzer:innen verpflichten, würden bei natürlichen Personen den Schutzbereich ihrer Meinungsfreiheit nach Art. 5 Abs. 1 S. 1 Alt. 1 GG, ihrer Eigentumsfreiheit nach Art. 14 Abs. 1 S. 1 GG und ihrer allgemeinen Handlungsfreiheit nach Art. 2 Abs. 1 GG betreffen.

bb) Einschlägige Grundrechte

Soziale Netzwerke können sich nicht auf alle Grundrechte berufen. Nach zweiter Voraussetzung der wesensmäßigen Anwendbarkeit des Art. 19 Abs. 3 GG dürfen sich juristische Personen nur auf solche Grundrechte berufen, die sich korporativ ausüben lassen oder auf Korporationen anwenden lassen,[123] nicht jedoch auf solche Grundrechte, die an physische oder psychische Eigenschaften des Menschen, ihre Eigenart oder Beziehungen anknüpfen.[124] Im Folgenden ist die fortlaufende Debatte

---

[120] BVerfG, Urteil v. 01.03.1979, 1 BvR 532/77, 1 BvR 533/77, 1 BvR 419/78, 1 BvL 21/78 Rn. 173, BVerfGE 50, 290 (364).
[121] *Becker*, JURA 2019, 496 (507); *Kingreen/Poscher*, Grundrechte, Rn. 249; *Erichsen/Scherzberg*, NVwZ 1990, 8 (11); *Muckel*, JA 2020, 411 (413f.); *Michael/Morlok*, Grundrechte, Rn. 458; *Kaufhold*, in: Dreier, Art. 19 III GG Rn. 28, 32.
[122] Dieser Begriff wird auch durch das BVerfG teilweise verwendet, ohne sich jedoch von der Orientierung am personalen Substrat zu entfernen. Siehe dazu exemplarisch: BVerfG, Beschluss v. 08.07.1982, 2 BvR 1187/80 Rn. 59, NJW 1982, 2173 (2174).
[123] BVerfG, Beschluss v. 26.05.1976, 2 BvR 294/76 Rn. 30, BVerfGE 42, 212 (219); *Ernst*, in: von Münch/Künig, Art. 19 GG Rn. 96; *Lang/Wilms*, Grundrechte, Rn. 137.
[124] BVerfG, Beschluss v. 26.02.1997, 1 BvR 2172/96 Rn. 83, BVerfGE 95, 220 (242); BVerfG, Beschluss v. 09.10.2002, 1 BvR 1611/96, 1 BvR 805/98 Rn. 40, BVerfGE 106, 28 (42); *Remmert*, in: Dürig/Herzog/Scholz, Art. 19 III GG Rn. 101; *Stern*, Staatsrecht Band III/1, S. 1126.

um die wichtigsten Grundrechte sozialer Netzwerke kurz zu beleuchten; für eine vertiefte Darstellung wird auf monographische Ausarbeitungen verwiesen.[125]

*(1) Meinungsfreiheit*

Für die Anwendung der Meinungsfreiheit i. S. v. Art. 5 Abs. 1 S. 1 Alt. 1 GG in sozialen Netzwerken ist zwischen verschiedenen Anknüpfungspunkten zu differenzieren. Als Meinung ist dabei jede Äußerung mit Elementen der Stellungnahme, des Dafürhaltens oder des Meinens im Rahmen einer geistigen Auseinandersetzung zu verstehen.[126]

Vom Schutzbereich umfasst ist jedenfalls das Darstellen der *eigenen* Meinung des sozialen Netzwerks, wozu es jedoch in der Praxis nur selten kommt.[127] Sozialen Netzwerken geht es nämlich vor allem darum, *Dritten* die Verbreitung ihrer Meinung und Informationen zu ermöglichen; die sozialen Netzwerke stellen somit eine „unverzichtbare Mittelsperson" dar. Bereits 2017 hat der Bundesgerichtshof entschieden, dass auch das bloße Mitteilen fremder Meinungen ohne ein Zu-Eigen-Machen oder Anfügen einer eigenen Stellungnahme von der Meinungsfreiheit umfasst ist.[128] In seiner Entscheidung im Jahr 2021 hat der Bundesgerichtshof klargestellt, dass es jedoch in irgendeiner Form einer Einwirkung auf den Kommunikationsprozess bedarf.[129] Konkrete Anknüpfungspunkte für die Eröffnung des Schutzbereiches sind daher die Gemeinschaftsstandards sozialer Netzwerke und ihr Handeln danach, da hier festgelegt wird, welche Inhalte gelöscht werden und welche nicht.[130] Dem stimmt die Literatur zu.[131]

Das Einsetzen eines Algorithmus hingegen, etwa zur Erzeugung des Newsfeeds, wurde zwar höchstrichterlich noch nicht erörtert, wird aber in der Literatur weitestgehend nicht als von Art. 5 Abs. 1 S. 1 Alt. 1 GG umfasst gesehen.[132] Grund

---

[125] *Giere*, Grundrechtliche Einordnung sozialer Netzwerke, S. 58 ff.; *Adelberg*, Rechtspflichten und -grenzen der Betreiber sozialer Netzwerke, S. 32 ff.; *Kellner*, Die Regulierung der Meinungsmacht von Internetintermediären, S. 92 ff.; *Niggemann*, Hasskriminalität in sozialen Netzwerken, S. 206 ff.
[126] BVerfG, Urteil v. 22.06.1982, 1 BvR 1376/79 Rn. 16, BVerfGE 61, 1 (8).
[127] *Adelberg*, Rechtspflichten und -grenzen der Betreiber sozialer Netzwerke, S. 48.
[128] BGH, Urteil v. 04.04.2017, VI ZR 123/16 Rn. 24, NJW 2017, 2029 (2031).
[129] BGH, Urteil v. 29.07.2021, III ZR 179/20 Rn. 74, NJW 2021, 3179 (3187).
[130] BGH, Urteil v. 29.07.2021, III ZR 179/20 Rn. 74, NJW 2021, 3179 (3187).
[131] *Niggemann*, Hasskriminalität in sozialen Netzwerken, S. 217; *Adelberg*, Rechtspflichten und -grenzen der Betreiber sozialer Netzwerke, S. 49; *Kellner*, Die Regulierung der Meinungsmacht von Internetintermediären, S. 95; *Pille*, Meinungsmacht sozialer Netzwerke, S. 178, der private und gruppeninterne Nachrichten vom Anwendungsbereich ausschließt.
[132] *Giere*, Grundrechtliche Einordnung sozialer Netzwerke, S. 64 f.; *Adelberg*, Rechtspflichten und -grenzen der Betreiber sozialer Netzwerke, S. 48 f.; *Niggemann*, Hasskriminalität in sozialen Netzwerken, S. 217 f.; a. A. *Kellner*, Die Regulierung der Meinungsmacht von Internetintermediären, S. 95 ff.

dafür ist, dass das Selektieren, welche Inhalte als besonders interessant einzuordnen sind und daher oben im Newsfeed erscheinen, nicht aufgrund des konkreten Inhalts erfolgt, sondern anhand der dem Algorithmus zugrunde liegenden technischen Parameter, beispielsweise weil ein Beitrag bestimmte Begriffe enthält.[133] Allein solch ein technischer Ablauf stellt keine innere Haltung dar, wie es jedoch für die Qualifizierung als Meinung erforderlich ist.[134]

*(2) Medienfreiheit*

Inwiefern soziale Netzwerke in den Schutzbereich des Art. 5 Abs. 1 S. 2 GG fallen, ist nicht abschließend geklärt, wobei es besonders um die Einordnung dieser als Presse und/oder Rundfunk geht.

Bislang erfolgt die Abgrenzung dieser beiden Varianten des Art. 5 Abs. 1 S. 2 GG anhand des *Verbreitungsmediums*: Druckerzeugnisse seien der Presse zuzuordnen und elektro-magnetische Verbreitungsformen dem Rundfunk.[135] Hiernach wären soziale Netzwerke als Rundfunk zu klassifizieren. Es ist jedoch fraglich, inwiefern soziale Netzwerke die weiteren Voraussetzungen der Rundfunkfreiheit erfüllen, wie etwa das Merkmal der Darbietungen als redaktionell verantwortete und programmlich aufbereitete Inhalte.[136] Soziale Netzwerke generieren keinen einheitlichen Newsfeed aus eigenen Inhalten, der einem strukturierten Zeitplan folgt. Vielmehr erstellt ein Algorithmus für jede:n einzelne:n Nutzer:in einen eigenen Newsfeed, der sich aus den Beiträgen anderer Nutzer:innen ergibt. Unter Berufung auf einen dynamischen Rundfunkbegriff[137] wird daher teilweise auch eine Entwicklungsoffenheit dieses Merkmals gefordert: So genüge es, dass die *Wirkung* des algorithmusbasierten Newsfeeds der *Wirkung* von Darbietungen des klassischen Rundfunks gleiche. Auch hier würde besonders durch mögliche Echokammern- oder Filterblasen-Effekte[138] ein erheblicher Einfluss auf den Meinungsbildungsprozess genommen.[139]

Stellt man zur Abgrenzung jedoch allein auf das Verbreitungsmedium als solches ab, so würden langfristig nahezu alle Medien als Rundfunk einzuordnen sein,

---

[133] *Niggemann*, Hasskriminalität in sozialen Netzwerken, S. 218; *Pille*, Meinungsmacht sozialer Netzwerke, S. 179.
[134] *Adelberg*, Rechtspflichten und -grenzen der Betreiber sozialer Netzwerke, S. 49; *Sieber/Nolde*, Sperrverfügungen im Internet, S. 66 f.
[135] *Schemmer*, in: BeckOK GG, Art. 5 GG Rn. 58, 67.
[136] *Jarass*, AfP 1998, 133 (135); *Schemmer*, in: BeckOK GG, Art. 5 GG Rn. 69.
[137] BVerfG, Urteil v. 05.02.1991, 1 BvF 1/85, 1 BvF 1/88 Rn. 418, BVerfGE 83, 238 (302).
[138] Siehe oben § 2 B.
[139] *Beyerbach*, in: Rechtshandbuch Social Media, S. 507 (524 ff.); für Suchmaschinen auf die Funktion für die öffentliche Kommunikation abstellend *Schulz*, Computer und Recht 2008, 470 (474); für das Internet allgemein auf die meinungsbildende Wirkung abstellend *Kube*, in: Handbuch des Staatsrechts IV, § 91 Rn. 16.

da sie ihre Inhalte immer mehr elektronisch verbreiten werden.[140] Daher sei auf das *Darstellungsformat* abzustellen: Textformate seien der Presse zuzuordnen, audiovisuelle Formate dem Rundfunk.[141] Während diese Abgrenzung für die Videoplattform YouTube zu einer eindeutigen Einordnung führt, so ist das bei einer Einordnung von Facebook, wo sowohl Videos als auch verschriftlichte Inhalte geteilt werden, nicht der Fall.[142]

Diese schwierig vorzunehmende Abgrenzung und nicht eindeutige Einordnung in das geltende Verfassungsrecht führten zu vier verschiedenen Lösungsansätzen. Manche schlagen ein Grundrecht der Internetfreiheit als Freiheit *sui generis* des Art. 5 Abs. 1 GG vor, die die Kommunikation im Internet schützen soll.[143] Dieser Vorschlag ist nicht zu verwechseln mit dem einer Internet*dienst*freiheit, bei der allein die Dienstanbieter:innen selbst unter Schutz stehen würden, damit der Schutzbereich der Rundfunkfreiheit wieder auf ihren wesentlichen Inhalt minimiert werden würde.[144] Teilweise wird auch vertreten, Art. 5 Abs. 1 S. 2 GG als einheitliches Mediengrundrecht zu verstehen, wodurch eine Einordnung in Presse oder Rundfunk entbehrlich wäre.[145] Noch weitgehender ist die Forderung nach einer einheitlichen Kommunikationsfreiheit nach Art. 5 Abs. 1 GG: Hiernach soll zudem auch die Unterscheidung zwischen Individual- und Massenkommunikation aufgehoben werden.[146]

Wie der (Verfassungs-)Gesetzgeber auf diese Vorschläge reagiert, bleibt abzuwarten. Auch die Rechtsprechung hat sich diesen Fragen um den Schutzbereich der Medienfreiheit bislang noch nicht angenommen.

---

[140] *Holznagel/Schumacher*, in: Netzneutralität in der Informationsgesellschaft, S. 47 (57); *Kellner*, Die Regulierung der Meinungsmacht von Internetintermediären, S. 105; *Niggemann*, Hasskriminalität in sozialen Netzwerken, S. 223.

[141] *Gersdorf*, APR 2010, 421 (424); *ders.*, Der verfassungsrechtliche Rundfunkbegriff, S. 145 f.; ähnlich auch *König*, Die Teletexte. Versuch einer verfassungsrechtlichen Einordnung, S. 130, der jedoch auch zwischen der Flüchtigkeit (Rundfunk) und Konservierung (Presse) differenziert.

[142] *Kellner*, Die Regulierung der Meinungsmacht von Internetintermediären, S. 106; *Giere*, Grundrechtliche Einordnung sozialer Netzwerke, S. 108 f.

[143] Erstmalig *Mecklenburg*, ZUM 1997, 525 (525 ff.).

[144] *Holznagel/Schumacher*, in: Netzneutralität in der Informationsgesellschaft, S. 47 (58 ff.); *dies.*, ZRP 2011, 74 (77).

[145] *Bock*, Die Übertragbarkeit der Kommunikationsfreiheiten des Artikel 5 GG auf das Internet, S. 269 ff.; *Bronsema*, Medienspezifischer Grundrechtsschutz der elektronischen Presse, S. 168 ff.

[146] *Niggemann*, Hasskriminalität in sozialen Netzwerken, S. 229 f.; *Pille*, Meinungsmacht sozialer Netzwerke, S. 194; *Adelberg*, Rechtspflichten und -grenzen der Betreiber sozialer Netzwerke, S. 46.

*(3) Wirtschaftsgrundrechte*

Zudem ist auf den Schutz des Betreibens eines sozialen Netzwerkes durch die Berufsfreiheit i. S. d. Art. 12 Abs. 1 GG hinzuweisen.[147] Die eingerichteten Kommunikationsräume werden als „virtuelles Eigentum" i. S. v. Art. 14 Abs. 1 GG angesehen, da die sozialen Netzwerke hierüber, etwa durch das Löschen von Beiträgen oder Sperren von Nutzer:innen, eigentumsähnlich verfügen können.[148]

## 2. Reichweite der mittelbaren Drittwirkung

### *a) Grundrechtliche Ausgangslage*

Die Ausübung dieser soeben erörterten Grundrechte durch die sozialen Netzwerke führt grundsätzlich zur eigenen Entscheidungsmöglichkeit darüber, welche Inhalte sie verbreiten und welche Inhalte sie löschen wollen.[149] Ihr Löschverhalten wirkt sich jedoch auch auf die Ausübung der Grundrechte ihrer Nutzer:innen aus. Entscheiden die sozialen Netzwerke sich *für* das Löschen oder Entfernen eines Inhalts, so ist die Meinungsfreiheit des/der Äußernden gem. Art. 5 Abs. 1 S. 1 Alt. 1 GG betroffen. Neben dem Inhalt schützt die Meinungsfreiheit nämlich auch die Wahl derjenigen Umstände, von denen man sich die größte Verbreitung oder die stärkste Wirkung erhofft.[150] Wie auch schon der Wortlaut im Grundgesetz zeigt („Wort, Schrift und Bild"), unterliegt die Selbstbestimmung der Form ebenfalls dem Schutzbereich, wovon auch das Verwenden von Bildern[151] oder das Setzen von Links[152] umfasst ist, was besonders für die Meinungsverbreitung im Netz relevant ist. Sofern hingegen ein Beitrag ehrverletzender oder herabwürdigender Art *nicht* gelöscht wird, so wird das allgemeine Persönlichkeitsrecht gem. Art. 2 Abs. 1 i. V. m. Art. 1 Abs. 1 GG des/der Adressierten beeinträchtigt. Der Schutzbereich dieses Grundrechts ergibt sich aus der kasuistischen Rechtsprechung, wobei sich die drei Hauptfallgruppen der Selbstbestimmung, Selbstbewahrung und Selbstdarstellung herausgebildet haben. Bei Äußerungen in sozialen Netzwerken kann

---

[147] *Lüdemann*, MMR 2019, 279 (281); *Jobst*, NJW 2020, 11 (16); *Adelberg*, Rechtspflichten und -grenzen der Betreiber sozialer Netzwerke, S. 62; *Niggemann*, Hasskriminalität in sozialen Netzwerken, S. 232.
[148] OLG Dresden, Beschluss v. 08.08.2018, 4 W 577/18 Rn. 23, NJW 2018, 3111 (3114); *Lüdemann*, MMR 2019, 279 (281); *Adelberg*, Rechtspflichten und -grenzen der Betreiber sozialer Netzwerke, S. 62; *Ladeur/Gostomzyk*, Gutachten zur Verfassungsmäßigkeit des NetzDG-E, S. 75; *Elsaß/Labusga/Tichy*, CR 2017, 234 (237).
[149] Zur Möglichkeit, diese Entscheidung mit Hilfe von KI zu treffen *Eckert*, DSRITB 2023, 715 (732, 728 ff.).
[150] BVerfG, Beschluss v. 10.10.1995, 1 BvR 1476/91, 1 BvR 1980/91, 1 BvR 102/92, 1 BvR 221/92 Rn. 108, BVerfGE 93, 266 (289).
[151] BVerfG, Beschluss v. 10.10.1995, 1 BvR 1476/91, 1 BvR 1980/91, 1 BvR 102/92, 1 BvR 221/92 Rn. 108, BVerfGE 93, 266 (289).
[152] BVerfG, Beschluss v. 15.12.2011, 1 BvR 1248/11 Rn. 31, NJW 2012, 1205 (1206).

insbesondere die Selbstdarstellung betroffen sein, die unter anderem den Schutz der persönlichen Ehre,[153] das Recht auf Gegendarstellung oder Berichtigung[154] sowie das Recht am eigenen Bild[155] umfasst.

An diese Grundrechte der Nutzer:innen sind soziale Netzwerke jedoch, anders als nach Art. 1 Abs. 3 GG der Staat, nicht *unmittelbar* gebunden. Die (Nicht-)Löschung von Inhalten richtet sich nach dem zivilrechtlichen Vertragsrecht, das soziale Netzwerke sowohl zur Löschung als auch zur Verbreitung verpflichten kann.[156] Die Grundrechte der Nutzer:innen bleiben dabei jedoch nicht unbeachtet. Über allgemeine Klauseln oder unbestimmte Rechtsbegriffe, wie etwa die Schutzpflicht aus § 241 Abs. 2 BGB oder AGB-Klauseln, finden sie ihren Eingang in das Vertragsverhältnis der Parteien.[157] Somit entfalten die Grundrechte beider Parteien eine *mittelbare Drittwirkung*.[158]

*b) Rechtsprechung des Bundesgerichtshofs*

In der Rechtsprechung stand insbesondere bei den (Ober-)Gerichten die Debatte im Fokus, inwiefern soziale Netzwerke rechtlich *zulässige* Inhalte ihrer Nutzer:innen löschen dürfen.[159] Diese Frage stellt sich, da die AGBs der sozialen Netzwerke, die die Grundlage der Löschpraxis bilden, häufig bei Vorliegen von „Hassrede" oder ähnlichen Umschreibungen Löschungen erlauben, ohne dass die betroffenen Inhalte zugleich gegen geltendes Recht verstoßen müssen.

Am 29. Juli 2021 hat der Bundesgerichtshof in zwei Urteilen schließlich entschieden, dass soziale Netzwerke in ihren AGBs die Löschung rechtlich zulässiger Inhalte vorsehen dürfen.[160] Grund dafür bilde ihr Interesse daran, durch ein Entfernen von Beiträgen mit einem beispielsweise verrohten Umgangston sowohl für ihre Nutzer:innen als auch für Werbekund:innen ein attraktives Kommunikations- und Werbeumfeld zu schaffen, was als Teil ihrer Berufsfreiheit nach Art. 12

---

[153] BVerfG, Beschluss v. 03.06.1980, 1 BvR 797/78 Rn. 23, BVerfGE 54, 208 (217).
[154] BVerfG, Beschluss v. 08.02.1983, 1 BvL 20/81 Rn. 30, BVerfGE 63, 131 (142 f.).
[155] BVerfG, Urteil v. 05.06.1973, 1 BvR 536/72 Rn. 44, BVerfGE 35, 202 (220); BVerfG, Urteil v. 15.12.1999, 1 BvR 653/96 Rn. 70, BVerfGE 101, 361 (381).
[156] Siehe dazu: § 2 D. I. 2.
[157] *Raue*, JZ 2018, 961 (970); *Augsberg/Petras*, JuS 2022, 97 (99); *Eifert*, in: Netzwerkrecht, S. 9 (28); *Adelberg*, Rechtspflichten und -grenzen der Betreiber sozialer Netzwerke, S. 163.
[158] BVerfG, Urteil v. 15.01.1958, 1 BvR 400/51 Rn. 24 ff., BVerfGE 7, 198 (205).
[159] Für die Berechtigung, zulässige Inhalte zu löschen OLG Dresden, Beschluss v. 08.08.2018, 4 W 577/18 Rn. 25, NJW 2018, 3111 (3114); dagegen OLG München, Beschluss v. 24.08.2018, 18 W 1294/18 Rn. 28, NJW 2018, 3115 (3116 f.); LG Frankfurt/M., Beschluss v. 14.05.2018, 2-03 O 182/18 Rn. 16, MMR 2018, 545 (545); OLG Oldenburg, Urteil v. 01.07.2019, 13 W 16/19 Rn. 9, MMR 2020, 41 (42); OLG München, Urteil v. 07.01.2020, 18 U 1491/19 Pre, GRUR-RR 2020, 174 (176).
[160] BGH, Urteil v. 29.07.2021, III ZR 179/20, NJW 2021, 3179; BGH, Urteil v. 29.07.2021, III ZR 192/20, ZUM-RD 2021, 612; kritisch dazu *Augsberg/Petras*, JuS 2022, 97 (103).

Abs. 1 GG zu sehen sei.[161] Auch die Meinungsfreiheit gem. Art. 5 Abs. 1 S. 1 Alt. 1 GG des sozialen Netzwerkes sei diesbezüglich zu berücksichtigen.[162] Damit jedoch auch die Grundrechte der Nutzer:innen aus Art. 5 Abs. 1 S. 1 Alt. 1 GG und Art. 3 Abs. 1 GG ausreichend Berücksichtigung fänden, müssten die AGBs vorsehen, dass die Entscheidungen an objektive, überprüfbare Tatbestände anknüpfen und sich diese nachvollziehen lassen, sodass nicht willkürlich einzelne Meinungen untersagt werden.[163] Zudem seien prozedurale Vorgaben wie etwa Begründungs- und Anhörungspflichten einzuhalten.[164] So würde praktische Konkordanz zwischen den Grundrechten beider Parteien hergestellt werden.

*c) Reichweite der mittelbaren Drittwirkung durch Würdigung der Rechtsprechungen des Bundesverfassungsgerichts*

Eine Bestätigung dieser Entscheidung durch das Bundesverfassungsgericht hat bislang noch nicht stattgefunden. Allerdings soll anhand verschiedener Entscheidungen des Bundesverfassungsgerichts, die sich mit der Wirkung von Grundrechten zwischen Privaten auseinandergesetzt haben, versucht werden, die Reichweite der mittelbaren Drittwirkung der Grundrechte zwischen Nutzer:innen und sozialen Netzwerken zu ermitteln, um die Entscheidung des Bundesgerichtshofs zu überprüfen.

aa) Stärkere Beachtung der Grundrechte der Nutzer:innen

Bereits 1993 begann das Bundesverfassungsgericht Kriterien aufzustellen, wann den Grundrechten einer Partei *mehr* Bedeutung beizumessen ist. Das ist etwa in Konstellationen der strukturellen Unterlegenheit des einen Vertragsteils oder bei ungewöhnlich weitreichender Belastung der Folgen der Fall.[165] In der Stadionverbots-Entscheidung von 2018[166] wurden diese Kriterien präzisiert, sodass es auch auf die „Unausweichlichkeit von Situationen, das Ungleichgewicht zwischen sich gegenüberstehenden Parteien, die gesellschaftliche Bedeutung von bestimmten Leistungen oder die soziale Mächtigkeit einer Seite"[167] ankomme. Subsumiert man

---

[161] BGH, Urteil v. 29.07.2021, III ZR 179/20 Rn. 78 f., NJW 2021, 3179 (3188); BGH, Urteil v. 29.07.2021, III ZR 192/20 Rn. 83 ff., ZUM-RD 2021, 612 (623).
[162] BGH, Urteil v. 29.07.2021, III ZR 179/20 Rn. 78, NJW 2021, 3179 (3187); BGH, Urteil v. 29.07.2021, III ZR 192/20 Rn. 86, ZUM-RD 2021, 612 (623).
[163] BGH, Urteil v. 29.07.2021, III ZR 179/20 Rn. 80 ff., NJW 2021, 3179 (3188); BVerfG, Beschluss v. 14.01.1998, 1 BvR 1861/93, 1 BvR 1864/96, 1 BvR 2073/97 Rn. 122, BVerfGE 97, 125 (148 f.).
[164] BGH, Urteil v. 29.07.2021, III ZR 192/20 Rn. 95, ZUM-RD 2021, 612 (625).
[165] BVerfG, Beschluss v. 19.10.1993, 1 BvR 567, 1044/89 Rn. 56, BVerfGE 89, 214 (232).
[166] BVerfG, Beschluss v. 11.04.2018, 1 BvR 3080/09, NJW 2018, 1667, bei dem ein Fußballfan gegen ein bundesweites Stadionverbot des DFB vorging.
[167] BVerfG, Beschluss v. 11.04.2018, 1 BvR 3080/09 Rn. 33, NJW 2018, 1667 (1668).

nun unter diese Anforderungen, so lässt sich sowohl ein Ungleichgewicht zwischen den Parteien als auch eine hohe gesellschaftliche Bedeutung des Vertragsinhalts feststellen. Es gibt zwar unzählig viele Plattformen im Internet, auf denen Inhalte verbreitet werden können, die sozialen Netzwerke wie etwa Facebook, X oder Instagram stellen jedoch die mit Abstand bedeutendsten dar.[168] Wollen Nutzer:innen Inhalte mit möglichst hoher Reichweite posten oder solche Beiträge sehen, so sind sie auf den Zugang zu diesen sozialen Netzwerken angewiesen.[169] Kernpunkt der Nutzung sozialer Netzwerke stellen die digitale Kommunikation, der Austausch, die Meinungsbildung und die Informationsbeschaffung dar – wesentliche Aspekte der Teilhabe an der Gesellschaft.[170] Diese strukturelle Überlegenheit rechtfertigt es daher, den sozialen Netzwerken eine erhöhte Bindung an die Grundrechte der Nutzer:innen aufzuerlegen. Durch die Forderung eines sachlichen Grundes und der Einhaltung prozeduraler Vorgaben durch den Bundesgerichtshof ist von einer ausreichenden Würdigung dieser strukturellen Überlegenheit auszugehen.[171]

bb) Einer unmittelbaren Grundrechtswirkung gleichkommenden Verschiebung?

Möglicherweise könnte die Bindung der sozialen Netzwerke aber noch weitergehen und einer *unmittelbaren* Grundrechtsbindung gleichkommen. So wurde in der Fraport-Entscheidung von 2011 erstmalig darauf hingewiesen, dass der Gewährleistungsinhalt der mittelbaren Drittwirkung dem der unmittelbaren Wirkung nahe- oder gar gleichkommen kann.[172] Diese Auffassung bestätigte das Bundesverfassungsgericht in seiner Bierdosen-Flashmob-Entscheidung 2015.[173] Es ist demnach denkbar, dass soziale Netzwerke – entgegen der bisherigen Einordnung des Bundesgerichtshofs – Inhalte nicht löschen dürfen, die zwar gegen ihre eigenen AGBs verstoßen, nicht jedoch gegen geltendes Recht. In beiden Entscheidungen gab das Gericht jedoch nur sehr wenige Hinweise, wann es zu einer unmittelbaren Grundrechtswirkung gleichkommenden Stellung kommen kann. In der Fraport-Entscheidung führte das Bundesverfassungsgericht aus, dass es für den Schutz der Kommunikation dann in Betracht kommt, wenn private Unternehmen selbst die Bereitstellung der Rahmenbedingungen öffentlicher Kommunikation übernehmen und damit in die Funktionen eintreten, die früher dem Staat zugewiesen waren.[174]

---

[168] Ähnlich auch *Adelberg*, Rechtspflichten und -grenzen der Betreiber sozialer Netzwerke, S. 164.
[169] *Jobst*, NJW 2020, 11 (15); *Augsberg/Petras*, JuS 2022, 97 (102).
[170] *Raue*, JZ 2018, 961 (966).
[171] *Augsberg/Petras*, JuS 2022, 97 (108).
[172] BVerfG, Urteil v. 22.02.2011, 1 BvR 699/06 Rn. 59, BVerfGE 128, 226 (249), wodurch die unmittelbare Grundrechtsbindung der Fraport AG aufgrund des Umstandes, dass der Staat über 50% der Anteile hält, auch bei gemischtwirtschaftlichen Unternehmen bejaht wurde.
[173] BVerfG, Beschluss v. 18.07.2015, 1 BvQ 25/15 Rn. 6, NJW 2015, 2485 (2485f.).
[174] BVerfG, Urteil v. 22.02.2011, 1 BvR 699/06 Rn. 59, BVerfGE 128, 226 (249).

Als Beispiel wird die Sicherstellung der Post- und Telekommunikationsdienstleistung angeführt.[175] Inwieweit das jedoch auch für Private gelten soll, die „einen öffentlichen Verkehr eröffnen und damit Orte der allgemeinen Kommunikation schaffen", hat das Gericht explizit offen gelassen.[176] Es kommt daher darauf an, dass Private in tatsächlicher Sicht eine vergleichbare Pflichten- oder Garantenstellung haben wie traditionell der Staat.[177]

Denkbar ist zudem, auf die Kriterien zurückzugreifen, die im Rahmen der Stadionverbots-Entscheidung entwickelt wurden. Hier wurde erstmalig ein Anspruch aus Art. 3 Abs. 1 GG gegenüber Privaten begründet und somit dem privaten Anspruchsgegner eine *staatsgleiche* Stellung eingeräumt.[178] Dieser Anspruch hatte den Inhalt, nicht willkürlich, ohne sachlichen Grund bundesweit von dem Zutritt zu Fußballstadien ausgeschlossen werden zu dürfen, wobei der Deutsche Fußball-Bund in dem ausgesprochenen Stadionverbot diesen Anforderungen nachkam. Das Gericht stellte klar, dass Art. 3 Abs. 1 GG kein objektives Verfassungsprinzip enthält, wonach die Rechtsbeziehungen zwischen Privaten grundsätzlich gleichheitsgerecht auszugestalten sind.[179] Nur in ganz spezifischen Konstellationen kommt es zur Ausstrahlungswirkung des Art. 3 Abs. 1 GG in ein privates Rechtsverhältnis. Notwendig dafür ist, dass es sich um eine Veranstaltung handelt, die ohne Ansehen der Person aufgrund eigener Entscheidung an ein großes Publikum eröffnet wird und ein Ausschluss dieser eine erhebliche Einwirkung auf die Teilhabe am gesellschaftlichen Leben darstellen würde.[180] Dabei muss es sich um eine Monopolstellung oder Stellung struktureller Ungleichheit handeln.[181]

Dieses offene Ergebnis entspricht auch der Entscheidung des Bundesverfassungsgerichts zu diesem Thema. In seinem Beschluss vom 22. Mai 2019 hat das Gericht den Antrag einer einstweiligen Verfügung zur Verpflichtung Facebooks zur Freischaltung und Nutzung des Kontos „Der III. Weg" als rechtsextreme Kleinstpartei abgelehnt.[182] Zwar bestätigte das Gericht die Möglichkeit, aus Art. 3 Abs. 1 GG Ansprüche zwischen Privaten herzuleiten.[183] Es ließ jedoch explizit offen, *ob* und *wie* Forderungen gegenüber sozialen Netzwerken auszugestalten sind.[184] Das sei unter anderem von der (möglichen) marktbeherrschenden Stellung oder der Angewiesenheit der Nutzer:innen abhängig.[185]

---
[175] BVerfG, Urteil v. 22.02.2011, 1 BvR 699/06 Rn. 59, BVerfGE 128, 226 (249).
[176] BVerfG, Urteil v. 22.02.2011, 1 BvR 699/06 Rn. 59, BVerfGE 128, 226 (249).
[177] BVerfG, Beschluss v. 18.07.2015, 1 BvQ 25/15 Rn. 6, NJW 2015, 2485 (2485f.).
[178] BVerfG, Beschluss v. 11.04.2018, 1 BvR 3080/09 Rn. 41, 52, NJW 2018, 1667 (1669).
[179] BVerfG, Beschluss v. 11.04.2018, 1 BvR 3080/09 Rn. 40, NJW 2018, 1667 (1669); erneut bestätigt durch BVerfG, Beschluss v. 27.08.2019, 1 BvR 879/12 Rn. 6, NJW 2019, 3769 (3770).
[180] BVerfG, Beschluss v. 11.04.2018, 1 BvR 3080/09 Rn. 41, NJW 2018, 1667 (1669).
[181] BVerfG, Beschluss v. 11.04.2018, 1 BvR 3080/09 Rn. 41, NJW 2018, 1667 (1669).
[182] BVerfG, Beschluss v. 22.05.2019, 1 BvQ 42/19, NJW 2019, 1935.
[183] BVerfG, Beschluss v. 22.05.2019, 1 BvQ 42/19 Rn. 15, NJW 2019, 1935 (1936).
[184] BVerfG, Beschluss v. 22.05.2019, 1 BvQ 42/19 Rn. 15, NJW 2019, 1935 (1936).
[185] BVerfG, Beschluss v. 22.05.2019, 1 BvQ 42/19 Rn. 15, NJW 2019, 1935 (1936).

Im Vergleich zu den Voraussetzungen für eine stärkere Beachtung der Grundrechte der Nutzer:innen im Rahmen der mittelbaren Drittwirkung kommt es für die einer unmittelbaren Wirkung der Grundrechte gleichkommende Verschiebung der mittelbaren Drittwirkung daher im Wesentlichen auf die *Monopolstellung* an. Nur wenn eine solche vorläge, wäre die Entscheidung des Bundesgerichtshofes, rechtlich zulässige Meinungen verbieten zu dürfen, verfassungsrechtlich zu beanstanden.

Die sozialen Netzwerke bieten eine Plattform öffentlicher Kommunikation, die einem großen Publikum ohne Einschränkungen eröffnet wird. Es fragt sich jedoch, ob auch die Voraussetzung, wie sie im Fraport-Urteil aufgestellt wurde,[186] eine staatliche Funktion zu *übernehmen*, erfüllt wird.[187] Da es kein vorheriges, staatliches soziales Netzwerk gab, kann allein an die realen öffentlichen Kommunikationsräume wie etwa öffentliche Plätze oder Veranstaltungen angeknüpft werden. Diese Kommunikationsräume wurden jedoch durch die sozialen Netzwerke nicht (gänzlich) verdrängt. Denkbar wäre es, von dem Kriterium des Ersetzens abzusehen, sofern eine Einzigartigkeit des Angebots vorläge, da so das Telos dieses Kriteriums erfüllt wäre.

Zu beachten ist jedoch, dass nicht auf die sozialen Netzwerke als Gesamtheit abgestellt werden darf. Schließlich erfolgt die Sperrung eines Kontos oder die Löschung eines Beitrages auch nicht für alle sozialen Netzwerke zugleich. Sowohl die Eigenschaft der Monopolstellung als auch die des zur gesellschaftlichen Teilhabe essenziellen Angebots des sozialen Netzwerkes haben sich daher auf ein *einzelnes* soziales Netzwerk zu beziehen. Teile der Literatur nehmen eine Monopolstellung für das soziale Netzwerk Facebook an,[188] dem auch etwa das OLG Dresden eine „Daseinsvorsorge" und somit eine Monopolstellung zugeschrieben hat.[189] Die anderen sozialen Netzwerke würden keine vergleichbaren Angebote anbieten: LinkedIn sei etwa für die Berufswelt gedacht und Instagram für junge Generationen.[190] Es fragt sich, ob sich diese These auch empirisch belegen lässt. Unter alleiniger Betrachtung der Klickzahlen ist Facebook der Marktführer unter den sozialen Medien und machte von Januar 2023 bis Januar 2025 47 % bis 72 % des Marktes aus.[191] X hingegen in diesem Zeitraum nur 4 % bis 10 %, Instagram 12 % bis 26 %

---

[186] BVerfG, Urteil v. 22.02.2011, 1 BvR 699/06 Rn. 59, BVerfGE 128, 226 (249).

[187] *Seifert*, Hassrede in sozialen Netzwerken, S. 317 verneint das Übernehmen von „Funktionen der Daseinsvorsorge", da die Nutzungsmöglichkeit von Facebook kein „für ein sinnvolles menschliches Dasein notwendiges Gut" sei.

[188] *Adelberg*, Rechtspflichten und -grenzen der Betreiber sozialer Netzwerke, S. 164 f.; sehr ausführlich zum Begriff der Monopolstellung *Seifert*, Hassrede in sozialen Netzwerken, S. 304 ff.; *Mayen*, ZHR 2018, 1 (5); zwar nicht ausdrücklich für Facebook, jedoch grds. für die Monopolstellung verschiedener sozialer Netzwerke aufgrund unterschiedlicher Schwerpunkte *Elsaß/Labusga/Tichy*, CR 2017, 234 (239); *Raue*, JZ 2018, 961 (966 f.).

[189] OLG Dresden, Beschluss v. 08.08.2018, 4 W 577/18 Rn. 24, NJW 2018, 3111 (3114).

[190] *Adelberg*, Rechtspflichten und -grenzen der Betreiber sozialer Netzwerke, S. 164.

[191] *Statista*, Marktanteile von Social-Media-Portalen in Deutschland von Juni 2021 bis Januar 2025, abrufbar unter: https://de.statista.com/statistik/daten/studie/559470/umfrage/marktanteile-von-social-media-seiten-in-deutschland/ (letzter Abruf: 04.03.2025).

und YouTube nur 2 % bis 6 %. Auf die Frage, welche sozialen Netzwerke genutzt würden, kamen YouTube auf 63 %, Facebook auf 58 %, Instagram auf 57 % und X auf 15 %.[192] Eine andere Studie kam hingegen zum Ergebnis, dass 27 % aller 14 bis 29-Jährigen und 51 % aller 30 bis 49-Jährigen Facebook und 82 % aller 14 bis 29-Jährigen und 50 % aller 30 bis 49-Jährigen Instagram nutzen würden.[193] Eine eindeutige Marktführung Facebooks lässt sich daher empirisch nicht ausmachen, eine in der Stadionverbots-Entscheidung[194] geforderte *Monopolstellung* schon gar nicht.

Die Argumentation, mögliche alternative soziale Netzwerke würden nicht von allen Altersgruppen genutzt,[195] sodass zwar keine statistische, aber eine faktische Monopolstellung von Facebook vorläge, würde zu nicht tragbaren Einzelfallentscheidungen führen. So dürfte Facebook einen rechtlich zulässigen, aber gegen die eigenen AGBs verstoßenden Beitrag eines/einer Jugendlichen löschen, da dieser/diese auch auf die in seiner/ihrer Altersgruppe verbreitete Plattform Instagram zurückgreifen könnte, jedoch den gleichen Beitrag eines 50-jährigen Nutzers/einer 50-jährigen Nutzerin nicht, da für diese:n möglicherweise faktisch keine Alternative vorläge. Nicht nur wäre den sozialen Netzwerken diese umfassende Prüfung etwa des Alters und der Nutzung alternativer Plattformen vor der Löschung eines Beitrages rein praktisch nicht zumutbar. Auch wäre die Duldung eines rechtlich zulässigen, aber gegen die AGBs verstoßenden Beitrages von diesen Merkmalen abhängig, was zu unbilligen Ergebnissen führen würde.

Daher ist von keiner Verschiebung des Maßstabes der mittelbaren Drittwirkung hin zu einer unmittelbaren Wirkung der Grundrechte auszugehen. Die Grundrechte des sozialen Netzwerkes und die der Nutzer:innen sind daher weiterhin über den Grundsatz der praktischen Konkordanz in einen schonenden Ausgleich zu bringen.[196] Inhalte, die rechtlich zulässig sind, aber gegen die AGBs des sozialen Netzwerkes verstoßen, dürfen daher nur bei Vorliegen von sachlichen, im Voraus bestimmten Gründen gerechtfertigt werden, wie es etwa beim Vorgehen gegen Hass im Netz der Fall ist. Sehen die AGBs das Verbot konkreter Inhalte oder Meinungen per se vor, so stellt das verständlicherweise keinen solchen Grund dar. Durch diese Vorgehensweise wird auch die Möglichkeit, einen konkreten Meinungsinhalt auf

---

[192] *Statista*, Beliebteste soziale Netzwerke in Deutschland im Jahr 2024, abrufbar unter: https://de.statista.com/prognosen/999733/deutschland-beliebteste-soziale-netzwerke (letzter Abruf: 04.03.2025).
[193] *Statista*, Anteil der Nutzer von Social-Media-Plattformen nach Altersgruppen in Deutschland im Jahr 2023, abrufbar unter: https://de.statista.com/statistik/daten/studie/543605/umfrage/verteilung-der-nutzer-von-social-media-plattformen-nach-altersgruppen-in-deutschland/#statisticContainer (letzter Abruf: 04.03.2025).
[194] Ähnlich auch *Friehe*, NJW 2020, 1697 (1699).
[195] *Adelberg*, Rechtspflichten und -grenzen der Betreiber sozialer Netzwerke, S. 164.
[196] So auch *Holznagel*, CR 2018, 369 (372); *Friehe*, NJW 2020, 1697 (1699); *Lüdemann*, MMR 2019, 279 (280f.); *Jobst*, NJW 2020, 11 (16); *Spindler*, CR 2019, 238 (243).

einem ganz bestimmten sozialen Netzwerk zu verbreiten, nicht genommen, nur darf die Meinungsverbreitung eben nicht etwa Elemente des Hasses enthalten.[197]

## E. Zwischenergebnis

Während die Verbreitungsmöglichkeiten in sozialen Netzwerken für viele Nutzer:innen gewinnbringend sein können, können Nutzer:innen diese auch verwenden, um Inhalte zu verbreiten und Vernetzungen zu erzielen, die für die Demokratie und die Gesellschaft nicht ungefährlich sind. Soziale Netzwerke entscheiden dabei als „Gatekeeper" über die Verbreitung der Inhalte. Im Rahmen dieser Entscheidung haben sie durch die mittelbare Drittwirkung der Grundrechte sowohl die Meinungsfreiheit als auch das allgemeine Persönlichkeitsrecht ihrer Nutzer:innen zu wahren.

---

[197] In diese Richtung auch *Lüdemann*, MMR 2019, 279 (284); *Raue*, JZ 2022, 232 (236f.).

# § 3 Hass im Netz – Notwendige Vorüberlegungen

Neben den zuvor genannten negativen Nutzungen sozialer Netzwerke ist nun ein besonderes Augenmerk auf den Umgang mit Diskriminierung, Beschimpfungen, Beleidigungen, Herabsetzungen und Anfeindungen zu legen. Da diese Arbeit es zum Ziel hat, die Folgen von solchem „Hass im Netz" aufzuarbeiten und strafrechtlich zu beurteilen, ist es notwendig, sich mit diesem Phänomen auseinanderzusetzen. Daher wird nachfolgend „Hass im Netz" begrifflich definiert und empirisch aufgearbeitet und zudem werden dessen Ursachen erörtert sowie die Reaktionen vom Gesetzgeber und von der Rechtsprechung dargestellt.

## A. Begriffsbestimmung „Hass im Netz"

Zur Umschreibung des Phänomens der Diskriminierung, Beschimpfung, Beleidigung, Herabsetzung und Anfeindung in sozialen Netzwerken wird in der ständigen Debatte der Medien und der Gesellschaft, in der juristischen Literatur aber auch in Gesetzesbegründungen neuer oder veränderter Vorschriften von „Hate Speech" (oder auf deutsch: „Hassrede"),[1] „Hass im Netz",[2] „Hasskriminalität",[3] „Hassäußerungen",[4] „Hass und Hetze"[5] oder von „Hasskommentaren"[6] oder „Hasspost(ings)"[7] gesprochen. Einheitliche Definitionen dieser Begrifflichkeiten gibt es jedoch nicht.

---

[1] *Apostel*, KriPoZ 2019, 287; *Ceffinato*, JuS 2020, 495; *Landeszentrale für politische Bildung Baden-Württemberg*, Hate Speech – Hass im Netz, abrufbar unter: https://www.lpb-bw.de/hatespeech#c40962 (letzter Abruf: 04.03.2025); Facebook spricht mit Maas über rassistische Einträge, Süddeutsche Zeitung vom 27.08.2015, abrufbar unter: https://www.sueddeutsche.de/politik/justizminister-maas-fordert-loeschung-rechtsextremer-facebook-eintraege-1.2623396 (letzter Abruf: 04.03.2025).

[2] Angst vor Online-Hetze lähmt Meinungsfreiheit, FAZ vom 11.10.2018, abrufbar unter: https://www.faz.net/aktuell/rhein-main/angst-vor-hetze-im-internet-hat-folgen-fuer-meinungsfreiheit-15832646.html (letzter Abruf: 04.03.2025).

[3] *Niggemann*, Hasskriminalität in sozialen Netzwerken, S. 13 ff.; *Gersdorf*, MMR 2017, 439; *Nussbaum*, KriPoZ 2021, 215; RegE NetzDG, S. 1; RefE Gesetz zur Bekämpfung des Rechtsextremismus und der Hasskriminalität, S. 1.

[4] *Gersdorf*, MMR 2017, 439.

[5] *Lüdemann*, MMR 2019, 279.

[6] *Lüdemann*, MMR 2019, 279.

[7] *Ceffinato*, JuS 2020, 495.

Der Begriff „Hate Speech" kommt ursprünglich aus den 1980ern in den USA und entstand aufgrund einer Welle rassistischer Anfeindungen vor allem gegenüber Professor:innen und Student:innen in den USA.[8] Eine Analyse von Sponholz hat ergeben, dass der Begriff seit Sommer 2015, zeitlich parallel zur Flüchtlingskrise und zur Debatte zur Regulierung digitaler Netzwerkplattformen, eine besonders intensive und die bislang höchste Aufmerksamkeit in Deutschland erfahren hat.[9] Meibauer definiert Hassrede als „sprachliche[r] Ausdruck von Hass gegen Personen oder Gruppen […], insbesondere durch die Verwendung von Ausdrücken, die der Herabsetzung und Verunglimpfung von Bevölkerungsgruppen dienen."[10] Nach Müller-Franken ist Hassrede eine Sammelbezeichnung für verschiedenste Formen der herabwürdigenden, beleidigenden und die Persönlichkeitsrechte des/der Adressierten verletzenden Rede.[11] All diesen Definitionsversuchen ist gemein, dass sich die Diffamierung des/der Adressierten aus einer Diskriminierung aufgrund von Personeneigenschaften oder einer kollektiven Eigenschaft ergibt.[12]

In der laufenden Diskussion wird der Begriff aber nicht so eng verstanden. Vielmehr werden „Hate Speech" und die weiteren Begrifflichkeiten häufig synonym verwendet oder „Hate Speech" wird als Oberbegriff[13] verstanden. So bemängelt Sponholz beispielsweise die Verwendung von „Hate Speech" als Oberbegriff für „Hasspostings" oder „Hasskommentare", die jedoch gerade nicht zwingend einen Gruppenbezug aufweisen.[14] Adelberg hat folglich zutreffend herausgearbeitet, dass die laufende Debatte um den Umgang mit rechtswidrigen und/oder unerwünschten Inhalten weitreichender ist als der enge Begriff der „Hassrede".[15]

Für den weiteren Verlauf der Arbeit wird daher der Begriff „Hass im Netz" als Oberbegriff verwendet, worunter sowohl „Hassrede" i.e.S. und damit die Anknüpfung an Personeneigenschaften als auch jegliche beleidigende, diffamierende und/oder das Persönlichkeitsrecht verletzende Inhalte zu fassen sind.

---

[8] *Matsuda*, Michigan Law Review 1989, 2320, der in Bezug auf rassistische Hassrede auch von „racist speech" spricht.
[9] *Sponholz*, SWS-Rundschau 2020, 43 (52f.).
[10] *Meibauer*, in: Hate Speech. Interdisziplinäre Beiträge zu einer aktuellen Diskussion, S. 1 (1).
[11] *Müller-Franken*, AfP 2019, 1 (2).
[12] *Bulut*, Strafbarkeit der Hassrede, S. 55f.
[13] Für einen Überblick siehe *Sponholz*, in: Das Phänomen „Digitaler Hass", S. 17 (30).
[14] *Sponholz*, SWS-Rundschau 2020, 43 (52f.), die zudem auf die Auswirkung der Verwendung von „Hate Speech" als vermeintlichen Oberbegriff eingeht.
[15] *Adelberg*, Rechtspflichten und -grenzen der Betreiber sozialer Netzwerke, S. 5.

# B. Erscheinungsformen und begünstigende Faktoren für Hass im Netz

Die Erscheinungsformen und begünstigenden Faktoren für Hass im Netz gegenüber bekannten und/oder unbekannten Dritten sind vielschichtig.

## I. Erscheinungsformen von Hass im Netz

Zur vereinfachten Darstellung bietet sich eine Unterteilung in drei exemplarische und häufig vorkommende Erscheinungsformen an.

Ein Großteil des Hasses im Netz richtet sich gegen Vertreter:innen einer Gruppe und wird als „Vorurteilskriminalität"[16] bezeichnet. Die Gruppenzugehörigkeit ergibt sich aus identitätsstiftenden Merkmalen, wie etwa das Merkmal der Herkunft, der Religion, der Hautfarbe, der sexuellen Orientierung oder der politischen Weltanschauung.[17] Solche Äußerungen sind als „Hate Speech" im oben genannten Sinne zu verstehen. Sie können einerseits pauschal formuliert eine ganze Gruppe betreffen oder gezielt eine, meist rein zufällig ausgewählte Person der Zielgruppe adressieren, der stellvertretend für die ganze Gruppe Vorurteile und Hass entgegengebracht werden.[18] Ursprung des Hasses gegenüber solchen Personen oder Gruppen sind starke Vorurteile, Feindbilder und Intoleranz sowie die Annahme, dass die Opfergruppe als geringwertiger einzustufen ist.[19] Eine solche Einstellung entsteht meist durch Einfluss des sozialen Umfeldes, wodurch ein starkes Zusammengehörigkeitsgefühl entsteht, was wiederum den Hass steigert.[20] Schneider nimmt drei Hauptmotive an: Die Begehung, um sich über die Opfergruppe einen Spaß zu machen, um Vergeltung oder Rache wegen (vermeintlicher) Handlungen der Opfergruppe auszuüben oder um die Schädigung oder gar Vernichtung der Opfergruppe anzustreben.[21] Die Vielzahl an antisemitischen Vorfällen, die nach dem Angriff der Hamas auf Israel am 07. Oktober 2023 in Quantität und Qualität stark zunahmen, bildet das aktuellste Beispiel für solchen gruppenbezogenen Hass.[22]

---

[16] *Schneider*, in: Internationales Handbuch der Kriminologie Band 2, S. 297, passim; *Groß/Pfeiffer/Andree*, Vorurteilskriminalität (Hate Crime) Erfahrungen und Folgen. Sonderbericht zur Befragung zu Sicherheit und Kriminalität in Niedersachsen 2017, S. 6.
[17] *Groß/Pfeiffer/Andree*, Vorurteilskriminalität (Hate Crime) Erfahrungen und Folgen. Sonderbericht zur Befragung zu Sicherheit und Kriminalität in Niedersachsen 2017, S. 6.
[18] Vgl. *Weisser Ring*, Hass und Hetze, S. 12.
[19] *Schneider*, in: Internationales Handbuch der Kriminologie Band 2, S. 297 (305); *Weisser Ring*, Hass und Hetze, S. 13.
[20] Interview mit Sozialpsychologe Zick in *Fischer*, Hate Speech: Was dahinter steckt, MDR vom 15.06.2020, abrufbar unter: https://www.mdr.de/wissen/hate-speech-was-dahintersteckt100.html (letzter Abruf: 04.03.2025).
[21] *Schneider*, in: Internationales Handbuch der Kriminologie Band 2, S. 297 (305 ff.).
[22] Siehe dazu ausführlich *Ludyga*, NJW 2024, 703.

Hass im Netz richtet sich zudem häufig gegen bekannte Persönlichkeiten, vor allem Politiker:innen.[23] Die soeben bezeichnete Ablehnung gegenüber Opfergruppen ist häufig auch Ursache, um gegen Politiker:innen vorzugehen,[24] sodass Hass im Netz gegen Opfergruppen und gegen Politiker:innen, die sich für diese Menschen einsetzen, häufig miteinander einhergehen. Aktuelle Geschehnisse oder Umstände bilden den Kern der Debatte in sozialen Netzwerken,[25] sodass auch zwingend damit verbundene politische Entscheidungen Gegenstand der Diskussion sind. Es ist daher davon auszugehen, dass Unzufriedenheit mit der politischen Lage sowie Kritik an Entscheidungen zumindest teilweise den Ausgangspunkt für Hasskommentare an Politiker:innen bilden.

Von diesen beiden Erscheinungsformen unterscheidet sich die des Cybermobbings. Cybermobbing beschreibt die gezielte und wiederholte Bloßstellung, Belästigung oder Ausgrenzung eines/einer Einzelnen durch andere Personen mittels Nutzung von Informations- und Kommunikationstechnologie[26] und ist besonders unter Jugendlichen verbreitet.[27] Hier kennen die Mobbenden ihre Opfer häufig bereits aus der Schule.[28] Für Cybermobbing stellen Langeweile, Spaß und die Suche nach Anerkennung in Form von hohen Klickzahlen oder Likes wesentliche Motive dar.[29]

## II. Begünstigende Faktoren für Hass im Netz

Solche hasserfüllten Inhalte im Netz zu teilen, wird durch bestimmte Gegebenheiten von sozialen Netzwerken begünstigt. Besonders hervorzuheben ist der enthemmende Faktor der (vermeintlichen) Anonymität.[30] Zwar können zur Durchsetzung zivilrechtlicher Ansprüche Nutzungsdaten nach § 21 Abs. 2 S. 1 TDDDG und Bestandsdaten zur Verfolgung von Straftaten nach § 24 Abs. 3 Nr. 1 TDDDG herausverlangt werden. Aber auch wenn so im Nachhinein die Identität der Verfassenden offengelegt werden kann, kennen die anderen Nutzer:innen sowie die Adressierten eines Beitrages die Identität der Verfassenden jedenfalls im

---

[23] Zu diesem Ergebnis kamen auch *Hestermann/Hoven/Autenrieth*, KriPoZ 2021, 204 (214).
[24] *Lindner*, Hass und Gewalt gegen Politiker in Sachsen, Deutschlandfunk vom 20.08.2015, abrufbar unter: https://www.deutschlandfunk.de/fluechtlingspolitik-hass-und-gewalt-gegen-politiker-in-100.html (letzter Abruf: 04.03.2025).
[25] *Hestermann/Hoven/Autenrieth*, KriPoZ 2021, 204 (212), hier bezogen sich 46,5 % aller untersuchten Kommentare auf Facebook im Jahr 2020 auf Corona.
[26] *Voskamp/Kipker*, DuD 2013, 787 (788).
[27] *Cornelius*, ZRP 2014, 164 (164).
[28] *Katzer*, Cybermobbing, S. 91.
[29] *Katzer*, Cybermobbing, S. 83 ff.
[30] *Reinbacher*, NK 2020, 186 (190); *Nussbaum*, KriPoZ 2021, 215 (215); *Ceffinato*, ZStW 132 (2020), 544 (546 f.); *Hilgendorf*, ZIS 2010, 208 (210); *Stegbauer*, Shitstorms, S. 62; *Beck*, MMR 2009, 736 (738).

Zeitpunkt der Veröffentlichung häufig nicht, sofern diese unter einem Pseudonym auftreten und falsche Bilder verwenden, sodass die Verfassenden häufig zumindest ein *Gefühl* der Anonymität[31] haben. Die Verfassenden sehen sich in diesem Moment keiner sozialen Kontrolle durch Dritte ausgesetzt oder können sich dieser jederzeit entziehen.[32] So können sie die direkte Reaktion des/der Betroffenen nur sehr eingeschränkt wahrnehmen.[33] Aber auch bei Äußerungen unter Verwendung des Klarnamens senken die räumliche Distanz[34] zum/zur Adressierten sowie die technisch anspruchslose und räumlich unbegrenzte Nutzung sozialer Netzwerke die Hemmschwelle zum Verfassen von Hass im Netz.

Zu weiteren begünstigenden Faktoren zählen darüber hinaus die bestehende Debattenkultur und die bislang wenig vorgenommenen Löschungen, die nachahmende Handlungen hervorrufen und den Eindruck erwecken, solche Äußerungen würden geduldet.[35] Besonders stark kommt es zu diesem Effekt in Echokammern oder Filterblasen.[36] Hier werden Nutzer:innen in gesteigertem Umfang in ihren Ausdrucksweisen und Inhalten bestärkt und sind dann eher bereit, sich ebenfalls zu äußern.[37] Das gilt vor allem für solche Inhalte, die den gesellschaftlichen Werten und Normen nicht entsprechen.[38]

## C. Die Strafbarkeit von Hass im Netz

Viele Formen von Hass im Netz fallen unter Tatbestände des StGB. Am häufigsten erfüllt Hass im Netz die Beleidigungsdelikte nach §§ 185 ff. StGB, aber auch weitere Delikte gegen die Person oder Delikte gegen die Allgemeinheit sind denkbar.

---

[31] Siehe hierzu *Schwertberger/Rieger*, in: Hate Speech, S. 53 (59).
[32] *Schmitt*, in: Online-Hate Speech, S. 51 (52); *Lang*, AöR 2018, 220 (231); *Rettenberger/Leuschner*, Forensische Psychiatrie, Psychologie, Kriminologie 2020, 242 (244).
[33] *Ceffinato*, ZStW 132 (2020), 544 (547); *Hilgendorf*, ZIS 2010, 208 (210); *Tassis*, Die Kommentierung von Statusmeldungen in sozialen Netzwerken, S. 139.
[34] *Krischker*, JA 2013, 488 (489); *Nussbaum*, KriPoZ 2021, 215 (215).
[35] Siehe dazu vertiefend unter § 4 B.
[36] Siehe zu diesen Begriffen § 2 B.
[37] *Stark/Magin/Jürgens*, Ganz meine Meinung?, S. 150; *Bundesministerium des Innern, für Bau und Heimat/Bundesministerium der Justiz und für Verbraucherschutz*, Dritter Periodischer Sicherheitsbericht, S. 164.
[38] *Keipi/Näsi/Oksanen/Räsänen*, Online Hate and Harmful Content, S. 125; *Bundesministerium des Innern, für Bau und Heimat/Bundesministerium der Justiz und für Verbraucherschutz*, Dritter Periodischer Sicherheitsbericht, 2021, S. 164.

## I. Beleidigungsdelikte nach §§ 185 ff. StGB

Zur Systematisierung und Unterscheidung der Strafvorschriften des vierzehnten Abschnitts des StGB ist nach zwei Merkmalen zu differenzieren: die Abgabe eines Werturteils oder der Behauptung einer Tatsache einerseits und die Identität der betroffenen und adressierten Person andererseits. Unter Tatsachen sind alle konkreten Geschehnisse der Vergangenheit oder Gegenwart zu verstehen, die dem Beweis zugänglich sind,[39] sie können demnach *objektiv* als wahr oder unwahr eingeordnet werden. Ein Werturteil ist hingegen anzunehmen, wenn die Aussage durch Elemente der Stellungnahme, des Dafürhaltens oder Meinens geprägt wird.[40] Ausschlaggebend ist hier demnach die *subjektive* Beziehung des/der sich Äußernden zum Inhalt der Aussage.[41] Die Einordnung einer Aussage als Werturteil oder Tatsachenbehauptung kann im Einzelfall nicht eindeutig sein, da mit einer Tatsachenbehauptung häufig auch ein Werturteil verknüpft ist und umgekehrt.[42] Das vereinfachte Beispiel von Hilgendorf/Valerius zeigt, wie nach dem Schwerpunkt der Aussage eine Einordnung stattfinden kann: So ist eine Tatsachenbehauptung dann anzunehmen, wenn sich die daran anknüpfende wertende Aussage bereits unmittelbar durch die verbreitete Tatsache ergibt („A ist eine gemeine Lügnerin, da sie ihren Mann betrügt."). Eine Aussage stellt andererseits ein Werturteil da, wenn die angenommene Tatsache nicht im Zusammenhang steht („A ist eine gemeine Lügnerin, weil sie gestern die B höflich gegrüßt hat.").[43] Die Abgrenzung und Einordnung ist daher letzten Endes eine Sache tatrichterlicher Würdigung,[44] wonach die Aussage nach Form, Wortlaut, Adressat:innenkreis und den Begleitumständen auszulegen ist.[45]

§§ 186 und 187 StGB erfassen nur Tatsachenbehauptungen gegenüber Dritten, sodass Tatsachenbehauptungen gegenüber dem/der Betroffenen und Werturteile jeglicher Art von § 185 StGB erfasst sind. § 185 StGB gilt damit als Auffangtat-

---

[39] *Regge/Pegel*, in: MüKo StGB, § 186 StGB Rn. 5; *Rogall*, in: SK StGB, § 186 StGB Rn. 6; *Heger*, in: Lackner/Kühl/Heger, § 186 StGB Rn. 3.

[40] OLG Köln, Urteil v. 28.01.1992, Ss 567–569/91, NJW 1993, 1486 (1487); *Rengier*, Strafrecht BT II, § 29 Rn. 4; *Valerius*, in: BeckOK StGB, § 186 StGB Rn. 4.

[41] *Rogall*, in: SK StGB, § 186 StGB Rn. 7.

[42] *Regge/Pegel*, in: MüKo StGB, § 186 StGB Rn. 7; *Rogall*, in: SK StGB, § 186 StGB Rn. 7; *Eisele/Schittenhelm*, in: Schönke/Schröder, § 186 StGB Rn. 4; *Hilgendorf*, in: LK, § 185 StGB Rn. 8.

[43] *Hilgendorf/Valerius*, Computer- und Internetstrafrecht, Rn. 342; so im Ergebnis auch *Eisele/Schittenhelm*, in: Schönke/Schröder, § 186 StGB Rn. 4; OLG Frankfurt, Urteil v. 02.12.1988, 1 Ss 27/88, OLG Frankfurt NJW 1989, 1367 (1368).

[44] *Heger*, in: Lackner/Kühl/Heger, § 186 StGB Rn. 3a; *Regge/Pegel*, in: MüKo StGB, § 186 StGB Rn. 7; OLG Frankfurt, Urteil v. 02.12.1988, 1 Ss 27/88, OLG Frankfurt NJW 1989, 1367 (1368).

[45] *Rogall*, in: SK StGB, § 186 StGB Rn. 7; BGH, Urteil v. 30.05.2000, VI ZR 276/99 Rn. 17, BGH NJW 2000, 3421 (3422); BGH, Urteil v. 09.12.2003, VI ZR 38/03 Rn. 19, BGH NJW 2004, 1034 (1035).

bestand.⁴⁶ Während der Straftatbestand des § 187 StGB die *sichere* Unwahrheit der Tatsache voraussetzt, verlangt § 186 StGB lediglich, dass die Tatsache *nicht erweislich wahr* ist. Ein weiterer Unterschied ist, dass in § 186 StGB die Nichterweislichkeit der Tatsache als objektive Bedingung der Strafbarkeit ausgestaltet ist und demnach nicht vom Vorsatz umfasst sein muss. § 187 StGB regelt die Unwahrheit als reguläres objektives Tatbestandsmerkmal, sodass der Täter, wie in § 187 StGB durch den Zusatz „wider besseres Wissen" zum Ausdruck gebracht wird, mit Wissen (dolus directus zweiten Grades) um die Unwahrheit handeln muss.

Sowohl das geäußerte Werturteil in § 185 StGB als auch die geäußerte Tatsache in §§ 186, 187 StGB müssen dazu geeignet sein, die Ehre des/der Betroffenen zu verletzen, damit die Äußerung tatbestandsmäßig ist. Die Bestimmung der Ehre als geschütztes Rechtsgut der §§ 185 ff. StGB bedarf genauerer Konkretisierung, der sich der Abschnitt § 4 A. I. eigens widmet.

Aus diesen Vorbemerkungen ergeben sich folgende Anwendungsmöglichkeiten für ehrverletzende Äußerungen im Netz. Wird eine Äußerung mit Werturteil oder unwahrer oder nicht erweislicher Tatsachenbehauptung an den/die Adressierte:n direkt per Nachricht geschickt, so ist immer § 185 StGB einschlägig. Wohl häufiger finden sich ehrverletzende Äußerungen jedoch in Beiträgen auf dem eigenen Profil, als Kommentar unter Beiträgen des/der Adressierten oder als Kommentar sonstiger zusammenhängender Beiträge. Sofern das Profil des/der sich Äußernden öffentlich ist, kann der gepostete Beitrag oder Kommentar von dem/der Adressierten, aber auch von Dritten gelesen werden, ansonsten jedenfalls von den befreundeten Nutzer:innen des/der Adressierten. Bei ehrverletzendem Werturteil ist damit § 185 StGB potenziell erfüllt. Bei ehrverletzenden Tatsachenaussagen hingegen können sowohl § 185 StGB als auch § 186 StGB beziehungsweise § 187 StGB erfüllt sein. Hier nimmt die herrschende Meinung Tateinheit nach § 52 StGB an.⁴⁷ Sofern ehrverletzende Tatsachenaussagen in geschlossenen Foren oder Chat-Gruppen gepostet werden, in denen der/die Adressierte nicht Teilnehmer:in ist, so wird allein § 186 StGB beziehungsweise § 187 StGB erfüllt.

Zudem ist auf § 188 StGB hinzuweisen, der in Abs. 1 eine Qualifikation für § 185 StGB und in Abs. 2 eine Qualifikation für §§ 186, 187 StGB enthält, sofern die Tat, neben anderen Voraussetzungen, gegen eine im politischen Leben des Volkes stehende Person begangen wird.

---

⁴⁶ *Valerius*, in: BeckOK StGB, § 185 StGB Rn. 15; *Hilgendorf*, in: LK, vor § 185 StGB Rn. 45; *Rogall*, in: SK StGB, vor § 185 StGB Rn. 57.
⁴⁷ BayObLG, Urteil v. 06.03.1962, RReg. 2 St 667 a, b/61, BayObLG NJW 1962, 1120 (1120); *Valerius*, in: BeckOK StGB, § 185 StGB Rn. 43; *Hilgendorf/Valerius*, Computer- und Internetstrafrecht, Rn. 348; a. A. *Hilgendorf*, in: LK, vor § 185 StGB Rn. 45.

## II. Weitere Delikte gegen die Person

Neben Beleidigungsdelikten kommen auch weitere Delikte gegen die Person in Betracht, die als Hass im Netz eingeordnet werden können. Nicht selten kommt es vor, dass Betroffene Drohungen gegen sich selbst oder gegen Nahestehende erhalten. Sofern das angedrohte Verhalten eine Tat gegen die sexuelle Selbstbestimmung, die körperliche Unversehrtheit, die persönliche Freiheit oder gegen eine Sache von bedeutendem Wert vorsieht, ist der Tatbestand der Bedrohung nach § 241 Abs. 1 StGB erfüllt. Abs. 2 des § 241 StGB erhöht den Strafrahmen von einem auf zwei Jahre, sofern das angedrohte Verhalten ein Verbrechen darstellt. Wird die Bedrohung öffentlich zugänglich auf einem sozialen Netzwerk verfasst, ist das Qualifikationsmerkmal der Öffentlichkeit[48] gem. § 241 Abs. 4 Alt. 1 StGB erfüllt, das den Strafrahmen um ein Jahr erweitert. Wird daher beispielsweise auf einem sozialen Netzwerk öffentlich mit einer gefährlichen Körperverletzung gedroht, kann diese Äußerung mit bis zu drei Jahren Freiheitsstrafe geahndet werden. Soll der/die Betroffene zu einem Handeln, Dulden oder Unterlassen bewegt werden, um den Eintritt eines empfindlichen Übels zu verhindern, liegt zudem eine Nötigung i.S.d. § 240 Abs. 1 StGB vor.

Hass im Netz kann außerdem pornographische Inhalte enthalten und somit auch Tatbestände von Straftaten gegen die sexuelle Selbstbestimmung, vor allem §§ 184–184c StGB, erfüllen. Eine weitere Erscheinungsform stellt das Veröffentlichen von Ton-, Video- und Bildaufnahmen ohne Zustimmung der sprechenden oder abgebildeten Person dar, was nach §§ 201 f. StGB geahndet werden kann.

## III. Delikte gegen die Allgemeinheit

Auch Straftatbestände, die dem Schutz der Allgemeinheit dienen, können Hass im Netz erfassen.

So kann etwa das Verbreiten von Propagandamitteln verfassungswidriger und terroristischer Organisationen gem. § 86 StGB oder die Verwendung von Kennzeichen verfassungswidriger und terroristischer Organisationen gem. § 86a StGB je nach betreffender Organisation Ausdruck von Hass und Hetze sein. Auch ist der Straftatbestand der Beschimpfung von Bekenntnissen, Religionsgesellschaften und Weltanschauungsvereinigungen gem. § 166 StGB zu erwähnen, der jedoch wegen des Erfordernisses der Geeignetheit zur Störung des öffentlichen Friedens wenig Anwendung findet.

Teilweise werden soziale Netzwerke des Weiteren dazu genutzt, Dritte zu Straftaten zu motivieren und zu mobilisieren und bereits stattgefundene Gewalt zu verherrlichen. Solches Handeln kann unter anderem nach §§ 111, 126, 126a 130a, 140

---

[48] Siehe dazu sogleich ausführlich § 3 D. I. 1.

StGB strafbar sein, die alle als Delikte gegen den öffentlichen Frieden und Ordnung einzustufen sind. Ebenfalls unter diesen Abschnitt fällt die Volksverhetzung gem. § 130 StGB, die Hassrede im engeren Sinne darstellt,[49] indem sich die verschiedenen Äußerungshandlungen (Abs. 1), Verbreitungshandlungen (Abs. 2) und Billigungs-, Verharmlosungs- und Leugnungshandlungen (Abs. 3 und 4) gegen eine Personengruppe oder gegen einzelne einer solchen Personengruppe richten müssen. Die Volksverhetzung ist der einzige Straftatbestand, der explizit Hass, in der Form des „Aufstachelns zu Hass", unter Strafe stellt. Die Rechtsprechung versteht unter Hass „eine gesteigerte, über die bloße Ablehnung oder Verachtung hinausgehende feindselige Haltung gegen den betreffenden Bevölkerungsteil".[50]

# D. Gesetzgeberische Reaktionen

Seit 2017 hat der Gesetzgeber durch verschiedene Gesetzesvorhaben, unter anderem durch die Einführung oder Erweiterung der soeben genannten strafrechtlichen Vorschriften, auf Hass im Netz reagiert.

## I. Änderungen im StGB

### 1. Strafschärfungen und Ergänzungen der Beleidigungsdelikte

In § 185 StGB wurden neben dem Qualifikationstatbestand der tätlichen Beleidigung drei weitere Qualifikationstatbestände eingeführt und § 185 StGB damit an §§ 186, 187 StGB angepasst: Öffentlich, in einer Versammlung oder durch Verbreiten eines Inhalts i. S. d. § 11 Abs. 3 StGB.[51] Für diese ist nun eine Höchststrafe von zwei Jahren möglich. Hierdurch soll auf besonders schwerwiegende Fälle reagiert werden können.[52] Diese Änderung erfolgte durch das Gesetz zur Bekämpfung des Rechtsextremismus und der Hasskriminalität und trat zum 01. Juli 2021 in Kraft.[53]

Öffentlichkeit ist dann gegeben, wenn die Äußerung von einem größeren, nach Zahl und Individualität unbestimmten oder durch nähere Beziehung nicht verbundenen Personenkreis unmittelbar wahrgenommen werden kann.[54] Damit ist nicht automatisch jede Äußerung im Internet per se öffentlich i. S. d. §§ 185 ff. StGB.

---

[49] Siehe zur Begrifflichkeit § 3 A.
[50] BGH, Urteil v. 15.03.1994, 1 StR 179/93 Rn. 23, NJW 1994, 1421 (1422).
[51] RefE Gesetz zur Bekämpfung des Rechtsextremismus und der Hasskriminalität, S. 15.
[52] RefE Gesetz zur Bekämpfung des Rechtsextremismus und der Hasskriminalität, S. 39.
[53] BGBl. 2021 I Nr. 13, S. 441 ff.
[54] *Eisele/Schittenhelm*, in: Schönke/Schröder, § 186 StGB Rn. 19; *Valerius*, in: BeckOK StGB, § 186 StGB Rn. 25; *Hilgendorf*, in: LK, § 186 StGB Rn. 13; *Regge/Pegel*, in: MüKo StGB, § 186 StGB Rn. 34; RG, Urteil v. 10.12.1908, III 745/08, RGSt 42, 112 (113).

Laut Gesetzesentwurf sind Äußerungen im Internet dann „öffentlich", wenn sie für andere Nutzer:innen ohne Weiteres abrufbar sind.[55] Davon werden das Posten auf dem eigenen öffentlichen Profil oder das Kommentieren eines öffentlichen Beitrages erfasst. Äußerungen über private Chat-Nachrichten, geschlossene Foren oder als Beitrag, der nur für Freund:innen und Follower:innen sichtbar ist, werden nicht von diesem Qualifikationsmerkmal erfasst.[56] Unter Umständen können solche Handlungen jedoch unter das Qualifikationsmerkmal „durch Verbreiten eines Inhalts (§ 11 Abs. 3)"[57] fallen. Der Begriff „Verbreiten" ist hier anders als im Grundtatbestand des § 186 StGB zu verstehen und lässt ausreichen, dass der Inhalt einem größeren Personenkreis zugänglich gemacht wird.[58] Dabei muss der Personenkreis, sei er auch individuell bestimmbar und in sich abgeschlossen, so groß sein, dass er für den Täter nicht mehr kontrollierbar ist.[59]

Auch der Schutz von Äußerungen, die öffentlich, in einer Versammlung oder durch Verbreiten eines Inhaltes (§ 11 Abs. 3 StGB) gegenüber Politiker:innen begangen wurden, wurde ausgebaut. Die Qualifikation des § 188 StGB bezieht klarstellend explizit auch regional- und kommunalpolitisch tätige Personen in ihren Schutzbereich ein.[60] Weiterhin wurde nach Empfehlung des Ausschusses für Recht und Verbraucherschutz § 185 StGB ebenfalls als Grunddelikt gewertet, da nicht nur Tatsachenbehauptungen, sondern auch Beleidigungen dazu in der Lage seien, das öffentliche Wirken von Personen des politischen Lebens erheblich zu erschweren.[61] Zudem sieht § 194 Abs. 1 S. 3 StGB vor, dass Taten nach § 188 StGB

---

[55] RefE Gesetz zur Bekämpfung des Rechtsextremismus und der Hasskriminalität, S. 39.

[56] Anders könnte es für Beiträge von privaten Profilen von Nutzer:innen sein, die mehrere Hunderttausend Follower:innen haben, da dieser Umstand mit dem Merkmal der „unbegrenzten Öffentlichkeit" vergleichbar ist. Das wird jedoch in der Praxis nur selten der Fall sein, da diese Profile i.d.R. ohnehin öffentlich sind.

[57] RefE Gesetz zur Bekämpfung des Rechtsextremismus und der Hasskriminalität, S. 23 ging noch von der „Verbreitung von Schriften" nach alter Gesetzeslage aus, wies jedoch auf die geplanten Änderungen hin. Durch Änderung zu „Verbreitung eines Inhalts" sollte auch das Verbreiten etwa in Chatgruppen vom Tatbestand erfasst sein, indem es nicht mehr auf das Trägermedium, sondern auf den Inhalt selbst ankommt. Siehe dazu: Referentenentwurf des Bundesministeriums der Justiz und für Verbraucherschutz für ein Gesetz zur Änderung des Strafgesetzbuches – Modernisierung des Schriftenbegriffs und anderer Begriffe sowie Erweiterung der Strafbarkeit nach den §§ 86, 86a, 111 und 130 des Strafgesetzbuches bei Handlungen im Ausland vom 04.09.2019, abrufbar unter: https://www.bmj.de/SharedDocs/Gesetzgebungsverfahren/DE/2019_Schriftenbegriff.html (letzter Abruf: 04.03.2025) (im Folgenden: RefE Modernisierung des Schriftenbegriffs).

[58] *Eisele/Schittenhelm*, in: Schönke/Schröder, § 186 StGB Rn. 20; *Hilgendorf*, in: LK, § 186 StGB Rn. 14; BGH, Urteil v. 03.10.1962, 3 StR 35/62, BGH NJW 1963, 60 (60).

[59] *Regge/Pegel*, in: MüKo StGB, § 186 StGB Rn. 37; *Hilgendorf*, in: LK, § 186 StGB Rn. 14.

[60] RefE Gesetz zur Bekämpfung des Rechtsextremismus und der Hasskriminalität, S. 23 f.

[61] Beschlussempfehlung und Bericht des Ausschusses für Recht und Verbraucherschutz zum Entwurf eines Gesetzes zur Bekämpfung des Rechtsextremismus und der Hasskriminalität vom 17.06.2020, BT-Drucks. 19/20163, S. 43, abrufbar unter: https://dserver.bundestag.de/btd/19/201/1920163.pdf (letzter Abruf: 04.03.2025).

auch ohne Strafantrag im Falle des besonderen öffentlichen Interesses verfolgt werden können, wodurch das Delikt von einem absoluten in ein relatives Antragsdelikt umgewandelt wurde. Als Grund dafür wurde vom Gesetzgeber angeführt, dass Äußerungen, beispielsweise im Internet, sich nicht allein auf den persönlichen Lebensbereich des/der Betroffenen auswirken würden, sondern dazu in der Lage seien, Außenwirkung zu entfalten, die das Rechtsempfinden der Bevölkerung stören könnten.[62]

Im September 2021 ist zudem der Straftatbestand der verhetzenden Beleidigung gem. § 192a StGB in Kraft getreten.[63] Anlass bildete das vermehrte Zusenden von beschimpfenden, böswilligen, verhetzenden oder herabsetzenden Inhalten gegenüber bestimmten Gruppen, wobei die Gruppen selbst oder Teile dieser Gruppen die Adressierten sind.[64] Der Gesetzgeber ging dabei davon aus, dass für diese Konstellationen eine Gesetzeslücke bestünde:[65] § 130 StGB sei nicht einschlägig, da es regelmäßig an der Eignung zur Störung des öffentlichen Friedens fehle, und § 185 StGB erfasse nur in bestimmten Konstellationen die Beleidigung eines Kollektivs. Für die Beleidigung Einzelner fehle es oft an dem notwendigen Bezug zu den verhetzenden Inhalten.[66] Insbesondere die letzte Annahme erscheint nach Teilen der Literatur verfehlt, sodass in Wahrheit keine Gesetzeslücke vorliege: Wenn ein Inhalt, der eine gesamte Gruppe beleidigt, einer konkreten Person zugeht, so sei die vom Bundesverfassungsgericht[67] geforderte persönliche Zuordnung zu einer Einzelperson hinreichend hergestellt. Damit könne in diesen Fällen bereits eine Beleidigung unter einer Kollektivbezeichnung i. S. v. § 185 StGB angenommen werden und die vom Gesetzgeber angenommene Gesetzeslücke liege somit nicht vor.[68] An dieser

---

[62] Entwurf der Bundesregierung zum Gesetz zur Bekämpfung des Rechtsextremismus und der Hasskriminalität vom 21.02.2020, BR-Drucks. 87/20, S. 45, abrufbar unter: https://dserver.bundestag.de/brd/2020/0087-20.pdf (letzter Abruf: 04.03.2025) (im Folgenden: RegE Gesetz zur Bekämpfung des Rechtsextremismus und der Hasskriminalität).
[63] Ausführlich zu diesem Straftatbestand siehe *Rostalski/Weiss*, KriPoZ 2023, 199; *Beck/Nussbaum*, KriPoZ 2023, 218; *Nussbaum*, KriPoZ 2021, 335.
[64] Änderungsantrag der Fraktionen der CDU/CSU und der SPD zu dem Gesetzentwurf der Bundesregierung Drucksache 19/28678. Entwurf eines Gesetzes zur Änderung des Strafgesetzbuches – Verbesserung des strafrechtlichen Schutzes gegen sogenannte Feindeslisten vom 12.05.2021, S. 8 f., abrufbar unter: https://www.bundestag.de/resource/blob/841810/745f4083 c299882745e513b0fdae2859/adrs-koa.pdf (letzter Abruf: 04.03.2025) (im Folgenden: Änderungsantrag Gesetzesentwurf Feindeslisten).
[65] Eine ausführliche Erörterung der möglichen Gesetzeslücken findet sich bei *Schwarz/Heger*, ZStW 136 (2024), 57 (61 ff.).
[66] Änderungsantrag Gesetzesentwurf Feindeslisten, S. 8 f.; zustimmend *Valerius*, in: BeckOK StGB, § 192a StGB Rn. 1.1; *Nussbaum*, KriPoZ 2021, 335 (337).
[67] BVerfG, Beschluss v. 10.10.1995, 1 BvR 1476/91, 1 BvR 1980/91, 1 BvR 102/92, 1 BvR 221/92 Rn. 140 ff., NJW 1995, 3303 (3306 f.).
[68] *Hoven/Witting*, NStZ 2022, 589 (592); *Hestermann/Hoven/Autenrieth*, KriPoZ 2021, 204 (207) Fn. 40; folgend *Mitsch*, KriPoZ 2022, 398 (399); *Rostalski/Weiss*, KriPoZ 2023, 199 (203).

Vorschrift ist hingegen zu begrüßen, dass ehrverletzende Äußerungen, die auch die Menschenwürde des/der Adressierten betreffen, erhöhtes Unrecht darstellen.[69]

## 2. Sonstige Änderungen

Im Zuge des Gesetzes zur Bekämpfung des Rechtsextremismus und der Hasskriminalität wurde zudem der Straftatenkatalog der §§ 126, 140 Nr. 2 und 241 StGB erweitert. § 126 StGB stellt zukünftig auch das Androhen einer gefährlichen Körperverletzung unter Strafe und § 140 Nr. 2 StGB auch das Billigen *zukünftiger* Straftaten. § 241 StGB erfasst nun auch die Bedrohung mit einer rechtswidrigen Tat gegen die sexuelle Selbstbestimmung, die körperliche Unversehrtheit, die persönliche Freiheit oder eine Sache von bedeutendem Wert. Außerdem wurden in § 241 Abs. 4 StGB die gleichen Qualifikationstatbestände wie in § 185 Hs. 2 StGB eingeführt. Durch diese Tatbestandserweiterungen soll der Rechtsstaat „angemessen auf die sich in sozialen Medien anzutreffenden Formen der Hasskriminalität reagieren" können.[70]

Im Zuge des Gesetzes zur Verbesserung des strafrechtlichen Schutzes gegen sogenannte Feindeslisten wurde § 126a StGB im September 2021 neu eingefügt.[71] Damit soll gegen das Veröffentlichen von personenbezogenen Daten vorgegangen werden, die geeignet sind, den/die Betroffene:n einem Verbrechen oder Vergehen erhöhten Unrechts auszusetzen. Dieses Verhalten wird in der Praxis auch als „Doxing" bezeichnet.[72] § 126a StGB soll solche Handlungen erfassen, die von § 111 StGB mangels einer bestimmenden, den Tatentschluss hervorrufenden Erklärung nicht erfasst sind und § 126 StGB wegen fehlenden konkreten Tatbezugs nicht erfüllen.[73] Auch wenn hier der öffentliche Frieden weiterhin das Schutzgut darstellt, soll durch diesen Tatbestand in weiterem Maße der Furcht und Unsicherheit sowie dem Gefühl der Bedrohung der Betroffenen Rechnung getragen werden.[74]

Zuletzt ist abseits des materiellen Rechts die Ergänzung des § 46 Abs. 2 StGB als Strafzumessungsvorschrift zu nennen. Hier wurde durch zwei Gesetzesände-

---

[69] So auch *Mitsch*, KriPoZ 2022, 398 (403); siehe zudem für den Schutz des Rechtsguts der Meinungsfreiheit in § 192a StGB *Schwarz/Heger*, ZStW 136 (2024), 57 (74 ff., 93 ff.).
[70] Zum Ganzen RefE Gesetz zur Bekämpfung des Rechtsextremismus und der Hasskriminalität, S. 15.
[71] BGBl. 2021 I Nr. 66, S. 4250 ff.
[72] *Hestermann/Hoven/Autenrieth*, KriPoZ 2021, 204 (207).
[73] Entwurf der Bundesregierung zu einem Gesetz zur Änderung des Strafgesetzbuches – Verbesserung des strafrechtlichen Schutzes gegen sogenannte Feindeslisten vom 19.04.2021, BT-Drucks. 19/28678, S. 8, abrufbar unter: https://www.bundestag.de/resource/blob/841810/7 45f4083c299882745e513b0fdae2859/adrs-koa.pdf (letzter Abruf: 04.03.2025) (im Folgenden: RegE Gesetz Feindeslisten).
[74] Vgl. RegE Gesetz Feindeslisten, S. 8.

rungen klarstellend der Katalog der Strafzumessungsgründe um „antisemitische"[75] sowie um „geschlechtsspezifische" und „gegen die sexuelle Orientierung gerichtete"[76] Beweggründe erweitert, die bislang unter „sonst menschenverachtende" Beweggründe subsumiert werden konnten. Diese Ergänzung sei in Bezug auf das Merkmal „antisemitische", neben geschichtlicher Verantwortung, Reaktion auf die aktuelle Entwicklung antisemitischer Hasskriminalität.[77] Die Erweiterung der anderen beiden Merkmale diene der „Verdeutlichung und Bekräftigung der bereits jetzt geltenden Rechtslage".[78]

### II. Einführung von Compliance-Regelungen

Neben diesen Änderungen im Strafgesetzbuch, die den Täter von Hass im Netz in die Pflicht nehmen, adressieren Compliance-Regeln die sozialen Netzwerke selbst. Während es zunächst einen deutschen Alleingang gab, wurde dieser heute weitestgehend durch EU-Regelungen ersetzt. Schon früh hat der Staat erkannt, selbst nicht hinreichend gegen Hass im Netz vorgehen zu können. Er ist darauf angewiesen, dass soziale Netzwerke zur Prüfung, Löschung und gegebenenfalls Meldung möglicher rechtswidriger Inhalte verpflichtet werden. Allerdings kann durch die Einführung von Compliance-Regelungen die Gefahr des *Over-Blockings*[79] entstehen: ein übermäßiges Löschverhalten auch rechtmäßiger Inhalte durch soziale Netzwerke. Ein Verständnis dieser Prüf- und Löschpflichten der sozialen Netzwerke ist notwendig, da im Laufe der Arbeit an unterschiedlichen Stellen[80] als Grundlage für Argumente und Anknüpfungen hierauf zurückgegriffen wird.

Die nachfolgende Entwicklung zeigt, insbesondere durch die unterschiedlichen Änderungen des Netzwerkdurchsetzungsgesetzes, worin die Schwierigkeiten der Schaffung solcher Compliance-Regelungen liegen.

---

[75] RefE Gesetz zur Bekämpfung des Rechtsextremismus und der Hasskriminalität, S. 5.
[76] Gesetzesentwurf der Bundesregierung zum Entwurf eines Gesetzes zur Überarbeitung des Sanktionenrechts – Ersatzfreiheitsstrafe, Strafzumessung, Auflagen und Weisungen sowie Unterbringung in einer Entziehungsanstalt vom 21.12.2022, S. 5, abrufbar unter: https://www.bmj.de/SharedDocs/Downloads/DE/Gesetzgebung/RegE/RegE_Ueberarbeitung_Sanktionsrecht.pdf?__blob=publicationFile&v=2 (letzter Abruf: 04.03.2025) (im Folgenden: RegE Gesetz zur Überarbeitung des Sanktionenrechts).
[77] RefE Gesetz zur Bekämpfung des Rechtsextremismus und der Hasskriminalität, S. 15 f.
[78] RegE Gesetz zur Überarbeitung des Sanktionenrechts, S. 47.
[79] *Liesching et al.*, Das NetzDG in der praktischen Anwendung, S. 89 ff.; *Friehe*, NJW 2020, 1697; *Lang*, AöR 2018, 220; kritisch zu einem im NetzDG angelegten Over-Blocking *Schiff*, MMR 2018, 366 (369 f.); *Eifert/Landenberg-Roberg/Theß/Wienfort*, Netzwerkdurchsetzungsgesetz in der Bewährung, S. 76 ff.
[80] So in § 3 F. II., § 4 B. II. 2. und § 6 E. II. 2. e).

## 1. Das Netzwerkdurchsetzungsgesetz auf Bundesebene

Auf Bundesebene dienten insgesamt drei Gesetzesvorhaben der Einführung von Compliance-Regeln für soziale Netzwerke.

*a) Das Gesetz zur Verbesserung der Rechtsdurchsetzung in sozialen Netzwerken*

Durch das von der Bundesregierung entworfene[81] und am 01. Oktober 2017 in Kraft getretene Gesetz zur Verbesserung der Rechtsdurchsetzung in sozialen Netzwerken wurde erstmalig das Netzwerkdurchsetzungsgesetz (NetzDG) eingeführt, um umfassender und zügiger gegen strafbare Inhalte und damit unter anderem gegen Hass im Netz vorzugehen. Hierdurch wurden soziale Netzwerke dazu verpflichtet, Beschwerdeverfahren gegen mögliche rechtswidrige Inhalte einzurichten (§ 3 Abs. 1 S. 2 NetzDG a. F.), eingegangene Beschwerden im Falle der Rechtswidrigkeit zu prüfen und in unterschiedlich bestimmten Fristen zu entfernen (§ 3 Abs. 2 NetzDG a. F.). Über das Beschwerdeverhalten der Nutzer:innen und ihren Umgang damit wurden die sozialen Netzwerke verpflichtet, Berichte zu veröffentlichen (§ 2 NetzDG a. F.). Ein nicht ordnungsgemäßes Nachkommen dieser Pflichten stellte gem. § 4 Abs. 1 NetzDG a. F. eine Ordnungswidrigkeit dar, die mit einem Bußgeld geahndet werden konnte. Wann ein Inhalt als rechtswidrig einzuordnen ist, wird in § 1 Abs. 3 NetzDG legaldefiniert, der die Tatbestandsmäßigkeit verschiedenster Delikte des Strafgesetzbuches und keine Rechtfertigung voraussetzt.

Hauptkritikpunkte an diesem Gesetz stellten die kurzen und starren Löschfristen sowie die hohen Bußgeldandrohungen dar, da durch diese die Befürchtung entstand, soziale Netzwerke würden im Zweifel Beiträge lieber entfernen und der Meinungsfreiheit der Nutzer:innen nicht ausreichend Rechnung tragen.[82] Zudem wurden die Privatisierung der Rechtsdurchsetzung[83] und fehlende Wiederherstellungsmöglichkeiten[84] bemängelt.

---

[81] RegE NetzDG, S. 2.
[82] *Wimmers/Heymann*, AfP 2017, 93 (99); *Liesching*, MMR 2018, 26 (27); *Spindler*, ZUM 2017, 473 (481); *Nolte*, ZUM 2017, 552 (556); *Deutscher Anwaltverein*, Stellungnahme zum NetzDG, S. 17.
[83] *Guggenberger*, ZRP 2017, 98 (100); *Wimmers/Heymann*, AfP 2017, 93 (97).
[84] *Peukert*, MMR 2018, 572 (575); *Löber/Roßnagel*, MMR 2019, 71 (75); *Sahl/Bielzer*, ZRP 2020, 2 (4).

### b) Gesetz zur Bekämpfung des Rechtsextremismus und der Hasskriminalität

Durch das Gesetz zur Bekämpfung des Rechtsextremismus und der Hasskriminalität wurde als zentrale Neuerung im NetzDG (§ 3a NetzDG a. F.) die Verpflichtung sozialer Netzwerke eingeführt, dem Bundeskriminalamt bestimmte strafbare Inhalte zu melden. § 3a Abs. 2 NetzDG a. F. listete dabei auf, welche strafbaren Inhalte gemeldet werden mussten, wobei die Auflistung deutlich weniger umfassend ausfiel als die in § 1 Abs. 3 NetzDG. Zu den zu übermittelnden Daten gehörten nach § 3a Abs. 4 NetzDG a. F. neben dem Inhalt unter anderem der Nutzername, der Zeitpunkt der Veröffentlichung sowie sofern vorhanden die IP-Adresse. Durch diese Übermittlung sollten strafbare Inhalte im Netz nicht nur, wie bislang durch das NetzDG vorgesehen, entfernt werden, sondern deren Verfasser:innen auch strafrechtlich zur Verantwortung gezogen werden können.[85] Diese Gesetzesänderung trat zum 01. Februar 2022 in Kraft. Schon einen Monat danach hat das VG Köln § 3a Abs. 1 NetzDG a. F. als mit dem Unionsrecht unvereinbar erklärt.[86]

### c) Gesetz zur Änderung des Netzwerkdurchsetzungsgesetzes

In einem zeitweise parallellaufendem Gesetzgebungsverfahren zur Einführung eines Gesetzes zur Änderung des Netzwerkdurchsetzungsgesetzes wurden Vorgaben aus der geänderten Richtlinie 2010/13/EU des Europäischen Parlaments und des Rates erfüllt sowie die Forderungen der kritischen Stimmen umgesetzt.[87] An dieser Stelle besonders hervorzuheben ist daher das eingeführte Gegenvorstellungsverfahren in § 3b NetzDG a. F., wodurch gegen ergangene Entscheidungen des sozialen Netzwerkes vorgegangen werden konnte. Sowohl Nutzer:innen, deren Beitrag gelöscht wurde, als auch Nutzer:innen, deren gemeldeter Beitrag nicht gelöscht wurde, waren für dieses Verfahren als Beschwerdeführer:innen berechtigt. Das Gegenvorstellungsverfahren griff nicht nur bei NetzDG-Beschwerden, sondern auch bei behaupteten Verstößen gegen die Gemeinschaftsstandards oder bei Löschungen und Sperrungen auf Eigeninitiative des sozialen Netzwerkes.[88]

---

[85] RefE Gesetz zur Bekämpfung des Rechtsextremismus und der Hasskriminalität.
[86] VG Köln, Beschluss v. 01.03.2022, 6 L 1277/21 Rn. 148 ff., MMR 2022, 330 (333).
[87] Referentenentwurf des Bundesministeriums der Justiz und für Verbraucherschutz zum Gesetz zur Änderung des Netzwerkdurchsetzungsgesetzes vom 29.01.2020, abrufbar unter: https://www.bmj.de/SharedDocs/Downloads/DE/Gesetzgebung/RefE/RefE_NetzDGAendG.pdf?__blob=publicationFile&v=3 (letzter Abruf: 04.03.2025) (im Folgenden: RefE NetzDG-Änderung).
[88] *Cornils*, NJW 2021, 2465 (2468).

## 2. Fortführung auf EU-Ebene

Das NetzDG bildete in weiten Teilen ein Vorbild für die Einführung des seit dem 17. Februar 2024 vollumfänglich geltenden Gesetzes über digitale Dienste (Digital Services Act [DSA]) auf EU-Ebene.[89] Durch die beabsichtigte vollständige Harmonisierung für Vermittlungsdienste im Binnenmarkt sollten die Mitgliedstaaten keine zusätzlichen Regelungen erlassen oder beibehalten,[90] sodass das NetzDG hierdurch nahezu komplett abgelöst wurde. Seit dem 14. Mai 2024 wurde der DSA auf Bundesebene durch das Digitale-Dienste-Gesetz (DDG) in das nationale Recht umgesetzt.[91] Durch Einführung des DDG ist auch die Debatte um die Vereinbarkeit des NetzDG mit dem Herkunftslandprinzip aus dem Unionsrecht obsolet geworden.[92]

Der DSA gilt nicht nur für soziale Netzwerke, sondern unabhängig von einer Mindestgröße an Nutzer:innen für alle digitalen Dienste, die den Verbraucher:innen Waren, Dienstleistungen oder Inhalte vermitteln. Allerdings sind die unterschiedlichen Sorgfaltspflichten und Haftungsfreistellungen abhängig von Art und Größe des Dienstes.[93] Im Wesentlichen enthält der DSA für bestimmte Dienstanbieter:innen, worunter auch soziale Netzwerke fallen, ebenfalls Vorgaben für Melde- und Abhilfeverfahren zum Umgang mit rechtswidrigen Inhalten (Art. 16 DSA), Meldepflichten an die zuständigen Behörden (Art. 18 DSA) sowie Transparenz- und Berichtspflichten (Art. 15 DSA) und die Möglichkeit, bei Verstoß mit Geldbußen gegen die Anbieter:innen vorzugehen (Art. 73, 74 DSA). Während solche Pflichten im NetzDG *nur* soziale Netzwerke betrafen, erstrecken sich diese im DSA auch auf Messenger-Dienste für das Anbieten der Funktionen öffentlicher Gruppen oder Kanäle.[94] Damit können auch Telegram-Kanäle erfasst werden, die inzwischen einen maßgeblichen öffentlichen Raum für die Verbreitung von Fake News und Hass im

---

[89] *Buchheim/Schrenk*, NVwZ 2024, 1 (5).
[90] Erwägungsgrund 9 zum DSA, abrufbar unter: https://eu-digitalstrategie.de/erwaegungsgruende-dsa/erwaegungsgrund-9/ (letzter Abruf: 04.03.2025).
[91] Gesetz zur Durchführung der Verordnung (EU) 2022/2065 des Europäischen Parlaments und des Rates vom 19. Oktober 2022 über einen Binnenmarkt für digitale Dienste und zur Änderung der Richtlinie 2000/31/EG sowie zur Durchführung der Verordnung (EU) 2019/1150 des Europäischen Parlaments und des Rates vom 20. Juni 2019 zur Förderung von Fairness und Transparenz für gewerbliche Nutzer von Online-Vermittlungsdiensten und zur Änderung weiterer Gesetze vom 13.05.2024, BGBl. 2024 I, S. 162.
[92] Die Unvereinbarkeit von § 3a NetzDG wurde erstmalig richterlich bestätigt durch VG Köln, Beschluss v. 01.03.2022, 6 L 1277/21 Rn. 148 ff., MMR 2022, 330 (333); so auch bereits überwiegend gefordert *Hoven/Gersdorf*, in: BeckOK Informations- und Medienrecht, § 1 NetzDG Rn. 9; *Wimmers/Heymann*, AfP 2017, 93 (96); *Spindler*, ZUM 2017, 473 (474 ff.); *Liesching*, MMR 2018, 26 (29).
[93] *Raue/Heesen*, NJW 2022, 3537 (3538).
[94] *Hofmann*, in: Hofmann/Raue, Art. 3 GG Rn. 102.

Netz darstellen.[95] Eine Neuerung bildet Art. 14 Abs. 4 DSA, wenn auch nicht im Ergebnis, aber in der gesetzlichen Normierung. Danach haben die Anbieter:innen „sorgfältig, objektiv und verhältnismäßig vor[zugehen] und [...] dabei die Rechte und berechtigten Interessen aller Beteiligten sowie die Grundrechte der Nutzer, die in der Charta verankert sind, etwa das Recht auf freie Meinungsäußerung, die Freiheit und den Pluralismus der Medien und andere Grundrechte und -freiheiten", zu berücksichtigen. Dieses Ergebnis kommt der mittelbaren Drittwirkung der deutschen Grundrechte gleich,[96] die insbesondere für die AGBs der sozialen Netzwerke und deren darauf beruhende Löschpraxis Bedeutung erfahren hat.[97]

Es bleibt abzuwarten, inwiefern die praktische Um- und Durchsetzung des DSA gelingt. Die EU-Kommission hat bereits zwei Verfahren gegen Meta, dem Anbieter von Facebook und Instagram, eröffnet: zum einen aufgrund eines möglichen unzureichenden Umgangs von Meta mit Desinformation und politischer Werbung,[98] zum anderen aufgrund der Gefahren von Algorithmen für Minderjährige.[99]

### III. Verstärkte Rechtsdurchsetzung

Anders als die Compliance-Regeln des NetzDG und des DSA, die die sozialen Netzwerke zur Rechtsdurchsetzung adressieren, soll das Gesetz zur Stärkung der privaten Rechtsverfolgung im Internet u. a. durch Einführung eines Gesetzes gegen digitale Gewalt Nutzer:innen helfen, ihre Rechtsverletzungen im digitalen Raum effektiver durchzusetzen.[100]

---

[95] *Zentrum für digitalen Fortschritt*, Der Digital Services Act – das neue europäische Plattform-Grundgesetz?, Stellungnahme vom 06.05.2021, abrufbar unter: https://d-64.org/dsa-walkthrough-1/ (letzter Abruf: 04.03.2025).
[96] Siehe zur mittelbaren Drittwirkung oben § 2 D. III. 2.
[97] Siehe für einen umfassenden Vergleich der nationalen mittelbaren Drittwirkung und Art. 14 Abs. 4 DSA *Wischmeyer/Meißner*, NJW 2023, 2673 (2677); *Legner*, ZUM 2024, 99 (105); *Wischmeyer*, Grundrechtliche Bindung privater Plattformbetreiber, S. 8 ff.
[98] *Europäische Kommission*, Kommission eröffnet förmliches Verfahren gegen Facebook und Instagram nach dem Gesetz über digitale Dienste, Pressemitteilung vom 30.04.2024, abrufbar unter: https://digital-strategy.ec.europa.eu/de/news/commission-opens-formal-proceedings-against-facebook-and-instagram-under-digital-services-act (letzter Abruf: 04.03.2025).
[99] *Europäische Kommission*, Kommission eröffnet ein förmliches Verfahren gegen Meta im Rahmen des Gesetzes über digitale Dienste zum Schutz Minderjähriger auf Facebook und Instagram, Pressemitteilung vom 16.05.2024, abrufbar unter: https://digital-strategy.ec.europa.eu/de/news/commission-opens-formal-proceedings-against-meta-under-digital-services-act-related-protection (letzter Abruf: 04.03.2025).
[100] *Bundesministerium der Justiz*, Entwurf eines Gesetzes zur Stärkung der privaten Rechtsverfolgung im Internet, Dezember 2024, abrufbar unter: https://www.bmj.de/SharedDocs/Downloads/DE/Gesetzgebung/DiskE/DiskE_Gesetz_gegen_digitale_Gewalt.pdf?__blob=publicationFile&v=1 (letzter Abruf: 04.03.2025) (im Folgenden: Diskussionsentwurf: Gesetz zur Stärkung der privaten Rechtsverfolgung).

Dafür sieht das Gesetz vor, ein privates Auskunftsverfahren zu schaffen und damit die zivilrechtliche Verfolgung von Rechtsverletzungen zu ermöglichen. Zur Vermeidung von Datenverlusten soll eine Sicherung der Daten mit dem Auskunftsverfahren einhergehen. Zudem soll Betroffenen in besonders schweren Fällen durch mögliche Account-Sperren geholfen werden können. Zuletzt sollen soziale Netzwerke für vorgerichtliche Schreiben Zustellungspersonen im Inland benennen müssen.[101]

Während an dem Gesetz teilweise eine mögliche Unionsrechtswidrigkeit befürchtet wird[102] und die Verwendung des Begriffs „digitale Gewalt" kritisiert wird,[103] geht anderen das Gesetz nicht weit genug. So fordern verschiedene NGOs und Verbände beispielsweise die Möglichkeit, den Auskunftsanspruch digital stellen zu können, das eigeninitiativ oder unterstützend geführte Rechtsdurchsetzen durch (gegebenenfalls staatliche) Organisationen, das anonyme Durchführen der Rechtsdurchsetzung sowie eine Herabsenkung der Kosten.[104]

## E. Auswirkungen grundrechtlicher Spannungen auf die Rechtsprechung

Nicht nur der Gesetzgeber, sondern auch verschiedenste judizielle Ebenen reagierten auf Hass im Netz. Wie bereits unter § 2 D. III. 2. erörtert, befindet sich Hass im Netz häufig im Zwiespalt[105] der Meinungsfreiheit des/der Äußernden gem. Art. 5 Abs. 1 S. 1 Alt. 1 GG und dem allgemeinen Persönlichkeitsrecht des/der Adressierten gem. Art. 2 Abs. 1 GG i. V. m. Art. 1 Abs. 1 GG. Das Spannungsfeld dieser beiden Grundrechte bildet schon seit Jahren die Kernfrage verschiedener zivilrechtlicher und strafrechtlicher Entscheidungen, besonders aber auch auf verfassungsrechtlicher Ebene beim Bundesverfassungsgericht. Während bereits

---

[101] Zum Ganzen siehe Diskussionsentwurf: Gesetz zur Stärkung der privaten Rechtsverfolgung, S. 11 f.
[102] *Panahi*, MMR 2023, 556 (560 f.); *Maurer*, NJOZ 2024, 257 (258 f.) wenn auch diese sich nur auf die Aussagen des Eckpunktepapiers beziehen: *Bundesministerium der Justiz*, Eckpunkte zum Gesetz gegen digitale Gewalt, April 2023, abrufbar unter: https://www.bmj.de/SharedDocs/Downloads/DE/Gesetzgebung/Eckpunkte/Digitale_Gewalt_Eckpunkte.pdf?__blob=publicationFile&v=2 (letzter Abruf: 04.03.2025).
[103] *Valerius*, ZRP 2023, 142 (143); *Panahi*, MMR 2023, 556 (557); *Maurer*, NJOZ 2024, 257 (259).
[104] *Hate Aid*, Gesetz gegen digitale Gewalt, abrufbar unter: https://hateaid.org/gesetz-gegen-digitale-gewalt/#1682518112499-3bdfef2c-89fa (letzter Abruf: 04.03.2025); *Deutscher Juristinnenbund*, Stellungnahme zum Gesetz gegen digitale Gewalt; *Gesellschaft für Freiheitsrechte*, Stellungnahme zum Gesetz gegen digitale Gewalt, S. 6 ff.
[105] An dieser Stelle ist anzumerken, dass die Berufs- und Eigentumsfreiheit der sozialen Netzwerke sowie die mögliche Informationsfreiheit und Meinungsfreiheit Dritter ebenfalls in die Entscheidung miteinzubeziehen sind.

erörtert wurde, dass diese beiden Grundrechte wegen ihrer mittelbaren Drittwirkung in einen Ausgleich zu bringen sind,[106] ist nachfolgend deren Gewichtung zu untersuchen.

## I. Bisheriges Stimmungsbild des Bundesverfassungsgerichts: Entscheidungstendenz zugunsten der Meinungsfreiheit

In der bisherigen Rechtsprechung des Bundesverfassungsgerichts ließ sich eine Entscheidungstendenz zugunsten der Meinungsfreiheit ausmachen. Das Bundesverfassungsgericht stellte 1958 fest, dass „das Grundrecht auf freie Meinungsäußerung […] als unmittelbarster Ausdruck der menschlichen Persönlichkeit in der Gesellschaft eines der vornehmsten Menschenrechte überhaupt" sei.[107] Es müssten „im Einzelfall Schärfen und Übersteigerungen des öffentlichen Meinungskampfes oder ein Gebrauch der Meinungsfreiheit in Kauf genommen werden, der zu sachgemäßer Meinungsbildung nichts beitragen kann",[108] da „andernfalls die Gefahr einer Lähmung oder Verengung des Meinungsbildungsprozesses"[109] drohe. Schmähkritik, bei der die Diffamierung der Person im Vordergrund steht und demnach die Meinungsfreiheit verdrängt, sei nur ausnahmsweise anzunehmen.[110] So etablierte sich als ständige Rechtsprechung eine Vermutungsregelung zugunsten der Meinungsfreiheit.[111]

## II. Daraus resultierende justizielle Praxis

Es verwundert daher nicht, dass die justizielle Praxis in den letzten Jahren anhand dieser Leitlinien bei Entscheidungen zu Hass im Netz ebenfalls in der Regel zugunsten der Meinungsfreiheit entschieden hat.
So kam eine Untersuchung der Thüringer Landesmedienanstalt aus dem Jahr 2019 zu dem Ergebnis, dass auch die Staatsanwaltschaften zurückhaltend vorgehen, wenn es um die strafrechtliche Einordnung von Inhalten im Netz geht.[112] Exemplarisch für die richterliche Entscheidungspraxis mag die Reihe an Beschlüssen im Fall der Grünen-Politikerin Künast stehen. Hintergrund war ein Facebook-Post, der auf

---
[106] Siehe dazu oben § 2 D. III. 2.
[107] BVerfG, Urteil v. 15.01.1958, 1 BvR 400/51 Rn. 32, BVerfGE 7, 198 (208).
[108] BVerfG, Beschluss v. 13.05.1980, 1 BvR 103/77 Rn. 29, BVerfGE 54, 129 (139).
[109] BVerfG, Beschluss v. 26.06.1990, 1 BvR 1165/89 Rn. 36, BVerfGE 82, 272 (282).
[110] BVerfG, Beschluss v. 10.10.1995, 1 BvR 1476/91, 1 BvR 1980/91, 1 BvR 102/92, 1 BvR 221/92 Rn. 122, BVerfGE 93, 266 (294).
[111] BVerfG, Urteil v. 15.01.1958, 1 BvR 400/51 Rn. 33, BVerfGE 7, 198 (208); BVerfG, Urteil v. 22.06.1982, 1 BvR 1376/79 Rn. 21, BVerfGE 61, 1 (11); BVerfG, Beschluss v. 10.10.1995, 1 BvR 1476/91, 1 BvR 1980/91, 1 BvR 102/92, 1 BvR 221/92 Rn. 123, BVerfGE 93, 266 (294 f.).
[112] *Thüringer Landesmedienanstalt*, in: Der Ton wird härter, S. 100 (103 ff.).

einen Artikel der *Welt*[113] verweist und eine Aussage der Politikerin so zurechtlegt, als würde sie Sex mit Kindern billigen. Die Politikerin begehrte gem. § 14 Abs. 3 TMG a. F. Auskunft über die Bestandsdaten von Nutzer:innnen, die unter diesem Facebook-Post kommentiert hatten. Für einen Anspruch aus § 14 Abs. 3 TMG a. F. kam es darauf an, dass die Kommentare rechtswidrig i. S. d. § 1 Abs. 3 NetzDG waren, sodass es um die Erfüllung der §§ 185 ff. StGB ging. Hierzu führte das LG Berlin aus, dass sich alle Kommentare als Meinungsäußerung gem. Art. 5 Abs. 1 S. 1 Alt. 1 GG einordnen ließen und sie wegen des Kontexts einer Sachauseinandersetzung keine Diffamierung und damit keine Beleidigung darstellen würden.[114] Äußerungen wie beispielsweise „Stück Scheisse" [sic], „Schlampe" oder „Drecks Fotze" seien demnach rechtlich zulässig.[115] Im Rahmen eines Beschwerdeverfahrens wurden derweil manche Kommentare als rechtswidrig eingestuft, „Sie alte perverse Drecksau!!!!!" oder „Pfui du altes grünes Dreckschwein" jedoch weiterhin nicht, da diese sich nicht in einer Herabsetzung erschöpfen würden, sondern das Verhalten der Politikerin kritisieren würden.[116] Selbst das KG Berlin ließ „Pädophilen-Trulla" und „Gehirn amputiert" noch als Teil der Meinungsäußerung zu, da es sich nicht um Fälle der Diffamierung oder Schmähung handeln würde.[117] Diese Entscheidungsreihe der ordentlichen Gerichte sorgte sowohl in der Strafrechtswissenschaft[118] als auch in der Öffentlichkeit für viel Unverständnis.

### III. Neue Entwicklungen des Bundesverfassungsgerichts

Seit Mai 2020 lässt sich jedoch eine beachtliche Wandlung der Entscheidungstendenz des Bundesverfassungsgerichts feststellen.[119] Hier hatte das Bundesverfassungsgericht über vier Verfassungsbeschwerden zu entschieden, die sich jeweils gegen strafgerichtliche Verurteilungen wegen Beleidigungen richteten. An dieser Stelle ist die Position des Bundesverfassungsgerichts im Rahmen von Beschwerden gegen strafrechtliche Verurteilungen klarzustellen. Da dem Bundesverfassungsgericht keine Funktion einer Superrevisionsinstanz zukommt, bilden die Oberlandesgerichte die höchste Instanz der ordentlichen Gerichtsbarkeit bei Straftaten nach §§ 185 ff. StGB.[120] Das Bundesverfassungsgericht prüft ausschließlich, ob eine Ver-

---

[113] *Alexander/Malzahn*, Grünen-Politikerin Künast gerät in Erklärungsnot, Welt vom 24.05. 2015, abrufbar unter: https://www.welt.de/politik/deutschland/article141406874/Gruenen-Politikerin-Kuenast-geraet-in-Erklaerungsnot.html (letzter Abruf: 04.03.2025).
[114] LG Berlin, Beschluss v. 09.09.2019, 27 AR 17/19 Rn. 21, MMR 2019, 754 (755).
[115] LG Berlin, Beschluss v. 09.09.2019, 27 AR 17/19 Rn. 25, 35 f., MMR 2019, 754 (756).
[116] LG Berlin, Beschluss v. 21.01.2020, 27 AR 17/19, ZUM-RD 2020, 471 (474).
[117] KG Berlin, Beschlusss v. 11.03.2020, 10 W 13/20, MMR 2020, 867 (869).
[118] *Leeser*, IPRB 2020, 166; *Sajuntz*, NJW 2020, 583 (583); *Hoven/Witting*, NJW 2021, 2397 (2400).
[119] Zusammenfassend *Albrecht*, ZUM 2023, 8.
[120] § 1 StPO i. V. m. §§ 24, 74 Abs. 3, 121 Abs. 1 GVG.

letzung spezifischen Verfassungsrechts vorliegt und nicht, ob das einfache Recht durch das Fachgericht im Einzelfall richtig angewendet wurde.[121] Zu solch einer Verletzung kann es etwa kommen, wenn eine offensichtlich willkürliche Entscheidung getroffen wurde oder die Wertung eines Grundrechts bei der Auslegung des einfachen Rechts missachtet wurde.[122]

In dem ersten der vier ergangenen Beschlüsse wurden über den betreffenden Sachverhalt hinaus konkrete Angaben zum Spannungsverhältnis von Meinungsfreiheit und Persönlichkeitsrecht bei ehrverletzenden Äußerungen gemacht.[123] So nahm das Gericht zu der bislang geltenden Vermutungsregel zugunsten der Meinungsfreiheit Stellung und stellte klar, diese begründe „keinen generellen Vorrang der Meinungsfreiheit" und es bestehe keine Asymmetrie zwischen den Grundrechten insgesamt. Vielmehr folge aus ihr, dass Meinungsäußerungen, die die Ehre betreffen, nur nach vorgenommener Abwägung sanktioniert werden könnten.[124] Auch wurden die drei verschiedenen Fallgruppen festgehalten und ihre engen Kriterien vorgestellt, bei denen ausnahmsweise keine Abwägung vorzunehmen sei: Schmähkritik, Formalbeleidigungen und Verletzungen der Menschenwürde. Eine Schmähung sei nicht schon dann anzunehmen, wenn eine besonders schwerwiegende Ehrbeeinträchtigung vorliegt, sondern erst, wenn kein irgendwie nachvollziehbarer Bezug gegeben ist und es um das grundlose Verächtlichmachen der Person als solche geht.[125] In Fällen einer Formalbeleidigung sei nicht der fehlende Sachbezug relevant, sondern die „kontextunabhängig gesellschaftlich absolut missbilligte und tabuisierte Begrifflichkeit".[126] Eine Verletzung der Menschenwürde komme nur dann in Betracht, wenn der *Kern* der Persönlichkeit abgesprochen wird.[127] Die Einordnung in solch eine Fallgruppe ist klar kenntlich zu machen und umfassend zu begründen.[128] Nicht hinreichende Begründungen stellen wiederum einen verfassungsrechtlich erheblichen Fehler dar, der zur Aufhebung der Entscheidung führt, wenn diese darauf beruht.[129]

---

[121] BVerfG, Beschluss v. 18.09.1952, 1 BvR 612/52, BVerfGE 1, 418 (420); BVerfG, Urteil v. 15.01.1958, 1 BvR 400/51, BVerfGE 7, 198 (207); BVerfG, Beschluss v. 10.06.1964, 1 BvR 37/63, BVerfGE 18, 85 (92); BVerfG, Beschluss v. 24.10.1999, 2 BvR 1821/99 Rn. 5, BeckRS 1999, 23087.
[122] BVerfG, Beschluss v. 24.10.1999, 2 BvR 1821/99 Rn. 5, BeckRS 1999, 23087; *Schlaich/Korioth*, Das Bundesverfassungsgericht, Rn. 280 ff.
[123] Siehe dazu zum Folgenden Abschnitt BVerfG, Beschluss v. 19.05.2020, 1 BvR 2397/19, NJW 2020, 2622.
[124] BVerfG, Beschluss v. 19.05.2020, 1 BvR 2397/19 Rn. 16, NJW 2020, 2622 (2623 f.).
[125] BVerfG, Beschluss v. 19.05.2020, 1 BvR 2397/19 Rn. 18 ff., NJW 2020, 2622 (2624).
[126] BVerfG, Beschluss v. 19.05.2020, 1 BvR 2397/19 Rn. 21, NJW 2020, 2622 (2624).
[127] BVerfG, Beschluss v. 19.05.2020, 1 BvR 2397/19 Rn. 22, NJW 2020, 2622 (2625).
[128] BVerfG, Beschluss v. 19.05.2020, 1 BvR 2397/19 Rn. 23, NJW 2020, 2622 (2625).
[129] BVerfG, Beschluss v. 19.05.2020, 1 BvR 2397/19 Rn. 18 ff., NJW 2020, 2622 (2624 f.); so hatte etwa die in BVerfGE Beschluss v. 19.05.2020 – 1 BvR 362/18, NJW 2020, 2636 (2639) zugrundeliegende Entscheidung des AG nicht eindeutig festgestellt, ob es von einer Schmähung ausging, im Weiteren jedoch auf eine Abwägung verzichtet.

Sofern keine dieser Ausnahmen vorliegt, ist eine umfassende Abwägung vorzunehmen, wofür das Gericht eine Reihe von Abwägungskriterien aufgezählt hat, die in Betracht zu ziehen sind. Neben allgemeinen Kriterien, wie etwa das Betreffen der Person als Ganze oder nur einzelner Eigenschaften[130] sowie die mögliche Bedeutung des Beitrages für die öffentliche Meinungsbildung[131] und Alternativmöglichkeiten der Äußerung,[132] ging das Bundesverfassungsgericht insbesondere auf ehrbeeinträchtigende Äußerungen gegenüber öffentlich wirkenden Personen, etwa Politiker:innen, und auf digitale Kommunikationsformen ein. So müsse einerseits das Recht bestehen, als verantwortlich Angesehene für ihre Arbeit kritisieren zu dürfen, auch in überspitzter, polemischer Form, ohne Sanktionierungen zu befürchten, sodass die Grenzen zulässiger Äußerungen demnach gegenüber Politiker:innen weiter zu ziehen seien.[133] Insofern seien die selbst hervorgerufene öffentliche Präsenz, das Einbringen in die öffentliche Debatte sowie die politische Position zu berücksichtigen.[134] Erstmals sieht das Bundesverfassungsgericht in dem Schutz von Politiker:innen und Amtsträger:innen ein öffentliches Interesse.[135] Bei bestimmten Formen der Verbreitung im Internet kann nach Ansicht des Gerichts eine besondere ehrbeeinträchtigende Wirkung erfolgen, etwa durch eine große Reichweite, eine Perpetuierung der Äußerung, einen großen Kreis an Kenntnisnehmenden sowie durch die Verwendung von Bildnissen der Betroffenen.[136] Zudem wendet das Bundesverfassungsgericht den Grundsatz, dass bei schriftlichen Äußerungen, anders als bei mündlichen Äußerungen, mehr Reflektion und Zurückhaltung erwartet werden kann, unter Beachtung der schnelllebigen, spontanen Kommunikationsform weiterhin auch bei Äußerungen in sozialen Netzwerken an.[137]

Diese festgelegten Maßstäbe wurden vom Bundesverfassungsgericht im Rahmen der Urteilsverfassungsbeschwerde von Künast gegen die letztinstanzliche Entscheidung des KG bestätigt und angewendet.[138] Hier betonte das Bundesverfassungsgericht, dass wiederholt ein fehlerhafter Maßstab gebildet wurde, indem das KG den Beleidigungstatbestand nur als erfüllt ansah, sofern ein Fall der Schmähkritik vorlag.[139] Angaben zur konkreten Zulässigkeit der getätigten Äußerungen darf das Bundesverfassungsgericht aufgrund seiner Stellung nicht vornehmen, da

---

[130] BVerfG, Beschluss v. 19.05.2020, 1 BvR 2397/19 Rn. 28, NJW 2020, 2622 (2626).
[131] BVerfG, Beschluss v. 19.05.2020, 1 BvR 2397/19 Rn. 29, NJW 2020, 2622 (2626).
[132] BVerfG, Beschluss v. 19.05.2020, 1 BvR 2397/19 Rn. 28, NJW 2020, 2622 (2626).
[133] BVerfG, Beschluss v. 19.05.2020, 1 BvR 2397/19 Rn. 18, 31, NJW 2020, 2622 (2624, 2626).
[134] BVerfG, Beschluss v. 19.05.2020, 1 BvR 2397/19 Rn. 32, NJW 2020, 2622 (2626).
[135] BVerfG, Beschluss v. 19.05.2020, 1 BvR 2397/19 Rn. 32, NJW 2020, 2622 (2626); siehe dazu mehr § 4 E. und § 4 B. V.
[136] BVerfG, Beschluss v. 19.05.2020, 1 BvR 2397/19 Rn. 34, NJW 2020, 2622 (2627).
[137] BVerfG, Beschluss v. 19.05.2020, 1 BvR 2397/19 Rn. 33, NJW 2020, 2622 (2626f.); zu einer ausführlichen Darstellung der vorinstanzlichen Entscheidungen siehe *Seifert*, Hassrede in sozialen Netzwerken, S. 61 ff.
[138] BVerfG, Beschluss v. 19.12.2021, 1 BvR 1073/20, NJW 2022, 680.
[139] BVerfG, Beschluss v. 19.12.2021, 1 BvR 1073/20 Rn. 43, NJW 2022, 680 (684).

das eine Überprüfung der Anwendung einfachen Rechts darstellen würde. Auch im März 2022 hob das Bundesverfassungsgericht ein Urteil eines LG und einen Beschluss eines OLG wegen Verurteilung nach § 185 StGB in einem anderen Fall auf, da die Gerichte keine umfassende Abwägung der widerstreitenden Interessen vornahmen, und verwies erneut auf die sogenannten Mai-Beschlüsse.[140]

Eine Entscheidungstendenz des Bundesverfassungsgerichts zugunsten der Meinungsfreiheit lässt sich demnach nicht mehr erkennen, vielmehr geht es dem Gericht um eine sorgfältige, hinreichend vorgenommene Abwägung unter Würdigung der Umstände des Einzelfalls.

## F. Empirische Erkenntnisse

Nachfolgend soll erörtert werden, wie sich Hass im Netz in den letzten Jahren entwickelt hat. Das erfolgt durch eine Untersuchung von Zahlen der Polizeilichen Kriminalstatistik, eigenen Angaben der sozialen Netzwerke und Ergebnissen aus Umfragen.

### I. Amtliche Statistiken

Die beiden bedeutendsten amtlichen Statistiken zur Untersuchung von Straftaten bilden die Polizeiliche Kriminalstatistik (PKS) und die Strafvollzugsstatistik. Die PKS enthält die der Polizei bekannt gewordenen potenziellen rechtswidrigen Straftaten, wobei Informationen zu den Fallzahlen und Tatverdächtigen abrufbar sind. Die Strafvollzugsstatistik hingegen gibt nur Auskunft über die Entscheidungspraxis der Gerichte. Damit ein aus der PKS demnach bekannt gewordener Fall bei der Strafverfolgungsstatistik landet, muss die Staatsanwaltschaft wegen hinreichenden Tatverdachts Anklage erhoben haben und das Gericht das Strafverfahren eröffnet haben.

Die PKS zählt speziell Daten zu Straftaten auf, zu deren Tatbestandsverwirklichung das Medium „Internet" als Tatmittel verwendet wurde. Hierzu zählt die PKS sowohl solche Taten, bei denen das Einstellen in das Internet bereits tatbestandsmäßig ist, als auch Delikte, bei denen das Internet als Kommunikationsmedium bei der Tatbestandsverwirklichung eingesetzt wird.[141] Zudem wird eine Spannbreite technischer Dienste umfasst, so auch private Chats oder E-Mails,[142] sodass auch Beiträge oder Äußerungen erfasst sein können, die lediglich einen Adressaten/eine Adressatin haben. Das Merkmal „Tatmittel Internet" der PKS ist

---

[140] BVerfG, Beschluss v. 21.03.2022, 1 BvR 2650/19, NJW 2022, 1931.
[141] *Polizeiliche Kriminalstatistik*, Tabellenbeschreibung 2021, S. 19.
[142] *Polizeiliche Kriminalstatistik*, Tabellenbeschreibung 2021, S. 18.

demnach viel weiter als der Begriff der „Öffentlichkeit", wie er in verschiedenen Straftatbeständen vorkommt, wenn es um die digitale Verbreitung geht.

Die PKS für das Jahr 2023[143] weist 20.808 Fälle von Beleidigungen i. S. d. §§ 185 ff. StGB mit dem Tatmittel Internet auf und damit 18,39 % mehr als noch im Jahr 2022[144] (17.576 Fälle). Während die Zahl im Jahr 2021 ähnlich hoch war (17.980),[145] war sie in den beiden Jahren davor deutlich niedriger (2020 14.450[146] und 2019 12.861[147]). Solch eine steigende Entwicklung hat jedoch nicht zwingend eine tatsächliche Zunahme von Straftaten nach §§ 185 ff. StGB als Ursache. Die Veränderung von Fallzahlen in der PKS kann auch eine Verschiebung zwischen Hell- und Dunkelfeldkriminalität darstellen.[148] Das kann vor allem an der Neigung zur Anzeigeerstattung und der Verfolgungsintensität der Polizei liegen.[149] An dieser Stelle ist auf die Ergebnisse des Experiments der Sendung *ZDF Magazin Royal* vom Mai 2022 hinzuweisen, das den Umgang der Behörden mit Hass im Internet in allen Bundesländern untersuchte.[150] So konnten teilweise große Defizite festgestellt werden, da in manchen Bundesländern zur Polizei gebrachte Anzeigen strafrechtlich relevanter Hasskommentare nicht einmal angenommen wurden oder die Polizei gar nicht oder nur schleppend ermittelt hat. Relevant für das Anzeigeverhalten, besonders auch bei Delikten nach §§ 185 ff. StGB, können dabei der zeitliche Aufwand,[151] die Geringfügigkeit des Deliktes,[152] die gesellschaftliche Diskussion und die Einstellung zur möglichen Straftat[153] sowie die Erfolgsaussichten polizeilicher Ermittlungen[154] sein. Daher könnte insgesamt von einem geringen Anzeigeverhal-

---

[143] *BKA* (Hrsg.), Polizeiliche Kriminalstatistik 2023 Grundtabelle „Tatmittel Internet", Summenschlüssel 673000 („Beleidigung §§ 185–187, 189 StGB").
[144] *BKA* (Hrsg.), Polizeiliche Kriminalstatistik 2022 Grundtabelle „Tatmittel Internet", Summenschlüssel 673000 („Beleidigung §§ 185–187, 189 StGB").
[145] *BKA* (Hrsg.), Polizeiliche Kriminalstatistik 2021 Grundtabelle „Tatmittel Internet", Summenschlüssel 673000 („Beleidigung §§ 185–187, 189 StGB").
[146] *BKA* (Hrsg.), Polizeiliche Kriminalstatistik 2020 Grundtabelle „Tatmittel Internet", Summenschlüssel 673000 („Beleidigung §§ 185–187, 189 StGB").
[147] *BKA* (Hrsg.), Polizeiliche Kriminalstatistik 2019 Grundtabelle „Tatmittel Internet", Summenschlüssel 673000 („Beleidigung §§ 185–187, 189 StGB").
[148] *Bundesministerium des Innern, für Bau und Heimat/Bundesministerium der Justiz und für Verbraucherschutz*, Dritter Periodischer Sicherheitsbericht, 2021, S. 16; *Heinz*, in: Täter – Taten – Opfer, S. 736 (745).
[149] *Eisenberg/Kölbel*, Kriminologie, § 15 Rn. 34.
[150] *ZDF Magazin Royale*, Wo die deutsche Polizei bei der Verfolgung von Straftaten im Internet versagt, 27.05.2022, abrufbar unter: https://www.youtube.com/watch?v=Xdm8SG8_v0I (letzter Abruf: 04.03.2025).
[151] *Meier*, Kriminologie, § 9 Rn. 40; *Eisenberg/Kölbel*, Kriminologie, § 26 Rn. 24; *Kölbel*, in: MüKo StPO, § 158 StPO Rn. 13.
[152] *Kölbel*, in: MüKo StPO, § 158 StPO Rn. 13; *Singelnstein/Kunz*, Kriminologie, § 19 Rn. 20; *Meier*, Kriminologie, § 9 Rn. 35.
[153] *Eisenberg/Kölbel*, Kriminologie, § 26 Rn. 20; *Meier*, Kriminologie, § 9 Rn. 38 zur Bedeutung der Einordnung von Handlungen als „kriminelles Unrecht".
[154] *Meier*, Kriminologie, § 9 Rn. 39; *Kölbel/Ibold*, in: MüKo StPO, § 158 StPO Rn. 13.

ten ausgegangen werden, jedoch könnten etwa die weiterhin laufende Debatte um Hass im Netz in den Medien oder die *Künast*-Entscheidungen,[155] die öffentliche Aufmerksamkeit erlangten, das Anzeigeverhalten erhöht haben. Andererseits können jedoch die verpflichtende Meldemöglichkeit von Inhalten direkt bei den sozialen Netzwerken (§ 3 Abs. 1 NetzDG a. F.) und deren Löschpflicht nach § 3 Abs. 2 NetzDG a. F. zu einer Reduzierung des Anzeigeverhaltens geführt haben, weil eine strafrechtliche Anzeige für Nutzer:innen dann, besonders bei erfolgter Löschung, überflüssig erscheinen könnte.[156] Eindeutige Aussagen über eine Entwicklung des Anzeigeverhaltens lassen sich demnach nicht treffen. Damit bleibt weiter unklar, ob tatsächlich ein Anstieg vorliegt oder ob es sich lediglich um eine Verschiebung ins Hellfeld handelt.

Seit der PKS 2021 wird der Straftatbestand der Volksverhetzung mittels Internet nicht mehr erfasst. Im Jahr 2020 gab es 2.173[157] erfasste Fälle, 2019 1.317[158] Fälle. Eine Entwicklung im Hellfeld lässt sich hier demnach nicht eindeutig feststellen.

Während bei Fällen nach §§ 185 ff. StGB und § 130 StGB in der Regel von Hass im Netz nach obiger Definition[159] auszugehen ist, so ist das bei weiteren Delikten, die ebenfalls über das Tatmittel Internet begangen wurden, nicht zwingend der Fall. Die Belohnung zu einer Straftat gem. § 140 Nr. 1 StGB wird beispielsweise durch Zusendung eines Fotos einer getätigten Überweisung über eine private Chat-Nachricht unter dem Tatmittel Internet registriert, ist jedoch nicht als Hass im Netz einzuordnen. Auf eine Darstellung der in der PKS registrierten Fälle weiterer Delikte wird daher verzichtet.

Die Strafverfolgungsstatistik weist das Merkmal der Tatbegehung über das Internet nicht auf, sodass kein Vergleich zur Zahl der Abgeurteilten getroffen werden kann. Es ist jedoch zu betonen, dass eine Verfolgung der Delikte nach §§ 185 ff. StGB, anders als in Fällen des § 130 StGB als Offizialdelikt, eines Strafantrags bedarf. Bei fehlendem oder zurückgenommenem Strafantrag im Ermittlungsverfahren kann es zu einer Einstellung durch die Staatsanwaltschaft nach § 170 Abs. 2 StPO und nach Anklageerhebung zu einer Nichteröffnung nach § 204 StPO kommen, sodass mit einer deutlichen Divergenz zu den Zahlen der PKS zu rechnen ist.

---

[155] Siehe zu diesen oben § 3 E. II.
[156] *Bundesministerium des Innern, für Bau und Heimat/Bundesministerium der Justiz und für Verbraucherschutz*, Dritter Periodischer Sicherheitsbericht, 2021, S. 160.
[157] *BKA* (Hrsg.), Polizeiliche Kriminalstatistik 2020 Grundtabelle „Tatmittel Internet", Summenschlüssel 627000 („Volksverhetzung § 130 StGB").
[158] *BKA* (Hrsg.), Polizeiliche Kriminalstatistik 2019 Grundtabelle „Tatmittel Internet", Summenschlüssel 627000 („Volksverhetzung § 130 StGB").
[159] Siehe dazu § 3 A.

## II. Zahlen der sozialen Netzwerke

Soziale Netzwerke waren zunächst nach § 2 Abs. 1 S. 1 NetzDG a. F. und sind inzwischen nach Art. 15, 24, 42 DSA dazu verpflichtet, ihren Umgang und damit auch ihr Löschverhalten mit Beschwerden halbjährlich in einem Bericht zu veröffentlichen. Beispielhaft wird die Entwicklung von Facebook in den letzten Jahren analysiert. Dabei ist auf dessen letzten Transparenzbericht zurückzugreifen (31. Juli 2023), der noch den Vorgaben des NetzDG a. F. entspricht. Zwar kam es auch bereits zur Veröffentlichung von Transparenzberichten von Facebook nach Vorgaben des DSA.[160] Da diese jedoch Meldungen und Löschungen aus der gesamten EU miteinbeziehen,[161] ist wegen einer schwierigen Vergleichbarkeit zu den Daten anderer deutscher Statistiken nicht auf diese zurückzugreifen.

Die Anzahl der durch Facebook gelöschten Inhalte ist in den letzten Jahren deutlich gestiegen: Während im ersten Halbjahr 2018 lediglich 362 Inhalte entfernt oder gesperrt wurden,[162] waren es im ersten Halbjahr 2023 61.149 Inhalte.[163] Diese Zahlen sind jedoch insofern zu relativieren, als sie die Summe der Inhalte betreffen, die nach Vorgaben des NetzDG *oder* (auch) aufgrund von Verstößen gegen die Gemeinschaftsstandards entfernt oder gesperrt wurden. Wie viele dieser Inhalte aufgrund der Vorgaben des NetzDG gelöscht wurden und damit tatsächlich rechtswidrig waren, ist nicht bekannt. Grund dafür ist die zweistufige Vorgehensweise von Facebook:[164] Erreichte Facebook eine Meldung, wurde zunächst geprüft, ob der Beitrag gegen die Gemeinschaftsstandards verstößt. Nur wenn das nicht der Fall war, wurde der Beitrag anschließend nach den Vorgaben des NetzDG geprüft und somit eine Einordnung zur Rechtswidrigkeit des Beitrages nach dem StGB vorgenommen. Zwar ist eine nicht geringe Überschneidung von Löschungsgründen nach dem NetzDG und Löschungsgründen wegen Verstoßes gegen die Gemeinschaftsstandards zu vermuten, jedoch lässt sich diese Annahme nicht untersuchen: Zum einen können die wegen Verstoßes gegen die Gemeinschaftsstandards gelöschten Inhalte *auch* gegen das NetzDG verstoßen haben, zum anderen werden

---

[160] *Facebook*, Regulation (EU) 2022/2065 Digital Services Act Transparency Report for Facebook, 26.04.2024, abrufbar unter: https://transparency.meta.com/sr/dsa-transparency-report-apr2024-facebook (letzter Abruf: 04.03.2025).

[161] Das Melden wegen möglichen Verstoßes gegen das NetzDG stand nur Nutzer:innen in Deutschland zur Verfügung. Auch wurden diese daraufhin gelöschten Inhalte nur für Nutzer:innen in Deutschland nicht sichtbar gemacht.

[162] *Facebook*, NetzDG-Transparenzbericht, Juli 2018, S. 7, abrufbar unter: https://about.fb.com/wp-content/uploads/2018/07/facebook_netzdg_juli_2018_deutsch-1.pdf (letzter Abruf: 04.03.2025).

[163] *Facebook*, NetzDG Transparenzbericht, Juli 2023, S. 17, abrufbar unter (als PDF zum Herunterladen): https://about.fb.com/de/news/2023/07/facebook-veroeffentlicht-elften-netzdg-transparenzbericht/ (letzter Abruf: 04.03.2025).

[164] *Facebook*, NetzDG Transparenzbericht, Juli 2023, S. 10, abrufbar unter (als PDF zum Herunterladen): https://about.fb.com/de/news/2023/07/facebook-veroeffentlicht-elften-netzdg-transparenzbericht/ (letzter Abruf: 04.03.2025).

## F. Empirische Erkenntnisse

die gelöschten Inhalte nicht veröffentlicht. Es gibt zwar Angaben dazu, wie viele der Inhalte *allein* aufgrund des NetzDG gelöscht werden,[165] auch hierdurch kann jedoch nicht die Gesamtheit der als rechtswidrig einzuordnenden Beiträge auf Facebook ermittelt werden, da das nur diejenigen sind, die *nicht* auch gegen die Gemeinschaftsstandards verstoßen.

Wenn auch die Transparenzberichte Aufgliederungen nach verschiedenen Vorschriften des StGB aufweisen, ist das jedoch nicht als Löschungsgrund zu verstehen. Vielmehr stellt diese Aufteilung allein das Delikt dar, das Nutzer:innen bei Meldung des Beitrages angegeben haben, wobei auch mehrere Delikte ausgewählt werden können. Die Anzahl an Beschwerdegründen nach §§ 130 und 185 ff. StGB, die zu Löschungen führten, stieg in den letzten Jahren auch hier drastisch an: von 270 im ersten Halbjahr 2018[166] auf 12.119 im ersten Halbjahr 2023[167] für §§ 185 ff. StGB und von 74[168] auf 4.958[169] für § 130 StGB.

Zwar liegt ein tatsächlicher Anstieg von Straftaten nach §§ 130, 185 ff. StGB auf Facebook nahe, jedoch sind auch hier weitere Faktoren zu berücksichtigen. Durch die mediale Aufmerksamkeit für Hass im Netz und die Präsenz dieses Themas in der ständigen Debatte kann von einer erhöhten Sensibilisierung der Nutzer:innen ausgegangen werden. Dadurch wird einerseits Hass im Netz mehr als solcher wahrgenommen und zum anderen die Bereitschaft erhöht, diesen zu melden. Dieser Umstand lässt sich auch teilweise bestätigen. Es lässt sich festhalten, dass prozentual mehr Meldungen eingehen als gelöschte Beiträge (im ersten Halbjahr 2019 waren es beispielsweise 35,5 % der Meldungen, die auch zu einer Löschung führten,[170] während es im ersten Halbjahr 2023 nur noch 13,10 % waren[171]). Einerseits kann das daran liegen, dass nicht nur rechtswidrige, sondern auch mehr rechtmäßige In-

---

[165] Das waren lediglich 2,8 % *Facebook*, NetzDG Transparenzbericht, Juli 2023, S. 19, abrufbar unter (als PDF zum Herunterladen): https://about.fb.com/de/news/2023/07/facebook-veroeffentlicht-elften-netzdg-transparenzbericht/ (letzter Abruf: 04.03.2025).
[166] *Facebook*, NetzDG-Transparenzbericht, Juli 2018, S. 7, abrufbar unter: https://about.fb.com/wp-content/uploads/2018/07/facebook_netzdg_juli_2018_deutsch-1.pdf (letzter Abruf: 04.03.2025).
[167] *Facebook*, NetzDG Transparenzbericht, Juli 2023, S. 12, abrufbar unter (als PDF zum Herunterladen): https://about.fb.com/de/news/2023/07/facebook-veroeffentlicht-elften-netzdg-transparenzbericht/ (letzter Abruf: 04.03.2025).
[168] *Facebook*, NetzDG-Transparenzbericht, Juli 2018, S. 18, abrufbar unter: https://about.fb.com/wp-content/uploads/2018/07/facebook_netzdg_juli_2018_deutsch-1.pdf (letzter Abruf: 04.03.2025).
[169] *Facebook*, NetzDG Transparenzbericht, Juli 2023, S. 12, abrufbar unter (als PDF zum Herunterladen): https://about.fb.com/de/news/2023/07/facebook-veroeffentlicht-elften-netzdg-transparenzbericht/ (letzter Abruf: 04.03.2025).
[170] *Facebook*, NetzDG – Transparenzbericht, Juli 2019, S. 4, 10, abrufbar unter: https://about.fb.com/wp-content/uploads/2019/07/facebook_netzdg_july_2019_deutsch_2.pdf (letzter Abruf: 04.03.2025).
[171] *Facebook*, NetzDG Transparenzbericht, Juli 2023, S. 11, 17, abrufbar unter (als PDF zum Herunterladen): https://about.fb.com/de/news/2023/07/facebook-veroeffentlicht-elften-netzdg-transparenzbericht/ (letzter Abruf: 04.03.2025).

halte gemeldet werden. Andererseits kann die prozentuale Meldung rechtswidriger Inhalte gleichbleiben, während jedoch ein rechtswidriger Beitrag durch mehrere Nutzer:innen gemeldet wird. Unabhängig davon, ob die „Trefferquote" der Nutzer:innen gleichbleibt, lässt sich ein höheres Meldeverhalten feststellen. Dieser Umstand kann daher zu einer Verschiebung von rechtswidrigen Beiträgen aus dem Dunkelfeld in das Hellfeld der Transparenzberichte führen.

### III. Umfrageergebnisse

Zuletzt bleibt zu untersuchen, inwiefern Nutzer:innen sich von Hass im Netz als betroffen ansehen und die Entwicklung wahrnehmen. Nach einer Studie im Februar 2024 des Kompetenznetzwerkes gegen Hass im Netz, bestehend aus den Organisationen Das NETTZ, Gesellschaft für Medienpädagogik und Kommunikationskultur, HateAid und Neue deutsche Medienmacher*innen, stimmen 89% der Aussage zu, Hass im Netz habe in den letzten Jahren zugenommen.[172] Hoven hat zunächst 2020 eine Umfrage unter anderem zur Betroffenheit von Hass im Netz initiiert und diese zwei Jahre später wiederholt. Die Umfrage im Jahr 2020 ergab, dass 18% aller Befragten schon einmal von Hass im Netz betroffen waren,[173] von den 16 bis 30-jährigen Befragten waren es sogar 32%.[174] 2022 lässt sich eine Zunahme beobachten: Nun gaben 24% aller Befragten an, schon einmal von Hass im Netz betroffen gewesen zu sein,[175] innerhalb der Generation Z waren es sogar 50%.[176] Etwas weniger als die Hälfte der Betroffenen erfuhren Hass im Netz in beiden Umfragen ausschließlich in Privatnachrichten. Während durchaus ein tatsächlicher Anstieg von Hass im Netz denkbar ist, weist Hoven in einem Interview in einer Pressemitteilung darauf hin, dass die erhöhte mediale Aufmerksamkeit auch dazu führen könne, dass viele Menschen das Problem erst jetzt richtig wahrnehmen würden.[177]

Laut der Studie des Kompetenznetzwerkes gegen Hass im Netz gaben 49% der Befragten an, im Internet schon mal beleidigt worden zu sein.[178] Auch die Er-

---

[172] *Kompetenznetzwerke gegen Hass im Netz*, Lauter Hass – leiser Rückzug, S. 25.
[173] *Forschungsgruppe g/d/p/Universität Leipzig*, Hate Speech Umfrage 2020, S. 16.
[174] *Forschungsgruppe g/d/p/Universität Leipzig*, Hate Speech Umfrage 2020, S. 17.
[175] *Hoven/Universität Leipzig/Forschungsgruppe g/d/p*, Hate Speech Umfrage 2022, S. 6.
[176] *Hoven/Universität Leipzig/Forschungsgruppe g/d/p*, Hate Speech Umfrage 2022, S. 8. Leider wird jedoch in den Studienergebnissen nicht genauer spezifiziert, welche Jahrgänge von der Generation Z genau umfasst sind, sodass keine hundertprozentige Vergleichbarkeit zu der Altersstruktur der 16–30-Jährigen aus dem Jahr 2020 angenommen werden kann.
[177] *Werneburg*, Universität Leipzig Pressemitteilung 2022/166 vom 29.08.2022, Studie: Mehr Menschen von Hassrede im Internet betroffen als noch vor zwei Jahren, abrufbar unter: https://www.uni-leipzig.de/newsdetail/artikel/studie-mehr-menschen-von-hassrede-im-internet-betroffen-als-noch-vor-zwei-jahren-2022-08-29 (letzter Abruf: 04.03.2025).
[178] *Kompetenznetzwerke gegen Hass im Netz*, Lauter Hass – leiser Rückzug, S. 40.

gebnisse der jährlich durchgeführten Studien zum Medienumgang der Zwölf- bis 19-Jährigen von dem Medienpädagogischen Forschungsverbund Südwest zeigen eine Zunahme. Während 2018 noch 35 % angaben, noch nie Hassbotschaften begegnet zu sein,[179] waren es 2022 nur noch 23 %.[180] Auch hier kann eine erhöhte Sensibilisierung des Themas zu einer erhöhten Wahrnehmung führen.

## IV. Auswertung

Zusammenfassend ist besonders zu erkennen, dass alle drei soeben untersuchten Bereiche – in der PKS registrierte Fälle nach §§ 130 und 185ff. StGB über das Tatmittel Internet, gelöschte und gemeldete Beiträge auf Facebook und Wahrnehmungen von Nutzer:innen in sozialen Netzwerken – in den letzten Jahren steigende Zahlen aufweisen. Es liegt daher nahe, von einem Gesamtbild des steigenden Hasses im Netz auszugehen. Allerdings sind die Zahlen aller drei untersuchten Bereiche von der Präsenz von Hass im Netz in der gesellschaftlichen Debatte abhängig. Die Diskussion um Gesetzesänderungen des NetzDG, Unterrichtseinheiten zu Hass im Netz in der Schule, mediale Berichterstattungen oder bekannte Urteile wie etwa die Reihe an *Künast*-Entscheidungen[181] können hierzu beitragen. Nutzer:innen können dadurch sensibilisierter sein und wissen möglicherweise mehr über die Unzulässigkeit solcher Inhalte und was dagegen getan werden kann. Durch diese verstärkte Wahrnehmung und die hierdurch möglicherweise erzeugte höhere Bereitschaft, Strafanzeige zu erstatten oder Beiträge über das soziale Netzwerk zu melden, kann es zu einer Erhöhung dieser registrierten Zahlen kommen. Damit kann auch schlicht eine Erhöhung der Zahlen im Hellfeld und damit eine Verringerung der Zahlen des Dunkelfeldes vorliegen. So würde es sich lediglich um eine *Verschiebung* und keine tatsächliche Erhöhung handeln.

Keine Zu-, sondern eine Abnahme von Hasskommentaren ergab ausnahmsweise eine Untersuchung von Hestermann, Hoven und Autenrieth, die Posts von reichweitenstarken Facebook-Seiten großer deutscher Medienhäuser 2018 und 2020 beobachteten.[182] Hierfür wird jedoch nicht eine Abnahme von Hass im Netz im Ganzen als Ursache gesehen, sondern eine Verlagerung beispielsweise in schwieriger zu kontrollierende Telegramm-Gruppen[183] vermutet.[184]

---

[179] *Medienpädagogischer Forschungsverbund Südwest*, JIM Studie 2018, S. 63.
[180] *Medienpädagogischer Forschungsverbund Südwest*, JIMPlus Studie 2022, S. 27.
[181] Siehe hierzu oben § 3 E. II.
[182] *Hestermann/Hoven/Autenrieth*, KriPoZ 2021, 204 (210ff.).
[183] Das zeigte bspw. auch die Offenlegung des rechtsextremen Polizei-Chats „Itiotentreff" durch *ZDF Magazin Royale*, „Itiotentreff" von ZDF Magazin Royale, Was deutsche Polizisten lustig finden, 29.09.2023, abrufbar unter: https://www.youtube.com/watch?v=CAoh6lkZmwE (letzter Abruf: 04.03.2025).
[184] *Hestermann/Hoven/Autenrieth*, KriPoZ 2021, 204 (213).

Zudem ist auf die Diskrepanz zwischen den Zahlen der PKS und der von Facebook gelöschten Inhalte hinzuweisen. Während Facebook im ersten Halbjahr 2023 12.119 Beschwerden mit Verstoß gegen §§ 185 ff. StGB als angegebenem Strafgrund erreichten, die zu einer Löschung führten,[185] wurden im Jahr 2023 nach der PKS 20.808 Fälle nach §§ 185 ff. StGB über das Tatmittel Internet registriert.[186] Die Zahl der PKS, die sich auf das gesamte Kalenderjahr bezieht, umfasst noch viele weitere Plattformen wie Instagram, YouTube, TikTok und X aber auch Kommentarspalten unter Zeitungsartikeln.

Anzumerken ist allerdings, dass innerhalb der im Transparenzbericht angegebenen Zahlen auch mehrere Beschwerden einen Inhalt betreffen können und eine Beschwerde auf mehreren Gründen beruhen kann. Auch ist ein *Over-Blocking*[187] der sozialen Netzwerke denkbar – ein übermäßiges Löschverhalten auch rechtmäßiger Inhalte. Dennoch ist bekannt, dass eine geringe Anzeigebereitschaft vorliegt, die wiederum auf eine nicht ausreichende staatliche Strafverfolgung[188] zurückgeführt werden kann. In Wahrheit wird die Anzahl an rechtswidrigen Inhalten nach §§ 185 ff. StGB daher wohl deutlich über der bei der PKS registrierten Fälle liegen, jedoch nicht mit der Anzahl der gelöschten Inhalte identisch sein.

Es bleibt daher schwierig zu beurteilen, wie sich Hass im Netz entwickelt – diesem mehr Aufmerksamkeit zu schenken, kann zwar zunächst zu einem Anstieg der Zahlen des Hellfeldes führen, auf lange Sicht jedoch zu einer Bekämpfung beitragen.

## G. Festlegung des Untersuchungsgegenstandes: Öffentlich zugängliche Beleidigungen in sozialen Netzwerken

In den letzten beiden Kapiteln wurden die wichtigsten Grundlagen zu sozialen Netzwerken und Hass im Netz erläutert. Für den weiteren Verlauf der Arbeit und der sich nun anschließenden Erörterung der Folgen und Fragen der Rechtsgutsqualität der betroffenen Interessen, der Zurechnung und Qualifikationsausgestal-

---

[185] *Facebook*, NetzDG Transparenzbericht, Juli 2023, S. 18, abrufbar unter (als PDF zum Herunterladen): https://about.fb.com/de/news/2023/07/facebook-veroeffentlicht-elften-netzdg-transparenzbericht/ (letzter Abruf: 04.03.2025).
[186] *BKA* (Hrsg.), Polizeiliche Kriminalstatistik 2023, Summenschlüssel 673000 („Beleidigung §§ 185–187, 189 StGB").
[187] *Liesching et al.*, Das NetzDG in der praktischen Anwendung, S. 89 ff.; *Friehe*, NJW 2020, 1697; *Lang*, AöR 2018, 220; kritisch zu einem im NetzDG angelegten Over-Blocking *Schiff*, MMR 2018, 366 (369 f.); *Eifert/Landenberg-Roberg/Theß/Wienfort*, Netzwerkdurchsetzungsgesetz in der Bewährung, S. 76 ff.
[188] Zu diesem Ergebnis kam auch die von Böhmermann initiierte Recherche des *ZDF Magazin Royale*, Bessere Bekämpfung von Hass im Netz gefordert, Tagesschau vom 29.05.2022, abrufbar unter: https://www.tagesschau.de/inland/polizei-hassverbrechen-internet-101.htm (letzter Abruf: 04.03.2025).

## G. Festlegung des Untersuchungsgegenstandes

tung ist der Untersuchungsgegenstand der in Betracht kommenden strafrechtlichen Verbreitung von Hass im Netz einzugrenzen. Damit können diese Fragestellungen präziser beantwortet werden. Für diese Arbeit wurde der Straftatbestand des § 185 StGB ausgewählt – einerseits stellvertretend für die §§ 185 ff. StGB, andererseits aufgrund seiner großen praktischen Bedeutung im Bereich von Hass im Netz, der Aktualität anlässlich der zuletzt eingeführten Qualifikation und der Relevanz als Schranke gem. Art. 5 Abs. 2 GG bei Beeinträchtigungen der Meinungsfreiheit. Anders als etwa § 192a StGB, der nur Beschimpfungen, Verächtlichmachungen und Verleumdungen aufgrund einer Gruppenzugehörigkeit umfasst, ist § 185 StGB viel weiter und umfasst alle Formen von Beleidigungen. Auch deswegen wurde § 185 StGB als Untersuchungsgegenstand dieser Arbeit gewählt.

Des Weiteren beschränkt sich die nachfolgende Arbeit nur auf solche Beleidigungen, die nicht allein gegenüber dem/der Betroffenen geäußert werden, sondern so veröffentlicht werden, dass eine Vielzahl an nicht näher bestimmbaren Personen davon Kenntnis nehmen (kann) i. S. d. § 185 Hs. 2 Alt. 1 StGB. Diese werden fortan als „öffentlich zugängliche Beleidigungen" bezeichnet. Untersuchungsgegenstand werden dabei öffentlich zugänglich gemachte Beleidigungen in sozialen Netzwerken bilden, da hier Algorithmen eingesetzt werden und die Möglichkeit des Kommentierens, Likens und Teilens besteht. Rein praktisch sind hiermit Posts auf einem öffentlich zugänglichen Profil oder in öffentlich zugänglichen Gruppen gemeint sowie Kommentare unter öffentlich zugänglichen Beiträgen. Äußerungen in privaten Chats oder geschlossenen Gruppen sind somit nicht Teil des Untersuchungsgegenstandes. Grund für diese Einschränkung ist, dass sich die nachfolgend zu beantwortenden Fragen, insbesondere der betroffenen Interessen und Zurechnung, ausschließlich bei öffentlich zugänglichen Beleidigungen stellen.

# § 4 Folgen von öffentlich zugänglichen Beleidigungen in sozialen Netzwerken

Nachfolgend werden die Folgen und Auswirkungen öffentlich zugänglicher Beleidigungen in sozialen Netzwerken analysiert. Diese werden von Gesetzgebung,[1] Rechtsprechung[2] und Literatur[3] bislang als Begründung und Argumentation herangezogen, um die Einführung von § 185 Hs. 2 Alt. 1 StGB zu rechtfertigen. Zur Aufarbeitung der unterschiedlichen Folgen von öffentlich zugänglichen Beleidigungen im Netz werden diese jeweils sowohl theoretisch aufgearbeitet als auch im Anschluss auf ihr tatsächliches Vorkommen durch Auswertung empirischer Erkenntnisse untersucht.

## A. Angriff auf die Ehre des/der Adressierten

Allgemein anerkannt ist, dass die Beleidigung als ein Angriff auf die Ehre durch die Kundgabe von Miss- oder Nichtachtung zu verstehen ist.[4] Häufig findet sich in Gesetzesbegründungen und Literatur die Annahme, öffentlich zugängliche Beleidigungen in sozialen Netzwerken seien „besonders verletzend für die Ehre"[5] oder „schwerwiegender",[6] würden „in besonderem Maße"[7] schädigen oder würden sich „auf die Intensität der [...] Rechtsgutsverletzungen"[8] auswirken. Um genau ermitteln zu können, worin diese Steigerung und damit eine Folge von öffentlich zugänglichen Beleidigungen in sozialen Netzwerken liegt, ist zunächst der Begriff der Ehre zu definieren.

---

[1] RefE Gesetz zur Bekämpfung des Rechtsextremismus und der Hasskriminalität, S. 1.
[2] BVerfG, Beschluss v. 19.05.2020, 1 BvR 2397/19 Rn. 32, 34, NJW 2020, 2622 (2626f.).
[3] *Hoven/Witting*, NJW 2021, 2397 (2398f.); *Beck*, MMR 2009, 736 (740); *Hilgendorf*, ZIS 2010, 208 (215); *Krischker*, JA 2013, 488 (493).
[4] *Fischer*, StGB, § 185 StGB Rn. 2; *Sinn*, in: Satzger/Schluckebier/Widmaier, § 185 StGB Rn. 5; *Rogall*, in: SK StGB, § 185 StGB Rn. 1, 3; BGH, Beschluss v. 18.11.1957, GSSt 2/57, NJW 1958, 228 (228); BGH, Urteil v. 29.05.1951, 2 StR 153/51 Rn. 4, NJW 1951, 929 (929).
[5] *Tassis*, Die Kommentierung von Statusmeldungen in sozialen Netzwerken, S. 141.
[6] *Doerbeck*, JR 2021, 54 (56).
[7] *Beck*, MMR 2009, 736 (739).
[8] *Valerius*, KriPoZ 2023, 242 (245).

## I. Begriff der Ehre

Für den Begriff der Ehre haben sich eine Reihe unterschiedlicher, aber dennoch häufig überschneidender Erklärungsversuche herausgebildet. Eine umfassende Herausarbeitung aller unterschiedlichen Betrachtungsweisen wird nachfolgend nicht vorgenommen,[9] zumal die praktischen Auswirkungen minimal sind.[10] Es werden allein die Entwicklungen in der Rechtsprechung und in der herrschenden Literaturmeinung vorgestellt, wobei sich zeigen wird, dass viele Gemeinsamkeiten bestehen.

### 1. Zusammenlaufende Entwicklung von Rechtsprechung und herrschender Literatur

Der Große Senat ging zunächst von einer *inneren* und *äußeren* Ehre aus. „Angriffsobjekt der Beleidigung ist die dem Menschen als Träger geistiger und sittlicher Werte zukommende innere Ehre, außerdem seine darauf beruhende Geltung, sein guter Ruf innerhalb der mitmenschlichen Gesellschaft. Wesentliche Grundlage der inneren Ehre und damit Kern der Ehrenhaftigkeit des Menschen ist die ihm unverlierbar von Geburt an zuteil gewordene Personen würde[sic] […]. Aus der inneren Ehre fließt der durch § 185 StGB strafbewehrte Rechtsanspruch eines jeden, daß weder seine innere Ehre noch sein guter äußerer Ruf geringschätzig beurteilt oder gar völlig mißachtet, daß er vielmehr entsprechend seiner inneren Ehre behandelt werde."[11] Diese Umschreibung wurde als *normativ-faktische* oder *dualistische* Auffassung bezeichnet – normativ meint dabei den über das allgemeine Persönlichkeitsrecht der Verfassung ableitbaren Geltungswert als innere Ehre, faktisch beschreibt den tatsächlich feststellbaren guten Ruf als äußerer Bestandteil der Ehre. Auch Teile der Literatur haben sich dieser Auffassung angeschlossen.[12]

Die Literatur kritisierte an einer faktischen Betrachtungsweise jedoch, dass die Ehre so von dem tatsächlichen Ruf abhängen würde, der jedoch auch *unverdient* gut oder schlecht sein kann[13] und auf der Einschätzung Dritter beruhen würde.[14] Auch kann so der Mensch in verschiedenen Lebensbereichen einen unterschiedlichen, sich gar widersprechenden Ruf haben, sodass verschiedene, sich auch

---
[9] Siehe hierzu ausführliche Kommentarliteratur *Rogall*, in: SK StGB, vor § 185 StGB Rn. 1 ff.; *Hilgendorf*, in: LK, vor § 185 StGB Rn. 2 ff.; *Regge/Pegel*, in: MüKo StGB, Vorbemerkung zu § 185 StGB Rn. 24 ff.
[10] *Rahmlow*, in: AnwaltKommentar StGB, § 185 StGB Rn. 6.
[11] BGH, Beschluss v. 18.11.1957, GSSt 2/57, NJW 1958, 228 (228).
[12] *Valerius*, in: BeckOK StGB, § 185 StGB Rn. 2; *Otto*, Grundkurs Strafrecht BT, § 31 Rn. 5 ff.; *ders.*, NStZ 1985, 213 (214); *Lackner*, StGB, 15. Aufl., vr § 185 StGB Rn. 1; *Helle*, Der Schutz der Persönlichkeit, der Ehre und des wirtschaftlichen Rufes im Privatrecht, S. 6; *Tröndle*, StGB 43. Aufl., § 185 StGB Rn. 2; *Tettinger*, JZ 1983, 317 (319).
[13] *Eisele/Schittenhelm*, in: Schönke/Schröder, Vorbemerkungen zu den §§ 185 ff. StGB Rn. 1; *Kargl*, in: NK StGB, Vorbemerkungen zu §§ 185 ff. StGB Rn. 31.
[14] *Rogall*, in: SK StGB, vor § 185 StGB Rn. 20.

widersprechende Ehren bestehen würden.[15] Die Literatur verzichtet daher heute auf ein faktisches Element,[16] auch wenn weiterhin zu einem gewissen Grad auf tatsächliche Umstände zurückzugreifen ist.[17] Eine Abkehr von der faktischen Betrachtungsweise drückt der Bundesgerichtshof zwar nicht explizit aus, entspricht jedoch im Ergebnis seiner Entscheidungsbegründung, indem sich dieser in einer späteren Entscheidung nur auf den „aus der Ehre fließende[n] *verdiente[n]* Achtungsanspruch" bezieht und einen Angriff auf die Ehre dann bejaht, wenn „zu *Unrecht* Mängel nachgesagt werden".[18] Einigkeit besteht zudem darin, dass es nicht auf das subjektive Ehrgefühl des/der Betroffenen ankommen kann.[19]

## 2. Vorwiegend normative Betrachtung

So entstand in der Literatur eine vorwiegend normative Betrachtung, die in der Ehre den dem Menschen aufgrund seiner Personenwürde zukommenden Geltungswert und den daraus folgenden Achtungsanspruch sieht.[20] Der Begriff des Geltungswertes wird auch vom Bundesgerichtshof verwendet.[21]

### *a) Konkretisierung des Geltungswertes*

Kernpunkt der Frage ist demnach, worin der *Geltungswert* einer Person liegt. Er kann durch Dritte nicht geschmälert werden, sondern allein durch den/die Innehabende:n selbst.[22] Einigkeit besteht darin, dass der Geltungswert in seinem Kern ein Aspekt der in der Verfassung geregelten unantastbaren Menschenwürde ist, jedoch nicht mit dieser gleichzusetzen ist.[23] Inwiefern darüber hinaus soziale,

---

[15] *Binding*, Lehrbuch des Gemeinen Deutschen Strafrechts BT I, S. 138 f.; *Hirsch*, Ehre und Beleidigung, S. 18.

[16] *Hirsch*, Ehre und Beleidigung, S. 29 ff. gilt als Begründer des normativen Ehrbegriffs; *ders.*, in: FS Wolff, S. 125 (132 f.); *Regge/Pegel*, in: MüKo StGB, Vorbemerkung zu § 185 StGB Rn. 24; *Tenckhoff*, Die Bedeutung des Ehrbegriffs, S. 80 ff.

[17] *Küpper*, JA 1985, 453 (454); *Heger*, in: Lackner/Kühl/Heger, Vorbemerkungen zu den §§ 185 ff. StGB Rn. 1; *Arzt*, JuS 1982, 717 (718); *Erhardt*, Kunstfreiheit und Strafrecht, S. 162; *Engisch*, S. 401 (413).

[18] BGH, Urteil v. 15.03.1989, 2 StR 662/88, NJW 1989, 3028 (3028) (Hervorhebung d. Verf.).

[19] *Eisele/Schittenhelm*, in: Schönke/Schröder, Vorbemerkungen zu den §§ 185 ff. StGB Rn. 1; *Valerius*, in: BeckOK StGB, § 185 StGB Rn. 2.1; *Kargl*, in: NK StGB, Vorbemerkungen zu §§ 185 ff. StGB Rn. 31.

[20] *Hirsch*, Ehre und Beleidigung, S. 30; *ders.*, in: FS Wolff, S. 125 (136).

[21] BGH, Urteil v. 15.03.1989, 2 StR 662/88, NJW 1989, 3028 (3028).

[22] *Welzel*, Das Deutsche Strafrecht, S. 303; *Rogall*, in: SK StGB, vor § 185 StGB Rn. 13; *Regge/Pegel*, in: MüKo StGB, Vorbemerkung zu § 185 StGB Rn. 27.

[23] BVerfG, Beschluss v. 03.06.1987, 1 BvR 313/85 Rn. 25, BVerfGE 75, 369 (380); BGH, Urteil v. 15.03.1989, 2 StR 662/88, NJW 1989, 3028 (3028); *Arzt*, JuS 1982, 717 (717).

personale und/oder sittliche Aspekte Einfluss auf den Wert haben und ob der Geltungswert durch diese Faktoren steigen und/oder sinken kann, wird nicht einheitlich beurteilt.

### aa) Personaler Geltungswert

Ausgangslage einer *personalen* Betrachtung ist, dass jede:r im Vollbesitz seiner/ihrer Ehre ist, sofern diese nicht entweder durch den/die Betroffene:n selbst geschmälert wurde oder defektbedingt eingeschränkt ist.[24] Wenn schuldhaft strafbewehrte, sozialethische oder sittliche Normen verletzt wurden, senkt die Person ihren Geltungswert.[25] Neben dieser vorwerfbaren Senkung kann es auch durch Defektbegründungen (in der Literatur häufig als „elementare menschliche Unzulänglichkeiten" bezeichnet) dazu kommen, dass der Geltungswert geschmälert wird, wie es etwa bei Menschen mit einer geistigen Behinderung, psychisch Erkrankten oder Kindern der Fall sein kann.[26] Diese bleiben dann im Maß ihrer verbleibenden Kapazität ehrfähig.[27] Unabhängig von dem die Ehre einschränkenden Faktor gibt es als Ausdruck der Menschenwürde einen Kernbereich der Ehre, der nicht geschmälert werden kann.[28] Der personale Geltungswert wird somit als Fehlen von negativen Handlungen oder Defekten gesehen.[29]

### bb) Zusätzliche Berücksichtigung des sozialen Geltungswertes

Weite Teile der Literatur befürworten darüber hinaus die Einbeziehung des *sozialen* Wertes einer Person,[30] der sich maßgebend aus Eigenschaften, Fähigkeiten, Leistungen und Werken aus ihrer sozialen Rolle zusammensetzt. Die soziale Rolle kann dabei die des Berufes, als Elternteil oder als gute:r Freund:in umfassen. Die Berücksichtigung sozialer Sachverhalte ergibt sich auch aus § 193 StGB,

---

[24] *Welzel*, Das Deutsche Strafrecht, S. 303; *Rogall*, in: SK StGB, vor § 185 StGB Rn. 13 f.
[25] *Tenckhoff*, Die Bedeutung des Ehrbegriffs, S. 48 ff.; *Hirsch*, Ehre und Beleidigung, S. 72 ff.
[26] *Hilgendorf*, in: Handbuch des Strafrechts Band 4, § 12 Beleidigungsdelikte Rn. 25; *Rogall*, in: SK StGB, vor § 185 StGB Rn. 14.
[27] *Rogall*, in: SK StGB, vor § 185 StGB Rn. 14.
[28] *Hilgendorf*, in: LK, vor § 185 StGB Rn. 18.
[29] So beschreibt es *Jakobs*, in: FS Maiwald, S. 365 (377) ohne jedoch selbst dieser Ansicht zu folgen.
[30] *Hilgendorf*, in: Arzt/Weber/Heinrich/Hilgendorf, Strafrecht BT, § 7 Rn. 2; *Maurach et al.*, Straftaten gegen Persönlichkeits- und Vermögenswerte, § 24 Rn. 5; *Gaede*, in: Matt/Renzikowski, Vorbemerkung zu § 185 StGB Rn. 8; *Heger*, in: Lackner/Kühl/Heger, Vorbemerkungen zu den §§ 185 StGB Rn. 1; *Geppert*, JURA 1983, 530 (532); *Regge/Pegel*, in: MüKo StGB, Vorbemerkung zu § 185 StGB Rn. 24 ff.; *Maurach/Schroeder*, Strafrecht BT 1, S. 199 ff. jedoch in Kombination mit starken faktischen Elementen.

in dem explizit auf wissenschaftliche, künstlerische oder gewerbliche Leistungen eingegangen wird.[31]

Uneinigkeit besteht jedoch bei der Frage, ob diese Einbeziehung der sozialen Rolle den Geltungswert nicht nur verringern, sondern auch erhöhen kann. Teilweise wird davon ausgegangen, besondere Leistungen oder Werke einer Person könnten deren Geltungswert steigern, sodass dieser in beide Richtungen graduierbar sei.[32] Nur so werde das einzelne Mitglied der Gesellschaft als Individuum gesehen und nicht als Einzelner, der jenen Anforderungen entspricht, die als „Rechtsgenosse mittlerer Art und Güte" verlangt werden kann.[33] So würden manche Äußerungen gegen bestimmte Leistungserbringer:innen als Angriff auf die Ehre gesehen werden, gegenüber durchschnittlichen Ehrträger:innen jedoch nicht.[34] Hiergegen führt die vorherrschende Literaturmeinung jedoch an, besondere Leistungen erhöhten die Ehre nicht, da in deren Absprechen auch keine Herabsetzung liegen würde.[35] Zutreffend geht diese davon aus, die von Natur aus verliehene Ehre sei nicht steigerungsfähig. Jede:r habe das gleiche Maß an Wert, sodass auch die Obergrenze an Ehre für alle gleich sei.[36] Die Berücksichtigung der sozialen Rolle wirke sich jedoch auf die sich daraus ergebenden Pflichten aus. Der Schwerpunkt bestehe hier in der Vorstellung, der Mensch sei ein in die Gemeinschaft integriertes, ihr verpflichtetes Wesen.[37] Wird diese Rolle vorwerfbar nicht erfüllt, so mindere sich der Geltungswert.[38]

Der Bundesgerichtshof ließ in einer Entscheidung 1989 offen, ob neben dem personalen Geltungswert auch ein sozialer zu berücksichtigen ist.[39] In späteren Entscheidungen ist von einem „sozialen Achtungsanspruch" die Rede, sodass davon auszugehen ist, dass auch der Bundesgerichtshof eine soziale Geltung miteinbezieht.[40]

---

[31] *Regge/Pegel*, in: MüKo StGB, Vorbemerkung zu § 185 StGB Rn. 26.
[32] *Wenzel et al.*, Das Recht der Wort- und Bildberichterstattung, Kap. 5 Rn. 177; *Maurach et al.*, Straftaten gegen Persönlichkeits- und Vermögenswerte, § 24 Rn. 7.
[33] *Otto*, in: FS Schwinge, S. 71 (80).
[34] *Maurach et al.*, Straftaten gegen Persönlichkeits- und Vermögenswerte, § 24 Rn. 9.
[35] *Eisele/Schittenhelm*, in: Schönke/Schröder, § 185 StGB Rn. 3; *Valerius*, in: BeckOK StGB, § 185 StGB Rn. 21; *Gaede*, in: Matt/Renzikowski, Vorbemerkung zu § 185 StGB Rn. 16; *Hilgendorf*, in: LK, vor § 185 StGB Rn. 16.
[36] *Tenckhoff*, Die Bedeutung des Ehrbegriffs, S. 50 f.; *Valerius*, in: BeckOK StGB, § 185 StGB Rn. 3.
[37] *Hilgendorf*, in: Handbuch des Strafrechts Band 4, § 12 Beleidigungsdelikte Rn. 20.
[38] *Hilgendorf*, in: LK, vor § 185 StGB Rn. 14; *Rogall*, in: SK StGB, vor § 185 StGB Rn. 13.
[39] BGH, Urteil v. 15.03.1989, 2 StR 662/88, NJW 1989, 3028 (3028).
[40] Exemplarisch BVerfG, Beschluss v. 19.05.2020, 1 BvR 2459/19 Rn. 22, NJW 2020 2629 (2631).

### cc) Abschließende Erkenntnisse

Der Geltungswert besteht somit aus einem unantastbaren Kern und vielen verschiedenen, minderbaren Geltungswerten aus dem sozialen Umfeld sowie dem Geltungswert aufgrund der Erfüllung sittlicher Pflichten.[41] Die Herabsenkung des Geltungswertes durch eine Pflichtverletzung im Bereich einer sozialen Rolle schiebt somit nicht linear den gesamten Geltungswert nach unten, sondern nur diesen einzelnen. Der Geltungswert ist demnach ein vielschichtiges Konstrukt. Zur vereinfachten Darstellung kann folgende Abbildung helfen:

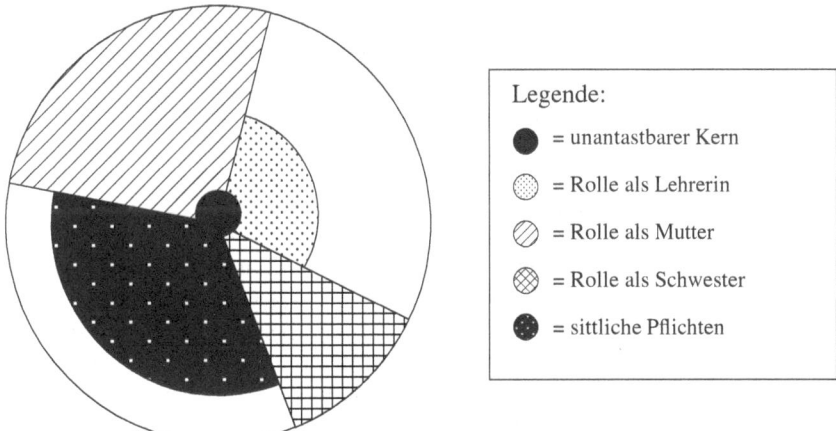

Abbildung 1: Darstellung des sozial-personalen Geltungswertes

Der große Kreis verbildlicht den Ausgangsgeltungswert, der ausgefüllte kleine Kreis stellt den unantastbaren Kern dar. Die verschiedenen gemusterten Ausschnitte stellen unterschiedliche Beispiele für Sphären des sozial-personalen Geltungswertes dar. Sie bestehen exemplarisch aus der Erfüllung sittlicher Pflichten sowie aus dem Erfüllen verschiedener sozialer Rollen: der Rolle als Lehrerin, als Mutter und als Schwester. Bei den nicht mehr ganz ausgefüllten Feldern kam es aufgrund einer Pflichtverletzung der Ehrträgerin, beispielsweise durch unfaires Behandeln der Schüler:innen oder Verbreitung von Lügen über den Nachbarn, zu einer Schmälerung ihres Geltungswertes. Die anderen Felder werden davon jedoch nicht beeinträchtigt.

---

[41] Teilweise wird in dem „personalen und sozialen Geltungswert" eine Ersetzung des Begriffspaares der „inneren und äußeren Ehre" des normativ-faktischen Ehrbegriffs gesehen *Hilgendorf*, in: Handbuch des Strafrechts Band 4, § 12 Beleidigungsdelikte Rn. 20.

## b) Konkretisierung des Achtungsanspruches

Folgend der Definition, die Ehre ist der aus dem Geltungswert einer Person zukommende Achtungsanspruch, ist dieser Achtungsanspruch genauer zu bestimmen. Dieser beschreibt den Anspruch, durch seine Mitmenschen nach dem eigenen Geltungswert auch respektiert zu werden.[42] Nur so besteht eine gleichberechtigte gesellschaftliche Teilhabe und die Chance, verdiente Lebenschancen selbstbestimmt wahrzunehmen.[43] Konsequent zur bisherigen Bestimmung des Geltungswertes und aufgrund gleicher Argumentationslinie ist auch der Achtungsanspruch normativ und nicht faktisch zu bestimmen. Somit kommt es auf das an, was die Person *zu Recht* beanspruchen kann.[44] Die volle Höhe des Achtungsanspruches steht einer Person daher dann zu, wenn sie den sittlichen und sie treffenden sozialen Erwartungen entspricht.[45] Im Falle der eigenen Minderung des Geltungswertes versteht es sich, dass sich der Anspruch auch nur auf diesen beschränken darf.

### 3. Konkretisierung eines Ehrangriffs

Ebendieser soeben dargestellte Achtungsanspruch stellt im Falle einer beleidigenden Äußerung das Angriffsobjekt dar.[46] Ob eine Äußerung als Angriff auf den Achtungsanspruch und damit als Angriff auf das Rechtsgut der Ehre zu verstehen ist, hängt zum einen von der Auslegung der Äußerung anhand von Umständen des Einzelfalls ab. Zum anderen muss die Äußerung den/die Adressierte:n überhaupt in dem bestehenden Geltungswert treffen. Dafür ist zunächst relevant, ob die Äußerung sich überhaupt auf eine sozial-personale Sphäre des Geltungswertes des/der Betroffenen bezieht. Ist das nicht der Fall, scheidet ein Angriff gegen den Achtungsanspruch von vornherein aus. Selbst wenn die Äußerung in eine der Person zugehörige sozial-personale Sphäre fällt, ist jedoch nicht immer ein Angriff gegeben. Sofern nämlich der/die Betroffene den Geltungswert dieser sozial-personalen Sphäre selbst gemindert hat und die Äußerung die Person außerhalb des noch bestehenden Geltungswerts trifft, liegt ebenfalls kein Angriff vor. Im Ergebnis kann daher eine Aussage bei manchen Betroffenen dazu in der Lage sein, den Geltungswert zu betreffen, bei anderen hingegen nicht.[47]

---

[42] *Hilgendorf*, in: LK, vor § 185 StGB Rn. 18.
[43] *Gaede*, in: Matt/Renzikowski, Vorbemerkung zu § 185 StGB Rn. 8.
[44] *Fischer*, StGB, vor § 185 StGB Rn. 4.
[45] *Fischer*, StGB, vor § 185 StGB Rn. 4.
[46] *Hilgendorf*, in: LK, vor § 185 StGB Rn. 1; *Eisele/Schittenhelm*, in: Schönke/Schröder, Vorbemerkungen zu den §§ 185 ff. StGB Rn. 1; *Hirsch*, Ehre und Beleidigung, S. 32, 145; *Tenckhoff*, Die Bedeutung des Ehrbegriffs, S. 52; *Geppert*, JURA 1983, 530 (533).
[47] Vgl. *Maurach et al.*, Straftaten gegen Persönlichkeits- und Vermögenswerte, § 24 Rn. 9.

Nachfolgend stellt die Abbildung verschiedene Kundgaben der Miss- oder Nichtachtung dar, die jedoch nach den soeben entwickelten Kriterien nicht immer als Angriff auf die Ehre einzuordnen sind.

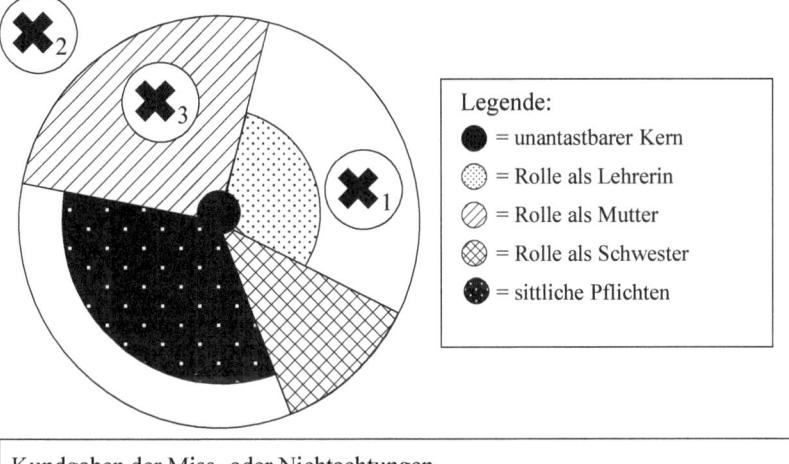

Abbildung 2: Darstellung möglicher Kundgaben der Miss- oder Nichtachtung und deren Einordnung als Angriff auf die Ehre

So stellt allein die Kundgabe der Miss- oder Nichtachtung „$X_3$" einen Angriff dar, da nur diese die Ehrträgerin in einem Teil ihrer sozialen Rolle betrifft und den bestehenden Geltungswert berührt.

Somit stehen die Bereiche des Geltungswertes fest, die von einer Miss- oder Nichtachtung betroffen sein müssen, damit ein Angriff gegen den Achtungsanspruch vorliegt. Genauer zu erörtern ist nun, was genau bei einem solchen Angriff passiert. Besonders relevant ist dabei, dass durch einen Angriff auf den Achtungsanspruch, der den/die Angegriffene:n in Umfang und Höhe des Geltungswertes betrifft, der Geltungswert *nicht* tatsächlich gemindert wird. Dieser ist unverletzbar[48]

---

[48] Es wurde bewusst die Bezeichnung „unverletzbar" verwendet, die sich jedoch ausschließlich auf den Geltungswert bezieht und nicht auf eine Unverletzbarkeit der Ehre. So soll in gesteigertem Maße darauf hingewiesen werden, dass Dritte den Geltungswert nicht mindern oder schmälern können. Klarstellend ist zu betonen, dass das auch mit einer anderen Herangehensweise der Literatur übereinstimmt, die das Begriffspaar der Möglichkeit der *Verletzung* der Ehre, nicht jedoch deren *Entziehung* verwendet, *Hilgendorf*, in: LK, vor § 185 StGB Rn. 22.

und kann allein durch den/die Betroffene:n nach den oben erwähnten Möglichkeiten selbst gemindert werden.[49] Es kommt somit auf eine *hypothetische* Betrachtung an. Ein Angriff auf den Achtungsanspruch und damit auf die Ehre ist dann anzunehmen, wenn einer Person Mängel nachgesagt werden, die, wenn sie *vorlägen*, deren Geltungswert mindern *würden*.[50] Durch solch eine hypothetische Herabsetzung des Geltungswertes wird die Ehre verletzt, da der/die Beleidigte entgegen seines/ihres verdienten Achtungsanspruchs behandelt wurde.[51] Dass der/die Adressierte seine/ihre Haltung gegenüber dem/der Beleidigten auch tatsächlich verändert (sofern der/die Adressierte von der Person des/der Beleidigten verschieden ist), ist nicht zu fordern.[52] In Bezug auf das Verhältnis zwischen Täter und Beleidigtem/Beleidigter kommt es nämlich zu einer Behandlung entgegen dem Geltungswert und somit zu einer Ehrverletzung unabhängig davon, wie Dritte auf diese Herabsetzung reagieren. Zwar kann solch eine Herabsetzung zum einen dazu führen, dass die Selbstständigkeit des/der Adressierten tangiert wird, sich weiterhin in der Gesellschaft zu entfalten[53] (insbesondere, wenn der/die Beleidigte auch zugleich Empfänger:in ist). Zum anderen ist eine Herabsetzung aber auch dazu geeignet, abwertend auf die Vorstellungen Dritter einzuwirken[54] (sofern eine dritte Person Empfänger:in ist). Gehen nämlich Dritte von der Richtigkeit oder jedenfalls Nicht-Unbegründetheit eines geminderten Geltungswertes aus, so besteht die Möglichkeit, dass diese den/die Betroffene:n auch nach diesem Geltungswert und somit entgegen der vollen Personenqualität behandeln. Das ist jedoch nicht Voraussetzung einer Ehrverletzung, sondern stellt vielmehr für den/die Betroffene:n eine *Intensivierung* dieser Ehrverletzung dar.[55] Daher ergibt sich folgendes Bild (vgl. Abb. 3).

Der Angriff „X" führt nicht zu einer tatsächlichen Minderung des Geltungswertes der Ehrträgerin. Dieser wird allein hypothetisch gesenkt.

---

[49] *Welzel*, Das Deutsche Strafrecht, S. 303; *Regge/Pegel*, in: MüKo StGB, Vorbemerkung zu § 185 StGB Rn. 27.
[50] BGH, Urteil v. 15.03.1989, 2 StR 662/88, NJW 1989, 3028 (3028); dem folgend *Heger*, in: Lackner/Kühl/Heger, Vorbemerkungen zu den §§ 185 ff. StGB Rn. 1; *Regge/Pegel*, in: MüKo StGB, Vorbemerkung zu § 185 StGB Rn. 27.
[51] *Hilgendorf*, in: LK, § 185 StGB Rn. 1.
[52] So aber *Gaede*, in: Matt/Renzikowski, Vorbemerkung zu § 185 StGB Rn. 8; *Amelung*, in: FS Rudolphi, S. 373 (376), die erst im Falle des tatsächlichen Änderns des Urteils des/der Kenntnisnehmenden über das Opfer auch wirklich von einer Ehrverletzung ausgehen.
[53] *Eisele/Schittenhelm*, in: Schönke/Schröder, Vorbemerkungen zu den §§ 185 ff. StGB Rn. 1.
[54] *Gaede*, in: Matt/Renzikowski, Vorbemerkung zu § 185 StGB Rn. 9.
[55] Ausführlich zu dieser Intensivierung siehe unten § 4 A. II. 2.

A. Angriff auf die Ehre des/der Adressierten

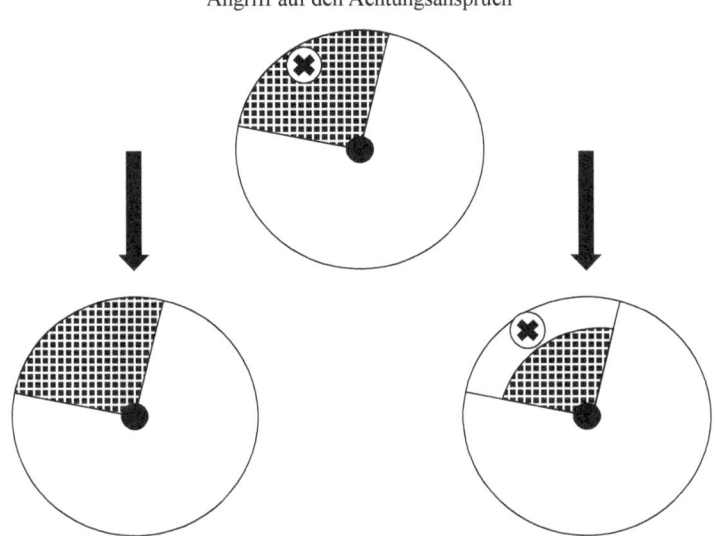

Abbildung 3: Darstellung der Bedeutung eines Angriffs auf die Ehre für den Geltungswert

## II. Auswirkungen des öffentlichen Zugänglichmachens einer Beleidigung in sozialen Netzwerken

Anhand dieser Grundlagen können nun die Auswirkungen des öffentlichen Zugänglichmachens in sozialen Netzwerken auf Angriffe auf die Ehre analysiert werden. Dabei sind die Besonderheiten von in sozialen Netzwerken öffentlich zugänglichen Ehrangriffen gegenüber sonstigen Ehrangriffen herauszuarbeiten, um dann deren Bedeutung für die Ehre des/der Betroffenen einordnen zu können.

### 1. Besonderheiten des öffentlichen Zugänglichmachens einer Beleidigung in sozialen Netzwerken

Anders als etwa mündliche Äußerungen sind solche, die in sozialen Netzwerken öffentlich zugänglich gemacht werden, nicht durch reale Grenzen limitiert, wie etwa die Lautstärke menschlicher Stimmen, die durch technische Hilfsmittel nur begrenzt erweitert werden kann, der Platz in einem geschlossenen Raum oder die Flüchtigkeit des gesprochenen Wortes.[56] Äußerungen sind über zeitliche und

---

[56] *Doerbeck*, JR 2021, 54 (55); *dies.*, Cybermobbing, S. 341; *Ceffinato*, JuS 2020, 495 (495).

räumliche Grenzen hinweg sowie durch Übersetzungsmöglichkeiten durch unbegrenzt viele Nutzer:innen lesbar, sodass der potenzielle Empfänger:innenkreis größer ist als bei jedem anderen Medium.[57] Löschungs- oder Unterlassungsansprüche existieren zwar, bedürfen jedoch häufig einer langwierigen, gerichtlichen Durchsetzung. Bis zu ihrer Löschung können Beiträge demnach weiterhin abgerufen werden, sodass eine Beleidigung nicht mit erfolgter Aussprache beendet ist.[58] Selbst bei erfolgter Löschung können Beiträge heruntergeladen und auf externen Festplatten gespeichert werden, sodass eine endgültige Löschung nie tatsächlich erreicht werden kann.[59] Zudem wissen Betroffene häufig gar nicht um die Veröffentlichung oder Verbreitung sie betreffender Äußerungen.[60]

Hilgendorf fasst dabei die Besonderheiten von öffentlich zugänglichen Beleidigungen im Internet als ubiquitär, permanent verfügbar und nicht-eliminierbar zusammen.[61] Aus diesen Umständen wird in der Literatur häufig von der sogenannten virtuellen Prangerwirkung[62] gesprochen, die für den/die Betroffene:n bei öffentlich zugänglichen Beleidigungen im Netz entsteht. Gomille sieht durch eine Prangerwirkung insbesondere das unangenehme Empfinden des/der Betroffenen, weil dieser/diese sich durch eine unerwartet große Öffentlichkeit beobachtet und bloßgestellt fühle.[63] Nach Tassis werde der Angriff auf die Ehre durch eine Prangerwirkung intensiviert, indem das „Erscheinungsbild in besonders hohem Maße" geschädigt werde.[64] Krischker sieht einen erhöhten Unrechtsgehalt in der Herabwürdigung des sittlichen Achtungsanspruches und des guten Rufes in der Gesell-

---

[57] *Doerbeck*, JR 2021, 54 (55); *Beck*, MMR 2009, 736 (738); *Ceffinato*, JuS 2020, 495 (495); *Hilgendorf*, ZIS 2010, 208 (212); *Nolte*, ZUM 2017, 552 (553).

[58] *Tassis*, Die Kommentierung von Statusmeldungen in sozialen Netzwerken, S. 160 ff.; *Doerbeck*, JR 2021, 54 (55), wobei eine Wertung zur materiellen Frage der Beendigung des § 185 StGB durch diese Aussage nicht vorgenommen werden soll.

[59] *Hilgendorf*, ZIS 2010, 208 (212); *Beck*, MMR 2009, 736 (738 f.); *Doerbeck*, JR 2021, 54 (55); Diskussionsentwurf des Bayerischen Staatsministeriums der Justiz für ein Gesetz zur nachdrücklichen strafrechtlichen Bekämpfung der Hassrede und anderer besonders verwerflicher Formen der Beleidigung vom 04.11.2019, S. 20, abrufbar unter: https://www.justiz.bayern.de/media/pdf/gesetze/diske_by_modernisierung_beleidigungsdelikte.pdf (letzter Abruf: 04.03.2025) (im Folgenden: Entwurf des Bayerischen Staatsministeriums der Justiz für ein Gesetz gegen Hassrede).

[60] *Beck*, MMR 2009, 736 (739).

[61] *Hilgendorf*, ZIS 2010, 208 (213); diese Beschreibung wurde auch übernommen von *Krischker*, JA 2013, 488 (489); *ders.*, Das Internetstrafrecht vor neuen Herausforderungen, S. 118.

[62] Zum Begriff der Prangerwirkung *Gomille*, ZUM 2009, 815 (817 f.); *Adelberg*, Rechtspflichten und -grenzen der Betreiber sozialer Netzwerke, S. 25 f.; *Tassis*, Die Kommentierung von Statusmeldungen in sozialen Netzwerken, S. 176; *Nussbaum*, KriPoZ 2021, 215 (216); *Krischker*, JA 2013, 488 (490); *ders.*, Das Internetstrafrecht vor neuen Herausforderungen, S. 119; *Reinbacher*, NK 2020, 186 (191); *Wieczorek*, AfP 2012, 14 (14 ff.); *Roßnagel*, in: Soziale Netze in der digitalen Welt, S. 269 (272).

[63] *Gomille*, ZUM 2009, 815 (818).

[64] *Tassis*, Die Kommentierung von Statusmeldungen in sozialen Netzwerken, S. 142, 176.

schaft.⁶⁵ All diese Aussagen schaffen es jedoch nicht, genau zu benennen, welche Auswirkungen das öffentliche Zugänglichmachen einer Beleidigung in sozialen Netzwerken auf die Ehre hat.

Für solch eine Untersuchung ist zunächst festzustellen, dass sich im Wesentlichen all diese Umstände, die bei öffentlichem Zugänglichmachen einer Beleidigung in einem sozialen Netzwerk gegeben sind, auf zwei Phänomene herunterbrechen lassen: Unzählig viele können die Beleidigung zur Kenntnis nehmen und dritte Nutzer:innen können die Beleidigung vervielfältigen. Die genauen Auswirkungen dieser beiden Aspekte auf die Ehre des/der Betroffenen werden daher nachfolgend erörtert. Nach der soeben beschriebenen Bestimmung der Ehre hat zum einen das subjektive Gefühl des/der Betroffenen keine Bedeutung für die Bestimmung des Ehrbegriffs.⁶⁶ Auch der Rückgriff auf den guten Ruf ist nach obiger Begriffsbestimmung unzutreffend. Es kommt allein auf den Angriff auf den Geltungswert und den daraus folgenden Achtungsanspruch an.

### 2. Kenntnisnahme weiterer Nutzer:innen

Bei jedem Lesen durch eine:n Nutzer:in kommt es zu einer Kenntnisnahme des Ausdrucks der Miss- oder Nichtachtung. Somit, so ließe sich argumentieren, werde mit jedem neuen Lesen der Geltungswert *erneut* hypothetisch herabgesetzt, indem eine neue, weitere Person über das Werturteil des/der sich Äußernden erfährt. Der Angriff auf den Achtungsanspruch und die Ehre selbst erfolgt jedoch ausschließlich in dem Zweipersonenverhältnis des/der sich Äußernden und des/der Betroffenen, egal ob die Äußerung gegenüber dem/der Betroffenen oder einer dritten Person erfolgt; allein hier wird die Nicht- oder Missachtung zum Ausdruck gebracht und allein hierdurch somit der Geltungswert hypothetisch gemindert und die Ehre demnach verletzt. Das Lesen durch Dritte führt somit nicht zu einer erneuten Ehrverletzung.

Allerdings wird durch das Lesen der herabsetzenden Äußerung durch Dritte eine Gefahr begründet: Die Lesenden könnten davon ausgehen, die subjektive Herabsetzung beruhe auf einem wahren Kern oder die Beleidigung sei berechtigterweise erfolgt.⁶⁷ Zudem hat der/die Betroffene faktisch keine Verteidigungsmöglichkeit.⁶⁸ Die Lesenden könnten den/die Betroffene:n dann nach dem hypothetisch geminderten Geltungswert behandeln. Dieser Umstand ergibt sich jedoch aus einer *einmalig* erfolgten Ehrverletzung. Auch das Anschlusshandeln der Lesenden selbst

---

⁶⁵ *Krischker*, JA 2013, 488 (490) Fn. 24; *Krischker*, Das Internetstrafrecht vor neuen Herausforderungen, S. 119.
⁶⁶ Das subjektive Empfinden des/der Betroffenen ist vielmehr als eigenständige Folge zu untersuchen, siehe dazu unten § 4 G.
⁶⁷ *Großmann*, StV 2020, 408 (409); *ders.*, GA 2020, 546 (550 f.).
⁶⁸ *Großmann*, StV 2020, 408 (409); *ders.*, GA 2020, 546 (550 f.); Entwurf des Bayerischen Staatsministeriums der Justiz für ein Gesetz gegen Hassrede, S. 20.

kann eine eigene Ehrverletzung darstellen, dann geht es jedoch nicht mehr um eine erneute Ehrverletzung durch die ursprüngliche Nicht- oder Missachtung aufgrund der Kenntnisnahme, sondern um ebendiese Anschlusshandlung – dazu sogleich im nächsten Unterpunkt. Möglich ist jedoch auch, dass die Anschlusshandlung keine erneute Ehrverletzung darstellt, sondern allein eine soziale Unhöflichkeit, die den/die Betroffene:n jedoch dennoch in seiner/ihrer Rolle als vollwertiges Mitglied der Gesellschaft betrifft, etwa durch das Ausschließen aus der Freund:innengruppe oder Ausladen von einem Geburtstagsfest. Für den/die Beleidigte:n besteht demnach diese Gefahr, von den Lesenden nach dem hypothetisch geminderten Geltungswert auch tatsächlich behandelt zu werden, unabhängig davon, ob die Handlung die Schwelle der Ehrverletzung überschreitet. Insofern ist es schlimmer, wenn es nicht allein zu einer hypothetischen Minderung seines/ihres Geltungswertes kommt, sondern wenn daraus die Möglichkeit besteht, dass Dritte einen auch tatsächlich danach behandeln. Somit ist für den/die Beleidigte:n eine Herabsetzung, die durch unbegrenzt viele gelesen wird, intensiver.

Das entspricht auch einer beleidigenden mündlichen Äußerung vor 2.000 Menschen: Hier kommt es auch nicht zu 2.000 Ehrverletzungen. Vielmehr bleibt es bei *einer* ehrverletzenden Äußerung, die für den/die Beleidigte:n durch die vielen Zuhörenden jedoch intensiver ist. Etwas anderes kann daher auch nicht bei öffentlich zugänglichen beleidigenden Äußerungen im Netz gelten, wo es lediglich zu einer zeitlichen Versetzung von Äußerung und Kenntnisnahme Dritter kommt.

Sofern eine Beleidigung in sozialen Netzwerken durch unzählig viele Nutzer:innen gelesen wird, kommt es zu einer *intensiveren* Ehrverletzung. Da jedoch nicht jeder öffentlich zugänglich gemachte Beitrag durch unzählig viele Nutzer:innen gelesen wird, ist nachfolgend von der bloßen *Möglichkeit* einer intensiveren Ehrverletzung auszugehen.

### 3. Interaktion und Vervielfältigungen durch weitere Nutzer:innen

Zweiter Untersuchungsgegenstand ist der Umstand, dass öffentlich zugängliche Beleidigungen in sozialen Netzwerken durch dritte Nutzer:innen geteilt, gelikt oder kommentiert werden können.[69] Bei der Möglichkeit des Teilens können Nutzer:innen wählen, ob sie den geteilten Beitrag kommentarlos teilen oder sie diesen noch mit einem eigenen Untertitel versehen. Diese vom Gesetzgeber als „bestätigende Reaktionen"[70] bezeichneten Handlungen werden in dieser Arbeit als Vervielfältigungshandlungen bezeichnet. Durch solche Vervielfältigungshandlungen kann eine ablehnende Haltung gegenüber dem Ursprungsbeitrag zum Ausdruck gebracht werden, diesem aber auch zugestimmt werden oder einfach schlicht auf diesen Aufmerksam gemacht werden. Sofern keine ablehnende Haltung ersichtlich ist,

---

[69] Zu den Begrifflichkeiten siehe § 2 B.
[70] RefE Gesetz zur Bekämpfung des Rechtsextremismus und der Hasskriminalität, S. 35.

geht es im Wesentlichen um die Frage, ob der/die Vervielfältigende lediglich eine *fremde* Beleidigung weiterleitet oder eine *eigene* Miss- oder Nichtachtung zum Ausdruck bringen möchte, wofür die Umstände des Einzelfalls maßgebend sind.[71]

Wird eine *eigene* Miss- oder Nichtachtung zum Ausdruck gebracht, so stellt das einen *neuen* selbstständigen Angriff auf den Achtungsanspruch dar. Es fragt sich jedoch, wie sich das Aufmerksammachen auf eine *fremde* Beleidigung auf den ursprünglichen Angriff auswirkt. Eine neue Beleidigung liegt in diesem Fall gerade nicht vor. Durch eine Vervielfältigungshandlung wird jedoch *erneut* die Gefahr geschaffen, dass viele von der Beleidigung Kenntnis nehmen, wodurch es zu den gleichen Folgen kommt wie oben: Die Lesenden könnten davon ausgehen, die subjektive Herabsetzung beruhe auf einem wahren Kern oder die Beleidigung sei berechtigterweise erfolgt. Sie könnten den/die Betroffene:n dann nach dem hypothetisch geminderten Geltungswert behandeln. Somit kommt es im Falle der Vervielfältigung durch die Verbreitung *fremder* Missachtung zu der Möglichkeit einer *intensiveren* Ehrverletzung.

Diese Abgrenzung zwischen *eigener* und *fremder* Missachtung wird im Falle des Kommentierens oder kommentierten Teilens des beleidigenden Beitrags anhand der Auslegung der Wortwahl getroffen. Schwieriger ist jedoch die Frage zu beantworten, wie das schlichte, kommentarlose Teilen und das Liken eines Beitrages zu beurteilen sind. Teilweise wird in dem Teilen eines Beitrages der Ausdruck eigener Missachtung gesehen, da der geteilte Beitrag ebenfalls auf dem Profil des/der Teilenden erscheint.[72] Allerdings wird durch das kommentarlose Teilen eines Beitrages nicht mehr zum Ausdruck gebracht als „Schau mal, dort hat A etwas über C geschrieben",[73] sodass eine bloße Weitergabe einer *fremden* Beleidigung gegeben ist.[74] Nur im Zusammenfall mit einer eigenen Äußerung als Unterschrift des geteilten Beitrages erfolgt eine Identifikation mit diesem und somit eine eigene Missachtung.[75] Im Falle des kommentarlosen Teilens wird der Beitrag den befreundeten Nutzer:innen des/der Teilenden angezeigt und somit der potenzielle Kreis der Kenntnisnehmenden erhöht. Daher kommt es in diesem Fall ebenfalls zu der Möglichkeit einer intensiveren Ehrverletzung.

---

[71] *Reinbacher*, JZ 2020, 558 (559); BGH, Beschluss v. 14.04.2015, 3 StR 602/14 Rn. 13, NStZ 2015, 512 (513).
[72] *Krischker*, Das Internetstrafrecht vor neuen Herausforderungen, S. 128f.; *ders.*, JA 2013, 488 (493); *Geiring*, Risiken von Social Media und User Generated Content, S. 146f.; *Rogall*, in: SK StGB, § 185 StGB Rn. 4; *Gaede*, in: Matt/Renzikowski, § 185 StGB Rn. 3; *Doerbeck*, Cybermobbing, S. 291ff.; *Kargl*, in: NK StGB, Vorbemerkungen zu §§ 185ff. StGB Rn. 41, der jedoch allein eine Beihilfehandlung annimmt.
[73] *Reinbacher*, JZ 2020, 558 (559).
[74] *Valerius*, in: BeckOK StGB, § 185 StGB Rn. 23; *Eckel/Rottmeier*, NStZ 2021, 1 (4); *Nussbaum*, KriPoZ 2021, 215 (217f.); *Tassis*, Die Kommentierung von Statusmeldungen in sozialen Netzwerken, S. 57; *Geneuss*, JZ 2021, 286 (290); OLG Dresden, Urteil v. 07.02.2017, 4 U 1419/16 Rn. 7, MMR 2017, 542 (543); OLG Frankfurt, Urteil v. 26.11.2015, 16 U 64/15 Rn. 39, MMR 2016, 489 (490).
[75] Schweiz. BGer, Urteil v. 29.01.2020, 6B_1114/2018, MMR 2020, 382 (383).

Bei dem Liken eines Beitrages stellt sich die gleiche Frage. Hier wird durch Verwenden des „Daumen-Hoch"-Symbols teilweise ein Gutheißen und eine Zustimmung gesehen, wodurch der/die Likende zum Ausdruck bringe, er/sie sähe das auch so.[76] Während es bis 2016 ausschließlich die Möglichkeit eines Likes gab – ein „Dislike" gab und gibt es nicht – kann mittlerweile auf Facebook auch durch weitere Emojis, beispielsweise mit einem Herz oder einem wütenden oder traurigen Emoji, auf einen Beitrag reagiert werden. Somit ließe sich annehmen, in einem Like sei nun eine Zustimmung zum ursprünglichen Beitrag zu sehen. Dennoch sind, jedenfalls kurz nach Einführung dieser weiteren Funktionen, über 90 % der Reaktionen der Nutzer:innen weiterhin ein Like, sodass diese Mutmaßung sich nicht bestätigen lässt.[77] Mit einem Like ist daher nicht zwingend die Übernahme des gesamten Beitrages zum Ausdruck zu bringen. Vielmehr kann hierdurch auch lediglich Kenntnisnahme, Zustimmung gegenüber dem/der Verfasser:in oder Zustimmung nur in Bezug auf bestimmte Ausschnitte, etwa sachliche Passagen, zum Ausdruck gebracht werden.[78] Somit gibt es keine klaren Konturen, was ein Like zum Ausdruck bringen möchte. Diese Unklarheiten dürfen daher nicht zu Lasten des/der Likenden ausfallen.[79] Ein Like oder etwa das Markieren eines Beitrages mit einem Herz auf Instagram sind demnach nicht als übernommene eigene Meinung, sondern lediglich als Reaktion auf eine fremde Meinung zu sehen. Dadurch, dass befreundete Nutzer:innen des/der Likenden diese Reaktion auf den ursprünglichen Beitrag in ihrem Newsfeed angezeigt bekommen, ist die Wirkung wie die bei einem geteilten Beitrag: Ein Beitrag *fremder* Missachtung wird weiterverbreitet.[80] Auch hier kommt es daher zu einer intensiveren Ehrverletzung. Zudem kann der Eindruck entstehen, wenn ein Beitrag so viele Reaktionen ausgelöst hat, müsse die ursprüngliche Bewertung im Ergebnis zutreffend sein.[81]

---

[76] *Reinbacher*, JZ 2020, 558 (560); *Eckel/Rottmeier*, NStZ 2021, 1 (4); *Kargl*, in: NK StGB, Vorbemerkungen zu §§ 185 ff. StGB Rn. 38; LG Meiningen, Beschluss v. 05.08.2022, 6 Qs 146/22 Rn. 21, BeckRS 2022, 20903 Rn. 20; Bezirksgericht Zürich, Urteil v. 29.05.2017, GG 160246-L/U, MMR 2018, 220 (222); OLG Frankfurt, Urteil v. 26.11.2015, 16 U 64/15 Rn. 39, MMR 2016, 489 (490).

[77] *Statista*, Ranking der beliebtesten Facebook-Emojis nach dem Anteil der Nutzung in Deutschland im Februar und März 2016, abrufbar unter: https://de.statista.com/statistik/daten/studie/529378/umfrage/beliebteste-facebook-emojis-in-deutschland/ (letzter Abruf: 04.03.2025).

[78] *Nussbaum*, KriPoZ 2021, 215 (217); *Tassis*, Die Kommentierung von Statusmeldungen in sozialen Netzwerken, S. 58; *Geneuss*, JZ 2021, 286 (291); Schweiz. BGer, Urteil v. 29.01.2020, 6B_1114/2018, MMR 2020, 382 (383).

[79] *Nussbaum*, KriPoZ 2021, 215 (217); in diese Richtung auch *Fellmann*, Strafrechtliche Verantwortlichkeit für verbale und visuelle Angriffe im Netz, S. 189 f.

[80] *Krischker*, JA 2013, 488 (490); *ders.*, Das Internetstrafrecht vor neuen Herausforderungen, S. 121; *Rogall*, in: SK StGB, § 185 StGB Rn. 4; *Nussbaum*, KriPoZ 2021, 215 (217); *Geneuss*, JZ 2021, 286 (291); *Geiring*, Risiken von Social Media und User Generated Content, S. 142 f.; *Schulte/Kanz*, ZJS 2013, 24 (26 f.); *Eisele/Schittenhelm*, in: Schönke/Schröder, § 185 StGB Rn. 1; Schweiz. BGer, Urteil v. 29.01.2020, 6B_1114/2018, MMR 2020, 382 (383).

[81] *Großmann*, StV 2020, 408 (409).

Je nach Auslegung kann ein Kommentar oder ein Teilen mit entsprechender eigener Wertung einen *erneuten* Angriff auf die Ehre darstellen. Kommentarloses Teilen oder Liken hingegen führt zu einer *intensivierten* Ehrverletzung.

### 4. Zwischenergebnis

Es lässt sich daher festhalten, dass öffentlich zugängliche Beleidigungen in sozialen Netzwerken aufgrund der möglichen Kenntnisnahme durch viele weitere Nutzer:innen zu einer *intensiveren* Ehrverletzung des/der Betroffenen führen. Mögliche, sich anschließende Vervielfältigungshandlungen können je nach Art und Auslegung entweder sich anschließende *eigene* Angriffe darstellen oder ebenfalls zu einer *Intensivierung* führen. Beim öffentlichen Zugänglichmachen von Beleidigungen in sozialen Netzwerken entsteht somit die Gefahr *intensiverer* Ehrverletzungen sowie *weiterer* Ehrverletzungen des/der Adressierten.

## B. Nachfolgende Angriffe auf die Ehre Dritter

Neben weiteren Ehrangriffen durch Vervielfältigungshandlungen an dem/der Betroffenen besteht verbreitet die Annahme, öffentlich zugängliche Beleidigungen in sozialen Netzwerken würden auch Ehrangriffe an *Dritten* hervorrufen, da eine Vielzahl an Beleidigungen in sozialen Netzwerken Dritte zur Nachahmung animieren würden.[82]

### I. „Broken-Windows"-Theorie

Ausgangspunkt dieser Annahme bildet die „Broken-Windows"-Theorie aus dem Ende des 20. Jahrhunderts. Wilson und Kelling gehen dabei davon aus, städtebaulicher Zerfall in Form von zerbrochenen Fensterscheiben oder Graffiti würde mangelnde soziale Kontrolle signalisieren und somit die Hemmschwelle für weitere nachahmende, unerwünschte, aber nicht zwingend kriminelle Verhaltensweisen senken, etwa für Drogenmissbrauch, Obdachlosigkeit oder Vandalismus. Dann wiederum würde sich die Gesellschaft aus Kriminalitätsfurcht aus dem öffentlichen Raum zurückziehen, sodass es tatsächlich zu einer Verringerung der sozialen Kontrolle käme. Dieser Rückzug würde dann Kriminelle anlocken, was zu einem gesteigerten Rückzug der „anständigen" Bürger:innen führen würde.[83]

---

[82] *Bundesministerium des Innern, für Bau und Heimat/Bundesministerium der Justiz und für Verbraucherschutz*, Dritter Periodischer Sicherheitsbericht, 2021, S. 164; RefE Gesetz zur Bekämpfung des Rechtsextremismus und der Hasskriminalität, S. 22.
[83] Zum Ganzen *Kelling/Wilson*, The Atlantic 1982.

Folge dieser Theorie war eine „Zero-Tolerance"-Politik in den 1990ern in New York zur Reduzierung der hohen Kriminalitätsrate. Demnach wurde mit voller Härte gegen kleinste kriminelle Handlungen wie Fahren ohne Fahrschein oder Vandalismus, aber auch gegen unerwünschte, nicht kriminelle Erscheinungen wie Betteln, Alkoholkonsum, laute Musik oder Schulschwänzen vorgegangen. Tatsächlich ließ sich ein Rückgang der Kriminalitätsrate feststellen. Kritiker:innen merken jedoch an, dass sich landesweit solch ein Rückgang der Kriminalitätsrate feststellen ließ und zudem weitere Ursachen, wie das Engagement der Bürger:innen zu berücksichtigen sei.[84] Daher werden an der „Zero-Tolerance"-Politik die damit einhergehende Einbuße an Freiheit, eine Erhöhung der Anzahl an unrechtmäßigen polizeilichen Maßnahmen, die Missachtung des Verhältnismäßigkeitsgrundsatzes sowie die Aufweichung der juristischen Unterscheidung von strafbarem und straffreiem Verhalten kritisiert.[85]

Seither wurden verschiedene soziale Experimente zur Untersuchung eines möglichen Nachweises der „Broken-Windows"-Theorie unternommen. Die Annahme hat sich als richtig erwiesen, dass ein sozial zerfallendes Umfeld verstärkt zu sozialwidrigem Verhalten führt – wobei das sozialwidrige Verhalten entweder dasselbe sozialwidrige Verhalten sein kann, vergleichbares sozialwidriges Verhalten oder bagatellartiges kriminelles Verhalten.[86] Nicht bestätigt werden konnte jedoch, dass sozialwidriges Verhalten zu *stärkerem* kriminellem Verhalten führt und demnach den Nährboden für Kriminalität bilde.[87] Die These der Abwärtsspirale der „Broken-Windows"-Theorie ließ sich somit nicht bestätigen. Daher ist die „Broken-Windows"-Theorie nicht als Kriminalitätstheorie geeignet, um Entstehungszusammenhänge von Kriminalität als komplexe Erscheinung zu erklären. Dennoch liefert sie Erkenntnisse darüber, an welchen Orten sozialwidriges Verhalten begangen wird:[88] an Orten, an denen wenig oder gar keine soziale Kontrolle stattfindet und wo demnach auch von einer geringen Entdeckungswahrscheinlichkeit ausgegangen wird. So kann aus der „Broken-Windows"-Theorie einerseits die Schlussfolgerung gezogen werden, mehr soziale Kontrolle und rechtliche Durchsetzungen zu verstärken. Andererseits kann an die Handlungen angeknüpft werden und gegen diejenigen vorgegangen werden, die das zerrüttete Umfeld entstehen lassen und somit als Nährboden für weitere, vergleichbare Handlungen dienen. Auf dem zweiten Aspekt beruht die nachfolgende Überlegung: Beleidigungen in sozialen Netzwerken können Dritte zu nachahmenden Beleidigungen animieren.

---

[84] *Feltes*, in: Kriminalpolitik, S. 231 (234 ff., 238 ff.).
[85] *Rüdiger*, in: Digitale Polizeiarbeit, S. 259 (268); *Feltes*, in: Kriminalpolitik, S. 231 (235); *Meier*, Kriminologie, § 3 Rn. 56; *Singelnstein/Kunz*, Kriminologie, § 9 Rn. 52; für weitere Kritik an der „Zero-Tolerance"-Politik siehe *Wacquant*, Bestrafen der Armen, S. 268 ff.
[86] *Keuschnigg/Wolbring*, Rationality and Society 2015, 96; *Keizer/Lindenberg/Steg*, Science 2008, 1681.
[87] *Keuschnigg/Wolbring*, Rationality and Society 2015, 96.
[88] *Singelnstein*, NStZ 2018, 1 (4).

## II. „Broken-Web"-Theorie

Rüdiger geht davon aus, die „Broken-Windows"-Theorie könne als „Erklärungsansatz für gewisse Formen von Normenüberschreitungen sinnvoll und auch folgerichtig" sein und überträgt den Gedanken auf soziale Netzwerke unter dem Namen des „Broken-Webs".[89] Ausgangspunkt ist die Annahme, der Kommunikationsraum in sozialen Netzwerken unterliege keiner Normenkontrolle, weshalb eine sehr geringe Entdeckungswahrscheinlichkeit vorliege.[90]

### 1. Empirische Überprüfung der Ausgangslage

Diese Annahme lässt sich empirisch überprüfen und bestätigen. 2022 gaben 22% aller Befragten einer Umfrage an, schon einmal von Hass im Internet betroffen gewesen zu sein.[91] Ausgehend von 72,6 Millionen deutschen Nutzer:innen sozialer Netzwerke im Jahr 2022[92] wären das knapp 16 Millionen Betroffene. In diesem Jahr wurden jedoch insgesamt nur 135.508 Straftaten gegen die sexuelle Selbstbestimmung, Verbreitung pornographischer Schriften, Nötigung, Bedrohung, Nachstellung, Belohnung und Billigung von Straftaten und Beleidigung von der PKS mit dem „Tatmittel Internet" registriert.[93] Diese immense Diskrepanz mag zwar einerseits dadurch relativiert werden, dass nicht jede Betroffenheit von Hass im Netz durch die Befragten auch tatsächlich strafrechtlich relevant war. Andererseits stellt auch nicht jede der 135.508 Straftaten Hass im Netz dar. Somit lässt sich, wenn auch ungewiss in welcher genauen Höhe, ein großes Dunkelfeld feststellen.[94] Anzumerken ist dabei zudem, dass eine doch relativ hohe Aufklärungsquote besteht – für Beleidigungen mit dem Tatmittel Internet betrug diese beispielsweise

---

[89] *Rüdiger*, in: Digitale Polizeiarbeit, S. 259 (267 ff.).
[90] *Rüdiger*, in: Digitale Polizeiarbeit, S. 259 (268); *Rüdiger*, APuZ Polizei 2019, 18 (19 f.).
[91] *Hoven/Universität Leipzig/Forschungsgruppe g/d/p*, Hate Speech Umfrage 2022, S. 6.
[92] *Bogner*, Social-Media-Statistik 2022: Insights der Social-Media-Nutzung in Deutschland, abrufbar unter: https://www.agorapulse.com/de/blog/social-media-statistik-2022-fuer-deutschland-und-die-welt/#:~:text=Im%20September%202022%20waren%20sagenhafte, Monat%20bei%20Facebook%20eingeloggt%20haben (letzter Abruf: 04.03.2025).
[93] *BKA* (Hrsg.), Polizeiliche Kriminalstatistik 2022 Grundtabelle, Summenschlüssel 100000 („Straftaten gegen die sexuelle Selbstbestimmung insgesamt"), Summenschlüssel 143000 („Verbreitung pornografischer Inhalte [Erzeugnisse] §§ 184, 184a, 184b, 184c, 184e StGB"), Summenschlüssel 232200 („Nötigung § 240 StGB"), Summenschlüssel 232300 („Bedrohung § 241 StGB"), Summenschlüssel 232400 („Nachstellung [Stalking] § 238 StGB"), Summenschlüssel 620011 („Belohnung und Billigung von Straftaten"), Summenschlüssel 673000 („Beleidigung §§ 185–187, 189 StGB"). Zwar liegt die Zahl der registrierten Straftaten für das Jahr 2023 etwas höher (151.744, *BKA* [Hrsg.], Polizeiliche Kriminalstatistik 2023 Grundtabelle, gleiche Summenschlüssel wie soeben), jedoch ist auch diese weit entfernt von der Zahl der von Hass Betroffenen.
[94] Zu weiteren Zahlen zu Hass im Netz siehe § 3 F. IV.

79,3 %.⁹⁵ Wegen des großen Dunkelfeldes schafft es aber auch die hohe Aufklärungsquote nicht, den Eindruck effektiver Normdurchsetzung zu erzeugen.⁹⁶ Rein tatsächlich kann somit von einem Raum im Netz ausgegangen werden, in dem weitestgehend keine wirksame Normenkontrolle herrscht. Die Voraussetzungen eines „Broken-Webs" lägen somit vor.

### 2. Verhaltensabläufe im „Broken-Web"

Werden in sozialen Netzwerken der Öffentlichkeit zugänglich gemachte Beleidigungen gepostet und nicht gelöscht, so nehmen andere Nutzer:innen diese als normalen und sozial akzeptablen Umgangston wahr und gehen davon aus, dass es keine wirksame Kontrolle gibt.⁹⁷ Anders als im physischen Raum, wo ein:e Unbeteiligte:r, der/die am Tatort vorbeikommt, möglicherweise gar nicht erkennt, dass hier ein Normbruch stattfand, ist das im digitalen Raum durch das Online-Bleiben der beleidigenden Beiträge der Fall.⁹⁸ Verstärkt wird dieser Effekt zudem durch die algorithmen-gesteuerten Echokammern⁹⁹ sowie den sogleich zu erörternden Rückzug Dritter als „anständige Bürger:innen" von dem Meinungsaustausch in sozialen Netzwerken. Das Begehen von Normverstößen ist somit in digitalen Räumen noch deutlicher sichtbar und senkt die Hemmschwelle zur Begehung von Normverstößen. Daher wird teilweise von einem „Nährboden" für nachahmende Äußerungen gesprochen.¹⁰⁰ Öffentlich zugängliche Beleidigungen im Netz können somit durch ihre Sichtbarkeit für andere Nutzer:innen die Gefahr begründen, dass diese an *Dritten* ebenfalls Angriffe auf die Ehre verüben.

Insofern wird der wesentliche Unterschied der „Broken-Web"-Theorie zur „Broken-Windows"-Theorie sichtbar. Während die „Broken-Windows"-Theorie nicht nur eine Erklärung für vergleichbares sozialwidriges Verhalten durch sozialen Zerfall sieht, sondern auch für schwerwiegendes kriminelles Verhalten, bleibt es bei der „Broken-Web"-Theorie auf der ersten Stufe des vergleichbaren Verhaltens. Gerade diese Ebene wird auch von Kritiker:innen der „Broken-Windows"-Theorie nicht abgesprochen. Nach der „Broken-Web"-Theorie soll „lediglich" der Zusammenhang des sichtbaren negativen, öffentlichen Diskurses im Netz zu nachahmen-

---

⁹⁵ *BKA* (Hrsg.), Polizeiliche Kriminalstatistik 2022 Grundtabelle „Tatmittel Internet", Summenschlüssel 673000 („Beleidigung §§ 185–187, 189 StGB").
⁹⁶ Zu diesem Ergebnis kommt auch *Rüdiger*, in: Digitale Polizeiarbeit, S. 259 (278f.).
⁹⁷ *Leonetti/Werner*, Kriminalistik 2021, 651 (655); *Hoheisel-Gruler*, in: Cyberkriminologie, S. 71 (81); *Bundesministerium des Innern, für Bau und Heimat/Bundesministerium der Justiz und für Verbraucherschutz*, Dritter Periodischer Sicherheitsbericht, 2021, S. 164.
⁹⁸ *Rüdiger*, APuZ Polizei 2019, 18 (20).
⁹⁹ *Bundesministerium des Innern, für Bau und Heimat/Bundesministerium der Justiz und für Verbraucherschutz*, Dritter Periodischer Sicherheitsbericht, 2021, S. 164. Siehe zum Begriff § 2 B.
¹⁰⁰ RefE Gesetz zur Bekämpfung des Rechtsextremismus und der Hasskriminalität, S. 22.

den, sich auf der gleichen Unrechtsstufe befindenden Äußerungen erklärt werden. Der Begriff des „Broken-Webs" mag daher ein wenig irreführend sein, erscheint aber dennoch zur Erklärung dieses Phänomens passend. Dadurch, dass jede einzelne Beleidigung in sozialen Netzwerken einen Teil des „Broken-Webs" bildet, führen diese zu nachahmenden Beleidigungen gegenüber Dritten.

## C. Einschränkung der Meinungsfreiheit Dritter

Diese Sichtbarkeit des „Broken-Webs" in sozialen Netzwerken hat auch Auswirkungen auf die Meinungsfreiheit dritter Nutzer:innen.

### I. „Silencing effect"

In der Literatur ist häufig vom „silencing effect"[101] die Rede[102] – „der Hass ist laut, der Rückzug [...] leise".[103] Dritte trauen sich aus Angst, selbst Opfer von Beleidigungen zu werden, immer weniger Gegenrede zu halten und ihre Meinung öffentlich kundzutun.[104] Diese Zurückhaltung tritt unabhängig davon auf, ob die Nutzer:innen bereits selbst Adressat:innen von Herabsetzungen waren oder nicht. Insbesondere verstummen dabei die Stimmen diskriminierter und marginalisierter Gruppen, die für eine vielfältige Perspektive im demokratischen Diskurs sorgen.[105] Verantwortlich dafür ist die große Menge an öffentlich zugänglichen Beleidigungen in sozialen Netzwerken, die durch ihre Nicht-Löschung für alle Nutzer:innen einsehbar sind.

---

[101] Die Begrifflichkeit des „silencing effects" ist von der des „chilling effects" zu unterscheiden. Bei Letzterem geht es um die Zurückhaltung von Meinungsäußerungen aufgrund von befürchteten Sanktionen.
[102] *Bredler/Markard*, JZ 2021, 864 (867); *Hoven/Witting*, NJW 2021, 2397 (2399); *Hestermann/Hoven/Autenrieth*, KriPoZ 2021, 204 (204 f.); *Augsberg/Petras*, JuS 2022, 97 (104); *Hug*, ZJS 2022, 327 (329); *Großmann*, StV 2020, 408 (409 f.); *Großmann/Kubiciel*, KriPoZ 2023, 186 (186); *Schmidt/Witting*, KriPoZ 2023, 190 (197).
[103] *Kompetenznetzwerke gegen Hass im Netz*, Lauter Hass – leiser Rückzug, S. 12.
[104] *Hoven/Witting*, NJW 2021, 2397 (2399); *Großmann*, StV 2020, 408 (410); *Apostel*, KriPoZ 2019, 287 (291); *Bundesministerium des Innern, für Bau und Heimat/Bundesministerium der Justiz und für Verbraucherschutz*, Dritter Periodischer Sicherheitsbericht, 2021, S. 158; RefE Gesetz zur Bekämpfung des Rechtsextremismus und der Hasskriminalität, S. 1; RefE NetzDG-Änderung, S. 1.
[105] *Kompetenznetzwerke gegen Hass im Netz*, Lauter Hass – leiser Rückzug, S. 45.

## II. Empirischer Nachweis

Dieser Zusammenhang wird auch von den Nutzer:innen so bewertet. 82 % stimmten der Aussage zu, „Hass im Netz gefährdet die Vielfalt im Internet, weil er Menschen einschüchtert und verdrängt".[106] Eine Reihe unterschiedlicher Studien konnte die Gefahr des „silencing effects" bestätigen. Hoven hat 2020 eine Umfrage erstmals durchgeführt und dann 2022 wiederholt. Hierbei wurden die Teilnehmenden gefragt, inwieweit sie der Aussage „Ich habe aus Sorgen vor Hassreden schon einmal darauf verzichtet, einen Beitrag zu posten oder Beiträge bewusst vorsichtiger formuliert." zustimmen. Während 2020 42 % dieser Aussage etwas oder deutlich zustimmten,[107] waren es 2022 bereits 50 %.[108] Beachtlich ist dabei, dass auch Nutzer:innen, die bislang noch nicht Opfer von herabwürdigenden Äußerungen waren, dieser Äußerung zustimmten: 2020 waren es 37 % der Nicht-Betroffenen,[109] 2022 inzwischen 43 %.[110]

In einer Umfrage aus dem Jahr 2019 der Landesanstalt für Medien NRW antworteten 32 % der Befragten auf die Frage, weshalb sie sich nicht an öffentlichen Diskussionen im Internet beteiligen würden, dass sie Angst vor beleidigenden Kommentaren hätten.[111] 2023 stimmten in einer weiteren Umfrage der Landesanstalt für Medien NRW 33 % der Aussage zu, Hasskommentare würden sie verängstigen.[112]

In einer Untersuchung von Geschke et al. stimmten 54 % der Teilnehmenden der Aussage zu: „Ich bekenne mich seltener im Internet zu meiner politischen Meinung." Und 47 % bestätigten: „Ich selbst beteilige mich wegen Hassrede seltener an Diskussionen im Netz."[113] Nach einer von Richter et al. durchgeführten Studie stimmten 54 % der Teilnehmenden der Aussage zu, dass sie sich aus Sorge vor digitalem Hass mit der Äußerung politischer Ansichten im Internet zurückhalten würden.[114] In einer Untersuchung des *Kompetenznetzwerkes Hass im Netz* aus dem Jahr 2024 gaben 24 % der Befragten an, ihr Profil im Zusammenhang mit Hass im Netz nicht mehr benutzt, deaktiviert oder gar gelöscht zu haben – unter den von Hass im Netz Betroffenen sind es sogar 46 %.[115] 21 % der Befragten posten nicht mehr auf dem sozialen Netzwerk, auf dem sie Hass wahrgenommen haben, 44 % der von Hass Betroffenen.[116] 57 % würden sich seltener im Internet zu ihrer politischen Meinung bekennen.[117]

---

[106] *Kompetenznetzwerke gegen Hass im Netz*, Lauter Hass – leiser Rückzug, S. 55.
[107] *Forschungsgruppe g/d/p/Universität Leipzig*, Hate Speech Umfrage 2020, S. 20.
[108] *Hoven/Universität Leipzig/Forschungsgruppe g/d/p*, Hate Speech Umfrage 2022, S. 9.
[109] *Forschungsgruppe g/d/p/Universität Leipzig*, Hate Speech Umfrage 2020, S. 21.
[110] *Hoven/Universität Leipzig/Forschungsgruppe g/d/p*, Hate Speech Umfrage 2022, S. 12.
[111] *Landesanstalt für Medien NRW*, Hate Speech und Diskussionsbeteiligung im Internet 2019, S. 10.
[112] *Landesanstalt für Medien NRW*, Hate Speech Forsa-Studie 2023, S. 11.
[113] *Geschke/Klaßen/Quent/Richter*, #Hass im Netz, S. 28.
[114] *Richter/Geschke/Klaßen*, ZJJ 2020, 148 (150).
[115] *Kompetenznetzwerke gegen Hass im Netz*, Lauter Hass – leiser Rückzug, S. 46.
[116] *Kompetenznetzwerke gegen Hass im Netz*, Lauter Hass – leiser Rückzug, S. 46.
[117] *Kompetenznetzwerke gegen Hass im Netz*, Lauter Hass – leiser Rückzug, S. 56.

Trotz leicht divergierender Zahlen weisen diese deutlich darauf hin, dass sich Nutzer:innen unabhängig von ihrer eigenen Betroffenheit immer weniger trauen, ihre eigene Meinung in sozialen Netzwerken kundzutun. Auch das ist somit als ernstzunehmende Folge von öffentlich zugänglich gemachten Beleidigungen im Netz zu werten.

## D. Veränderung des öffentlichen Diskurses

Dieser soeben thematisierte Rückzug individueller Nutzer:innen zusammen mit dem „Broken-Web" wirkt sich nach der Literatur und Rechtsprechung auf den gesamtgesellschaftlichen öffentlichen Diskurs aus, sodass es nicht bei der Beeinträchtigung Einzelner bleibt.[118] Der öffentliche Diskurs, der sich mittlerweile stark in die sozialen Netzwerke verschoben hat, lebt von dem Meinungsaustausch und der Meinungsvielfalt seiner Nutzer:innen. Die Debattenkultur im Netz wird jedoch durch die Zunahme an herabsetzenden Äußerungen mittlerweile als „aggressiv, verletzend und nicht selten hasserfüllt"[119] wahrgenommen, sodass sich eine „Verrohung der Kommunikation"[120] und eine „Veränderung des diskursiven Gesprächsklimas"[121] feststellen lassen. Wenden sich deswegen aus den soeben erörterten Gründen Personen aus Angst vor Herabsetzung von der Beteiligung am öffentlichen Diskurs ab, so bedeutet das eine Veränderung des gesamten politischen Diskurses. Das Zurückziehen von betroffenen Minderheiten aus dem gesellschaftlichen Diskurs einerseits ist insofern problematisch, als deren Stimmen besonders wichtig sind, um gegen die Mehrheitsinteressen nicht unterzugehen.[122] Andererseits führt auch ein Zurückziehen der gesellschaftlichen Mitte dazu, dass eine hetzende Minderheit besonders laut oder präsent in den sozialen Netzwerken erscheinen kann.[123] Daraus folgend, spiegelt der öffentliche Diskurs im Netz nicht mehr das tatsächliche Abbild der politischen und gesellschaftlichen Stimmung und die tatsächlichen Mehrheitsverhältnisse wider. Sowohl zu dem Ton als auch zu dem stattfindenden Inhalt des öffentlichen Diskurses in sozialen Netzwerken tragen öffentlich zugänglich gemachte Beleidigungen bei.

---

[118] RegE NetzDG, S. 1; RegE Gesetz zur Bekämpfung des Rechtsextremismus und der Hasskriminalität, S. 1.
[119] RegE NetzDG, S. 1; dem anschließend *Feldmann*, K&R 2017, 292 (292); *Nolte*, ZUM 2017, 552 (553).
[120] RegE Gesetz zur Bekämpfung des Rechtsextremismus und der Hasskriminalität, S. 1; dem anschließend *Valerius*, ZStW 132 (2020), 666 (687).
[121] *Haim*, in: Das Phänomen „Digitaler Hass", S. 89 (91).
[122] *Bredler/Markard*, JZ 2021, 864 (868).
[123] *Apostel*, KriPoZ 2019, 287 (291).

# E. Gefahr für die Funktionsfähigkeit demokratischer Institutionen

Ein besonderes Augenmerk ist zudem auf die Betroffenheit von Politiker:innen zu legen und die daraus resultierenden Folgen.

## I. Empirische Ausgangslage

So lässt sich zunächst feststellen, dass Politiker:innen überdurchschnittlich oft Adressat:innen von Beleidigungen im Netz sind. In einer Untersuchung zu Anfeindungen und Aggressionen in der Kommunalpolitik im November 2022 gaben 60 % der kommunalpolitischen Repräsentant:innen an, sie seien im Rahmen ihrer Mandatsausübung schon einmal beleidigt, bedroht oder tätlich angegriffen worden.[124] 87 % der weiblichen Parlamentarierinnen sind laut einer Umfrage aus dem Jahr 2019 bereits Opfer von Hass und Bedrohung geworden.[125] Laut der Untersuchung „Zwischen Bürgernähe und Netzhetze" aus dem Jahr 2019 gaben von 217 Bundes- und Landtagsabgeordneten 97,5 % an, schon einmal persönlich im Netz angefeindet worden zu sein.[126] Eine Studie von Hestermann, Hoven und Autenrieth ergab, dass sich ein Fünftel aller Hasskommentare gegen Politiker:innen richtet.[127] Auch Nutzer:innen erkennen diese erhöhte Betroffenheit: 67 % der Teilnehmer:innen gaben an, dass sie schon einmal Hass gegenüber Politiker:innen wahrgenommen haben.[128] Zuletzt kam es Anfang Mai 2024 in Vorbereitung auf die Wahlen auf EU- und Kommunalebene auch zu einer Reihe an tätlichen Angriffen auf Politiker:innen. Zum Beispiel wurde der SPD-Politiker Ecke beim Aufhängen von Wahlplakaten von vier jungen Männern angegriffen, die sich alle im rechten Spektrum verordnen ließen.[129] Ebenso wurden in den Wochen danach eine Reihe an

---

[124] *Blätte/Dinnebier/Schmitz-Vardar*, Anfeindungen und Aggressionen in der Kommunalpolitik, S. 21.
[125] Hatespeech. Weibliche Abgeordnete besonders betroffen, Kurier vom 07.10.2019, abrufbar unter: https://www.kurier.de/inhalt.hatespeech-weibliche-abgeordnete-besonders-betroffen.28f3da3c-b77f-407e-952e-7f0baa259228.html (letzter Abruf: 04.03.2025).
[126] Wider den Hass im Netz, politik & kommunikation vom 07.08.2019, abrufbar unter: https://www.politik-kommunikation.de/politik/wider-den-hass-im-netz (letzter Abruf: 04.03.2025). Dabei ist davon auszugehen, dass die Studie ihre Ergebnisse gerundet hat, um auf 97,5 % zu kommen.
[127] *Hestermann/Hoven/Autenrieth*, KriPoZ 2021, 204 (214).
[128] *Landesanstalt für Medien NRW*, Hate Speech Forsa-Studie 2023, S. 9.
[129] Wer sind die Ecke-Angreifer? Behörden beobachteten Neonazi-Gruppe, ZDF Heute vom 17.05.2024, abrufbar unter: https://www.zdf.de/nachrichten/politik/deutschland/angreifer-dresden-rechtsextrem-verfassungsschutz-100.html (letzter Abruf: 04.03.2025).

Grünen-Politiker:innen und Wahlkampfhelfer:innen angegriffen,[130] die ehemalige Bürgermeisterin Berlins Giffey[131] und auch AfD-Politiker:innen.[132]

Erlebter Hass im Netz und aber auch tätliche Angriffe führen somit auch unter Politiker:innen zum äquivalenten „silencing effect".[133] 11 % der weiblichen Bundestagsabgeordneten gaben an, „die Beleidigungen und Bedrohungen ließen sie an ihrem Beruf als Politikerin zweifeln und übers Aufhören nachdenken".[134] So deaktivierte beispielsweise Schleswig-Holsteins Bildungsministerin Prien vorübergehend ihren X-Account, nachdem sie in einem Post die Lockerung der Corona-Maßnahmen auch an Schulen forderte und daraufhin neben Kritik auch vielen hetzerischen und beleidigenden Inhalten ausgesetzt war.[135] Allerdings bleibt es häufig nicht bei dem Rückzug aus sozialen Netzwerken. Zahlreiche Politiker:innen haben sich in Folge massiver Beleidigungen und Herabsetzungen entschlossen, ganz von ihrem politischen Amt zurückzutreten oder nicht mehr zu kandidieren.[136] Diese Entscheidung wird insbesondere dann getroffen, wenn sich Beleidigungen und Bedrohungen nicht nur an die Politiker:innen selbst, sondern auch an Familienangehörige richten. Aus diesen Gründen trat beispielsweise der SPD-Vorsitzende des münsterländischen Bocholts Purwin im Jahr 2016 zurück[137] und CDU-Bürgermeister Spürck der Stadt Kerpen entschied sich 2020, nicht mehr zu kandidieren.[138]

Die häufig stattfindenden Beleidigungen gegenüber Politiker:innen führen somit zu einem verstärkten „silencing effect" in Form des Rückzugs von sozialen Medien und von politischen Ämtern.

---

[130] Gepöbel und Gewalt gegen Wahlkampfhelfer in Sachsen, Spiegel vom 29.04.2024, abrufbar unter: https://www.spiegel.de/panorama/justiz/sachsen-gruene-wahlkampfhelfer-verbal-und-koerperlich-angegriffen-a-0b59ef08-e846-43b3-a5d8-09c6380cd109 (letzter Abruf: 04.03.2025).

[131] Giffey bei tätlichem Angriff verletzt, Tagesschau vom 08.05.2024, abrufbar unter: https://www.tagesschau.de/inland/innenpolitik/innenminister-treffen-gewalt-politiker-102.html (letzter Abruf: 04.03.2025).

[132] AfD-Politiker in Supermarkt attackiert, Tagesschau vom 23.05.2024, abrufbar unter: https://www.tagesschau.de/inland/gesellschaft/angriff-afd-politiker-100.html (letzter Abruf: 04.03.2025).

[133] Zur Erklärung dieses Begriffs siehe § 4 C. I.

[134] Hatespeech. Weibliche Abgeordnete besonders betroffen, Kurier vom 07.10.2019, abrufbar unter: https://www.kurier.de/inhalt.hatespeech-weibliche-abgeordnete-besonders-betroffen.28f3da3c-b77f-407e-952e-7f0baa259228.html (letzter Abruf: 04.03.2025).

[135] Nach Corona-Shitstorm. Karin Prien deaktiviert ihren Twitter-Account, ntv vom 14.02.2022, abrufbar unter: https://www.n-tv.de/politik/Karin-Prien-deaktiviert-ihren-Twitter-Account-article23125809.html (letzter Abruf: 04.03.2025).

[136] Entwurf des Bayerischen Staatsministeriums der Justiz für ein Gesetz gegen Hassrede, S. 10.

[137] Bocholter SPD-Chef tritt wegen Hassmails zurück, Zeit online vom 13.12.2016, abrufbar unter: https://www.zeit.de/politik/deutschland/2016-12/thomas-purwin-spd-chef-bocholt-beschimpfungen-hassmails-ruecktritt (letzter Abruf: 04.03.2025).

[138] Bürgermeister von Kerpen will nach Drohungen nicht mehr kandidieren, Spiegel vom 23.01.2020, abrufbar unter: https://www.spiegel.de/politik/deutschland/buergermeister-von-kerpen-will-nach-drohungen-nicht-mehr-kandidieren-a-43f8f287-e0db-4198-85bd-e78d67a7194a (letzter Abruf: 04.03.2025).

## II. Gesamtgesellschaftliche Bedeutung der Beleidigung einzelner Politiker:innen

Öffentlich zugängliche Beleidigungen von Politiker:innen im Netz betreffen nicht nur deren Ehre, sondern haben eine gesamtgesellschaftliche Bedeutung, die in der Literatur als Auswirkung auf die Funktionsfähigkeit demokratischer Institutionen zusammengefasst wird.[139]

Werden Politiker:innen im Netz herabgesetzt, so besteht die Gefahr, dass – wie bei jedem/jeder Adressierten einer Beleidigung – dritte lesende Nutzer:innen davon ausgehen, die subjektive Herabsetzung beruhe auf einem wahren Kern oder die Beleidigung sei berechtigterweise erfolgt. Durch die Adressierung an Politiker:innen wird jedoch darüber hinaus auch die Gefahr begründet, dass die dritten lesenden Nutzer:innen davon ausgehen, das politische System *insgesamt* sei berechtigterweise kritisiert.[140] Nicht nur der/die betroffene Politiker:in könne so untauglich zur Erfüllung seiner/ihrer Aufgabe erscheinen, sondern der Eindruck könne entstehen, das gesamte System sei nicht kompetent und korrumpiert.[141] Diese Gefahr besteht insbesondere, da das politisch-demokratische System auf Vertrauen gegenüber einer ehrlichen, transparenten und gewissenhaften Arbeitsweise seiner Politiker:innen beruht.[142] Eine Zerstörung des Vertrauens gegenüber Politiker:innen gefährdet daher zugleich das Vertrauen gegenüber dem politisch-demokratischen System,[143] das essenzieller Bestandteil für dessen Funktionsfähigkeit ist.

Lassen sich aufgrund der erlebten oder befürchteten Angriffe auf die persönliche Ehre keine Bewerber:innen finden oder nur solche, die eine robuste Persönlichkeit haben, so ist das eine Gefahr für das gesamte Funktionieren der Demokratie.[144] Ausgangspunkt ist hierfür die Bedeutung von Politiker:innen für das Funktionieren des demokratischen Rechtsstaates. Eine parlamentarische Demokratie ist darauf angewiesen, dass gewählte Vertreter:innen als Abbild des Volkes dieses repräsentieren, gemeinsam über relevante Fragen diskutieren und durch Mehrheitsverhältnisse Entscheidungen treffen. Durch verschiedene Organe auf Kommunal-, Landes- und Bundesebene werden so Gesetze beschlossen, Verordnungen erlassen und andere staatliche Gewalten gegenseitig kontrolliert und begrenzt. Das Bundesverfassungsgericht stellt daher fest, dass „eine Bereitschaft zur Mitwirkung in Staat und Gesellschaft [...] nur erwartet werden [kann], wenn für diejenigen, die sich

---

[139] *Hoven/Witting*, NJW 2021, 2397 (2400); *Hestermann/Hoven/Autenrieth*, KriPoZ 2021, 204 (214); *Kubiciel*, jurisPR-StrafR 2019, Anm. 1; *Rühs*, ZIS 2022, 51 (56) wählt die leicht abweichende Formulierung „Funktionsfähigkeit des politisch-demokratischen Gemeinwesens".
[140] *Rühs*, ZIS 2022, 51 (57).
[141] *Rühs*, ZIS 2022, 51 (57).
[142] *Rühs*, ZIS 2022, 51 (57).
[143] In die Richtung auch *Schmitt Glaeser*, ZRP 2000, 95 (98).
[144] *Rühs*, ZIS 2022, 51 (59); *Hilgendorf*, in: LK, § 188 StGB Rn. 1.

engagieren und öffentlich einbringen, ein hinreichender Schutz ihrer Persönlichkeitsrechte gewährleistet ist."[145]

Die Funktionsfähigkeit demokratischer Institutionen wird somit durch öffentlich zugängliche Beleidigungen in sozialen Netzwerken auf zwei Ebenen betroffen: Zum einen aufgrund der Auswirkungen auf das Vertrauen in das politisch-demokratische System als Ganzes, zum anderen führen Ehrverletzungen an Politiker:innen zur Gefahr des Rückzuges und Rücktritts von Politiker:innen.

## F. Folgen für real stattfindende Gewalt?

Als weitere Folge wird in der Literatur vielfach davon ausgegangen, Diffamierungen von Personen im Netz senke die Hemmschwelle für Angriffe außerhalb der digitalen Welt.[146]

### I. Kein nachweisbares Entstehen einer realen Bedrohungslage

Immer wieder kommt es zu real stattfindenden Angriffen gegenüber Menschen, die entweder selbst oder als Teil einer betroffenen Minderheit zuvor Adressat:innen von digitaler Gewalt waren. Auch hier erleben häufig Politiker:innen neben Herabsetzungen im Netz körperliche Angriffe, mündliche Drohungen oder Sachbeschädigungen.[147] Besonders viel mediale Aufmerksamkeit erreichte der Mord am Kasseler Regierungspräsidenten Lübcke, der zuvor massiv im Netz beleidigt und beschimpft wurde.[148]

Eine weitere besonders betroffene Personengruppe von sowohl digitalen als auch realen Hasstaten sind Geflüchtete und Menschen mit Migrationshintergrund. Müller und Schwarz haben daher untersucht, ob zwischen einer flüchtlingsfeindlichen Stimmung auf Facebook und real stattfindenden Hasstaten ein Zusammenhang besteht. Daten zu flüchtlingsfeindlichen Vorfällen wurden von der Amadeu

---

[145] BVerfG, Beschluss v. 06.11.2019, 1 BvR 16/13 Rn. 108, NJW 2020, 300 (310); BVerfG, Beschluss v. 19.05.2020, 1 BvR 2397/19 Rn. 32, NJW 2020, 2622 (2626).
[146] *Amadeu Antonio Stiftung*, „Geh sterben!", S. 25; *Niggemann*, Hasskriminalität in sozialen Netzwerken, S. 2; *Apostel*, KriPoZ 2019, 287 (290); *Struth*, Hassrede und Freiheit der Meinungsäußerung, S. 404; *Hoven/Witting*, NJW 2021, 2397 (2398); *Rostalski/Weiss*, KriPoZ 2023, 199 (200), die von einem „Aufstacheln" ausgehen.
[147] Zu einer Übersicht zuletzt stattgefundener Hass-Angriffe auf Kommunalpolitiker:innen siehe *Heinrich-Böll-Stiftung*, Hass-Angriffe auf Kommunalpolitiker/innen, abrufbar unter: https://kommunalwiki.boell.de/index.php/Hass-Angriffe_auf_Kommunalpolitiker/innen#cite_note-30 (letzter Abruf: 04.03.2025).
[148] Razzien wegen Äußerungen gegen Lübcke, Tagesschau vom 04.06.2020, abrufbar unter: https://www.tagesschau.de/inland/razzia-luebcke-101.html (letzter Abruf: 04.03.2025).

Antonio Stiftung und Pro Asyl übernommen, die diese genau nach Ort und Vorfall dokumentieren. Von den Nutzer:innen, die mit der AfD-Facebook-Seite in Form von Kommentaren oder Posts interagierten, wurde von insgesamt 34.396 dieser Nutzer:innen der Wohnort ermittelt. Die Verfasser fanden heraus, dass Posts auf der AfD-Facebook-Seite Einfluss auf die Wahrnehmung vor Ort haben. In den Gemeinden, in denen es viele Nutzer:innen gibt, die mit der AfD-Seite interagieren, gibt es mehr Angriffe auf Geflüchtete als in Gemeinden ohne intensive Nutzung, die zudem zeitlich in Zusammenhang mit vielen Posts auf der AfD-Seite stehen.[149] Ob sich dabei wirklich eine Kausalität zwischen Facebook-Posts der AfD und Hasstaten gegenüber Flüchtlingen feststellen lässt oder ob dies nicht lediglich eine Korrelation ist, bleibt allerdings fraglich. Auch ausländerfeindliche Personen könnten ihren Hass sowohl digital als auch real ausdrücken.[150] Zudem wird an der Studie bemängelt, dass die Daten nur wöchentlich und nicht täglich erhoben wurden: Möglich wäre daher auch, dass die Gewalt an Geflüchteten die Facebook-Posts ausgelöst hat und nicht andersherum.[151] Somit kann keine Aussage in dem Sinne getroffen werden, öffentlich zugängliche Beleidigungen im Netz würden eine reale Bedrohungslage für die Betroffenen begründen.

## II. Jedenfalls: Auswirkungen auf das Sicherheitsgefühl

Sicher festhalten lässt sich demnach nur, dass bestehender Hass sich sowohl durch digitale Herabsetzungen als auch durch real stattfindende Angriffe äußert. Ob sich die Häufigkeit dieser Erscheinungen dabei parallel entwickelt oder zeitlich versetzt und damit möglicherweise eine Abhängigkeit ausdrückt, lässt sich (bislang) nicht nachweisen. Unabhängig davon erhöht sich aber bei Personen, die schon einmal digitalen Hass erlebt haben, die Angst, auch in der realen Welt Opfer von Straftaten zu werden. Für sie entsteht das Gefühl einer realen Bedrohung,[152] sodass ihr Sicherheitsgefühl beeinträchtigt wird.[153]

---

[149] Zum Ganzen: *Müller/Schwarz*, Journal of the European Economic Association 2021, 2131.
[150] So *Quent* in *Röttger*, Zünden Menschen Flüchtlingsheime an, weil sie rassistische Posts auf Facebook gelesen haben?, CORRECTIV vom 29.08.2018, abrufbar unter: https://correctiv.org/faktencheck/hintergrund/2018/08/29/zuenden-menschen-fluechtlingsheime-an-weil-sie-rassistische-posts-auf-facebook-gelesen-haben/ (letzter Abruf: 04.03.2025).
[151] So *Dittrich* in *Röttger*, Zünden Menschen Flüchtlingsheime an, weil sie rassistische Posts auf Facebook gelesen haben?, CORRECTIV vom 29.08.2018, abrufbar unter: https://correctiv.org/faktencheck/hintergrund/2018/08/29/zuenden-menschen-fluechtlingsheime-an-weil-sie-rassistische-posts-auf-facebook-gelesen-haben/ (letzter Abruf: 04.03.2025).
[152] *Hoven/Witting*, NJW 2021, 2397 (2398).
[153] *Bundesministerium für Inneres (Österreich)*, Hate Crime – Vorurteilsbedingte Straftaten, abrufbar unter: https://www.bmi.gv.at/408/Projekt/start.aspx (letzter Abruf: 04.03.2025).

## G. Folgen für die psychische Gesundheit

Öffentlich zugängliche Beleidigungen in sozialen Netzwerken können für den/die Adressierte:n zu unterschiedlichen Folgen für die psychische Gesundheit führen, die in Erscheinungsform und Dauer variieren können. Diese sind insbesondere davon abhängig, wie viele andere Personen die Beleidigung lesen, was deren Inhalt ist und ob diese beispielsweise noch mit Drohungen oder der Veröffentlichung sensibler Daten verbunden ist. Aber auch die individuellen Umstände der Betroffenen, wie die Stabilität deren sozialen Umfeldes, deren Rolle in der Gesellschaft oder vorherige Erlebnisse, sind maßgebend für die Auswirkungen auf die psychische Gesundheit.

Kurzfristige Folgen sind dabei Gefühle der Ohnmacht, Unsicherheit, Frustration oder Angst, die insbesondere dann drohen, wenn die Täter anonym und somit unerreichbar erscheinen.[154] Nach einer Untersuchung im Bundesland Thüringen aus dem Jahr 2019 gaben 25 % an, dass sie als Folge von Hasskommentaren unter Angst und Unruhe leiden würden.[155] Nach einer 2024 erschienenen Studie des *Kompetenznetzwerkes für Hass im Netz* hatte Hass im Netz nur für 25 % der Befragten *keine* Folgen.[156] Hier gaben 35 % der Befragten an, unter psychischen Beschwerden zu leiden.[157] In Fällen von Cybermobbing-Attacken oder sogenannten Shitstorms, als massenhaft öffentlich geäußerte Kritik,[158] kommt es für Opfer im Anschluss zu einer Phase langfristiger psychischer Folgen. 20 % gaben an, sie hätten Probleme mit dem eigenen Selbstbild,[159] das zusammen mit Verunsicherung zu einem Rückzug aus der Gesellschaft führen kann.[160] Verstärkt wird dieser Effekt häufig dadurch, dass Opfer sich nicht trauen, darüber zu sprechen.[161] Sofern die Betroffenheit verdrängt oder nicht aufgearbeitet wird, können sich psychische Erkrankungen wie etwa Depressionen entwickeln.[162] Hierunter leiden 14 % der Betroffenen von Hass im Netz.[163] Schlimmstenfalls kann es zu Selbstverletzungen oder gar Suizid kommen,[164] wie zuletzt der 2022 medial bekannt gewordene Suizid der von Impfgegner:innen im

---

[154] *Nussbaum*, KriPoZ 2021, 215 (216); *Doerbeck*, JR 2021, 54 (55); *dies.*, Cybermobbing, S. 64 ff.; *Katzer*, Cybermobbing, S. 61; *Bundesministerium des Innern, für Bau und Heimat/Bundesministerium der Justiz und für Verbraucherschutz*, Dritter Periodischer Sicherheitsbericht, S. 133; *Smith et al.*, Journal of Child Psychology and Psychiatry 2008, 376 (381).
[155] *Klaßen/Geschke*, #Hass im Netz. Wahrnehmung, S. 17.
[156] *Kompetenznetzwerke gegen Hass im Netz*, Lauter Hass – leiser Rückzug, S. 54.
[157] *Kompetenznetzwerke gegen Hass im Netz*, Lauter Hass – leiser Rückzug, S. 54.
[158] *Esser*, in: Rechtshandbuch Social Media, S. 305 (325).
[159] *Klaßen/Geschke*, #Hass im Netz. Wahrnehmung, S. 17.
[160] *Katzer*, Cybermobbing, S. 104; *Cornelius*, ZRP 2014, 164 (165).
[161] *Katzer*, Cybermobbing, S. 102.
[162] Siehe *Wachs/Gámez-Guadix/Wright*, Cyberpsychology, Behavior, and Social Networking 2022, 416 zur Ermittlung des Zusammenhangs von Hassrede und Depressionen.
[163] *Klaßen/Geschke*, #Hass im Netz. Wahrnehmung, S. 17.
[164] *Katzer*, Cybermobbing, S. 104; *Cornelius*, ZRP 2014, 164 (165); *Preuß*, KriPoZ 2019, 97 (100).

Netz bedrohten österreichischen Ärztin Kellermayr zeigt.[165] Auswirkungen auf die psychische Gesundheit sind daher ernstzunehmende Folgen von öffentlich zugänglichen Beleidigungen in sozialen Netzwerken.

## H. Angriff auf die Menschenwürde

Ferner ist darauf einzugehen, dass öffentlich zugänglich gemachte Beleidigungen auch die Menschenwürde betreffen können. Nicht selten beziehen sich öffentlich zugänglich gemachte Beleidigungen in sozialen Netzwerken nämlich auf Identitätsmerkmale der beleidigten Person. Das stellt auch der Gesetzesentwurf des NetzDG fest, „[d]urch Hasskriminalität und andere strafbare Inhalte kann jede und jeder aufgrund der Meinung, Hautfarbe oder Herkunft, der Religion, des Geschlechts oder der Sexualität diffamiert werden."[166] In einer Umfrage der Landesanstalt Medien NRW aus dem Jahr 2023 geben 43 % der Befragten an, schon einmal Hate Speech gegen Geflüchtete wahrgenommen zu haben, 42 % gegen Menschen mit Migrationshintergrund, 36 % gegen Angehörige der LGBTQ-Gemeinschaft und 33 % gegen Frauen.[167] Zu ähnlichen Ergebnissen kommt auch eine Umfrage von Geschke et al. aus dem Jahr 2019.[168] Auch der Gesetzesentwurf für ein Gesetz zur Erweiterung des § 46 Abs. 2 StGB nimmt die überdurchschnittliche Betroffenheit von Frauen und Angehörigen der LGBTQ-Gemeinschaft zum Anlass und ermöglicht fortan die strafschärfende Berücksichtigung.[169]

Beleidigungen, die sich auf diese, nicht abschließend, aufgelisteten Merkmale beziehen, können dabei unter Umständen auch einen Angriff auf die Menschenwürde darstellen. Die Menschenwürde beschreibt einen „fundamentalen Wert- und Achtungsanspruch […], der jedem Menschen zukommt"[170] und dem Menschen wegen seines Menschseins zusteht.[171] Diese Würde hat jede:r ohne „Rücksicht auf seine Eigenschaften, seine Leistungen und seinen sozialen Status"[172] und „unabhängig von Merkmalen wie Herkunft, Rasse, Lebensalter oder Geschlecht".[173] Insofern ist jede:r ein „gleichberechtigtes Mitglied in der rechtlich verfassten Gemeinschaft".[174]

---

[165] Österreichische Behörden ermitteln wieder, Tagesschau vom 05.08.2022, abrufbar unter: https://www.tagesschau.de/ausland/europa/kellermayr-aerztin-ermittlungen-101.html (letzter Abruf: 04.03.2025).
[166] RegE NetzDG, S. 1.
[167] *Landesanstalt für Medien NRW*, Hate Speech Forsa-Studie 2023, S. 8.
[168] *Geschke/Klaßen/Quent/Richter*, #Hass im Netz, S. 18.
[169] RegE Gesetz zur Überarbeitung des Sanktionenrechts, S. 13 ff.
[170] BVerfG, Beschluss v. 20.10.1992, 1 BvR 698/89 Rn. 109, BVerfGE 87, 209 (228).
[171] *Jarass*, in: Jarass/Pieroth, Art. 1 GG Rn. 6.
[172] BVerfG, Beschluss v. 20.10.1992, 1 BvR 698/89 Rn. 107, BVerfGE 87, 209 (228).
[173] BVerfG, Urteil v. 17.01.2017, 2 BvB 1/13 Rn. 541 BVerfGE 144, 20 (208).
[174] BVerfG, Urteil v. 17.01.2017, 2 BvB 1/13 Rn. 541 BVerfGE 144, 20 (208).

Ein Angriff auf die Menschenwürde ist demnach dann gegeben, wenn die Beleidigung den/die Adressierte:n unter Missachtung des Gleichheitssatzes als unterwertig sieht und nicht als würdiges Mitglied der Gesellschaft anerkennt.[175] Zur Unterscheidung zu einer einfachen Beleidigung oder Diffamierung muss daher das „Menschentum des Angegriffenen bestritten oder relativiert" werden.[176]

Aufgrund dieser hohen Anforderungen resultiert nicht bereits jedes Bezugnehmen auf die Identitätsmerkmale einer Person als Angriff auf die Menschenwürde – die Grenzziehung kann dabei, wie auch schon bei der Einordnung einer Beleidigung, jedoch schwierig sein.[177]

# I. Zusammenfassung

Zusammenfassend lässt sich festhalten, dass öffentlich zugängliche Beleidigungen in sozialen Netzwerken weitreichende Folgen und Konsequenzen für Betroffene, Dritte und auch für die gesamte Gesellschaft nach sich ziehen können. Zum einen führen sie durch die Möglichkeit der Kenntnisnahme Vieler sowie durch Vervielfältigungsmöglichkeiten zu potenziell intensiveren und weiteren Ehrangriffen der Adressierten. Zudem wird dadurch nach der „Broken-Web"-Theorie der Nährboden für nachahmende Beleidigungen an Dritten geschaffen. Diese Vielzahl an Beleidigungen im Netz kann dann zum sogenannten „silencing effect" führen, da sich Dritte nicht mehr trauen, ihre Meinung in sozialen Netzwerken kundzutun. Dies wiederum hat Auswirkungen auf den gesamten öffentlichen Diskurs. Durch die besondere Betroffenheit von Politiker:innen durch öffentlich zugängliche Beleidigungen im Netz kann es zum Rückzug dieser von sozialen Netzwerken und gegebenenfalls sogar zu einem Rücktritt aus ihren Ämtern kommen, was als Beeinträchtigung der Funktionsfähigkeit demokratischer Institutionen gesehen werden kann. Die mögliche Verbindung digitaler zu real stattfindender Gewalt kann sich ferner auf das Sicherheitsgefühl der Adressierten auswirken. Auch führen öffentlich zugängliche Beleidigungen zu unterschiedlichen psychischen Folgen der Adressierten, die besonders von der Anzahl und Intensität sowie dem konkreten Inhalt abhängen. Schließlich ist zu beachten, dass auch die Menschenwürde der Adressierten betroffen sein kann, sofern die Beleidigung den Adressierten ihre Stellung als gleichwertiges Gesellschaftsmitglied aberkennt.

---

[175] *Schäfer/Anstötz*, in: MüKo StGB, § 130 StGB Rn. 55; *Sternberg-Lieben/Schittenhelm*, in: Schönke/Schröder, § 130 StGB Rn. 6; BGH, Urteil v. 15.03.1994, 1 StR 179/93 Rn. 15, NJW 1994, 1421 (1421); BVerfG, Beschluss v. 06.09.2000, 1 BvR 1056/95 Rn. 44, NJW 2001, 61 (63).
[176] VG Düsseldorf, Urteil v. 29.04.2020, 20 K 3926/19 Rn. 81, BeckRS 2020, 7261 Rn. 56.
[177] *Schäfer/Anstötz*, in: MüKo StGB, § 130 StGB Rn. 56 ff. mit umfassenden Fallbeispielen.

# § 5 Einordnung der betroffenen Interessen als Rechtsgüter

Nur weil all diese soeben erörterten Folgen durch öffentlich zugänglich gemachte Beleidigungen in sozialen Netzwerken auftreten (können), heißt das jedoch noch nicht, dass es legitim ist, die Betroffenheit dieser Interessen auch strafrechtlich zu belangen. Weitgehend anerkannt ist, dass die Aufgabe des Strafrechts im Schutz von Rechtsgütern vor Gefährdung oder Verletzung liegt.[1] Daher wird nachfolgend analysiert, ob von öffentlich zugänglichen Beleidigungen in sozialen Netzwerken betroffene Interessen als strafrechtlich schützenswerte Rechtsgüter ausgemacht werden können. Die Gesetzgebung,[2] Rechtsprechung[3] und Literatur[4] verwenden nämlich die Betroffenheit dieser Interessen als Begründung und Argumentation, um unter anderem die Einführung von § 185 Hs. 2 Alt. 1 StGB zu rechtfertigen. Nur sofern die betroffenen Interessen aber auch tatsächlich schützenswerte Rechtsgüter darstellen, dürfen diese dann strafbegründend oder strafschärfend berücksichtigt werden. Dabei sind Rechtsgüter stets von bloßen Schutzreflexen zu unterscheiden. Das sind Interessen, die keine Rechtsgutsqualität haben und lediglich mittelbar durch Straftatbestände mitgeschützt werden.[5]

## A. Der Begriff des Rechtsguts

Dabei besteht sowohl hinsichtlich der Funktion des Rechtsguts als auch hinsichtlich der konkreten Bestimmung des Rechtsguts Uneinigkeit. Zudem ist die Bedeutung des Rechtsguts für die Legitimation von Strafe herauszuarbeiten.

---

[1] *Roxin/Greco*, Strafrecht AT I, § 2 Rn. 1, 7; *Esser/Krey*, Strafrecht AT, § 1 Rn. 11; *Hefendehl*, Kollektive Rechtsgüter, S. 5; *Anastasopoulou*, Deliktstypen zum Schutz kollektiver Rechtsgüter, S. 5; *Baronin von König/Horsky*, in: Baumann/Weber/Mitsch/Eisele, Strafrecht AT, § 2 Rn. 7; *Jäger*, in: SK StGB, vor § 1 StGB Rn. 3; *Neumann/Saliger*, in: NK StGB, Vorbemerkungen zu § 1 StGB Rn. 109 f.; *Joecks/Erb*, in: MüKo StGB, Einleitung Rn. 31.

[2] RefE Gesetz zur Bekämpfung des Rechtsextremismus und der Hasskriminalität, S. 1.

[3] BVerfG, Beschluss v. 19.05.2020, 1 BvR 2397/19 Rn. 32, 34, NJW 2020, 2622 (2626 f.).

[4] *Hoven/Witting*, NJW 2021, 2397 (2398 f.); *Beck*, MMR 2009, 736 (740); *Hilgendorf*, ZIS 2010, 208 (215); *Krischker*, JA 2013, 488 (493).

[5] *Hefendehl*, in: MüKo StGB, § 263 StGB Rn. 6.

## I. Die Funktion des Rechtsguts

Grundsätzlich lassen sich die verschiedenen Versuche, den Zweck eines Rechtsguts zu bestimmen, in systemimmanente Rechtsgutslehren[6] einerseits und systemkritische Rechtsgutslehren[7] andererseits unterscheiden.

### 1. Nach einem systemimmanenten Rechtsgutsbegriff

Nach dem systemimmanenten Rechtsgutsbegriff ist alles ein Rechtsgut, was der Gesetzgeber als schützenswert erachtet und somit zum Gegenstand einer Strafrechtsvorschrift gemacht hat[8]. Das bringt auch die Begrifflichkeit „immanent" zum Ausdruck, da sich das Rechtsgut aus dem Gesetz selbst ergebe. Als Begründer gilt Binding, der als Rechtsgut das sieht, was der Gesetzgeber vor „Verletzung oder Gefährdung zu schützen bestrebt ist".[9] In der „Schaffung von Rechtsgütern und in der Aufstellung von Schutznormen [… ist der Gesetzgeber] nur durch [seine] eigene Erwägung und durch die Logik beschränkt."[10] Auch nach Grünhut komme es allein auf das an, was der Gesetzgeber mit der konkreten Vorschrift schützen wollte, ein allgemeiner Ausdruck der Strafwürdigkeit eines Interesses soll damit nicht begründet werden.[11]

Dieses Rechtsgutsverständnis ist besonders für die teleologische Auslegung eines Straftatbestands sowie die systematische Gliederung des Besonderen Teils des Strafgesetzbuches von Bedeutung.[12] Das wird auch von Kritiker:innen eines Rechtsgutsdenkens an sich zugestanden[13] und ist auch heute relevant. Da jedoch der Gesetzgeber mit jeder Vorschrift einen Zweck verfolgen wird, beschränkt sich die Funktion eines systemimmanenten Rechtsgutsbegriffs auf diese beiden Punkte.[14]

---

[6] In der Literatur auch als „methodisch" und „hermeneutisch" (*Roxin/Greco*, Strafrecht AT I, § 2 Rn. 4); „methodisch-teleologisch" (*Hassemer*, Theorie und Soziologie des Verbrechens, S. 48; *Sina*, Dogmengeschichte, S. 74 ff.); „formell" (*Engländer*, ZStW 127 [2015], 616 [620]); „positivistisch-dogmatisch" (*Eisele*, in: Schönke/Schröder, Vorbemerkungen zu den §§ 13 ff. StGB Rn. 10); oder „teleologisch" (*Amelung*, Rechtsgüterschutz und Schutz der Gesellschaft, S. 130) bezeichnet.

[7] Diese Lehre ist auch bekannt als „systemtranszendente" (*Bach*, Die Strafbarkeit der Marktteilnahme, S. 58) oder „materielle" (*Engländer*, ZStW 127 [2015], 616 [620]). Den Begriff der „systemkritischen" Rechtsgutstheorie verwenden *Roxin/Greco*, Strafrecht AT I, § 2 Rn. 12; *Neumann/Saliger*, in: NK StGB, Vorbemerkungen zu § 1 StGB Rn. 113.

[8] *Binding*, Normen und ihre Übertretung I, S. 353 ff.; *Honig*, Die Einwilligung des Verletzten, S. 94; *Schwinge*, Teleologische Begriffsbildung, S. 25.

[9] *Binding*, Normen und ihre Übertretung I, S. 355.

[10] *Binding*, Normen und ihre Übertretung I, S. 340.

[11] *Grünhut*, in: FG Frank, S. 1 (8).

[12] *Grünhut*, in: FG Frank, S. 1 (8).

[13] *Stratenwerth*, in: FS Lenckner, S. 377 (388).

[14] *Roxin/Greco*, Strafrecht AT I, § 2 Rn. 4; *Wohlers*, Deliktstypen, S. 218; *Bach*, Die Strafbarkeit der Marktteilnahme, S. 58.

Anhaltspunkte für eine Strafrechtslimitierung können diesem Rechtsgutsverständnis nicht abgewonnen werden.

## 2. Nach einem systemkritischen Rechtsgutsbegriff

Solch eine strafrechtslimitierende Wirkung versucht ein dieser Arbeit zugrunde gelegtes systemkritisches Rechtsgutsverständnis[15] zu schaffen.

### a) Systemkritische Eigenschaft

Hiernach wird das Rechtsgut nicht durch den Gesetzgeber bestimmt, sondern das Vorliegen eines zu schützenden Rechtsguts bestimmt, ob der Gesetzgeber ein Strafgesetz erlassen darf.[16] Das führt jedoch nicht zu einer Aufforderung an den Gesetzgeber, jedes Verhalten zu kriminalisieren, das ein Rechtsgut verletzt, sondern vielmehr zu einer Anordnung an den Gesetzgeber, keine Strafvorschriften zu erlassen, die nicht dem Schutz eines Rechtsguts dienen.[17] In anderen Worten: Ein systemkritisches Rechtsgutsverständnis stellt somit kein Gebot auf, Handlungen, die ein Rechtsgut betreffen, zu kriminalisieren, sondern ein Verbot, Handlungen zu kriminalisieren, die kein Rechtsgut betreffen.[18] Es genügt daher – anders als nach dem systemimmanenten Rechtsgutsverständnis – gerade nicht, wenn eine Strafvorschrift *irgendein* Interesse schützt. Vielmehr wird verlangt, dass das Interesse die Qualität eines Rechtsguts erreicht.[19] Dadurch ist der Gesetzgeber an einen inhaltlichen Maßstab gebunden, nach dem sein Handeln auch überprüft werden kann.[20] Somit kommt es zu einer „Begrenzung des Strafrechts und Beschränkung des Strafgesetzgebers".[21] Aus dieser Herangehensweise erlangt dieses Rechtsguts-

---

[15] *Appel*, Verfassung und Strafe, S. 342 f.; *Jäger*, in: SK StGB, vor § 1 StGB Rn. 8 ff.; *Neumann/Saliger*, in: NK StGB, Vorbemerkungen zu § 1 StGB Rn. 62, 110 ff.; *Walter*, in: LK, vor §§ 13 ff. StGB Rn. 8 ff.; *Hassemer*, in: Die Rechtsgutstheorie, S. 57 (57 ff.); *Sternberg-Lieben*, in: Die Rechtsgutstheorie, S. 65 (72); Kudlich, ZStW 127 (2015), 635 (639 ff.); *Roxin/Greco*, Strafrecht AT I, § 2 Rn. 4; *Hefendehl*, Kollektive Rechtsgüter, S. 19 ff.; *Schünemann*, in: FS Neumann, S. 701 (706 f.); *Wohlers*, Deliktstypen, S. 219; *Hefendehl*, GA 2007, 1 (1 ff.); *Heinrich*, in: FS Roxin 2011, S. 131 (145 ff.); *Bach*, Die Strafbarkeit der Marktteilnahme, S. 64 ff.

[16] *Hassemer*, Theorie und Soziologie des Verbrechens, S. 22; *Appel*, Verfassung und Strafe, S. 342 f.; *Neumann/Saliger*, in: NK StGB, Vorbemerkungen zu § 1 StGB Rn. 52, 115; *Wohlers*, Deliktstypen, S. 219; *Roxin/Greco*, Strafrecht AT I, § 2 Rn. 12; *Fischer*, StGB, vor § 13 StGB Rn. 12.

[17] *Hassemer*, in: Die Rechtsgutstheorie, S. 57 (59).

[18] *Hassemer*, in: Die Rechtsgutstheorie, S. 57 (61).

[19] *Neumann/Saliger*, in: NK StGB, Vorbemerkungen zu § 1 StGB Rn. 62; *Wohlers*, Deliktstypen, S. 219.

[20] *Neumann/Saliger*, in: NK StGB, Vorbemerkungen zu § 1 StGB Rn. 62.

[21] *Appel*, Verfassung und Strafe, S. 342.

verständnis auch seine Aufgabe und seinen Namen, indem es die Anforderungen an Sanktionierungen „systemkritisch" bestimmt.[22]

Im Idealfall, wenn der Gesetzgeber nach den noch zu bestimmenden Vorgaben handelt, sollten sowohl ein systemkritisches als auch ein systemimmanentes Rechtsgutsverständnis zu den gleichen Rechtsgütern eines Straftatbestandes kommen.[23]

Nachfolgend erfolgen eine Analyse der Anforderungen an ein systemkritisches Rechtsgutsverständnis sowie notwendige Erklärungen, insbesondere als Reaktion auf verbreitete Kritik. Nur unter diesen weiteren Voraussetzungen kann der Rechtsgutsbegriff seine Funktion auch erfüllen – allein die bisher erfolgte Umschreibung der beabsichtigten Funktion genügt hierfür noch nicht.

*b) Positive Verankerung eines systemkritischen Rechtsgutsbegriffs*

Zunächst ist zu klären, *weshalb* der Gesetzgeber ausschließlich solche Strafvorschriften erlassen darf, die dem Schutz eines Rechtsguts dienen. Kritische Stimmen merken an, es müsse dafür eine Begründung geben.[24]

aa) Keine vorpositive Herleitung

Die systemkritische Rechtsgutslehre wird teilweise vorpositiv durch eine Herleitung über gesellschaftsvertragliche Grundlagen begründet.[25] Schünemann geht dabei davon aus, diese gesellschaftsvertraglichen Grundlagen seien im Rechtsstaatsprinzip verankert.[26]

Ausgangspunkt nach Schünemann bildet die Annahme, die Voraussetzung einer Rechtsgutsverletzung als Legitimationsschwelle staatlichen Strafens sei aus der „fundamentalen Legitimationsfigur des Gesellschaftsvertrages abgeleitet und damit älter als die Grundrechtstheorie".[27] Eine Reihe moderner Strafrechtstheorien sähe die vom Staat zu sichernde, freie Entfaltung des Individuums als Leitidee.[28]

---

[22] *Neumann/Saliger*, in: NK StGB, Vorbemerkungen zu § 1 StGB Rn. 62; *Hassemer*, Theorie und Soziologie des Verbrechens, S. 20, 27; *Roxin/Greco*, Strafrecht AT I, § 2 Rn. 12.
[23] *Hassemer*, Theorie und Soziologie des Verbrechens, S. 20.
[24] *Engländer*, ZStW 127 (2015), 616 (622 ff.); *Stuckenberg*, ZStW 129 (2017), 349 (350 ff.).
[25] *Schünemann*, in: Die Rechtsgutstheorie, S. 133 (137 ff.); *ders.*, ZIS 2016, 654 (657 ff.); *ders.*, in: Selbstreflexion der Rechtswissenschaft, S. 223 (232 ff.); *Roxin*, Strafrecht AT I 4. Aufl., § 2 Rn. 50; *ders.*, in: FS Hassemer, S. 573 (577 f.).
[26] *Schünemann*, ZIS 2016, 654 (662).
[27] *Schünemann*, in: Selbstreflexion der Rechtswissenschaft, S. 223 (233).
[28] *Schünemann*, in: Die Rechtsgutstheorie, S. 133 (141).

Zu dieser Entfaltung des Individuums sei im Gesellschaftsvertrag vorgegeben, *was* der Staat mit Mitteln des Strafrechts dürfe und was nicht: So dürfe „nicht jedes beliebige, sondern nur ein dringendes Interesse" die Beeinträchtigung der freien Entfaltung legitimieren.[29] Der Gesellschaftsvertrag bilde für jede Verfassung die „vorauszusetzende konzeptionelle Basis"[30] und stehe „nicht zur Disposition des Gesetzgebers".[31] Schünemann argumentiert, die Grundideen des Gesellschaftsvertrages seien als ungeschriebener Grundsatz im Rechtsstaatsprinzip verankert worden.[32] In diese Richtung geht auch die Erläuterung Roxins, der von einem Beruhen des Grundgesetzes auf der von Staatstheoretiker:innen der Aufklärung entwickelten Konzeption des Gesellschaftsvertrages ausgeht.[33] Wie auch etwa bei dem Schuldprinzip oder dem Prinzip der materiellen Wahrheit dürfe es keine Hürde darstellen, dass das Rechtsgüterschutzprinzip nicht im Wortlaut des sich aus Art. 20 GG ergebenden Rechtsstaatsprinzips verankert ist.[34]

Auch diese Versuche, den Gesellschaftsvertrag in der Verfassung verankert zu sehen, helfen nicht darüber hinweg, dass der Gesellschaftsvertrag als Konstrukt zu unspezifisch ist.[35] Zudem ergeben sich hierdurch Neutralitätsschwierigkeiten: Grundlage der verschiedenen Staatsmodelle waren nämlich häufig religiöse oder moralische Annahmen. Zwar sind Anbindungen der Verfassung an historische, philosophische Grundlagen nicht per se abzulehnen, dennoch müssen die Grundprinzipien einer freien Gesellschaft auf einer neutralen und offenen Weltanschauung basieren.[36] Der Rückgriff auf *einen* Gesellschaftsvertrag ist zu unspezifisch, da die verschiedenen Modelle je nach dem zugrunde gelegten Menschenbild variieren.[37]

### bb) Verfassungsimmanente Geltung

Der systemkritische Rechtsgutsbegriff muss somit in irgendeiner anderen Form im Grundgesetz verankert sein. Nach Art. 1 Abs. 3 GG und Art. 20 Abs. 3 GG hat sich der Gesetzgeber nur an die Vorgaben des Grundgesetzes zu halten.[38] Tatsächliche oder zufällige Koinzidenzen zwischen einem systemkritischen Rechtsgutsverständnis und dem Verfassungsrecht genügen hierfür nicht.[39] Es erscheint

---

[29] *Schünemann*, in: Die Rechtsgutstheorie, S. 133 (141 f.).
[30] *Schünemann*, in: Die Rechtsgutstheorie, S. 133 (143).
[31] *Schünemann*, in: Die Rechtsgutstheorie, S. 133 (141).
[32] *Schünemann*, ZIS 2016, 654 (662); nicht explizit, aber wohl auch in die Richtung bereits *ders.*, in: Die Rechtsgutstheorie, S. 133 (143).
[33] *Roxin*, in: FS Hassemer, S. 573 (578).
[34] *Schünemann*, ZIS 2016, 654 (662).
[35] *Engländer*, ZStW 127 (2015), 616 (629).
[36] Ausführlich zu diesem Neutralitätsproblem siehe *Engländer*, ZStW 127 (2015), 616 (631 ff.) mit weiteren Verweisen.
[37] *Engländer*, ZStW 127 (2015), 616 (622 f., 629).
[38] *Großmann*, Liberales Strafrecht in der komplexen Gesellschaft, S. 69.
[39] *Engländer*, ZStW 127 (2015), 616 (624).

wenig sinnvoll, ein systemkritisches Rechtsgutsverständnis als eigenes Konstrukt zu sehen und dieses in die Verfassung „reinzuschieben".[40] Vielmehr hat die Verfassung an zwei Anknüpfungspunkten Auswirkungen auf das Rechtsgutsverständnis. So soll der Rechtsgutsbegriff zum einen selbst im Lichte der Verfassung begriffen werden,[41] wobei keine positive Definition aus der Verfassung erwartet werden kann.[42] Die Verfassung kann dabei nur negativ umschreiben, was ein Rechtsgut *nicht* sein darf.[43] Zum anderen soll der Rechtsgutsbegriff dann in das Verhältnismäßigkeitsprinzip als verfassungsrechtlicher Grundsatz integriert werden. Welche Rolle die Verfassung dabei genau spielt, wird sich im weiteren Verlauf zeigen.

*c) Folge eines Verstoßes gegen den systemkritischen Rechtsgutsbegriff*

Des Weiteren gilt es zu klären, welche Folge eine Nichtbeachtung des systemkritischen Rechtsgutsbegriffs mit sich bringt. Das kann insbesondere dann der Fall sein, wenn der Gesetzgeber eine Strafvorschrift erlässt, die kein Rechtsgut nach diesem Verständnis schützt. Im Kern reduziert sich die Frage darauf, wie bindend ein systemkritisches Rechtsgutsverständnis für den Gesetzgeber sein soll.

Grundsätzlich ist der Gesetzgeber allein der Verfassung verpflichtet und somit innerhalb deren Grenzen frei in seiner Entscheidung, welche Interessen er schützen möchte und wie er solch eine Vorschrift ausgestalten möchte.[44] Ihm kommt damit eine große, zugleich aber auch komplexe Einschätzungsprärogative zu. Diese Einschätzungsprärogative umfasst nicht nur das „Ob" und das „Wie" des Strafens, sondern auch unsichere Prognosen, schwierig nachweisbare Zusammenhänge, Fragen der Toleranz, Regelungsziele und innerpolitische Durchsetzungsmöglichkeiten.[45]

Nur einzelne Vertreter:innen einer systemkritischen Rechtsgutslehre wollen eine Strafvorschrift als verfassungswidrig einordnen, sofern kein Rechtsgut vorliegt.[46] Diese Folgerung der Verfassungswidrigkeit wird von Gegner:innen kritisiert.[47] Hierdurch käme es zu Verstößen gegen den Spielraum des demokratischen Gesetzgebers. Solch eine Einschränkung des Gesetzgebungsspielraums sei „als eine

---

[40] *Bach*, Die Strafbarkeit der Marktteilnahme, S. 69; so könnte aber *Wohlers*, GA 2012, 600 (606) zu verstehen sein, der betont, dass die Rechtsgutstheorie verfassungsrechtlich „anschlussfähig" ist oder „anschlussfähig gemacht werden kann".
[41] *Bach*, Die Strafbarkeit der Marktteilnahme, S. 68; *Goeckenjan*, in: Verhältnismäßigkeit, S. 184 (201) spricht von einer verfassungsrechtlichen Absicherung.
[42] *Kaspar*, Verhältnismäßigkeit und Grundrechtsschutz, S. 242 f.
[43] *Hefendehl*, Kollektive Rechtsgüter, S. 47 f.; *Bach*, Die Strafbarkeit der Marktteilnahme, S. 68.
[44] Statt vieler BVerfG, Beschluss v. 26.02.2008, 2 BvR 392/07 Rn. 35 NJW 2008, 1137 (1138); *Großmann*, Liberales Strafrecht in der komplexen Gesellschaft, S. 69.
[45] *Hassemer*, in: Die Rechtsgutstheorie, S. 57 (61).
[46] *Sigmund*, Strafrecht gegen Korruption im Sport?, S. 191.
[47] *Appel*, Verfassung und Strafe, S. 389 f.; *Gärditz*, DER STAAT 2010, 331 (352); *Stuckenberg*, GA 2011, 653 (658 f.).

Einschränkung der Volkssouveränität im Kern undemokratisch", da Gesetze „ihre Legitimität nicht aus inhaltlicher Richtigkeit oder Gerechtigkeit beziehen […][,] sondern aus prozedural ordnungsgemäßen Mehrheitsentscheidungen".[48]

Die Mehrheit der Vertreter:innen eines systemkritischen Rechtsgutsverständnisses wollen nicht die Verfassungsmäßigkeit einer Strafnorm überprüfen und deren Rechtsverbindlichkeit anzweifeln, sondern vielmehr diese auf ihre *Legitimität* hin untersuchen. Gerade das ist jedoch auch Teil der Demokratie i. S. d. Art. 20 Abs. 1 GG. Diese entfaltet sich nicht ausschließlich in Form von Mehrheitsentscheidungen, sondern auch in der Möglichkeit, staatliches Handeln stets hinterfragen zu können, Kritik zu äußern und Teil eines gesellschaftspolitischen Diskurses zu sein.[49]

Die Folgerungen aus diesem Rechtsgutsverständnis sind daher eher als kriminalpolitische Leitlinien ohne unmittelbar bindenden Charakter zu sehen,[50] wobei die genauen Bedeutungen für den Gesetzgeber in der Literatur differieren. Es ist davon auszugehen, dass durch den systemkritischen Rechtsgutsbegriff gerade keine Ermessensreduzierung auf Null erfolgen soll. Roxin will die Vorgaben als Postulate sehen, „die der Gesetzgeber beachten muss, ihn aber nicht zwingen".[51] Worin genau der Unterschied zwischen einem „beachten Müssen" und „Zwingen" liegt, bleibt unklar. Eine Einordnung als „Soll"-Vorgabe erscheint hier passender. Hefendehl folgt aus einem Verstoß gegen die Rechtsgutslehre eine „erhöhte Begründungslast" für den Gesetzgeber.[52] Je mehr es jedoch nachfolgend gelingt, das Rechtsgut über die Verfassung zu bestimmen und es in verfassungsrechtliche Grundsätze zu integrieren, desto stärker kann sein Einfluss auf den weiten Spielraum des Gesetzgebers sein. Ein Verstoß gegen die Grundsätze des systemkritischen Rechtsgutsbegriffs darf sich jedoch nicht auf die Rechtsverbindlichkeit und Verfassungsmäßigkeit einer Vorschrift auswirken. Becker fasst insofern zutreffend zusammen, dass „[d]er rechtswissenschaftliche Streit über Sachfragen […] daher weniger ein Streit darüber [ist], was geltendes Recht ‚ist', sondern ein normativer Diskurs darüber, wie ein bestimmtes Regelungsproblem gelöst werden *sollte*."[53]

Für den weiteren Verlauf der Arbeit ist im Falle des Verstoßes gegen das systemkritische Rechtsgutsverständnis von einer *Illegitimität* der Vorschrift auszugehen.[54]

---

[48] *Stuckenberg*, ZStW 129 (2017), 349 (355).
[49] *Martins*, ZStW 125 (2013), 234 (248); *Neumann/Saliger*, in: NK StGB, Vorbemerkungen zu § 1 StGB Rn. 119a.
[50] *Großmann*, Liberales Strafrecht in der komplexen Gesellschaft, S. 74; *Neumann/Saliger*, in: NK StGB, Vorbemerkungen zu § 1 StGB Rn. 119a; *Roxin*, Strafrecht AT I 4. Aufl., § 2 Rn. 12, 94; von einer „normativen Richtlinie" ausgehend *Schünemann*, in: Die Rechtsgutstheorie, S. 133 (137).
[51] *Roxin*, Strafrecht AT I 4. Aufl., § 2 Rn. 94; noch strenger wohl *Sternberg-Lieben*, in: Die Rechtsgutstheorie, S. 65 (79), der sogar verfassungsrechtliche Vorgaben als dem Parlament zwar aufgegeben, aber in weiten Teilen für nicht rechtlich erzwingbar sieht.
[52] *Hefendehl*, GA 2007, 1 (5).
[53] *Becker*, GA 2024, 241 (249) (Hervorhebung d. Verf.).
[54] Gegen die Verwendung eines solchen Begriffs *Stuckenberg*, ZStW 135 (2023), 904 (919 f.).

Diese Begrifflichkeit ist gerade nicht synonym mit einer *Verfassungswidrigkeit*, auch wenn selbstverständlich Überschneidungen vorliegen können.

*d) Zulässige Unterscheidung gegenüber anderen Rechtsgebieten*

Ebenfalls auf der Annahme, ein systemkritisches Rechtsgutsverständnis wolle dem Gesetzgeber verbindliche Vorgaben machen, beruht die Kritik Stuckenbergs, dem Gesetzgeber dürften für Gesetze im Strafrecht keine anderen Vorgaben gemacht werden als für Vorschriften des öffentlichen oder bürgerlichen Rechts.[55] Auch hier ist zu betonen, dass solch ein Rechtsgutsverständnis gerade keinen verbindlichen Charakter für den Gesetzgeber hat. Dennoch ist näher zu erläutern, weshalb für Vorschriften des Strafrechts berechtigterweise strengere Legitimationsanforderungen gelten dürfen als für Vorschriften aus dem Zivil- oder öffentlichen Recht.

Hierfür spricht der allgemein anerkannte *ultima ratio*-Grundsatz. Dieser besagt, strafrechtliche Mittel seien nur dann anzuwenden, wenn andere, gleich geeignete Mittel nicht gegeben seien, sodass die Anwendung des Strafrechts subsidiär sei.[56] Dabei ist anzumerken, dass auch der *ultima ratio*-Grundsatz einen weiten gesetzgeberischen Spielraum zulässt.[57] Der *ultima ratio*-Grundsatz lässt sich auf zwei Stufen ausführen – zum einen, wenn es um die Einführung strafrechtlicher Vorschriften geht, zum anderen bei der Anwendung strafrechtlicher Sanktionen. Vorliegend ist ausschließlich die erste Stufe von Bedeutung. Sofern demnach das infragestehende Verhalten über das Zivilrecht oder durch das zum öffentlichen Recht gehörende Ordnungswidrigkeitenrecht ebenso geeignet geregelt werden kann, soll das Strafrecht keine Anwendung finden.[58] Das Strafrecht soll somit als „schärfste Reaktion" des Staates nur als letztes Mittel in Betracht kommen.[59] Grund hierfür sind insbesondere die durch das Strafrecht angedrohten rechtlichen Folgen für die Betroffenen. Während beispielsweise durch das Zivilrecht ein Ausgleich zwischen den Parteien hergestellt werden soll, indem der vorherige Zustand etwa durch Zahlung oder Naturalrestitution wiederherzustellen ist, wird durch das Strafrecht eine repressive *Strafe* verhängt.[60] Die angedrohte Strafe ist nach der Definition von

---

[55] *Stuckenberg*, ZStW 129 (2017), 349 (354); *ders.*, ZStW 135 (2023), 904 (922 ff.).
[56] BVerfG, Urteil v. 25.02.1975, 1 BvF 1/74, 1 BvF 2/74, 1 BvF 3/74, 1 BvF 4/74, 1 BvF 5/74, 1 BvF 6/74 Rn. 162, BVerfGE 39, 1 (47); BVerfG, Urteil v. 28.05.1993, 2 BvF 2/90, 2 BvF 4/92, 2 BvF 5/92 Rn. 176, BVerfGE 88, 203 (258); *Roxin/Greco*, Strafrecht AT I, § 2 Rn. 97; *Roxin*, JuS 1966, 377 (382); *Jahn/Brodowski*, ZStW 129 (2017), 363 (366); für eine umfassende, kritische Darstellung siehe *Trendelenburg*, Ultima ratio?, passim; *Kindhäuser*, ZStW 129 (2017), 382; *Schünemann*, in: Mediating principles, S. 18 (21 ff.).
[57] *Roxin/Greco*, Strafrecht AT I, § 2 Rn. 101.
[58] *Eisele*, in: Baumann/Weber/Mitsch/Eisele, Strafrecht AT, § 3 Rn. 10.
[59] *Roxin*, JuS 1966, 377 (382).
[60] *Schünemann*, in: Mediating principles, S. 18 (23).

Greco als Übelszufügung zu verstehen, „die den Mensch als Menschen [...] trifft, und zwar als Reaktion auf ein besonders vorwerfbares Verhalten".[61] Hervorzuheben ist dabei der Zusatz „als Menschen trifft", der zum Ausdruck bringen soll, es werde dabei ein angeborenes und nicht erst erworbenes Recht betroffen.[62] Durch diese Definition werden sowohl die Auffassung, Strafe sei ein spürbarer Schmerz,[63] als auch das Verständnis von Strafe in Form eines Unwerturteils als Ausdruck von Missbilligung[64] vereint. Eine Strafe ist somit eine Rechtsfolge ganz besonderer Qualität. Eine weitere Eigenheit, neben der besonderen Bedeutung für die Betroffenen, ist die Art der Sanktion. Die Freiheitsstrafe trifft durch den Eingriff in die Bewegungsfreiheit den „Kernbereich der bürgerlichen Freiheit".[65] Auch wenn nicht jeder Verstoß gegen einen Straftatbestand diese als Rechtsfolge vorsieht und diese bei Weitem nicht jedes Mal verhängt wird, so kann dennoch jeder Straftatbestand eine Freiheitsstrafe zur Folge haben. Das ergibt sich aus § 43 StGB,[66] wonach sich jede Geldstrafe in eine Ersatzfreiheitsstrafe umwandeln lässt.[67] Demnach muss jede Strafvorschrift so ausgestaltet sein, dass sie auch berechtigterweise zu einer Freiheitsstrafe führen darf.[68]

Auch das Grundgesetz bringt in gewisser Weise strengere Voraussetzungen für die Rechtfertigung strafrechtlicher Maßnahmen als für Maßnahmen anderer Rechtsgebiete zum Ausdruck. Art. 103 Abs. 2 GG und Art. 104 GG fordern zwar lediglich *formal* strengere Voraussetzungen, Schünemann zieht jedoch den Schluss, dass diese dann erst recht auch für materielle Fragen gelten sollten.[69]

Aus diesen Gründen ist es berechtigt, für strafrechtliche Vorschriften strengere Legitimationsbedingungen zu fordern als für Gesetze der anderen beiden Rechtsgebiete.

---

[61] *Roxin/Greco*, Strafrecht AT I, § 2 Rn. 1i.
[62] *Roxin/Greco*, Strafrecht AT I, § 2 Rn. 1f; dieses Element macht auch den einzigen Unterschied zu der sonst von *Roxin*, in: FS Volk, S. 601 (604) übernommenen Definition aus.
[63] *Kant*, Die Metaphysik der Sitten, S. 331.
[64] BVerfG, Beschluss v. 06.06.1967, 2 BvR 375/60, 2 BvR 53/60, 2 BvR 18/65, BVerfGE 22, 49 (80).
[65] *Prittwitz*, in: FS Roxin 2011, S. 23 (28).
[66] Die Ersatzfreiheitsstrafe (§ 43 StGB) ist dabei gerade von der Anordnung der Erzwingungshaft (§ 96 OWiG) zu unterscheiden. Während die Ersatzfreiheitsstrafe gerade dann verhängt wird, wenn der/die Betroffene zahlungsunfähig ist und sie demnach eine „echte Strafe" ist (*Bußmann*, in: Matt/Renzikowski, § 43 StGB Rn. 1), ist das gem. § 96 Abs. 2 S. 1 OWiG nicht der Fall. § 96 OWiG dient hingegen als Beugemittel, um die Geldbuße durchzusetzen (*Nestler*, in: BeckOK OWiG, § 96 OWiG Rn. 1).
[67] *Roxin/Greco*, Strafrecht AT I, § 2 Rn. 1g.
[68] Vgl. *Goeckenjan*, in: Verhältnismäßigkeit, S. 184 (201); *Frisch*, NStZ 2016, 16 (21); *Roxin/Greco*, Strafrecht AT I, § 2 Rn. 1g.
[69] *Schünemann*, in: Die Rechtsgutstheorie, S. 133 (143); a.A. *Stuckenberg*, ZStW 135 (2023), 904 (934), der über Art. 103 Abs. 2 GG hinaus keine Sonderregeln für das Strafrecht sehen möchte.

### e) Absage durch das Bundesverfassungsgericht?

Zuletzt ist die Einschätzung des Bundesverfassungsgerichts zum Rechtsgut zu untersuchen, da ausschließlich das Bundesverfassungsgericht ein (Straf-)Gesetz für unvereinbar mit der Verfassung erklären kann.[70] Bei der Prüfung eines Strafgesetzes prüft das Bundesverfassungsgericht allein die Vereinbarkeit mit der Verfassung. Jede Strafvorschrift greift in die allgemeine Handlungsfreiheit gem. Art. 2 Abs. 1 GG ein, bei angedrohter Freiheitsstrafe auch in das Recht auf Freiheit der Person nach Art. 2 Abs. 2 S. 2 GG.[71] Je nach dem unter Strafe gestellten Handeln können auch weitere Grundrechte betroffen sein. Damit eine Strafvorschrift verfassungskonform ist, muss dieser Eingriff gerechtfertigt sein.

#### aa) Position des Bundesverfassungsgerichts

Das Bundesverfassungsgericht hat im Jahr 2008 die Maßstäbe zur Rechtfertigung von Eingriffen präzisiert und Stellung zum systemkritischen Rechtsgutsbegriff bezogen.[72] Dabei hat es das Verbot des Beischlafs zwischen Geschwistern gem. § 173 Abs. 2 S. 2 StGB als mit dem Grundgesetz vereinbar erklärt.

In seiner Entscheidungsbegründung hat das Bundesverfassungsgericht zwar betont, das Strafrecht werde als *ultima ratio* des Rechtsgüterschutzes eingesetzt, „wenn ein bestimmtes Verhalten über sein Verbotensein hinaus in besonderer Weise sozialschädlich und für das geordnete Zusammenleben der Menschen unerträglich, seine Verhinderung daher besonders dringlich ist".[73] Für die Verfassungsmäßigkeit eines Gesetzes komme es jedoch ausschließlich auf die Vereinbarkeit mit dem Grundgesetz an, wobei besonders der Verhältnismäßigkeitsgrundsatz von Bedeutung sei.[74] Dabei sei ein sehr weiter Entscheidungsspielraum des Gesetzgebers zu berücksichtigen, der sowohl selbst entscheiden dürfe, welche Rechtsgüter schützenswert seien, als auch, ob und wie diese strafrechtlich geschützt werden.[75] Das Gericht betont ausdrücklich, aus dem strafrechtlichen Rechtsgutsbegriff dürften

---

[70] Das ist entweder durch eine abstrakte Normenkontrolle nach Art. 93 Abs. 1 Nr. 2 GG möglich, bei der sich die Nichtigkeitsfolge für die untersuchte Norm aus § 78 S. 1 BVerfGG ergibt, oder über die konkrete Normenkontrolle gem. Art. 100 GG, bei der sich die Nichtigkeitsfolge für die untersuchte Norm aus §§ 82 Abs. 1 i. V. m. 78 S. 1 BVerfGG ergibt.
[71] Ein Eingriff in Art. 14 Abs. 1 GG durch angedrohte Geldstrafen ist hingegen nicht anzunehmen, da Art. 14 Abs. 1 GG nicht das Vermögen an sich schützt, sondern allein vermögenswerte Rechtspositionen, siehe hierzu statt vieler *Papier/Shirvani*, in: Dürig/Herzog/Scholz, Art. 14 GG Rn. 282.
[72] BVerfG, Beschluss v. 26.02.2008, 2 BvR 392/07, BVerfGE 120, 224.
[73] BVerfG, Beschluss v. 26.02.2008, 2 BvR 392/07 Rn. 35, BVerfGE 120, 224 (240).
[74] BVerfG, Beschluss v. 26.02.2008, 2 BvR 392/07 Rn. 36ff., BVerfGE 120, 224 (240f.).
[75] So auch schon in BVerfG, Beschluss v. 16.07.1969, 2 BvL 2/69 Rn. 33, BVerfGE 27, 18 (30); BVerfG, Beschluss v. 15.06.1989, 2 BvL 4/87 Rn. 31, BVerfGE 80, 244 (255); BVerfG, Beschluss v. 09.03.1994, 2 BvL 43/92, 2 BvL 51/92, 2 BvL 63/92, 2 BvL 64/92, 2 BvL 70/92, 2 BvL 80/92, 2 BvR 2031/92 Rn. 124, BVerfGE 90, 145 (173).

„keine darüber hinausgehenden, strengeren Anforderungen" abgeleitet werden.[76] Das Konzept des Rechtsgüterschutzes stelle „keine inhaltlichen Maßstäbe bereit, die zwangsläufig in das Verfassungsrecht zu übernehmen wären, dessen Aufgabe es ist, dem Gesetzgeber äußerste Grenzen seiner Regelungsgewalt zu setzen".[77] Auf den Beitrag des „Konzept[s] des Rechtsgüterschutzes für die Rechtspolitik und für die Dogmatik des Strafrechts" wollte das Bundesverfassungsgericht ausdrücklich nicht eingehen.[78]

bb) Würdigung: Unterschied von Legitimität und Verfassungskonformität

In der Literatur wurde diese Entscheidung des Bundesverfassungsgerichts zur Aufrechterhaltung des § 173 Abs. 2 S. 2 StGB stark kritisiert,[79] auch durch ein Sondervotum des Richters Hassemer, der die Vorschrift für verfassungswidrig hält.[80] Die Kritik betrifft zum einen (manche) vom Bundesverfassungsgericht als schützenswert eingeordnete Interessen: Das „in der Gesellschaft verankert[e] Unrechtsbewusstsein"[81] und die „kulturhistorisch[e] [...] Überzeugung"[82] verweisen lediglich auf eine Moralwidrigkeit oder ein Tabu, stellten jedoch kein Rechtsgut dar.[83] Auch die Verhinderung erbkranken Nachwuchses scheide wegen (noch) fehlenden Rechtsgutsträgers/fehlender Rechtsgutsträgerin und aufgrund der Annahme, das Leben erbkranker Kinder sei weniger wert, wegen Verstoßes gegen Art. 1 Abs. 1 GG sowie gegen das Diskriminierungsverbot gem. Art. 3 Abs. 3 GG als Rechtsgut aus.[84] Die weiteren Interessen, der Schutz der sexuellen Selbstbestimmung und die innere Organisation der Familie, würden durch die Strafvorschrift nicht in geeigneter Weise geschützt,[85] jedenfalls stehe der Schutz dieser Interessen nicht in angemessenem Verhältnis zum Eingriff in die sexuelle Selbstbestimmung.[86]

Dieser Kritik ist zuzustimmen.[87] Allerdings darf die Entscheidung nicht als grundsätzlicher Widerspruch zum systemkritischen Rechtsgutsbegriff gesehen werden. Teilweise wird sie sogar durch die Anerkennung der Aufgabe des Strafrechts als *ultima ratio* des Rechtsgüterschutzes als Bestätigung für die Rechtsgutstheorie

---

[76] BVerfG, Beschluss v. 26.02.2008, 2 BvR 392/07 Rn. 39, BVerfGE 120, 224 (241).
[77] BVerfG, Beschluss v. 26.02.2008, 2 BvR 392/07 Rn. 39, BVerfGE 120, 224 (242).
[78] BVerfG, Beschluss v. 26.02.2008, 2 BvR 392/07 Rn. 39, BVerfGE 120, 224 (242).
[79] *Hefendehl*, in: FS Roxin 2001, S. 145 (160f.); *Kudlich*, JA 2008, 549 (551); *Zabel*, JR 2008, 453; *Hörnle*, NJW 2008, 2085; *Duttge*, in: FS Roxin 2011, S. 227; *Roxin*, StV 2009, 544; *Ritscher*, in: MüKo StGB, § 173 StGB Rn. 2ff.
[80] *Hassemer*, NJW 2008, 1142 (1142ff.).
[81] BVerfG, Beschluss v. 26.02.2008, 2 BvR 392/07 Rn. 50, BVerfGE 120, 224 (248).
[82] BVerfG, Beschluss v. 26.02.2008, 2 BvR 392/07 Rn. 50, BVerfGE 120, 224 (248).
[83] *Roxin/Greco*, Strafrecht AT I, § 2 Rn. 44a.
[84] *Kaspar*, Verhältnismäßigkeit und Grundrechtsschutz, S. 448.
[85] *Hassemer*, NJW 2008, 1142 (1145f.).
[86] *Hassemer*, NJW 2008, 1142 (1146).
[87] So auch *Hefendehl*, in: FS Roxin 2001, S. 145 (160); *Vergho*, Der Maßstab der Verbrauchererwartung, S. 21.

gesehen.[88] Wie bereits herausgearbeitet, sind die Ergebnisse des systemkritischen Rechtsgutsbegriffs nicht bindend für den Gesetzgeber, sondern als „Soll-Vorschrift" einzuordnen. Auch ein Verstoß gegen die Forderungen der Rechtsgutstheorie führt nicht zur Nichtigkeit der Strafvorschrift. Das Bundesverfassungsgericht hat nämlich ausschließlich darüber zu wachen, ob das infrage stehende Gesetz mit der *Verfassung* vereinbar ist. Somit entscheidet das Bundesverfassungsgericht allein über die Verfassungswidrigkeit eines Gesetzes. Die systemkritische Rechtsgutstheorie kann jedoch als kriminalpolitische Forderung nur Illegitimität[89] zur Folge haben. Insofern war es nicht überraschend, dass das Bundesverfassungsgericht sich ausdrücklich gegen einen von ihm zu überprüfenden Einfluss des systemkritischen Rechtsgutsverständnisses auf die Gesetzgebung positionierte. Dieser Umstand ändert jedoch nichts an der nicht zuzustimmenden Einordnung des Gerichts über die Verfassungskonformität der Vorschrift des § 173 Abs. 2 S. 2 StGB.

## II. Materialisierung des Rechtsgutsbegriffs

Nach dieser Herausarbeitung der Funktion des systemkritischen Rechtsgutsverständnisses sowie dessen Bedeutung und Verankerung ist der Begriff im Folgenden zu bestimmen. Eine fehlende hinreichend konkrete Bestimmung des Rechtsgutsbegriffs stellt einen wesentlichen Kritikpunkt des systemkritischen Rechtsgutsverständnisses dar. Kritiker:innen bemängeln, dem Begriff fehle es an hinreichender Klarheit, sodass er seine systemkritische Wirkung gegenüber dem Gesetzgeber nicht entfalten könne.[90] Verwendete Konkretisierungselemente, wie „Recht, Interesse oder Wert", würden beliebige Inhalte erfassen,[91] sodass der Rechtsgutsbegriff „chamäleonhaft wandel[bar]" sei[92] und sich somit für jeden Straftatbestand ein Rechtsgut finden ließe.[93]

Dieser Kritik ist insofern zuzustimmen, als dass sowohl eine kaum überblickbare Anzahl und Vielfalt an Definitionsversuchen besteht als auch, dass die systemkritische Wirkung sich nur bei hinreichender Konkretheit entfalten kann. Definitionen wie „[d]as Rechtsgut ist ein vergeistigter ideeller Wert",[94] das Rechtsgut sei „ein rechtlich geschützter abstrakter Wert der Sozialordnung[...], an dessen Erhaltung die Gemeinschaft ein Interesse hat [...]"[95] oder Rechtsgüter seien „Gegebenheiten oder Zwecksetzungen [...], die für die freie Entfaltung des Einzelnen, die Verwirk-

---

[88] *Jäger*, in: SK StGB, vor § 1 StGB Rn. 12.
[89] Siehe zur in der Arbeit verwendeten Begrifflichkeit § 5 A. I. 2. c).
[90] *Frisch*, in: Die Rechtsgutstheorie, S. 215 (216); *Kubiciel*, JZ 2018, 171 (173); *Stuckenberg*, GA 2011, 653 (657); *Amelung*, in: Die Rechtsgutstheorie, S. 155 (160); *Stratenwerth*, in: FS Lenckner, S. 377 (378).
[91] *Kubiciel*, JZ 2018, 171 (173).
[92] *Jakobs*, Rechtsgüterschutz?, S. 16.
[93] *Frisch*, in: FS Stree/Wessels, S. 69 (72); *Stuckenberg*, GA 2011, 653 (657).
[94] *Baronin von König/Horsky*, in: Baumann/Weber/Mitsch/Eisele, Strafrecht AT, § 2 Rn. 10.
[95] *Jescheck/Weigend*, Strafrecht AT, S. 257 f.

lichung seiner Grundrechte und das Funktionieren eines auf dieser Zielvorstellung aufbauenden staatlichen Systems notwendig sind",[96] bringen nicht die notwendige Klarheit. Die Gratwanderung zwischen hinreichender Bestimmung und zu großer Vagheit kann dabei schwierig sein.[97] Diese Unklarheit darf jedoch nicht als grundsätzliche Kritik gegen ein systemkritisches Rechtsgutsverständnis gedeutet werden. Vielmehr sollen nachfolgend essenzielle Punkte eines Rechtsgutsbegriffs herausgearbeitet werden, ohne jedoch diesen positiv zu bestimmen. Daher ist von einem offenen Verständnis als „strafrechtlich schutzbedürftiges menschliches Interesse" auszugehen und der Herangehensweise Hassemers zu folgen, der den Rechtsgutsbegriff „von unten materialisiert".[98] Die nachfolgend zu präsentierenden Kriterien sind dabei nicht so zu verstehen, dass sie *das* Rechtsgut definieren. Vielmehr sind es Kriterien, die nicht immer anzuwenden sind, sondern es schaffen, manche Interessen als Rechtsgut zu bestimmen, andere aber auch auszuschließen. Die Kriterien ergeben sich dabei teilweise direkt aus der Verfassung, andere lassen sich über diese herleiten.[99] Auch wenn der Rechtsgutsbegriff nicht verfassungsrechtlich wirkt, sondern „nur" kriminalpolitisch, so ist es dennoch essenziell, diesen verfassungsrechtlich zu fundieren. Denn letzten Endes will die Rechtsgutstheorie (zwar nicht bindende) Einschränkungen für den Gesetzgeber formulieren. Je mehr der Rechtsgutsbegriff daher in Einklang mit und aufgrund von der Verfassung erfolgt, umso stärker kann seine Einflussnahme für den Gesetzgeber sein.

Zudem ist von einem Verständnis auszugehen, das ein Rechtsgut als etwas „Reales" begreift und nicht als ein „ideelles" Gebilde.[100] Nur so können Rechtsgüter auch tatsächlich etwas vor einer Verletzung schützen. Nicht erforderlich ist, dass es sich dabei um materielle oder körperlich greifbare Gebilde handelt. Eine Verletzung lässt sich auch dann annehmen, wenn Rechtsgüter „eine der Beeinträchtigung zugängliche Wirklichkeit" haben.[101] So stellt beispielsweise die Ehre ein Rechtsgut dar, auch wenn diese nicht körperlich greifbar ist, sie aber dennoch real etwa durch eine Beleidigung verletzt werden kann. Nach diesem Rechtsgutsverständnis bedarf

---

[96] *Roxin/Greco*, Strafrecht AT I, § 2 Rn. 7.
[97] *Neumann/Saliger*, in: NK StGB, Vorbemerkungen zu § 1 StGB Rn. 144.
[98] *Neumann/Saliger*, in: NK StGB, Vorbemerkungen zu § 1 StGB Rn. 144 f.; dem folgend *Hefendehl*, Kollektive Rechtsgüter, S. 23; *Sigmund*, Strafrecht gegen Korruption im Sport?, S. 172; *Bach*, Die Strafbarkeit der Marktteilnahme, S. 84.
[99] *Hefendehl*, Kollektive Rechtsgüter, S. 23; ebenfalls verschiedene Fallgruppen erarbeiten *Roxin/Greco*, Strafrecht AT I, § 2 Rn. 7 ff., die diese jedoch nicht als Begriffsbestimmung des Rechtsgutsbegriffs nutzen, sondern dadurch anhand von Beispielen die Funktionsfähigkeit eines systemkritischen Rechtsgutsbegriffs aufzeigen möchten.
[100] *Roxin/Greco*, Strafrecht AT I, § 2 Rn. 66; *Hefendehl*, Kollektive Rechtsgüter, S. 28; *Otto*, Strafrecht AT, § 1 Rn. 31; a. A. *Baronin von König/Horsky*, in: Baumann/Weber/Mitsch/Eisele, Strafrecht AT, § 2 Rn. 10, die von einem „vergeistigte[n] ideelle[n] Wert" ausgehen; *Eisele*, in: Schönke/Schröder, Vorbemerkungen zu den §§ 13 ff. StGB Rn. 9 für ein „ideell gesehene[s] Objekt"; *Walter*, in: LK, vor §§ 13 ff. StGB Rn. 13 für einen „geschützte[n] ideelle[n] Wert".
[101] *Roxin/Greco*, Strafrecht AT I, § 2 Rn. 66.

es daher keiner Unterscheidung zwischen den Begrifflichkeiten des Rechtsguts und des Rechtsgutsobjektes.[102]

### 1. Direkte Kriterien aus der Verfassung

Von besonderer Bedeutung für die Bestimmung eines Rechtsguts sind die Grundrechte und ihre verschiedenen Funktionen, die maßgebend auf die Staatslehre Jellineks[103] zurückzuführen sind. So ist zunächst festzuhalten, dass Rechtsgüter nicht gegen die Verfassung verstoßen dürfen, etwa indem sie die Grundrechte missachten.[104] Grundrechte haben aber auch eine Schutzdimension.[105] Auch wenn diese nur für manche Grundrechte, etwa Art. 1 Abs. 1 S. 2 GG oder Art. 6 Abs. 1 GG, ausdrücklich geregelt ist, wird diese aus der objektiv-rechtlichen Dimension der Grundrechte abgeleitet und gilt demnach für jedes Grundrecht.[106] Der Staat ist somit verpflichtet, Grundrechte vor Verletzungen und Gefährdungen zu schützen, die nicht vom Staat ausgehen. Aus der Verfassung ergibt sich jedoch nur ein „Ob" des Schutzes und kein „Wie". Es kann gerade nicht die Schlussfolgerung gezogen werden, aus jedem Grundrecht lasse sich ein Rechtsgut herleiten. Die Ausgestaltung des Schutzes etwa in Form des Straf-, Zivil- oder öffentlichen Rechts ist wiederum Teil des weiten Gestaltungsspielraumes des Gesetzgebers.[107] Nur für manche besonders gewichtige Grundrechte, das Leben und die körperliche Unversehrtheit, ergibt sich die Verpflichtung zur Einordnung dieser als Rechtsgut und damit zur Ausgestaltung ihres Schutzes über das Strafrecht.[108]

Aus den Funktionen der Grundrechte entsteht daher nichts weiter als ein „breiter Gang" an Voraussetzungen für ein Rechtsgut: Auf der einen Seite können die Grundrechte zur Einordnung als Rechtsgut verpflichten, andererseits darf ein Rechtsgut nicht gegen die Grundrechte verstoßen, sodass die Grundrechte den Rechtsgutsbegriff begrenzen. Allein hieraus lässt sich aber noch keine für eine systemkritische Funktion notwendige hinreichende Bestimmung des Begriffs finden.

---

[102] *Schulenburg*, in: Die Rechtsgutstheorie, S. 244 (249).
[103] *Jellinek*, System der subjektiven öffentlichen Rechte, S. 87.
[104] *Roxin/Greco*, Strafrecht AT I, § 2 Rn. 13.
[105] *Jellinek*, System der subjektiven öffentlichen Rechte, S. 87, 114 ff.
[106] *Sauer*, in: Dreier, Vorbemerkungen vor Artikel 1 GG Rn. 117; *Stern*, in: Handbuch des Staatsrechts IX, § 185 Rn. 82, 88; *Starck*, in: von Mangoldt/Klein/Starck, Art. 1 GG Rn. 194; *Rixen*, in: Sachs, Art. 2 GG Rn. 24.
[107] Zur ständigen Rechtsprechung siehe BVerfG, Urteil v. 29.10.1987, 2 BvR 624/83, 2 BvR 1080/83, 2 BvR 2029/83 Rn. 101, BVerfGE 77, 170 (214); BVerfG, Beschluss v. 30.11.1988, 1 BvR 1301/84 Rn. 82, BVerfGE 79, 174 (202); BVerfG, Urteil v. 28.01.1992, 1 BvR 1025/82, 1 BvL 16/83, 1 BvL 10/91 Rn. 69, BVerfGE 85, 191 (212); BVerfG, Urteil v. 01.12.2009, 1 BvR 2857/07, 1 BvR 2858/07 Rn. 135, BVerfGE 125, 39 (78).
[108] *Baronin von König/Horsky*, in: Baumann/Weber/Mitsch/Eisele, Strafrecht AT, § 2 Rn. 16; BVerfG, Urteil v. 28.05.1993, 2 BvF 2/90, 2 BvF 4/92, 2 BvF 5/92 Rn. 119, BVerfGE 88, 203 (238).

## 2. Ableitbare Kriterien der Verfassung

### a) Kategorisierung von Rechtsgütern anhand der personalen Ausgestaltung der Verfassung

In dem Herrenchiemsee-Entwurf des Art. 1 Abs. 1 GG heißt es: „Der Staat ist um des Menschen willen da, nicht der Mensch um des Staates willen." Auch wenn dieser Entwurf nicht wörtlich in das heutige Grundgesetz übernommen wurde, drückt der heutige Art. 1 Abs. 1 GG dennoch dieses Verständnis aus. Durch die Stellung am Anfang des Grundgesetzes und die ausdrückliche Achtungs- und Schutzpflicht (Art. 1 Abs. 1 S. 2 GG) kommt die Bedeutung der Menschenwürde für das gesamte Grundgesetz zum Ausdruck. Sie bildet die Grundlage und den Ausgangspunkt jedes weiteren staatlichen Handelns.[109]

Die Auswirkungen einer personalen Ausgestaltung des Grundgesetzes sind insbesondere für die Systematisierung von Rechtsgütern von Bedeutung. Einigkeit besteht hinsichtlich der Unterteilung von Rechtsgütern in solche einer Person (Individualrechtsgüter) und solche der Allgemeinheit (Kollektivrechtsgüter).[110] Während monistische Rechtsgutslehren versuchen, diese Rechtsgüter über einen Weg zu definieren, trennen dualistische Rechtsgutstheorien die Herleitung der Rechtsgüter auf.

Rechtsgutslehren, die monistisch alle zu schützenden Rechtsgüter vom Staat her konstruieren wollen,[111] sind aufgrund der personalen Ausgestaltung des Grundgesetzes abzulehnen. Spiegelbildlich postuliert die ebenfalls als monistische Rechtsgutslehre einzuordnende sogenannte personale Rechtsgutslehre, jedes Rechtsgut müsse entweder das Individuum direkt schützen (Individualrechtsgut) oder jedenfalls auf das Individuum zurückführbar sein (Kollektivrechtsgut).[112] Dabei wird mittlerweile überwiegend eine gemäßigte Rückführung als ausreichend erachtet, sodass ein indirekter, mittelbarer Bezug genüge.[113] Kritiker:innen sehen hierin jedoch keine hinreichende Begrenzungsfunktion für Kollektivrechtsgüter, weil sich

---

[109] *Wapler*, in: Dreier, Art. 1 Abs. 1 GG Rn. 40 f.; *Jarass*, in: Jarass/Pieroth, Art. 1 GG Rn. 1; *Herdegen*, in: Dürig/Herzog/Scholz, Art. 1 Abs. 1 GG Rn. 21; *Maihofer*, Rechtsstaat und menschliche Würde, S. 57 ff.

[110] Solch eine Unterscheidung ist insbesondere wichtig zur Beantwortung der Fragen, ob in eine Rechtsgutsverletzung eingewilligt werden kann und ob sich mittels Notwehr gegen eine drohende Verletzung gewehrt werden kann. Einwilligung und Notwehr werden ausschließlich für Träger:innen von Individualrechtsgütern angenommen. Siehe dazu *Anastasopoulou*, Deliktstypen zum Schutz kollektiver Rechtsgüter, S. 29.

[111] So könnten etwa *Jescheck/Weigend*, Strafrecht AT, S. 259 f.; *Zipf/Gössel*, Strafrecht AT I, § 19 Rn. 8 verstanden werden. Dennoch hat *Hefendehl*, Kollektive Rechtsgüter, S. 67 ff. bewiesen, dass ein solcher Ansatz in der Reinform nicht vertreten wird.

[112] *Neumann/Saliger*, in: NK StGB, Vorbemerkungen zu § 1 StGB Rn. 132; *Hassemer*, in: Jenseits des Funktionalismus, S. 85 (91 f.); *ders.*, Theorie und Soziologie des Verbrechens, S. 231; *Marx*, Definition des Begriffs „Rechtsgut", S. 80 f.

[113] *Hassemer*, in: Jenseits des Funktionalismus, S. 85 (92), der bspw. die Umwelt nicht wegen ihres Eigenwerts, sondern als Grundlage der menschlichen Existenz schützen möchte.

für nahezu jedes kollektive Rechtsgut ein Bezug zu individuellen Interessen konstruieren lasse.[114] Um einem systemkritischen Rechtsgutsverständnis zu genügen, seien weitere Kriterien notwendig, um kollektive Rechtsgüter zu begrenzen.[115] Über eine personale Ausgestaltung der Verfassung ließen sich nämlich ausschließlich rein autoritäre, dem Staat dienende Rechtsgüter sowie solche, die nur Lebensformen bestimmter Individuen privilegieren,[116] ausschließen. Insofern wird vorliegend ein dualistisches Rechtsgutsverständnis zugrunde gelegt.

Nachfolgend wird anhand eines solchen dualistischen Rechtsgutsverständnisses die Kategorisierung in Individual- und Kollektivrechtsgüter dargestellt. Wie sich gleich zeigen wird, hat die personale Ausgestaltung der Verfassung zur Legitimierung kollektiver Rechtsgüter in diesem dualistischen Rechtsgutsverständnis eine begrenzende Wirkung.[117]

Diese Kategorisierung dient dabei nicht allein dazu, anhand von konkreten Anforderungen die betroffenen Interessen von öffentlich zugänglich gemachten Beleidigungen in sozialen Netzwerken einordnen zu können. Darüber hinaus hat die Kategorisierung besonders für die sich anschließende Analyse der Deliktsstruktur und Fragen der Zurechnung Bedeutung.

### aa) Individualrechtsgüter

Zu den Individualrechtsgütern zählen alle Rechtsgüter, die einer einzelnen Person oder einer Personengruppe zugeordnet werden können.[118] Dazu gehören zum einen Individualrechtsgüter, die angeboren sind, wie beispielsweise das Leben, die körperliche Unversehrtheit oder die persönliche Freiheit, und zum anderen solche, die erst noch erworben werden, wie etwa das Eigentum oder das Vermögen.[119]

### bb) Kollektivrechtsgüter

Kollektive Rechtsgüter hingegen sollen solche sein, die den Interessen beliebig vieler Personen – der Allgemeinheit – dienen.[120] Zwar ist diese Definition nicht falsch, jedoch hilft sie nicht wirklich weiter. Daher hat Hefendehl kollektive Rechtsgüter aufgegliedert und Kriterien zu deren Bestimmung aufgestellt.

---

[114] *Hefendehl*, Kollektive Rechtsgüter, S. 82; *Bach*, Die Strafbarkeit der Marktteilnahme, S. 89; *Müssig*, Schutz abstrakter Rechtsgüter und abstrakter Rechtsgüterschutz, S. 48.
[115] Siehe dazu unten § 5 A. II. 2. a) bb).
[116] *Martins*, ZStW 125 (2013), 234 (251).
[117] Siehe dazu sogleich § 5 A. II. 2. a) bb) (1) (a).
[118] *Hefendehl*, Kollektive Rechtsgüter, S. 19; *Kindhäuser*, Gefährdung als Straftat, S. 144.
[119] *Roxin/Greco*, Strafrecht AT I, § 16 Rn. 10a.
[120] *Hefendehl*, Kollektive Rechtsgüter, S. 19.

*(1) Kategorisierung nach den Rechtsgutsträger:innen*

(a) Kategorisierung nach Hefendehl

So kategorisiert Hefendehl kollektive Rechtsgüter zunächst nach ihren Rechtsgutsträger:innen.[121] Dadurch werde zugleich auch die Funktion des Rechtsguts für die Mitglieder der Rechtsordnung, den Individuen, deutlich.[122]

Zum einen sei die Gesellschaft selbst die Rechtsgutsträgerin. Das gelte für solche kollektiven Rechtsgüter, die Freiheitsräume für Individuen schaffen, sodass hier ein direkter personaler Bezug gegeben sei.[123] Diese Kategorie bestehe dabei aus zwei Untergruppen. Die erste Untergruppe gewährleiste durch eine normative Absicherung Freiheiten für Individuen. Hierfür würden Institutionen oder Reaktionsinstrumentarien eine wesentliche Rolle für das Handeln der Individuen spielen.[124] Maßgebend dabei sei jedoch nicht allein die Institution oder das Reaktionsinstrumentarium selbst, sondern das *Vertrauen* in diese als wichtiger Rechtsgutsbestandteil.[125] Nur sofern hinreichend Vertrauen existiere, würde das Rechtsgut Maximen des Handelns oder Verhaltens der Bürger:innen beeinflussen.[126] Hierdurch wäre die Rückführung von der Institution zum Individuum kreiert und das Vertrauen somit konstitutiv für die Einordnung der Institution als Rechtsgut.[127] Beispielhaft hierfür seien etwa das Vertrauen in die Unbestechlichkeit des Beamtenapparates oder in die Rechtspflege. Das konkrete Handeln oder Verhalten der Individuen bestehe beispielsweise darin, dem Handeln von Beamt:innen zu vertrauen und selbst in dem Wissen zu handeln, dass staatliches Handeln nicht käuflich ist, sowie den Tatsachenfeststellungen des Gerichts Glauben zu schenken und Gerichtsentscheidungen zu akzeptieren. Zweite Untergruppe seien aufzehrbare, gesellschaftsrelevante Kontingente. Aufzehrbarkeit beschreibe dabei, dass die Rechtsgüter beschränkt seien und durch ihre Nutzung aufgebraucht werden könnten.[128] Insbesondere die natürlichen Umweltressourcen (Boden, Wasser, Luft) fielen hierunter. Dass sie beschränkt und zugleich nicht beliebig reproduzierbar sind, mache sie schutzwürdig. Diese seien nicht wie die sonstigen kollektiven Rechtsgüter rein normativ, sondern deskriptiv, indem sie verkörpert sind und unmittelbar sinnlich erfasst werden könnten.

---

[121] *Hefendehl*, Kollektive Rechtsgüter, S. 113 ff.; dem folgend *García*, Die Funktionseinheitsstörung, S. 62; so auch schon *Hassemer*, Theorie und Soziologie des Verbrechens, S. 72; *Koriath*, GA 1999, 561 (564); *Zaczyk*, Das Unrecht der versuchten Tat, S. 172 ff., 190 ff.
[122] *Hefendehl*, Kollektive Rechtsgüter, S. 113 ff.
[123] *Hefendehl*, Kollektive Rechtsgüter, S. 81 f.
[124] *Hefendehl*, Kollektive Rechtsgüter, S. 117 ff.
[125] *Hefendehl*, Kollektive Rechtsgüter, S. 117 ff.
[126] *Hefendehl*, Kollektive Rechtsgüter, S. 316 f.
[127] *Hefendehl*, Kollektive Rechtsgüter, S. 124; *ders.*, in: Die Rechtsgutstheorie, S. 119 (127).
[128] Siehe zu dieser zweiten Unterkategorie *Hefendehl*, Kollektive Rechtsgüter, S. 132 ff.; *ders.*, in: Die Rechtsgutstheorie, S. 119 (127).

A. Der Begriff des Rechtsguts                                           129

Andererseits könne der Staat selbst als Rechtsgutsträger ausgemacht werden. Hierunter fielen erstens kollektive Rechtsgüter, die den Bestand des Staates oder die Funktionsbedingungen einzelner Verfassungsorgane schützen.[129] Der Unterschied bestehe darin, dass diese Institutionen, die den Bestand des Staates oder die Verfassungsorgane schützen, einen gemäßigteren Einfluss auf das Verhalten oder Handeln der Individuen hätten. Gegenüber dem Inhalt dieser Rechtsgüter bestehe vielmehr Respekt der Bürger:innen, der sich nicht durch ein Verhalten sondern durch das Dulden staatlicher Maßnahmen und Nicht-Angreifen staatlicher Institutionen ausdrücke.[130] Darüber hinaus würden auch hier staatliche, begrenzte Kontingente geschützt, wie etwa staatliche Leistungen in Form von Geld oder einem bestimmten Arbeitspotenzial.[131] Bei dieser Kategorie der kollektiven Rechtsgüter gebe es keine direkte Verknüpfung zu den Individuen, die personale Ausgestaltung der Verfassung sei hier nur eine vermittelte.[132] Vielmehr erfolge der personale Bezug durch die Grundentscheidungen der Verfassung und der Notwendigkeit, die staatliche Tätigkeit gegenüber den Bürger:innen auch durchzusetzen.[133]

Somit ergäben sich insgesamt vier verschiedene Kategorien der kollektiven Rechtsgüter: die Rechtsgüter zum Schutz des Vertrauens in staatliche Institutionen und Reaktionsinstrumentarien und zum Schutz aufzehrbarer gesellschaftlicher Kontingente mit der Gesellschaft als Rechtsgutsträgerin sowie die Rechtsgüter zum Schutz des staatlichen Funktionierens und zum Schutz aufzehrbarer staatlicher Kontingente mit dem Staat als Rechtsgutsträger.

(b) Würdigung

Insbesondere die Unterteilung nach den Rechtsgutsträger:innen ist einleuchtend und steht in Einklang mit der personalen Ausgestaltung der Verfassung. Durch diese Herausarbeitung wird deutlich, dass die Grenze zwischen Individual- und Kollektivrechtsgütern nicht parallel zu deren personalem Bezug verläuft.[134] Vielmehr sind Individualrechtsgüter und solche Kollektivrechtsgüter mit der Gesellschaft als Rechtsgutsträgerin unmittelbar auf das Individuum zurückzuführen; Kollektivrechtsgüter mit dem Staat als Rechtsgutsträger hingegen über die soeben erwähnten Grundentscheidungen der Verfassung. Die unmittelbare Rückführung von Rechtsgütern mit der Gesellschaft als Rechtsgutsträgerin macht diese daher auch leichter zu begründen beziehungsweise zu rechtfertigen. Rechtsgüter des

---

[129] *Hefendehl*, Kollektive Rechtsgüter, S. 119, 335 ff.
[130] *Hefendehl*, Kollektive Rechtsgüter, S. 336.
[131] *Hefendehl*, Kollektive Rechtsgüter, S. 361 ff.
[132] *Hefendehl*, GA 1999, 584 (592).
[133] *Hefendehl*, GA 1999, 584 (592); ders., Kollektive Rechtsgüter, S. 119 ff.
[134] *Hefendehl*, Kollektive Rechtsgüter, S. 81.

Staates hingegen sind weiter vom Individuum entfernt, sodass diese seltener und nur mit erhöhter Begründung zu legitimieren sind. Insofern hilft die Kategorisierung Hefendehls nach den Rechtsgutsträger:innen insbesondere zur Ermittlung der Hürden zur Legitimation von Kollektivrechtsgütern. Die innerhalb der nach Rechtsgutsträger:innen gebildeten Kategorien vorgenommene Unterscheidung in aufzehrbare und nicht-aufzehrbare Rechtsgüter ist ebenfalls nachvollziehbar und schlüssig.

Auch Kollektivrechtsgüter müssen die herausgearbeiteten Kriterien eines systemkritischen Rechtsgutsbegriffs erfüllen. Sie dürfen unter anderem keine bloßen Moralvorstellungen[135] schützen. Beispielsweise darf die Sanktionierung der Falschaussage nicht etwa damit gerechtfertigt werden, dass Lügen ein Tabu darstellen. Des Weiteren müssen sich Kollektivrechtsgüter aus der Verfassung ableiten lassen. Damit ergibt sich die Schutzwürdigkeit des Vertrauens in die Institution der Rechtspflege aus dem Rechtsstaatsprinzip nach Art. 20 Abs. 3 GG, wodurch sachgemäße Tatsachenfeststellungen und gerecht ablaufende Gerichtsprozesse geschützt werden. Das Kollektivrechtsgut der Umwelt lässt sich beispielsweise aus Art. 20a GG und das der Sicherung des staatlichen Steueranspruchs[136] aus Art. 106 GG ableiten.

*(2) Formale Kriterien*

Darüber hinaus hat Hefendehl[137] in Anlehnung an Alexy[138] die Kriterien der „Nicht-Ausschließbarkeit", „Nicht-Rivalität" und der „Nicht-Distributivität" als formale Kriterien zur Begrenzung kollektiver Rechtsgüter aufgestellt.

Das Merkmal der „Nicht-Distributivität" bringt zum Ausdruck, dass kollektive Rechtsgüter weder begrifflich, tatsächlich noch rechtlich in einzelne Teile zerlegt und Individuen zugeordnet werden können.[139] Nach Hefendehl erfüllen alle der vier gebildeten Kategorien dieses Merkmal, die Eigenschaft der Aufzehrbarkeit ändere daran nichts.[140] Präziser wäre es jedoch, eine Ausnahme zu machen für solche Rechtsgüter, die deskriptiv sind und unmittelbar sinnlich erfasst oder gemessen werden können. Denn das Wasser kann etwa rein tatsächlich aufgespalten werden

---

[135] Dazu sogleich § 5 A. II. 2. b).
[136] *Hefendehl*, Kollektive Rechtsgüter, S. 365.
[137] *Hefendehl*, GA 2002, 21 (25); *ders.*, in: Die Rechtsgutstheorie, S. 119 (126 f.); *ders.*, Kollektive Rechtsgüter, S. 112 f.
[138] *Alexy*, in: Probleme der Demokratie, S. 49 (54 f.); *ders.*, Recht, Vernunft, Diskurs, S. 239.
[139] *Hefendehl*, GA 2002, 21 (25); *ders.*, in: Die Rechtsgutstheorie, S. 119 (126); *ders.*, Kollektive Rechtsgüter, S. 112; *Wittig*, ZStW 107 (1995), 251 (262 f.); *Koriath*, GA 1999, 561 (564); *Großmann*, Liberales Strafrecht in der komplexen Gesellschaft, S. 101; *Roxin/Greco*, Strafrecht AT I, § 2 Rn. 45e; *Greco*, in: FS Roxin 2011, S. 199 (203).
[140] *Hefendehl*, Kollektive Rechtsgüter, S. 132 am Beispiel der Umwelt als aufzehrbares Rechtsgut der Gesellschaft.

oder die Reinheit der Luft, beispielsweise durch Einführung von $CO_2$-Zertifikaten, rechtlich in Anteile zerlegt werden.

Nach dem Merkmal der „Nicht-Ausschließbarkeit" darf niemand von der Nutzung des Rechtsguts ausgeschlossen werden können.[141] Hier ist ergänzend darauf hinzuweisen, dass keine Nutzung im engeren Sinne gemeint ist, sondern vielmehr auch das Profitieren von einem Rechtsgut. Gegen dieses Merkmal wird eingewendet, es sei allein Folge der „Nicht-Distributivität" – niemand könne ausgeschlossen werden, wenn das Rechtsgut gar nicht erst aufgeteilt werde.[142] So kann zwar die „Nicht-Distributivität" durchaus dazu führen, dass beispielsweise das Kollektivrechtsgut der Rechtspflege nicht aufgeteilt wird und es keinen bestimmten „Anteil an Rechtspflege" gibt, den Individuen beanspruchen können und daher auch niemand keinen Anteil bekommt. Das Merkmal der „Nicht-Ausschließbarkeit" hat jedoch auch darüber hinaus Bedeutung. Ein kollektives Rechtsgut darf nicht etwa so bestimmt werden, dass Individuen, die beispielsweise ein bestimmtes Geschlecht haben, davon ausgeschlossen werden können. Insofern ist das Merkmal der „Nicht-Ausschließbarkeit" beizubehalten.

Die „Nicht-Rivalität" bedeutet, dass die Nutzung durch eine Person die Nutzung anderer weder beeinträchtigt noch behindert.[143] Davon ist jedoch nur eine ordnungsgemäße Nutzung umfasst. An diesem Merkmal wird kritisiert, es gebe auch Güter, die gar nicht genutzt werden können.[144] Das ist auch zutreffend, weshalb Hefendehl innerhalb dieses Merkmals drei Abnutzbarkeitsstufen bildet:[145] So können Rechtsgüter mit dem Staat als Rechtsgutsträger, die das Funktionieren des Staates gewährleisten, gar nicht erst genutzt werden. Aufzehrbare Rechtsgüter der Gesellschaft können zwar von der Gesellschaft genutzt werden, jedoch können sie nicht unbegrenzt zur Verfügung gestellt werden. Damit trifft das Merkmal der „Nicht-Rivalität" hier nicht zu. Lediglich die Vertrauensrechtsgüter der Gesellschaft sind abnutzungsfrei und erfüllen das Merkmal der „Nicht-Rivalität". Folglich ist das Merkmal der „Nicht-Rivalität" nach der hier vertretenen Auffassung nicht als Merkmal für Kollektivrechtsgüter auszumachen, sondern vielmehr als Eigenschaft ausschließlich von Vertrauensrechtsgütern zu sehen.

Somit ergibt sich folgende Übersicht kollektiver Rechtsgüter:

---

[141] *Hefendehl*, Kollektive Rechtsgüter, S. 111 f.; *ders.*, in: Die Rechtsgutstheorie, S. 119 (126); so auch schon *Kuhlen*, ZStW 105 (1993), 697 (704), der darauf verweist, dass hierin die individuelle Komponente an Gemeingütern besteht; *Engel*, Die Verwaltung 1997, 429 (435).
[142] *Greco*, in: FS Roxin 2011, S. 199 (203).
[143] *Hefendehl*, in: Die Rechtsgutstheorie, S. 119 (126); *ders.*, Kollektive Rechtsgüter, S. 112.
[144] *Greco*, in: FS Roxin 2011, S. 199 (203).
[145] *Hefendehl*, Kollektive Rechtsgüter, S. 113; *ders.*, in: Die Rechtsgutstheorie, S. 119 (127).

|  | Gesellschaft als Rechtsgutsträgerin | | Staat als Rechtsgutsträger | |
|---|---|---|---|---|
|  | leichter zu legitimieren | | schwerer zu legitimieren | |
|  | unmittelbare Rückführung zum Individuum | | Rückführung zum Individuum erst über die Verfassung | |
|  | Vertrauens- rechtsgüter = schaffen Freiheitsräume für Individuen | aufzehrbare Kontingente = deskriptiv, z.B. Umweltressourcen | Bestand des Staates / Verfassungs- organe | aufzehrbare Kontingente = staatlich begrenzte Leistungen |
| **Nicht-distributiv** = keine rechtliche, begriffliche, tatsächliche Aufteilung möglich | (+) | (−) | (+) | (−) |
| **Nicht-Ausschließbarkeit** = niemand darf von der Nutzung ausgeschlossen werden | (+) | (+) | (+) | (+) |

Abbildung 4: Systematisierung von Kollektivrechtsgütern

*(3) Ausschluss bei gleichzeitigem Individualrechtsgüterschutz?*

Besonders klärungsbedürftig ist nicht zuletzt das Verhältnis von Individual- zu Kollektivrechtsgütern.

Zunächst dürfen kollektive Rechtsgüter nicht allein aus der Summierung vieler Individualrechtsgüter bestehen.[146] Sofern allein die Summe individueller Güter geschützt wird, besteht keine eigenständige, unabhängige kollektive Substanz, sodass es keinen Anlass gibt, kollektive Rechtsgüter zu „hypostasieren".[147] Notwendig ist daher ein *Mehr* gegenüber dem bloßen summierten oder addierten Schutz von Individualrechtsgütern. Dieses Kriterium soll durch Verwenden des Begriffs der „Nicht-Addition" zum Ausdruck gebracht werden.

---

[146] *Hefendehl*, Kollektive Rechtsgüter, S. 146; *Köhler*, ZStW 104 (1992), 3 (27 f.); *Schünemann*, in: Die Rechtsgutstheorie, S. 133 (146 f.); *Roxin*, Strafrecht AT I 4. Aufl., § 2 Rn. 46; *Anastasopoulou*, Deliktstypen zum Schutz kollektiver Rechtsgüter, S. 270; *Frisch*, in: FS Stree/Wessels, S. 69 (94); *Krüger*, Die Entmaterialisierungstendenz beim Rechtsgutsbegriff, S. 120 f.; *Wohlers*, Deliktstypen, S. 191.

[147] *Hefendehl*, Kollektive Rechtsgüter, S. 82; dem folgend *Großmann*, Liberales Strafrecht in der komplexen Gesellschaft, S. 106; in diese Richtung bereits *Hohmann*, wistra 1992, 85 (86) am Beispiel von § 129 StGB.

## A. Der Begriff des Rechtsguts

In gewisser Form ein Spezialfall durch Addition von Individualrechtsgütern vermeintlich kreierter Kollektivrechtsgüter stellen sogenannte Scheinrechtsgüter[148] dar. Besonders ist hier, dass die addierten Individualrechtsgüter, die sich hinter dem vermeintlichen Kollektivrechtsgut verbergen, nicht hinreichend betroffen werden, indem die zur Strafbarkeitsbegrenzung aufgestellten Hürden nicht erfüllt sind (beispielsweise Zurechnungsregeln, Dispositionsbefugnisse).[149] Um diese Hindernisse zu umgehen, wird zur Legitimation des Straftatbestandes auf ein weites, allgemeines, vermeintliches Kollektivrechtsgut zurückgegriffen – ein Scheinrechtsgut.[150]

Hefendehl nennt solche Rechtsgüter mit gleicher Begründung „Mischformen",[151] Großmann spricht von einem „camouflierende[n] Charakter".[152] Je nachdem, wie das Rechtsgut bestimmt wird, ergeben sich unterschiedliche Anforderungen für die Deliktsstruktur und demnach auch für die Legitimationsbedingungen des Straftatbestandes. In solchen Konstellationen, wie etwa bei der Volksgesundheit oder der Sicherheit des Straßenverkehrs, sind die scheinbar kollektiven Rechtsgutskonstruktionen zu eliminieren, um die Legitimationsbedingungen für die tatsächlich betroffenen Individualrechtsgüter offenzulegen.[153]

Ein Teil der Literatur will daher das Bestehen von Kollektivrechtsgütern pauschal dann ausschließen, wenn gleichzeitig auch ein Individualrechtsgut betroffen ist.[154] Hierfür hat Greco den sogenannten Unselbstständigkeitstest eingeführt. Danach stelle ein Interesse nur dann ein kollektives Rechtsgut dar, wenn Konstellationen denkbar seien, in denen durch das verbotene Verhalten nicht gleichzeitig auch ein Individualrechtsgut betroffen sei.[155] Diese umfassende Ablehnung geht jedoch zu weit. Der Schutz von Scheinrechtsgütern ist berechtigterweise illegitim und daher zu unterbinden. Allerdings folgt nicht aus jeder Parallelität von Individual- und Kollektivrechtsgut eines Straftatbestandes gleich, dass das Kollektivrechtsgut auch ein Scheinrechtsgut darstellt, sodass Individual- und Kollektivrechtsgut durchaus nebeneinander bestehen können.[156] Als Beispiele sind hier § 316a StGB

---

[148] *Anastasopoulou*, Deliktstypen zum Schutz kollektiver Rechtsgüter, S. 237 ff.; *Großmann*, Liberales Strafrecht in der komplexen Gesellschaft, S. 106.
[149] *Großmann*, Liberales Strafrecht in der komplexen Gesellschaft, S. 106; *Bach*, Die Strafbarkeit der Marktteilnahme, S. 90.
[150] *Weigend*, in: FS Triffterer, S. 695 (699).
[151] *Hefendehl*, Kollektive Rechtsgüter, S. 139.
[152] *Großmann*, Liberales Strafrecht in der komplexen Gesellschaft, S. 106.
[153] *Hefendehl*, in: Die Rechtsgutstheorie, S. 119 (128); *ders.*, GA 2002, 21 (26).
[154] *Roxin/Greco*, Strafrecht AT I, § 2 Rn. 45f; *Hefendehl*, Kollektive Rechtsgüter, S. 82 f.; genau andersherum *Mitsch*, KriPoZ 2019, 29 (31 f.).
[155] Erstmalig als „Nicht-Spezifitätstest" *Greco*, in: FS Roxin 2011, S. 199 (212 f.); *Roxin/Greco*, Strafrecht AT I, § 2 Rn. 45f; zustimmend *Roxin*, GA 2013, 433 (440 f.).
[156] In diese Richtung wohl auch *Bach*, Die Strafbarkeit der Marktteilnahme, S. 90; *Großmann*, Liberales Strafrecht in der komplexen Gesellschaft, S. 106; *Puschke*, Legitimation, Grenzen und Dogmatik, S. 103; siehe zum Verhältnis von Individual- und Kollektivrechtsgütern insgesamt *Jansen*, ZIS 2019, 2.

und § 340 StGB zu nennen. § 316a StGB schützt neben dem Eigentum und Vermögen beziehungsweise der Willensfreiheit des Opfers auch die Sicherheit und Funktionsfähigkeit des Straßenverkehrs.[157] § 340 StGB schützt neben dem Individualrechtsgut der körperlichen Unversehrtheit des Einzelnen auch das allgemeine Interesse an einer korrekten Amtsführung.[158] Insofern erscheint es auch nicht ausgeschlossen, dass § 185 StGB neben dem Individualrechtsgut der Ehre auch noch Kollektivrechtsgüter schützt. Die Argumentation, Kollektivrechtsgüter seien vom Schutzbereich des § 185 StGB auszuschließen, weil „das Beleidigungsstrafrecht auf die strafrechtliche Beurteilung einzelner, individueller Äußerungen gerichtet ist"[159], entspricht einem systemimmanenten und nicht dem hier vertretenen systemkritischen Rechtsgutsbegriff.[160]

Voraussetzung für die Anerkennung der Kollektivrechtsgüter ist verständlicherweise, dass die Individualrechtsgüter durch die sanktionierte Handlung allen strafbarkeitsbegrenzenden Hürden entsprechend gefährdet oder verletzt werden. Der Interessenbereich des Individualrechtsguts darf zudem nicht im Kollektivrechtsgut enthalten sein. Zwar ist eine Überschneidung des Schutzbereichs hier durchaus möglich, allerdings muss das Kollektivrechtsgut im Kern aus einem „Mehr" als dem Individualrechtsgüterschutz bestehen.

An dieser Stelle ist darauf hinzuweisen, dass die Begrifflichkeit eines „Scheinrechtsguts" in der Literatur nicht nur verwendet wird, um wie vorliegend ein vermeintliches Kollektivrechtsgut zu beschreiben, hinter dem sich in Wahrheit addierte Individualrechtsgüter befinden. Die Begrifflichkeit beschreibt auch allgemeiner solche Konstellationen, in denen in Wahrheit *gar kein* schützenswertes Interesse vorliegt und das Rechtsgut damit lediglich konstruiert wird.[161] In diesen Fällen handelt es sich dann nur um ein vermeintliches Rechtsgut, das die Anforderungen an ein solches nicht erfüllt. Roxin/Greco haben dazu den „Zirkularitätstest" eingeführt, wonach kollektive Rechtsgüter nicht konstruiert werden dürfen, um eine Vorschrift zu „retten".[162] Greco hat dabei zutreffend erkannt, dass sich diese Bedingung bereits aus dem systemkritischen Anliegen des Rechtsgutsgedankens ergibt.[163] Wenn in dieser Arbeit von Scheinrechtsgütern die Rede ist, so ist damit die erste Konstellation gemeint, in der in Wahrheit Individualrechtsgüter geschützt werden.

---

[157] BGH, Urteil v. 20.11.2003, 4 StR 150/03 Rn. 10, NJW 2004, 786 (787); *Sander*, in: MüKo StGB, § 316a StGB Rn. 2; *Hecker*, in: Schönke/Schröder, § 316a StGB Rn. 1; *Hollering*, in: BeckOK StGB, § 316a StGB Rn. 7; *Joecks/Jäger*, Studienkommentar Strafgesetzbuch, § 316a StGB Rn. 1; a.A. *Fischer*, JURA 2000, 433 (442).
[158] *Hecker*, in: Schönke/Schröder, § 340 StGB Rn. 1; *Voßen-MacCormaic*, in: MüKo StGB, § 340 StGB Rn. 1; *Wolters*, in: SK StGB, § 340 StGB Rn. 4; *Grünewald*, in: LK, § 340 StGB Rn. 2; a.A. *Fischer*, StGB, § 340 StGB Rn. 7.
[159] *Bulut*, Strafbarkeit der Hassrede, S. 389 f.
[160] Siehe zur Unterscheidung dieser Begriffe § 5 A. I.
[161] *Greco*, in: FS Roxin 2011, S. 199 (200); *Hefendehl*, in: Die Rechtsgutstheorie, S. 119 (128).
[162] Erstmals *Greco*, in: FS Roxin 2011, S. 199 (208); *Roxin/Greco*, Strafrecht AT I, § 2 Rn. 45d.
[163] *Roxin/Greco*, Strafrecht AT I, § 2 Rn. 45d.

Abschließend ergibt sich daher folgende Übersicht zum Verhältnis von Individual- und Kollektivrechtsgütern:

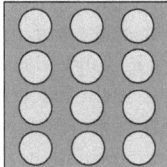 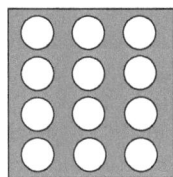 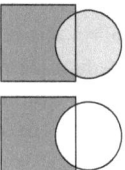

unzulässiges Kollektivrechtsgut durch **Addition** von Individualrechtsgütern

unzulässiges Kollektivrechtsgut als **Scheinrechtsgut**

zulässige Parallelität, da Kollektivrechtsgut im Kern aus einem „Mehr" besteht

Legende:
- ■ = Kollektivrechtsgut
- ● = Individualrechtsgut, das allen Hürden entsprechend gefährdet/verletzt wird
- ○ = Individualrechtsgut, das nicht allen Hürden entsprechend gefährdet/verletzt wird

Abbildung 5: Verhältnis von Individual- zu zulässigen Kollektivrechtsgütern

*b) Neutralitätsgebot*

Als weiteres den Rechtsgutsbegriff einschränkendes Kriterium folgt der Grundsatz der religiösen und weltanschaulichen Neutralität des Staates aus der Verfassung nach Art. 4 Abs. 1 und 2, Art. 3 Abs. 1 und Art. 33 Abs. 3 GG sowie dem Verbot der Staatskirche gem. Art. 137 Abs. 1 WRV.[164] Auch wenn hieraus kein striktes Identifizierungsverbot folgt,[165] darf der Staat seine Vorstellungen von guter Moral und Sitte seinen Bürger:innen nicht aufzwingen und diese „nicht moralisch bevormunden".[166] Sofern keine Rechtsgüter Dritter beeinträchtigt werden, hat der Staat politische, religiöse, weltanschauliche und moralische Überzeugungen sowie deren Ausübung seiner Bürger:innen zu akzeptieren.[167] Insofern ist es sowohl unzulässig, Verhalten, das auf ebensolchen Überzeugungen beruht, als auch ein Handeln, das staatlichen Überzeugungen widerspricht, zu sanktionieren.

---

[164] BVerfG, Urteil v. 14.12.1965, 1 BvR 413/60, 1 BvR 416/60 Rn. 32, BVerfGE 19, 206 (216); *Korioth*, in: Dürig/Herzog/Scholz, Art. 137 WRV Rn. 9; *Fateh-Moghadam*, Neutralität des Strafrechts, S. 159 leitet die Neutralitätspflicht hingegen aus dem Anspruch jedes Menschen auf gleiche Religions- und Gewissensfreiheit aus Art. 4 Abs. 1 i.V.m. Art. 3 Abs. 1 und Abs. 3 GG her.

[165] BVerwG, Urteil v. 21.04.1999, 6 C 18/98 Rn. 14, NJW 1999, 3063 (3064).

[166] *Sternberg-Lieben*, in: Die Rechtsgutstheorie, S. 65 (74).

[167] *Fateh-Moghadam*, Neutralität des Strafrechts, S. 159.

Hieraus folgt zunächst, dass die gute Moral oder die guten Sitten keine Rechtsgüter darstellen dürfen,[168] sodass etwa bestimmte sexuelle Orientierungen und Praktiken oder religiös motivierte Verschleierungen nicht kriminalisiert werden dürfen, soweit sich das Verhalten nicht auf die Freiheit anderer auswirkt.[169] Teilweise wird solch ein Ausschluss über das Demokratie- oder Rechtsstaatsprinzip hergeleitet.[170] Aus dem Demokratieprinzip nach Art. 20 Abs. 2 S. 1 GG folge, dass der Staat nur dazu legitimiert sei, „irdische Zwecke" zu verfolgen, nicht jedoch „göttliche oder sonst transzendente Ziele".[171] Zu gleichem Ergebnis komme auch das Rechtsstaatsprinzip, wonach der Staat ausschließlich zum Schutz menschlichen Zusammenlebens berufen sei.[172] Da sich jedoch Kritiker:innen der Rechtsgutstheorie ebenfalls auf diese Prinzipien mit Verweis auf eine unzulässige Beschränkung des Gesetzgebungsspielraums und die Fähigkeit des Gesetzgebers, auf wandelnde Wertevorstellungen in der Gesellschaft reagieren zu können, berufen,[173] genügen diese nicht als ausschließliches Fundament eines Ausschlusses von Moral und Sitte als Rechtsgut.[174] Zudem ist die Herleitung über das Neutralitätsgebot als spezieller und präziser anzusehen.[175]

Zudem kann aus dem Neutralitätsgebot auch abgeleitet werden, dass der Gesetzgeber nicht lediglich die Verletzung einer Pflicht als Sanktionierungsgegenstand sehen darf. Sonst würde nämlich der Gesetzgeber eine unzulässige eigene Gesinnung zugrunde legen, indem allein das Widersprechen seiner Vorstellung strafbegründend wäre.[176] Ein Straftatbestand ist demnach als *Schutzrecht* und nicht als bloße Pflichtverletzung auszugestalten.[177] Selbstverständlich enthält jeder Straftatbestand auch den Ausdruck einer Verhaltensvorschrift, dieser nicht zu widerhandeln und sanktioniert somit *auch* eine Pflichtverletzung. Allerdings muss Kern solch einer Vorschrift die Verletzung oder Gefährdung eines Rechtsguts sein. Die Notwendigkeit der Ausgestaltung als Schutzrecht wird in der Literatur überwiegend über die

---

[168] *Roxin/Greco*, Strafrecht AT I, § 2 Rn. 17 ff.; *Hefendehl*, Kollektive Rechtsgüter, S. 51; *Sternberg-Lieben*, in: Die Rechtsgutstheorie, S. 65 (74); *Wohlers*, Deliktstypen, S. 267 f.; *Esser/Krey*, Strafrecht AT, § 1 Rn. 12 f.; *Baronin von König/Horsky*, in: Baumann/Weber/Mitsch/Eisele, Strafrecht AT, § 2 Rn. 4; *Fateh-Moghadam*, Neutralität des Strafrechts, S. 160 f.
[169] *Fateh-Moghadam*, Neutralität des Strafrechts, S. 161; *Hörnle*, Grob anstössiges Verhalten, S. 52 ff.
[170] *Hefendehl*, Kollektive Rechtsgüter, S. 51; *ders.*, JA 2011, 401 (403); *Amelung*, Rechtsgüterschutz und Schutz der Gesellschaft, S. 318 ff.
[171] *Hefendehl*, Kollektive Rechtsgüter, S. 51; in diese Richtung auch *Roxin*, JuS 1966, 377 (381).
[172] *Hefendehl*, Kollektive Rechtsgüter, S. 51; *Amelung*, Rechtsgüterschutz und Schutz der Gesellschaft, S. 318 f.
[173] *Gärditz*, JZ 2016, 641; *Stuckenberg*, GA 2011, 653 (659).
[174] *Bach*, Die Strafbarkeit der Marktteilnahme, S. 91.
[175] *Fateh-Moghadam*, Neutralität des Strafrechts, S. 161.
[176] *Amelung*, in: Recht und Moral, S. 269 (275).
[177] *Hefendehl*, Kollektive Rechtsgüter, S. 48 ff.; *Heinrich*, in: FS Roxin 2011, S. 131 (132); *Hassemer/Neumann*, in: NK StGB, Vorbemerkungen zu § 1 StGB Rn. 112.

historische Auslegung des Grundgesetzes begründet.[178] In der Zeit des Nationalsozialismus wurde auf die Verletzung von Rechtsgütern verzichtet und eine Subjektivierung des Strafrechts eingeführt[179] – die heutige Verfassung stellt dazu einen Gegenentwurf dar. Auch hier erscheint eine Herleitung über das Neutralitätsgebot präziser und lässt sich dadurch am aktuell geltenden Recht festmachen.

Ebenfalls aus dem Neutralitätsgebot herleitbar ist die notwendige Vermeidung von Symbolstrafrecht. Darunter sind solche Vorschriften zu verstehen, die keine konkrete Schutzwirkung entfalten, sondern lediglich gegenüber Wähler:innen den Eindruck zu erwecken versuchen, es würde gegen unerwünschte Gegebenheiten vorgegangen.[180] Der Gesetzgeber könnte also eigene Wertvorstellungen und moralische Überzeugungen durchsetzen und somit seine Neutralitätspflicht verletzen. Zu einem gewissen Maße enthält jede Vorschrift die Bekennung des Staates, gegen bestimmtes Verhalten vorgehen zu wollen. Das bietet auch einen Mehrwert, indem es in der Bevölkerung zu einer Verstärkung dieser Werte führen kann und somit eine Form der positiven Generalprävention darstellt.[181] Die Grenze ist aber dort zu ziehen, wo die Strafvorschrift kein Rechtsgut schützt, sondern die Symbolik im Vordergrund steht.[182]

### 3. Weiteres Kriterium: Unterscheidung zum Handlungsobjekt

Zuletzt ist klarzustellen, dass das Rechtsgut, das von einem Straftatbestand geschützt wird, nicht zwingend identisch ist mit dem konkreten Handlungsobjekt. Das Handlungsobjekt bildet den realen Gegenstand, an dem sich die tatbestandsmäßige Handlung vollzieht. Damit ist es zwar möglich, dass Handlungsobjekt und Rechtsgut zusammenfallen, wie es § 263 StGB zeigt, bei dem das Vermögen bei tatbestandsmäßigem Handeln sowohl geschädigt als auch durch § 263 StGB geschützt wird. Im Falle des Totschlags (§ 212 StGB) wird das Leben als Rechtsgut geschützt, während der Mensch das Handlungsobjekt ist. Hier unterscheiden sich Rechtsgut und Handlungsobjekt zwar formal, nicht aber inhaltlich. Rechtsgut und Handlungsobjekt können aber auch inhaltlich und formal verschieden sein, wie es § 267 StGB zeigt: Während die Urkunde das Tatobjekt darstellt, ist der Be-

---

[178] *Martins*, ZStW 125 (2013), 234 (239f.); *Amelung*, in: Recht und Moral, S. 269 (275); *Hefendehl*, Kollektive Rechtsgüter, S. 50; *Stächelin*, Strafgesetzgebung im Verfassungsstaat, S. 85f.; *Bach*, Die Strafbarkeit der Marktteilnahme, S. 86.
[179] *Dahm*, Verbrechen und Tatbestand, S. 28ff., 32; *Schaffstein et al.*, in: Grundfragen der neuen Rechtswissenschaft, S. 108 (112ff.); *Dahm/Schaffstein*, Liberales oder autoritäres Strafrecht?, S. 37ff.
[180] Siehe *Roxin/Greco*, Strafrecht AT I, § 2 Rn. 37ff. für entsprechende Beispiele.
[181] *Roxin/Greco*, Strafrecht AT I, § 2 Rn. 38.
[182] In diese Richtung auch *Hassemer*, in: FS Roxin 2001, S. 1001 (1010ff.), der zwischen einem „kommunikativen" und „symbolischen" Strafrecht begrifflich unterscheidet.

weisverkehr jedoch das geschützte Rechtsgut.[183] Diese Differenzierung zwischen Handlungsobjekt und Rechtsgut ist insbesondere auch für die Unterscheidung verschiedener Deliktsstrukturen relevant.[184]

## III. Integration des Rechtsguts in den Verhältnismäßigkeitsgrundsatz

Nach dieser soeben vorgenommenen Materialisierung des Rechtsgutsbegriffs soll dieser nun in das Verfassungsrecht integriert werden, um genau untersuchen zu können, an welcher Stelle er seine systemkritische Funktion entfaltet. Erneut zu betonen ist, dass eine Integration in verfassungsrechtliche Grundsätze essenziell ist, obwohl das Rechtsgut „nur" kriminalpolitisch wirkt.

### 1. Erläuterung des Verhältnismäßigkeitsgrundsatzes

Der Verhältnismäßigkeitsgrundsatz ist ein im Verfassungsrecht anerkannter Grundsatz, der den Kern der Prüfung der Rechtfertigung von Grundrechtseingriffen und demnach von nahezu jedem staatlichen Handeln darstellt.

Nach diesem müssen Grundrechtseingriffe einen legitimen Zweck verfolgen und diesen in geeigneter, erforderlicher und angemessener Weise schützen. Die Strafvorschrift muss demnach den Zweck der Vorschrift zumindest fördern und es darf kein anderes, gleich wirksames, aber weniger einschränkendes Mittel zur Verfügung stehen.[185] Schließlich wird im Rahmen der Angemessenheit untersucht, ob „das Maß der Belastung des Einzelnen noch in einem vernünftigen Verhältnis zu den der Allgemeinheit erwachsenden Vorteilen steht".[186] Hierbei sind Art und Bedeutung des Grundrechts, Grad der Wahrscheinlichkeit seiner Verletzung sowie Dringlichkeit des Schutzes von besonderer Relevanz.[187] Das Bundesverfassungsgericht betont erneut den weiten Spielraum des Gesetzgebers, der diesem neben

---

[183] Zum Ganzen *Roxin/Greco*, Strafrecht AT I, § 2 Rn. 65; *Hefendehl*, Kollektive Rechtsgüter, S. 39 ff.; *Neumann/Saliger*, in: NK StGB, Vorbemerkungen zu § 1 StGB Rn. 121; *Baronin von König/Horsky*, in: Baumann/Weber/Mitsch/Eisele, Strafrecht AT, § 2 Rn. 10; *Jescheck/Weigend*, Strafrecht AT, S. 260; *Amelung*, in: Die Rechtsgutstheorie, S. 155 (167); *Großmann*, Liberales Strafrecht in der komplexen Gesellschaft, S. 137; *Graul*, Abstrakte Gefährdungsdelikte und Präsumtionen, S. 107 f.
[184] Siehe dazu unten § 6 B.
[185] BVerfG, Beschluss v. 26.02.2008, 2 BvR 392/07 Rn. 36, BVerfGE 120, 224 (240).
[186] BVerfG, Urteil v. 26.02.2020, 2 BvR 2347/15, 2 BvR 651/16, 2 BvR 1261/16, 2 BvR 1593/16, 2 BvR 2354/16, 2 BvR 2527/16 Rn. 265, NJW 2020, 905 (913).
[187] *Kloepfer*, Verfassungsrecht I, § 10 Rn. 217.

der Wahl des schützenswerten Interesses insbesondere bei der Prognose und Einschätzung zukommt und somit auch nur begrenzt überprüft werden kann.[188]

### 2. Konkrete Anknüpfungspunkte des Rechtsgutsbegriffs

In ebendiesen vierstufigen Aufbau ist die Forderung eines Rechtsguts zu integrieren.[189] So ist es nachvollziehbar, als legitimen Zweck einer Vorschrift den Schutz eines Rechtsguts zu verlangen. Hierdurch kann der systemkritischen Forderung der Rechtsgutstheorie nachgekommen werden – ein Rechtsgut ist essenzielle Voraussetzung jeder Strafvorschrift. Die sich hieran anschließende Prüfung der Geeignetheit und Erforderlichkeit kann sich dann im Anschluss präzise auf das Rechtsgut beziehen.[190]

Dagegen wird jedoch angebracht, durch die Einordnung eines Zwecks als Rechtsgut werde bereits darüber entschieden, dass dieser Zweck auch mit dem Mittel des Strafrechts verfolgt werden dürfe. Die Entscheidung über die Relation der Maßnahme des Strafrechts zum Schutz des Zwecks sei jedoch gerade eine Frage der weiteren Verhältnismäßigkeitsprüfung. Ein Rechtsgut sei nämlich auch nur dann ein solches, wenn das Strafrecht auch geeignet, erforderlich und angemessen sei, dieses zu schützen. Durch das Erfordernis eines Rechtsguts als legitimen Zweck würden daher diese späteren Prüfungspunkte vorweggenommen werden. Vielmehr solle erst auf der Ebene der Angemessenheit durch die Frage, ob die Freiheitsbeeinträchtigung nach ihrer Art und Intensität nicht außer Verhältnis zum geschützten Belang steht, das Erfordernis eines Rechtsguts geprüft werden.[191]

Dieser Kritik ist insofern zuzustimmen, als die Relation der Maßnahme eine Frage der weiteren Verhältnismäßigkeitsprüfung ist. Für diese Frage geht es jedoch um die *konkrete* Ausgestaltung der Strafvorschrift, die auf ihre Geeignetheit und Erforderlichkeit hin überprüft wird – demnach um die konkrete Art der verhängten Strafe sowie um den Strafrahmen. Diese Frage wird noch nicht dadurch beantwortet, dass der zu schützende Belang durch die Einordnung als Rechtsgut grundsätzlich durch das Strafrecht geschützt werden darf. Der Schutz eines Rechtsguts ist somit als legitimes Ziel zu fordern.

---

[188] BVerfG, Beschluss v. 26.02.2008, 2 BvR 392/07 Rn. 36, BVerfGE 120, 224 (240).
[189] Gegen die Möglichkeit einer Integration *Engländer*, ZStW 127 (2015), 616 (627); *Stuckenberg*, GA 2011, 653 (656); *Gärditz*, JZ 2016, 641 (649).
[190] Zum Ganzen siehe *Sigmund*, Strafrecht gegen Korruption im Sport?, S. 189; *Hassemer*, in: Die Rechtsgutstheorie, S. 57 (60); *Greco*, ZIS 2008, 234 (238); *Zweigle*, Gesetzgeber im Konflikt, S. 75; *Jäger*, in: SK StGB, vor § 1 StGB Rn. 12, 22 ff.; *Thurn*, KJ 2009, 74 (82); *Sternberg-Lieben*, in: FS Paeffgen, S. 31 (37); *Eisele*, in: Schönke/Schröder, Vorbemerkungen zu den §§ 13 ff. StGB Rn. 10a.
[191] Zum Ganzen siehe *Bach*, Die Strafbarkeit der Marktteilnahme, S. 94 f.; *Kaspar*, Verhältnismäßigkeit und Grundrechtsschutz, S. 222 ff.

Zudem ist zu klären, *womit* das zu schützende Rechtsgut abzuwägen ist. Teilweise wird verlangt, die Verbots- und Sanktionsnorm isoliert auf ihre Angemessenheit hin zu überprüfen.[192] Nach diesem Ansatz würde einerseits für die Überprüfung der Verbotsnorm mit dem verbotenen Handeln selbst, jedenfalls also mit der allgemeinen Handlungsfreiheit gem. Art. 2 Abs. 1 GG abgewogen werden. Andererseits sei für die Überprüfung der Sanktionsnorm für die Überprüfung des Schuldvorwurfs an sich mit Art. 2 Abs. 1 GG i. V. m. Art. 1 Abs. 1 GG und für die Überprüfung der konkret angedrohten Strafe mit Art. 2 Abs. 2 S. 2 GG bei einer Freiheitsstrafe oder Art. 2 Abs. 1 GG bei einer Geldstrafe abzuwägen. Dieser Ansatz verkennt jedoch, dass die Gewichtung des verbotenen Verhaltens maßgebend damit zusammenhängt, *ob* dieses Handeln strafbewährt ist oder nicht.[193] Ein nur abstraktes Verbot – ohne Berücksichtigung von dessen Strafbarkeit – wird nicht in der Lage sein, zu konformem Verhalten zu zwingen. Der Eingriff in dieses Verhalten wäre daher sehr gering und würde somit durch eine isolierte Betrachtung vermutlich nie zu dem Ergebnis kommen, ein Verbot sei nicht gerechtfertigt. Die Verhältnismäßigkeit einer Strafvorschrift hängt somit maßgebend von der Gesamtbetrachtung ab: Das Rechtsgut ist somit immer mit dem Unter-Strafe-Stellen des Verhaltens im Rahmen der Angemessenheit in einen Ausgleich zu bringen.

Im Rahmen der Angemessenheit kommen zudem noch weitere Faktoren dazu:[194] die Art und der Grad der Beeinträchtigung des geschützten Rechtsguts sowie die damit zusammenhängende Handlung. Je enger der Zusammenhang zwischen Handlung und Rechtsgut, desto eher ist es gerechtfertigt, dem/der Normadressierten das Handeln als strafbar vorzuwerfen.[195] Allein das Vorliegen eines Rechtsguts reicht somit nicht für die Legitimation einer Vorschrift aus, vielmehr kommt es noch maßgebend auf eine angemessene Deliktsstruktur[196] der Vorschrift zum Schutz des Rechtsguts an.[197]

---

[192] *Appel*, Verfassung und Strafe, S. 79 ff., 574 ff., 590 ff.; *Lagodny*, Strafrecht vor den Schranken der Grundrechte, S. 55 ff., 130 ff., 133 ff., 137 ff.; *Bäcker*, Kriminalpräventionsrecht, S. 363; *Stächelin*, Strafgesetzgebung im Verfassungsstaat, S. 111 ff.

[193] *Goeckenjan*, in: Verhältnismäßigkeit, S. 184 (192 ff.); *Kaspar*, Verhältnismäßigkeit und Grundrechtsschutz, S. 224; *Bach*, Die Strafbarkeit der Marktteilnahme, S. 82; *Hefendehl*, JA 2011, 401 (404 f.); ders., Kollektive Rechtsgüter, S. 90 f.; *Kudlich*, JZ 2003, 127 (129); *Trendelenburg*, Ultima ratio?, S. 81; *Schmidt*, Grundrechte als verfassungsunmittelbare Strafbefreiungsgründe, S. 102; *Puschke*, Legitimation, Grenzen und Dogmatik, S. 158 ff.

[194] *Hefendehl*, JA 2011, 401 (404).

[195] *Bach*, Die Strafbarkeit der Marktteilnahme, S. 97.

[196] Dazu später § 6 A.

[197] Selbstverständlich kommen über die Rechtsgutslehre und die konkrete Ausgestaltung des Delikts hinaus noch weitere Voraussetzungen für die Legitimation einer Strafvorschrift hinzu, so besonders das Bestimmtheitsgebot und die Wahrung des Schuldprinzips, die jedoch vorliegend nicht genauer thematisiert werden.

## B. Konkrete Einordnung der betroffenen Interessen

Anhand dieser vorgenommenen Unterscheidung von Individual- und Kollektivrechtsgütern sind die zuvor herausgearbeiteten Interessen,[198] die von öffentlich zugänglichen Beleidigungen in sozialen Netzwerken betroffen werden, nun auf ihre Rechtsgutsqualität hin zu untersuchen. Denn nur wenn diese ein Rechtsgut darstellen, sind sie auch strafrechtlich schützenswert. Zudem hilft die nachfolgend vorzunehmende Einordnung in Individual- und Kollektivrechtsgut für die spätere Suche nach einer passenden Deliktsstruktur.

### I. Ehre des/der Adressierten

Durch die mögliche Kenntnisnahme weiterer Nutzer:innen sowie mögliche Vervielfältigungshandlungen führen öffentlich zugängliche Beleidigungen in sozialen Netzwerken sowohl zu der Gefahr der intensiveren Ehrverletzung als auch zu der Gefahr weiterer Ehrverletzung an dem/der Adressierten. Nach obiger Definition besteht die Ehre aus einem angeborenen, unantastbaren Kern und einem angeborenen Geltungswert, der sich zwar durch das Verhalten des Ehrträgers/der Ehrträgerin schmälern, jedoch nicht größer werden kann. Der Schutz der Ehre als Individualrechtsgut ist allgemein anerkannt.[199] Die verfassungsrechtliche Verankerung ergibt sich aus Art. 2 Abs. 1 GG i. V. m. Art. 1 Abs. 1 GG.

### II. Ehre Dritter

Nachahmende Beleidigungen betreffen ebenfalls das Individualrechtsgut der Ehre Dritter, die sich in der Person vom/von der Adressierten unterscheiden. Besonders ist hierbei, dass nicht nur das Rechtsgut eines Rechtsgutsträgers/einer Rechtsgutsträgerin betroffen ist, sondern die Ehre als Rechtsgut unzählig vieler Individuen. Diese Situation unterscheidet sich dabei maßgebend von der einer *einmalig* getätigten Äußerung, die zugleich eine Mehrzahl an Personen beleidigt. So kann beispielsweise eine in der Zeitung veröffentlichte Beleidigung eine Vielzahl an Leser:innen betreffen, die ein konkretes Merkmal erfüllen, etwa indem sie einer bestimmten Religion angehören. Auch hier gibt es dann eine Vielzahl an betroffenen Rechtsgutsträger:innen, die jedoch im Vorfeld abstrakt durch ihre Eigenschaft als Leser:innen der Zeitung und das Erfüllen des Merkmals bestimmt werden können.

---

[198] Siehe dazu oben § 4.
[199] *Valerius*, in: BeckOK StGB, § 185 StGB Rn. 1; *Heger*, in: Lackner/Kühl/Heger, Vorbemerkungen zu den §§ 185 ff. StGB Rn. 1; *Eisele/Schittenhelm*, in: Schönke/Schröder, Vorbemerkungen zu den §§ 185 ff. StGB Rn. 1.

Anders ist es jedoch im vorliegenden Fall: Die abstrakte Bestimmung der betroffenen Rechtsgutsträger:innen ist nicht nur davon abhängig, dass Dritte die ursprüngliche Beleidigung lesen, sondern auch davon, ob sich diese Dritte dazu entscheiden, selbst eine Beleidigung zu veröffentlichen, und an wen sie diese richten wollen. Sowohl die Vielzahl an Betroffenen als auch der Umstand, sie nicht abstrakt bestimmen zu können, gebieten es, dieses Interesse nicht als konkretes Individualrechtsgut einzuordnen, sondern für den weiteren Verlauf der Arbeit als *unbestimmtes, massenhaft betroffenes Individualrechtsgut* zu bezeichnen.

### III. Meinungsfreiheit Dritter

Der Entschluss Adressierter oder Dritter, sich aus Angst vor Angriffen auf ihr allgemeines Persönlichkeitsrecht nicht mehr in sozialen Netzwerken zu äußern („silencing effect"), betrifft ihre persönliche Meinungsfreiheit. Insofern kommt eine Einordnung der Meinungsfreiheit als Individualrechtsgut in Betracht. Bislang gibt es noch keine Straftatbestände zum Schutz der Meinungsfreiheit als Rechtsgut. Sie findet bislang vor allem außerstrafrechtlich durch die mittelbare Drittwirkung ihren Schutz. Dabei geht es aber darum, dass Dritte (Private) die Meinungsfreiheit einschränken. In dem vorliegenden Phänomen des „silencing effects" wird aber die Meinungsfreiheit *selbst* durch die Nutzer:innen eingeschränkt. Dieser Umstand der *eigenen* Einschränkung der Meinungsfreiheit wird bislang lediglich als schlichter Schutzreflex mitgeschützt: So kann das Beschmieren einer Hauswand nach § 303 Abs. 1 StGB mit politischem Motiv dazu führen, dass sich der/die Eigentümer:in nicht mehr traut, die eigene Meinung zu sagen. Die Situation, dass es aber nicht nur im Einzelfall durch einzelne Betroffene dazu kommt, sondern dass empirisch nachgewiesen[200] ein beachtlicher Anteil der von Hass im Netz betroffenen und unbetroffenen Nutzer:innen sich aus sozialen Netzwerken zurückzieht, stellt einen essenziellen Unterschied dar. Dieser Umstand lässt sich nur im öffentlichen Raum des Meinungsaustausches in sozialen Netzwerken feststellen. In anderen Kommunikationsräumen ist ein solches Phänomen des „silencing effects" nicht bekannt. Daher gibt es auch noch keine Straftatbestände, die dieses Individualrechtsgut schützen.

Durch Art. 5 Abs. 1 S. 1 Alt. 1 GG besteht eine verfassungsrechtliche Verankerung im Grundgesetz, was somit für eine erhöhte Schutzbedürftigkeit spricht, jedoch nicht zwingend eine Klassifikation als Rechtsgut zur Folge hat. Es ist die hohe Bedeutung dieses Gutes für das Individuum und die Gesellschaft, die zur Einordnung als Individualrechtsgut[201] führt. Das Recht zur Äußerung der eigenen

---

[200] Siehe dazu oben § 4 C. II.
[201] *Großmann*, StV 2020, 408 (410); *Hoven/Witting*, NJW 2021, 2397 (2399); RegE Gesetz zur Bekämpfung des Rechtsextremismus und der Hasskriminalität, S. 1.

Meinungsfreiheit ist als unmittelbarer Ausdruck der menschlichen Persönlichkeit in der Gesellschaft eines der vornehmsten Menschenrechte überhaupt.[202] Jede:r kann sagen, was er/sie denkt, ohne Gründe dafür angeben zu müssen.[203] Zugleich ist die Meinungsfreiheit für eine Demokratie „schlechthin konstituierend",[204] da erst ein Zusammenkommen und Auseinandersetzen mit verschiedenen Meinungen diese Staatsform ermöglicht.[205] Aus dieser hohen Relevanz folgt ihre Schutzbedürftigkeit durch das Strafrecht. Besonders ist dabei das Neutralitätsgebot des Staates[206] zu beachten. Das Individualrechtsgut ist zwingend so auszugestalten, dass keine Meinung per se ausgeschlossen ist oder nur bestimmte Meinungen umfasst sind. Das könnte sich auch aus Art. 5 Abs. 2 GG herleiten: Dieser sieht vor, dass ein die Meinungsfreiheit einschränkendes Gesetz „allgemein" ist. Darunter versteht das Bundesverfassungsgericht, dass das Gesetz „ohne Rücksicht auf eine bestimmte Meinung" ausgestaltet ist.[207] Wenn also laut Art. 5 Abs. 2 GG folgt, dass nicht nur bestimmte Meinungen eingeschränkt werden dürfen, dann kann daraus umgekehrt folgen, dass nicht auch nur bestimmte Meinungen geschützt werden.

Wenn es daher, wie im vorliegenden Fall, um die Einschränkung der *eigenen* Meinungsfreiheit geht, ist hiervon die Einschränkung jeder Meinung umfasst. Wie auch bei der Gefahr nachfolgender Ehrverletzungen Dritter, ist dieser Umstand durch die große Anzahl unbestimmter Personen ein Massenphänomen. Auch hier ist daher von dem *unbestimmten, massenhaft betroffenen Individualrechtsgut* der Meinungsfreiheit zu sprechen.

### IV. Öffentlicher Diskurs

Ob der öffentliche Diskurs ein kollektives Rechtsgut darstellt, das vor Veränderung zu schützen ist, ist fraglich. Dessen verfassungsrechtliche Verankerung lässt sich über das Demokratieprinzip aus Art. 20 Abs. 1 GG herleiten. Für eine Demokratie ist es essenziell, dass Diskussionen über aktuelle Geschehnisse und politische Entscheidungen nicht nur überhaupt stattfinden, sondern dass auch alle Mehr- und Minderheiten sich trauen, daran teilzunehmen.

So ist zunächst festzustellen, dass die Gesellschaft Rechtsgutsträgerin wäre, da der Raum des öffentlichen Diskurses für Individuen die Freiheit schafft, das öffentliche Geschehen zu bewerten, sich dazu zu äußern und Kritik zu üben. Genauer würde es sich dabei um ein Vertrauensrechtsgut handeln. Der Raum des öffentlichen

---

[202] BVerfG, Urteil v. 15.01.1958, 1 BvR 400/51 Rn. 32, BVerfGE 7, 198 (208).
[203] BVerfG, Beschluss v. 11.05.1976, 1 BvR 163/72 Rn. 22, BVerfGE 42, 163 (171).
[204] BVerfG, Urteil v. 15.01.1958, 1 BvR 400/51 Rn. 32, BVerfGE 7, 198 (208).
[205] *Kaiser*, in: Dreier, Art. 5 GG Rn. 41; *Bethge*, in: Sachs, Art. 5 GG Rn. 22.
[206] Siehe dazu oben § 5 A. II. 2. b).
[207] BVerfG, Urteil v, 15.01.1958, 1 BvR 400/57 Rn. 35, NJW 1958, 257 (258).

Diskurses existiert nämlich nicht beziehungsweise kann seine Bedeutung für den demokratischen Rechtsstaat nicht entfalten, wenn kein Vertrauen in diesen besteht. Das Vertrauen der Individuen in den öffentlichen Diskurs besteht darin, aufgrund der eigenen Herkunft, Religion, sexuellen Orientierung, Geschlechtsidentität oder des Geschlechts nicht beleidigt oder herabgesetzt zu werden. Individuen vertrauen aber auch darauf, ohne Risiko am öffentlichen Diskurs teilhaben zu können, das heißt ohne staatliche Konsequenzen oder ohne herabsetzende Reaktionen Dritter, verständlich nur, sofern der Beitrag rechtlich zulässig ist. Sofern dieses Vertrauen besteht, wird der Raum des öffentlichen Diskurses „genutzt" beziehungsweise an diesem teilgenommen, indem Individuen ihre Meinung äußern oder zu Beiträgen anderer Nutzer:innen Stellung nehmen und so an der gesellschaftlichen Debatte teilhaben. Hierdurch wäre der für ein kollektives Rechtsgut notwendige personale Rückbezug gegeben. Im Falle fehlenden Vertrauens fände keine Teilhabe am öffentlichen Diskurs statt, sodass dieser gar nicht mehr bestünde. Das Vertrauen, beziehungsweise das Handeln aufgrund des Vertrauens, wäre somit konstitutiv für das Bestehen als Rechtsgut.

Auch die formellen Kriterien der „Nicht-Distributivität", „Nicht-Ausschließbarkeit" und „Nicht-Rivalität" würden erfüllt. Der öffentliche Diskurs kann nicht aufgeteilt werden und den Individuen kann kein Anteil zugewiesen werden („Nicht-Distributivität"). Zudem darf niemand von dem öffentlichen Diskurs ausgenommen werden („Nicht-Ausschließbarkeit"). Wird am öffentlichen Diskurs – ordnungsgemäß, das heißt, ohne andere zu beleidigen oder herabzusetzen – teilgenommen, so werden auch keine anderen Individuen dadurch ausgeschlossen („Nicht-Rivalität").

Problematisch ist allerdings, ob das Merkmal der „Nicht-Addition" vorliegt beziehungsweise ob der öffentliche Diskurs nicht vielleicht ein bloßes Scheinrechtsgut darstellt. Diese Einordnung könnte sich insbesondere durch die unbestimmten, massenhaft betroffenen Individualrechtsgüter der Meinungsfreiheit und der Ehre dritter Nutzer:innen ergeben. Hierbei ist daher zu untersuchen, ob es sich beim öffentlichen Diskurs wirklich um ein „Mehr" als die Addition dieser beiden Individualrechtsgüter handelt. Der öffentliche Diskurs als laufende Debatte zu aktuellen Geschehnissen und politischen Themen besteht im Wesentlichen aus der gelebten Meinungsfreiheit vieler Individuen. Von dem Individualrechtsgut der Ehre ist umfasst, weder aufgrund der eigenen Haltung noch aufgrund persönlicher Eigenschaften herabgesetzt zu werden. Darüber hinaus bleibt jedoch die Sorge um eine Herabsetzung und somit die Möglichkeit, „risikofrei" am öffentlichen Diskurs teilzunehmen – das könnte das „Mehr" darstellen und somit der wesentliche Aspekt des Kollektivrechtsguts sein. Dieser Aspekt ist gerade nicht identisch mit dem Rückzug von Nutzer:innen aus dem öffentlichen Diskurs, das stellt die Folge dieser Sorge dar – die Sorge und Erwartung wiederum die Ursache. Das, was das relevante „Mehr" darstellt, damit ein kollektives Rechtsgut vorliegt, muss jedoch von kollektivem Interesse sein. Die Schutzwürdigkeit kann sich dabei nicht allein aus der Häufigkeit der Betroffenheit dieser individuellen Interessen ergeben, die kein Rechtsgut darstellen. Ansonsten würden die Voraussetzungen an ein Rechtsgut ausgehöhlt. So wäre es vorliegend der Fall: Die Sorgen und Erwartungen an eine risikofreie Teilnahme am öffentlichen Diskurs sind diejenigen von Individuen als potenzielle Teilnehmende am öffentlichen Diskurs. Es bleibt insofern kein „Mehr" als die Addition von Individualinteressen. Insofern ist der öffentliche Diskurs, trotz seiner Bedeutung für die Demokratie, kein taugliches kollektives Rechtsgut.[208]

Die Veränderung des öffentlichen Diskurses stellt somit lediglich einen Schutzreflex dar, der mittelbar durch § 185 StGB geschützt wird.[209]

## V. Funktionsfähigkeit demokratischer Institutionen

Die Funktionsfähigkeit demokratischer Institutionen stellt hingegen ein kollektives Rechtsgut dar. Dieses besteht, wie sich nachfolgend zeigen wird, aus zwei Komponenten.[210]

Zum einen ist das Vertrauen in die Funktionsfähigkeit demokratischer Institutionen als Teil des gesamten politisch-demokratischen Systems zu sehen. Dessen verfassungsrechtliche Verankerung ergibt sich aus dem Demokratieprinzip nach Art. 20 Abs. 1 GG. Auch hier stellt sich zunächst die Frage, ob die Gesellschaft selbst oder der Staat der/die Rechtsgutsträger:in der Funktionsfähigkeit demokratischer Institutionen ist. Damit die Funktionsfähigkeit demokratischer Institutionen ein Rechtsgut der Gesellschaft sein kann, muss sie einen Freiheitsraum für Individuen schaffen und auf deren Vertrauen beruhen. Zwar muss aus diesem Vertrauen und geschaffenen Freiheitsraum ein Handeln resultieren, notwendig ist jedoch nicht, dass davon dauerhaft Gebrauch gemacht wird.[211] Das politisch-demokratische System basiert im Wesentlichen auf dem Vertrauen darauf, dass politische Entscheidungen und Prozesse demokratisch und ehrlich ablaufen.[212] Ein Vertrauen sowohl in die Tätigkeit und das Handeln der Politiker:innen als auch in das Bestehen des

---

[208] Ohne ausführliche Begründung ausschließlich für den Individualschutz der Meinungsfreiheit im öffentlichen Diskurs *Hoven/Witting*, NJW 2021, 2397 (2400); kritisch bezüglich der „Hybridisierung" der Ehrschutzdelikte durch eine mögliche Erweiterung um kollektive Rechtsgüter *Kubiciel*, jurisPR-StrafR 2019, 4; für die Einordnung als kollektives Rechtsgut *Nussbaum*, KriPoZ 2021, 215 (221); RegE Gesetz zur Bekämpfung des Rechtsextremismus und der Hasskriminalität, S. 48; *Bredler/Markart*, JZ 2021, 864 (871), die jedoch ausschließlich auf die Bedeutung im Rahmen der Grundrechtsabwägung eingehen und die Beeinträchtigung des „demokratischen Diskurses" als Folge des „silencing effects" sehen; *Großmann*, StV 2020, 408 (410 f.) bei dem unklar bleibt, ob dieser den öffentlichen Diskurs noch als Rechtsgut anerkennen möchte, lehnt jedenfalls eine fehlende Zurechnung zu diesem ab.
[209] Im Falle der Annahme eines Rechtsguts würde sich die weiterführende Frage der Deliktsstruktur stellen. Zur Ablehnung eines Schutzes über § 185 Hs. 2 Alt. 1 StGB siehe *Bulut*, Strafbarkeit der Hassrede, S. 390.
[210] Zur Erläuterung der zwei Ebenen siehe oben § 4 E. II.
[211] *Hefendehl*, Kollektive Rechtsgüter, S. 117.
[212] *Rühs*, ZIS 2022, 51 (57); *Decker/Best/Fischer/Küppers*, Vertrauen in Demokratie, S. 7 ff.

politisch-demokratischen Systems ist daher konstitutiv. Da es in Deutschland, bis auf die äußerst selten vorkommenden Fälle des Art. 29 GG, keine direkte Demokratie auf Bundesebene gibt, ist die Vertretung von Individuen durch Politiker:innen und Abgeordnete ihre, wenn auch nur mittelbare, Möglichkeit der Teilhabe an demokratischen Prozessen. Darüber hinaus kann das Handeln der Individuen darin gesehen werden, ob beziehungsweise was sie wählen, inwiefern sie sich selbst engagieren und inwiefern der Kontakt zum Austausch mit Politiker:innen gesucht wird. Auch das Üben von Kritik stellt – innerhalb der rechtlich zulässigen Grenzen – eine Handlungsform aufgrund des Vertrauens dar, da eine lebendige Demokratie gerade auch darauf beruht. Verstärkt wird der Vertrauensaspekt durch die „Personifizierung" des Kollektivrechtsguts, indem das Vertrauen sich neben den abstrakten Abläufen besonders auch auf die das Amt ausübenden Personen bezieht.

Darüber hinaus sind die Merkmale der „Nicht-Distributivität", „Nicht-Ausschließbarkeit" und „Nicht-Rivalität" gegeben.

Des Weiteren ist das Verhältnis zu möglichen Individualrechtsgütern zu klären, um das Merkmal der „Nicht-Addition"[213] bejahen zu können. Zunächst ist das Individualrechtsgut der Ehre der Politiker:innen von der Funktionsfähigkeit demokratischer Institutionen mitumfasst, da Politiker:innen ihr Amt frei von Ehrangriffen ausüben können sollen.[214] Sich in sozialen Netzwerken im Rahmen des politischen Amtes zu äußern, ist als Teil des Individualrechtsguts der Meinungsfreiheit einzuordnen, sodass der Rückzug von Politiker:innen aus sozialen Netzwerken auch dieses Individualrechtsgut betrifft.

So müsste, um als kollektives Rechtsgut anerkannt zu werden, über diese Individualrechtsgüter hinaus noch ein „Mehr" betroffen sein. Hinter der Ehrverletzung eines Politikers/einer Politikerin und der Gefährdung ihrer Meinungsfreiheit steckt die Funktionsfähigkeit demokratischer Institutionen als Teil des politisch-demokratischen Systems insgesamt. Die den beleidigenden Äußerungen gegenüber Politiker:innen möglicherweise zugrunde gelegten Tatsachen oder der Anschein ihrer möglichen Berechtigung können durch Leser:innen auf das gesamte politisch-demokratische System übertragen werden. Damit können das bereits angesprochene Vertrauen und die Glaubwürdigkeit in transparente, ehrliche politische Abläufe und Entscheidungen gefährdet werden. Ebendieses Vertrauen ist aber maßgebend für ein effektives Handeln der Politiker:innen insgesamt, da nur so deren Entscheidungen akzeptiert und respektiert werden und diese somit ihre beabsichtigten Folgen entfalten können.[215] Die Funktionsfähigkeit demokratischer Institutionen umfasst

---

[213] Siehe zu diesem Merkmal oben § 5 A. II. 2. a) bb) (3).
[214] BVerfG, Beschluss v. 19.05.2020, 1 BvR 2397/19 Rn. 32, NJW 2020, 2622 (2626); BVerfG, Beschluss v. 19.05.2020, 1 BvR 1094/19 Rn. 25, NJW 2020, 2631 (2636); in diese Richtung auch schon BVerfG, Beschluss v. 06.11.2019, 1 BvR 16/13 Rn. 108, NJW 2020, 300 (310).
[215] Zum Ganzen *Rühs*, ZIS 2022, 51 (57).

somit gerade ein „Mehr" gegenüber der bloßen Addition verschiedener Individualrechtsgüter. Damit stellt sie ein eigenständiges kollektives Rechtsgut dar.

Darüber hinaus könnte ausnahmsweise ein öffentliches Interesse an dem Schutz der Individualrechtsgüter bestehen. Nach dem Merkmal der „Nicht-Addition" führt ein Betroffensein einer Vielzahl von Individuen nicht zu einem Kollektivrechtsgut. Vorliegend ist die Konstellation jedoch eine andere: Es geht nicht um das Betroffensein einer Vielzahl von Individuen, die das Kollektivinteresse begründen, sondern um das kollektive Interesse *an* den Individualrechtsgütern. Das Betroffensein der Politiker:innen ist nicht deswegen kollektiv, *weil viele betroffen sind*, sondern weil an ihrer Betroffenheit ein *kollektives Interesse* besteht. Ohne einen solchen hinreichenden Schutz besteht nämlich die Gefahr, dass diese ihre politischen Ämter nicht mehr ausüben oder sich keine Interessierten zur Ausübung finden lassen. Politische Ämter und deren Ausübung durch das Erlassen von Gesetzen und das Treffen wichtiger Entscheidungen sind essenziell für die Vertretung ihrer Wähler:innen. Ohne sie als Vertreter:innen des Volkes funktioniert die Demokratie nicht. Für diese Ämter ist es selbstverständlich notwendig, hinreichend viele Menschen zu finden, die sich dazu bereit erklären, sich für das politische Leben des Volkes zu engagieren. Von Art. 20 Abs. 1 GG ist demnach sowohl als geschützt anzusehen, dass Politiker:innen sich öffentlich engagieren, als auch, dass politische Ämter überhaupt besetzt werden.[216] Hierzu erkennt auch das Bundesverfassungsgericht an, dass ein „wirksamer Schutz der Persönlichkeitsrechte von Amtsträgern und Politikern über die Bedeutung für die jeweils Betroffenen hinaus auch im öffentlichen Interesse" liegt.[217] Solch „eine Bereitschaft zur Mitwirkung in Staat und Gesellschaft kann nur erwartet werden, wenn für diejenigen, die sich engagieren und öffentlich einbringen, ein hinreichender Schutz ihrer Persönlichkeitsrechte gewährleistet ist."[218] Das öffentliche Interesse liegt daher im Schutz der Ehre der Politiker:innen, da nur hierdurch eine hinreichende Mitwirkungsbereitschaft und ein öffentliches Auftreten der Politiker:innen sichergestellt wird.

Insofern enthält die Funktionsfähigkeit demokratischer Institutionen zwar durchaus Überschneidungen zu Individualrechtsgütern, ihre Eigenschaft als kollektives Rechtsgut erhält sie jedoch aus der dahinterstehenden eigenständigen Bedeutung

---

[216] In diese Richtung auch *Bredler/Markard*, JZ 2021, 864 (871), die die Mitwirkungsbereitschaft als relevant für die politisch-demokratische Grundordnung sehen; Entwurf des Bayerischen Staatsministeriums der Justiz für ein Gesetz gegen Hassrede, S. 10, der von „Schaden für die Demokratie" spricht.
[217] BVerfG, Beschluss v. 19.05.2020, 1 BvR 2397/19 Rn. 32, NJW 2020, 2622 (2626); BVerfG, Beschluss v. 19.05.2020, 1 BvR 1094/19 Rn. 25, NJW 2020, 2631 (2636).
[218] BVerfG, Beschluss v. 19.05.2020, 1 BvR 2397/19 Rn. 32, NJW 2020, 2622 (2626); BVerfG, Beschluss v. 19.05.2020, 1 BvR 1094/19 Rn. 25, NJW 2020, 2631 (2636); in diese Richtung auch schon BVerfG, Beschluss v. 06.11.2019, 1 BvR 16/13 Rn. 108, NJW 2020, 300 (310).

für das gesamte politisch-demokratische System.[219] Zudem besteht ausnahmsweise ein eigenständiges öffentliches Interesse an dem Schutz des Individualrechtsguts der Ehre von Politiker:innen als zweite kollektive Komponente.

## VI. Sicherheitsgefühl

Nachfolgend ist zu klären, ob das Sicherheitsgefühl ein Individualrechtsgut darstellt. Dafür ist dessen Inhalt zunächst zu konkretisieren. Das Sicherheitsgefühl wird oft über dessen Kehrseite – die Kriminalitätsfurcht – erforscht[220] und kann daher als Absenz von Kriminalitätsfurcht verstanden werden. In der Literatur wird das Sicherheitsgefühl in verschiedene Bestandteile unterteilt. Auch wenn sich die Begrifflichkeiten unterscheiden, so ist deren Inhalt im Ergebnis doch sehr ähnlich. Exemplarisch untergliedert Frevel das Sicherheitsgefühl in drei Komponenten: Die kognitive Komponente, wonach es um die Einschätzung des persönlichen Viktimisierungsrisikos geht, die affektive Komponente, die Unsicherheit, Angst oder Furcht beschreibt, und die konative Komponente, die Verhaltensreaktionen umfasst.[221]

### 1. Kognitive Komponente

Die kognitive Komponente kann kein eigenes Rechtsgut oder Bestandteil eines Rechtsguts sein. Eine letzten Endes bloß vermutete Veränderung einer auf eigener Wahrnehmung beruhenden Einschätzung ist hierfür zu unbestimmt. Diese Vermutung wird von jedem Individuum selbst und daher anders vorgenommen und ist sowohl abhängig von der eigenen Persönlichkeit als auch von persönlichen Erfahrungen. Zudem ist unklar, was an einer Einschätzung konkret schützenswert sein sollte.

---

[219] Ebenfalls als kollektives Rechtsgut einordnend *Rühs*, ZIS 2022, 51 (56f.); *Hoven/Witting*, NJW 2021, 2397 (2400); *Reinbacher*, NK 2020, 186 (196), der das jedoch als „Gefährdung des öffentlichen Friedens und des demokratischen Rechtsstaats" bezeichnet; a.A. hingegen *Großmann/Kubiciel*, KriPoZ 2023, 186 (188), die das gesellschaftliche Interesse nur zur Begründung der Schutzbedürftigkeit der Politiker:innen sehen, nicht jedoch als kollektives Rechtsgut.

[220] *Schneiders/Franke*, Kommunale Kriminalprävention, S. 73 ff.

[221] *Frevel*, Wer hat Angst vor'm bösen Mann?, S. 16f.; *Meyer*, in: Freiheit – Sicherheit – Öffentlichkeit, S. 111 (112); so auch *Hirtenlehner*, MschrKrim 2006, 1 (2); *Schwind/Ahlborn/Weiß*, Empirische Kriminalgeographie, S. 310; *Boers*, in: Internationales Handbuch der Gewaltforschung, S. 1399 (1401); ähnlich *Hefendehl*, KJ 2000, 174 (175f.), der in gefühls-, verstands- und verhaltensbezogene Komponenten unterteilt.

## 2. Affektive Komponente

Anders könnte es um die affektive Komponente stehen. Teile der Literatur lehnen grundsätzlich den Schutz von Gefühlen ab,[222] da diese auf individuellen, internen Abläufen und Reaktionen beruhen, somit nicht vorhersehbar seien und damit nicht hinreichend konturiert werden könnten.[223] Meyer hingegen argumentiert in bestimmten Fällen für die Einordnung als Individualrechtsgut.[224] Während der Großteil der Gefühle, auch wenn sie sehr stark sind, wie Trauer, Wut oder Liebeskummer zum „Menschensein" gehören und somit sozialtypisch seien, so sei das bei einer intensiven Angst, Opfer einer Straftat zu werden, nicht der Fall – diese würden die innere Persönlichkeitsentfaltung stark beeinträchtigen.[225] Eine Verankerung im Grundgesetz ergäbe sich aus dem allgemeinen Persönlichkeitsrecht nach Art. 2 Abs. 1 GG i. V. m. Art. 1 Abs. 1 GG. Es fragt sich daher, ob die affektive Komponente nicht vielleicht doch hinreichend präzisiert und begrenzt werden kann, um als Rechtsgut eingeordnet werden zu können.

Hierzu wird nachfolgend § 241 StGB untersucht. Für diesen Straftatbestand wird überwiegend der „individuelle Rechtsfrieden" als Rechtsgut anerkannt.[226] Darunter ist das Vertrauen des Einzelnen auf seine durch das Recht gewährleistete Sicherheit zu verstehen und wird in der Literatur in der Regel als Synonym zur Freiheit von Furcht verstanden[227] und kann somit parallel zur affektiven Komponente eingeordnet werden. Hier ist daher zu analysieren, ob die affektive Komponente hinreichend konturiert werden kann.

So ist zunächst festzuhalten, dass § 241 StGB auf die *objektive* Eignung der Drohung zur Störung des individuellen Rechtsfriedens abstellt – nicht darauf, ob der/die Bedrohte selbst die Drohung auch ernstnimmt.[228] Hierbei wird auf die Sicht

---

[222] *Hefendehl*, Kollektive Rechtsgüter, S. 32; *ders.*, JA 2011, 401 (404); *Eisele*, in: Schönke/Schröder, Vorbemerkungen zu den §§ 13 ff. StGB Rn. 10; *Renzikowski*, NJW 2014, 2539 (2540); *Hörnle*, Kultur, Religion, Strafrecht, C 29; *Kaiafa-Gbandi*, in: Die deutsche Strafrechtswissenschaft vor der Jahrtausendwende, S. 261 (271); *Roxin/Greco*, Strafrecht AT I, § 2 Rn. 26 f.; a. A. *Bloy*, in: FS Eser, S. 233 (252 ff.); *Amelung*, Rechtsgüterschutz und Schutz der Gesellschaft, S. 347.
[223] *Hefendehl*, Kollektive Rechtsgüter, S. 34.
[224] *Meyer*, in: Freiheit – Sicherheit – Öffentlichkeit, S. 111 (113 ff.).
[225] *Meyer*, in: Freiheit – Sicherheit – Öffentlichkeit, S. 111 (117).
[226] BVerfG, Beschluss v. 19.12.1994, 2 BvR 1146/94 Rn. 21, NJW 1995, 2776 (2777); BGH, Beschluss v. 15.01.2015, 4 StR 419/14 Rn. 9, NStZ 2015, 394 (395); *Valerius*, in: BeckOK StGB, § 241 StGB Rn. 1; *Eisele*, in: Schönke/Schröder, § 241 StGB Rn. 2; *Toepel*, in: NK StGB, § 241 StGB Rn. 4; *Schluckebier*, in: LK, § 241 StGB Rn. 1; kritisch dazu *Schroeder*, in: FS Lackner, S. 665 (671).
[227] *Schewe*, Das Sicherheitsgefühl und die Polizei, S. 182 f.; *Heger*, in: Lackner/Kühl/Heger, § 241 StGB Rn. 1.
[228] BGH, Beschluss v. 15.01.2015, 4 StR 419/14 Rn. 9, NStZ 2015, 394 (395); *Eisele*, in: Schönke/Schröder, § 241 StGB Rn. 4; *Nestler*, NStZ 2015, 396 (396); *Funck*, StraFo 2013, 214 (214).

eines/einer durchschnittlich empfindenden Dritten zurückgegriffen.²²⁹ Zudem wird die Freiheit von Furcht nicht vor jeder Tat geschützt, sondern ausschließlich vor solchen gegen die sexuelle Selbstbestimmung, die körperliche Unversehrtheit, die persönliche Freiheit oder gegen eine Sache von bedeutendem Wert (§ 241 Abs. 1 StGB) oder vor Verbrechen (§ 241 Abs. 2 StGB). Wesentlich ist auch, dass der/die Bedrohte selbst oder eine konkret bestimmte, dem/der Bedrohten nahestehende Person, Opfer der angedrohten Tat sein soll.²³⁰

Ebendiese eingrenzenden Tatbestandsmerkmale des § 241 StGB könnten allgemein als Konturierungen zur Eingrenzung des affektiven Kriteriums übertragen werden. Grundsätzlich dürfte das affektive Kriterium nicht auf den Gefühlen der Furcht, der Angst oder des Schreckens des Individuums selbst basieren, sondern auf der Einschätzung eines/einer objektiven Dritten. Dadurch ließen sich irrationale Gefühle vermeiden. Diese Einschätzung des/der objektiven Dritten müsste zudem auf Anhaltspunkten beruhen, wie etwa vergangenen Ereignissen oder persönlichen Erlebnissen des Rechtsgutsträgers/der Rechtsgutsträgerin. Auch hier müsste sich das beeinträchtigte Sicherheitsgefühl auf die Furcht vor bestimmten Delikten beziehen, die eine gewisse Schwelle erreichen. Die Angst vor Graffiti oder dem Betreten des eigenen Grundstücks durch Dritte reicht nicht aus. Denkbar ist hier an eine ähnliche Schwelle wie in § 241 Abs. 1 und Abs. 2 StGB anzuknüpfen. Zudem müsste der/die Rechtsgutsträger:in auch als potenzielles Opfer der möglichen Straftaten ausgemacht werden können. Das könnte etwa durch das Angehören zu einer besonders von den zu befürchtenden Straftaten betroffenen Gruppe oder durch konkrete Anhaltspunkte im Einzelfall sein. Durch diese Merkmale könnte gewährleistet werden, dass die Angst, Opfer einer Straftat zu werden, keine übertriebene Reaktion darstellt und zudem hinreichend nachvollzogen werden kann.²³¹ Eine Konturierung der affektiven Komponente des Sicherheitsgefühls und die Einordnung als Rechtsgut oder Teil eines solchen wären somit durchaus denkbar.

### 3. Konative Komponente

Auch die konative Komponente ist auf ihre Rechtsguteigenschaft zu untersuchen. Verhaltensreaktionen – als Folge der kognitiven und affektiven Komponenten – können sich beispielsweise in Form veränderter Verhaltensweisen, Vermeidungs- oder Schutzverhalten, Einschränkungen oder Rückzug aus dem gesellschaftlichen Leben und sozialer Isolation zeigen.²³² Diese Reaktionen werden als Beeinträch-

---

[229] BGH, Beschluss v. 15.01.2015, 4 StR 419/14 Rn. 9, NStZ 2015, 394 (395); *Valerius*, in: BeckOK StGB, § 241 StGB Rn. 4.
[230] *Valerius*, in: BeckOK StGB, § 241 StGB Rn. 8.
[231] *Meyer*, in: Freiheit – Sicherheit – Öffentlichkeit, S. 111 (121 ff.) hat insgesamt ähnliche Kriterien aufgestellt, allerdings für die Einordnung als polizeiliches Schutzgut.
[232] *Schneider*, JURA 1996, 574 (583); *Roxin/Greco*, Strafrecht AT I, § 2 Rn. 27; *Hefendehl*, KJ 2000, 174 (175).

tigung der Freiheit der Willensbildung und Willensbetätigung eingeordnet,[233] die Teile des allgemeinen Persönlichkeitsrechts nach Art. 2 Abs. 1 GG i.V.m. Art. 1 Abs. 1 GG sind. Dadurch, dass sich diese möglichen Veränderungen durch ein Verhalten der Individuen zeigen, sind sie sichtbar und können real begriffen werden. Die Einordnung als Rechtsgut oder Teil eines solchen erscheint damit möglich.

### 4. Affektive und konative Komponente als Rechtsgutsbestandteil?

Nun bleibt zu klären, ob und in welchem Verhältnis die affektive und die konative Komponente ein Rechtsgut bilden können. Dabei lassen sich drei verschiedene Konstellationen herausarbeiten: In der ersten werden die Anforderungen an die affektive Komponente erfüllt, woraus sich verändertes Verhalten in Form der konativen Komponente tatsächlich feststellen lässt. In der zweiten Konstellation beruht das veränderte Verhalten der konativen Komponente auf Angst und Furcht, die, beispielsweise weil sie ohne Anhaltspunkte entstanden sind und sich auf kleinste Vergehen beziehen, nicht den herausgearbeiteten Anforderungen der affektiven Komponente entsprechen. In der dritten Konstellation liegen schließlich die Anforderungen an die affektive Komponente zwar vor, jedoch zeigt sich kein Verhalten der konativen Komponente.

Roxin ist so zu verstehen, dass er das Sicherheitsgefühl als Ganzes schützen möchte und zwar nur dann, wenn auch eine Beeinträchtigung der Verhaltensweisen tatsächlich sichtbar ist,[234] sodass nach ihm ein ausschließlicher Schutz der ersten Konstellation bestünde. Im Ergebnis ist so auch Grecos Auffassung einzuordnen, wenn auch er bei einem von Emotionen veränderten Verhalten nur die Veränderung des Verhaltens als tragenden Grund einer Bestrafung ansieht.[235] Allein ein Schutz der ersten Konstellation kann dabei in Betracht kommen, da nur in diesem Fall die Anforderungen an die affektive Komponente erfüllt werden und es auch zu tatsächlich sichtbarem Vermeideverhalten kommt. Da der Begriff des „Sicherheitsgefühls" den Eindruck erweckt, dieser bestehe ausschließlich aus einer affektiven Komponente, obwohl es, wie soeben erörtert, besonders auch auf die konative Komponente ankommt, ist nachfolgend von einer „affektbedingten Verhaltensänderung" zu sprechen.

An dieser Stelle soll jedoch noch nicht darüber entschieden sein, ob der Schutz einer affektbedingten Verhaltensänderung, die zwar nun hinreichend konturiert und begrenzt werden kann, auch tatsächlich als Individualrechtsgut einzuordnen ist. Hierbei stellt sich nämlich ein Problem: Eine affektbedingte Verhaltensänderung

---

[233] *Roxin/Greco*, Strafrecht AT I, § 2 Rn. 27; *Meyer*, in: Freiheit – Sicherheit – Öffentlichkeit, S. 111 (120) spricht allgemeiner von Freiheitsgebrauch.
[234] *Roxin*, Strafrecht AT I 4. Aufl., § 2 Rn. 27.
[235] *Roxin/Greco*, Strafrecht AT I, § 2 Rn. 27, wo sich Greco explizit von der vorherigen Auflage Roxins distanziert.

wäre bei nahezu jedem Straftatbestand gegen ein Individualrechtsgut gegeben. Auch die hinreichende Eingrenzung auf bestimmte Delikte ändert daran nichts. Opfer eines Handtaschenraubes vor einem Bankautomaten trauen sich nicht mehr, Geld abzuheben, Opfer einer sexuellen Belästigung fahren abends nicht mehr alleine U-Bahn, Opfer eines Einbruchdiebstahls haben eine Alarmanlage installiert und Opfer eines schweren Verkehrsunfalls fahren nicht mehr selbst Auto. Hier wäre überall das affektive Vermeideverhalten betroffen. Das ist jedoch mit einem systemkritischen Rechtsgutsbegriff nicht vereinbar. Dadurch könnte nämlich nahezu jede Strafvorschrift über einen Verweis auf den Schutz affektiven Vermeideverhaltens „gerettet" werden. Dem Individualrechtsgut käme dann eine strafrechtserweiternde und gerade nicht, wie es jedoch nach dem systemkritischen Rechtsgutsbegriff sein sollte, eine strafrechtsbegrenzende Funktion zu. Wenn auch auf einen objektiven Dritten abzustellen ist, so bleibt dennoch jede Konstellation eine Frage des Einzelfalls. Zudem ist aus den Straftatbeständen nicht ersichtlich, dass auch dieses Rechtsgut geschützt werden sollte. Anders schaut es bei § 241 Abs. 1 StGB und § 126a Abs. 1 StGB aus. Bei § 241 Abs. 1 StGB wird eine ganz bestimmte Straftat als tatbestandsmäßiges Verhalten angedroht. § 126a Abs. 1 StGB verlangt kein explizites Androhen einer Straftat, sondern das Veröffentlichen personenbezogener Daten. Dadurch, dass die Daten über bestimmte öffentliche Handlungen veröffentlicht werden und sie dazu geeignet und bestimmt sein müssen, die Gefahr bestimmter Straftaten hervorzurufen, ist eine hinreichende Konkretisierung gegeben. Insofern bestehen ausschließlich sowohl für § 241 Abs. 1 StGB als auch für § 126a Abs. 1 StGB hinreichend Anlass, affektives Vermeideverhalten zu schützen. Darüber hinaus ist jedoch bei Straftatbeständen, die nicht vor der Begehung erwarteter Straftaten schützen sollen – wie auch bei § 185 StGB – das affektive Vermeideverhalten nicht als Rechtsgut anzuerkennen. Das Sicherheitsgefühl lässt sich daher als bloßer Schutzreflex einordnen, das mittelbar durch § 185 StGB mitgeschützt wird.

## VII. Psychische Gesundheit

Auch ist nicht abschließend geklärt, ob die psychische Gesundheit als Individualrechtsgut einzuordnen ist. Die Diskussion um die Einordnung der psychischen Gesundheit als strafrechtlich schützenswertes Rechtsgut wird überwiegend unter den Tatbestandsmerkmalen des § 223 Abs. 1 StGB geführt. Während Argumente der Wortlautgrenze und ein systematischer Vergleich zu § 225 Abs. 3 Nr. 2 StGB mit Hinweis auf Art. 103 Abs. 2 GG oft angeführt werden, um die psychische Gesundheit nicht durch § 223 Abs. 1 StGB[236] zu schützen, sind das keine Argumente gegen die Einordnung als Rechtsgut per se.

---

[236] *Bloy*, in: FS Eser, S. 233 (235); vgl. *Eschelbach*, in: BeckOK StGB, § 223 StGB Rn. 1; a.A. *Hardtung*, in: MüKo StGB, § 223 StGB Rn. 62; *ders.*, JuS 2008, 864 (867), der das über einen Erst-recht-Schluss herleitet; *Mühe*, Mobbing am Arbeitsplatz, S. 88 ff.; *Zopfs/Küper*, Strafrecht BT, S. 188.

Die psychische Integrität darf dabei nicht als eine Ansammlung von Gefühlen gesehen werden, sondern als integrativer Teil der menschlichen Gesundheit.[237] Die psychische Gesundheit ist von großer Bedeutung für einen Zustand des individuellen Wohlbefindens, der nachhaltigen Leistungsfähigkeit und der subjektiven Lebensqualität.[238] Abhängig von Entwicklungen der Gesellschaft und sozialen und kulturellen Vorstellungen haben sich über die letzten Jahre unterschiedliche Klassifikationssysteme entwickelt, mit deren Hilfe Symptome psychischen Störungen zugeordnet werden können.[239] Nach der Definition der WHO stellen psychische Störungen „Störungen der psychischen Gesundheit dar, die oft durch eine Kombination von belastenden Gedanken, Emotionen, Verhaltensweisen und Beziehungen zu anderen gekennzeichnet sind. Beispiele für psychische Störungen sind Depressionen, Angststörungen, Verhaltensstörungen, bipolare Störungen und Psychosen."[240]

Das Bundesverfassungsgericht hat die psychische Gesundheit beziehungsweise die psychische Integrität als Teil des Rechts auf körperliche Unversehrtheit nach Art. 2 Abs. 2 S. 1 Alt. 2 GG eingeordnet.[241] Insbesondere durch eine Auslegung dieses Grundrechts im Lichte des Art. 1 Abs. 1 GG dürfe der Schutzbereich dieses Grundrechts nicht auf den Körper begrenzt bleiben.[242] Dafür spricht auch der Wortlaut des Art. 104 Abs. 1 GG: „seelisch und körperlich".[243]

Die Rechtsprechung und weite Teile der Literatur wollen psychische Beeinträchtigungen nur dann durch das Strafrecht schützen, wenn sie körperliche Auswirkungen haben.[244] Das ist dann der Fall, wenn „ein pathologischer, somatisch-objektivierbarer Zustand hervorgerufen worden ist, der vom Normalzustand nachteilig abweicht".[245] Bublitz weist darauf hin, die psychische Beeinträchtigung stelle nach diesem Verständnis nur ein Durchgangsstadium für die allein relevante körperliche Beeinträchtigung dar.[246] Die Intensität der psychischen Beeinträchtigung ist dabei

---

[237] *Steinberg*, JZ 2009, 1053 (1060).
[238] *Robert Koch Institut*, Psychische Gesundheit in Deutschland, S. 15.
[239] *Bublitz*, RW 2011, 28 (46f.).
[240] WHO in *Robert Koch Institut*, Psychische Gesundheit in Deutschland, S. 6.
[241] BVerfG, Beschluss v. 03.10.1979, 1 BvR 614/79 Rn. 19f., BVerfGE 52, 214 (221); so auch *Wolfslast*, Psychotherapie in den Grenzen des Rechts, S. 14.
[242] BVerfG, Beschluss v. 14.01.1981, 1 BvR 612/72 Rn. 55, BVerfGE 56, 54 (74ff.).
[243] *Hardtung*, in: MüKo StGB, § 223 StGB Rn. 62.
[244] BGH, Beschluss v. 05.11.1996, 4 StR 490/96 Rn. 6, NStZ 1997, 123 (123); BGH, Urteil v. 26.11.1985, 1 StR 393/85 Rn. 5, NStZ 1986, 166 (166); *Heger*, in: Lackner/Kühl/Heger, § 223 StGB Rn. 5; *Eschelbach*, in: BeckOK StGB, § 223 StGB Rn. 1 f.; *Wolters*, in: SK StGB, § 223 StGB Rn. 11; *Grünewald*, in: LK, § 223 StGB Rn. 9 ff.; *Ruppert*, JR 2016, 686 (692); wohl auch *Fischer*, StGB, § 223 StGB Rn. 12, der einen „objektivierbaren, pathologischen Zustand" fordert.
[245] BGH, Beschluss v. 18.07.2013, 4 StR 168/13 Rn. 13, NJW 2013, 3383 (3383); ähnlich, aber mit anderem Wortlaut BGH, Urteil v. 31.10.1995, 1 StR 527/95 Rn. 17, NJW 1996, 1068 (1069); BGH, Beschluss v. 09.10.2002, 5 StR 42/02 Rn. 34, NJW 2003, 150 (153).
[246] *Bublitz*, RW 2011, 28 (42).

nicht von Bedeutung, sondern allein die der körperlichen Erscheinungen. De facto bleibt es bei einem Schutz der körperlichen Integrität, wodurch man „Symptome zu Krankheiten [mache] und aus Nebenwirkungen die hauptsächlichen Schäden".[247] Andere Teile der Literatur wollen daher auch rein psychische Krankheitsbilder als geschützt ansehen, die keine körperlichen Erscheinungen zeigen.[248]

Hauptargumente gegen solch einen weiterreichenden Schutz der psychischen Gesundheit sind ein befürchtetes schwierig zu bestimmendes Erfolgs- und Handlungsunrecht. Es ist zu beachten, dass psychische Störungen aus einer Kombination des Wohlbefindens, der Befindlichkeit und des sozialen Umfelds der Betroffenen festgestellt werden[249] und sich damit vor allem in der Erlebniswelt der Betroffenen abspielen. Die Anerkennung und Diagnose sind daher abhängig von der subjektiven Wahrnehmung des/der Einzelnen. Anders als körperliche Krankheiten sind psychische Beeinträchtigungen nicht äußerlich für Dritte erkennbar. Zudem könnte die Gefahr bestehen, jede Traurigkeit oder Unzufriedenheit als Beeinträchtigung des Rechtsguts anzusehen. Es ist daher, wie bei anderen Rechtsgütern auch, eine gewisse Erheblichkeit zu fordern. Allein daraus, dass die Einbeziehung der Sicht des/der Betroffenen notwendig ist, ist nicht zu folgern, dass eine Objektivierbarkeit nicht möglich ist.[250] So gibt es auch für psychische Krankheiten medizinische Kriterien und anerkannte Krankheitsbilder, wodurch Sachverständige das Vorliegen von psychischen Krankheiten bestätigen können.[251] Sowohl im Zivilrecht etwa bei der Beweiserhebung über psychische Folgen deliktischer Handlungen[252] als auch im Strafprozess für die Beurteilung der Schuldfähigkeit, Fahrtüchtigkeit, Verhandlungsfähigkeit, Haftfähigkeit oder Glaubwürdigkeit als Zeuge[253] gelingt es, psychische Beeinträchtigungen hinreichend zu ermitteln und einzuordnen. Auch der Vorsatz, als ausschließlich innerer Prozess, kann durch Außenstehende hinreichend ermittelt und eingeordnet werden.[254] Nicht zuletzt kann bei Beweisproblemen der Grundsatz *in dubio pro reo* angewandt werden, um für Rechtssicherheit zu sorgen.[255] Das Erfolgsunrecht bei der Verletzung oder Beeinträchtigung der psychischen Integrität kann somit durchaus hinreichend bestimmt werden.[256]

---

[247] *Bublitz*, RW 2011, 28 (43).
[248] *Sternberg-Lieben*, in: Schönke/Schröder, § 223 StGB Rn. 1, 6; *Hardtung*, in: MüKo StGB, § 223 StGB Rn. 61 ff.; *Paeffgen/Böse/Eidam*, in: NK StGB, § 223 StGB Rn. 15; *Hoffmann*, GA 2002, 385 (397); *Nisco*, ZIS 2021, 1 (9), wenn auch mit Eingrenzungen; *Mühe*, Mobbing am Arbeitsplatz, S. 78 ff.; *Wolfslast*, Psychotherapie in den Grenzen des Rechts, S. 4–21; *Haft*, Strafrecht BT, S. 108.
[249] *Beck*, in: Krankheit und Recht, S. 101 (118 f.).
[250] *Bublitz*, RW 2011, 28 (45).
[251] *Hardtung*, in: MüKo StGB, § 223 StGB Rn. 63.
[252] *Bublitz*, RW 2011, 28 (45).
[253] *Steinberg*, JZ 2009, 1053 (1060).
[254] *Bublitz*, RW 2011, 28 (45).
[255] *Bublitz*, RW 2011, 28 (45).
[256] *Hardtung*, in: MüKo StGB, § 223 StGB Rn. 63; *Bublitz*, RW 2011, 28 (45); *Steinberg*, Strafe für das Versetzen in Todesangst, S. 122 ff.

Darüber hinaus besteht die Sorge, das Verhaltensunrecht wäre bei Anerkennung der psychischen Integrität zu weit gefasst.[257] So würde die weitergehende Anerkennung psychischer Beeinträchtigungen beispielsweise auch die Trennung des Lebenspartners/der Lebenspartnerin oder die Scheidung der Eltern zu einer dieses Rechtsgut verletzenden Handlung machen.[258] Diese Kritik bezieht sich jedoch nicht auf die Anerkennung des Rechtsguts der psychischen Integrität per se, sondern ist vielmehr eine Frage der konkreten Ausgestaltung der Deliktsstruktur und der objektiven Zurechnung.[259] Auch mit diesem Argument kann der Schutz psychischer Integrität nicht auf körperliche Auswirkungen beschränkt werden.

An dieser Stelle ist klarzustellen, dass durch die allgemeine Anerkennung der psychischen Gesundheit als strafrechtlich schützenswertes Individualrechtsgut keine Aussage darüber getroffen wird, inwiefern dieses Rechtsgut auch über § 233 Abs. 1 StGB geschützt werden soll. Die Anerkennung des Schutzes der psychischen Gesundheit durch Straftatbestände bedarf einer genauen Präzisierung, um gerade Gefahren einer zu weiten Ausdehnung des Handlungs- und Erfolgsunrechts vorzubeugen. Das folgt aus dem systemkritischen Rechtsgutsbegriff. Eine Anerkennung des Schutzes der psychischen Gesundheit über den Straftatbestand des § 233 Abs. 1 StGB wäre wohl eine zu weite Ausdehnung des Handlungsunrechts.

Die Sorgen eines ausufernden Handlungs- und Erfolgsunrechts sind unbegründet und stehen einer Anerkennung der psychischen Gesundheit als schützenswertes Individualrechtsgut per se nicht entgegen. Insbesondere sprechen die immer besseren medizinischen Möglichkeiten, psychische Erkrankungen zu diagnostizieren, sowie das gewandelte Verständnis von Gesundheit und die zunehmenden Zahlen psychischer Erkrankungen für die Einordnung der psychischen Gesundheit als strafrechtlich schützenswertes Individualrechtsgut.[260]

## VIII. Menschenwürde: Anerkennung als gleichwertiges Mitglied der Gesellschaft

Die Menschenwürde ist über Art. 1 Abs. 1 S. 1 GG in der Verfassung verankert. Der Gesetzgeber hat nach den grauenhaften Verbrechen des Nationalsozialismus deren Schutz an erste Stelle des Grundgesetzes gestellt, wodurch deutlich wird,

---

[257] *Grünewald*, in: LK, § 223 StGB Rn. 12; *Knauer*, Der Schutz der Psyche im Strafrecht, S. 200 f.
[258] *Ruppert*, JR 2016, 686 (693); *Knauer*, Der Schutz der Psyche im Strafrecht, S. 201.
[259] Siehe dazu mit ausführlichen Eingrenzungsvorschlägen insbesondere zur Sozialadäquanz und dem erlaubten Risiko *Hardtung*, in: MüKo StGB, § 223 StGB Rn. 64; *Bublitz*, RW 2011, 28 (50 f.).
[260] *Mühe*, Mobbing am Arbeitsplatz, S. 105; *Fehr*, Mobbing am Arbeitsplatz, S. 80 f.; *Kahre*, Mobbing und Cybermobbing, S. 207 ff.

dass die Menschenwürde „oberste[n] Verfassungswert"[261] hat und die wichtigste Wertentscheidung des Grundgesetzes darstellt.[262] Es wäre jedoch zu allgemein und zu weit, die Menschenwürde umfassend als Individualrechtsgut einzuordnen. Vielmehr ist die Menschenwürde in einzelne Individualrechtsgüter herunterzubrechen. Nur so können diese nämlich konkret bestimmt und im Anschluss auf ihre Betroffenheit untersucht werden. Wie zuvor ausführlich erörtert,[263] kommt es häufig vor, dass Nutzer:innen den Adressierten ihren fundamentalen Wert- und Achtungsanspruch absprechen und sie somit nicht als würdiges Mitglied der Gesellschaft anerkennen. In diesen Fällen ist der Teil der Menschenwürde betroffen, der Nutzer:innen das Recht auf Anerkennung als gleichwertiges Mitglied der Gesellschaft gibt. Dieses Recht auf Anerkennung als gleichwertiges Mitglied der Gesellschaft stellt das Individualrechtsgut dar.

## IX. Zwischenfazit

Die vorangegangene Erörterung hat einige betroffene Interessen öffentlich zugänglicher Beleidigungen in sozialen Netzwerken als strafrechtlich schützenswertes Rechtsgut eingeordnet. Die Ehre des/der Betroffenen, die psychische Gesundheit und das Recht auf Anerkennung als gleichwertiges Mitglied der Gesellschaft als Ausfluss der Menschenwürde stellen Individualrechtsgüter dar. Affektives Vermeideverhalten kann zwar unter ganz engen Umständen als ein Individualrechtsgut eingeordnet werden, jedoch ist dieser Fall vorliegend nicht gegeben, sodass dieses lediglich als Schutzreflex einzuordnen ist. Die Meinungsfreiheit Dritter und die Ehre Dritter sind aufgrund ihrer Vielzahl an Betroffenen und zugleich großen Abstraktheit als *unbestimmte, massenhaft betroffene Individualrechtsgüter* zu klassifizieren. Anders als der öffentliche Diskurs besteht die Funktionsfähigkeit demokratischer Institutionen nicht ausschließlich aus einer Addition vieler Individualrechtsgüter und erweist sich so in Form eines Vertrauensrechtsguts der Gesellschaft als echtes kollektives Rechtsgut.

---

[261] BVerfG, Urteil v. 03.03.2004, 1 BvR 2378/98, 1 BvR 1084/99 Rn. 337, BVerfGE 109, 279 (311).
[262] *Jarass*, in: Jarass/Pieroth, Art. 1 GG Rn. 2.
[263] Siehe dazu oben § 4 H.

## § 6 Fragen der Deliktsstruktur

Allein diese Einordnung der betroffenen Interessen öffentlich zugänglicher Beleidigungen in sozialen Netzwerken als strafrechtlich schützenswerte Rechtsgüter reicht jedoch noch nicht aus, damit öffentlich zugängliche Beleidigungen auch tatsächlich durch den Straftatbestand des § 185 StGB mitgeschützt werden sollen oder können. Vielmehr kommt es maßgebend auf die konkrete Ausgestaltung der Deliktsstruktur an. Für diese Erörterung sind zunächst die unterschiedlichen Deliktsstrukturen herauszuarbeiten, der bestehende § 185 StGB in diese einzuordnen und sodann infrage kommende Deliktsstrukturen für die betroffenen Rechtsgüter zu analysieren. Nur wenn nämlich für die Rechtsgüter in § 185 Hs. 2 Alt. 1 StGB eine legitime Deliktsstruktur auszumachen ist, ist die Argumentation von Gesetzgebung,[1] Rechtsprechung[2] und Literatur,[3] bestimmte Folgen strafschärfend nach § 185 Hs. 2 Alt. 1 StGB zu berücksichtigen, zulässig. Für den Fall, dass für *kein* Rechtsgut in § 185 Hs. 2 Alt. 1 StGB eine passende Deliktsstruktur gefunden werden könnte, wäre die eingeführte Vorschrift nicht geeignet, ein Rechtsgut tatsächlich zu schützen und wäre somit illegitim. Lassen sich hingegen nur für manche der Folgen passende Deliktsstrukturen in § 185 Hs. 2 Alt. 1 StGB finden, so könnte die eingeführte Qualifikation als legitim eingeordnet werden. Für die Rechtsgüter, für die keine mit § 185 Hs. 2 Alt. 1 StGB übereinstimmende Deliktsstruktur gefunden werden kann, wird im Anschluss[4] ein Gesetzesvorschlag zu deren möglichem Schutz diskutiert.

### A. Relevanz der Deliktsstruktur

Vorab ist zunächst zu erläutern, welche Bedeutung der Deliktsstruktur zukommt. So bestimmt das Vorliegen eines schutzwürdigen Rechtsguts zunächst, ob überhaupt das Strafrecht zum Einsatz kommen darf. Wie zuvor erörtert, geht es bei dieser Frage um das Vorliegen eines legitimen Ziels innerhalb der verfassungsrechtlichen Verhältnismäßigkeitsprüfung.[5] Das Vorliegen eines schützenswerten Rechtsguts führt aber weder dazu, dass ein Straftatbestand eingeführt werden muss, noch dazu, dass jede Deliktsausgestaltung zum Schutz dieses Rechtsguts

---

[1] RefE Gesetz zur Bekämpfung des Rechtsextremismus und der Hasskriminalität, S. 1.
[2] BVerfG, Beschluss v. 19.05.2020, 1 BvR 2397/19 Rn. 32, 34, NJW 2020, 2622 (2626f.).
[3] *Hoven/Witting*, NJW 2021, 2397 (2398f.); *Beck*, MMR 2009, 736 (740); *Hilgendorf*, ZIS 2010, 208 (215); *Krischker*, JA 2013, 488 (493).
[4] Siehe dazu unten § 7 B. IV.
[5] Siehe dazu oben § 5 A. III.

auch zulässig ist.⁶ Dafür ist vielmehr die Frage zu stellen: „Dürfen die legitimen […] [Interessen] der Bürger auf diese Art und Weise geschützt werden?".⁷

Durch die konkrete Ausgestaltung einer Strafvorschrift wird bestimmt, welches Verhalten unter Strafe gestellt wird, sowie in welchem Umfang das entsprechende Rechtsgut strafrechtlich geschützt werden soll.⁸ Insofern entscheidet die konkrete Ausgestaltung darüber, ob die Betroffenheit des geschützten Rechtsguts in den Zuständigkeitsbereich des/der Adressierten der Strafvorschrift fällt oder nicht doch unzulässigerweise dem/der Adressierten fremde Rechtskreise zugeordnet werden.⁹ Für die Erörterung einer konkreten Ausgestaltung sollte jedoch nicht nur von Bedeutung sein, ob das Verhalten das betroffene Rechtsgut hinreichend beeinträchtigt oder gefährdet.¹⁰ Stattdessen ist bei manchen Deliktsarten entscheidend, ob das *Ausbleiben* einer Gefährdung oder Beeinträchtigung des Rechtsguts zulässigerweise zugerechnet werden kann.¹¹ So kann es durchaus sein, dass ein schützenswertes Rechtsgut vorliegt, die konkrete Ausgestaltung einer Strafvorschrift jedoch unzulässig ist.

Die Suche nach einer passenden Deliktsstruktur zum Schutz eines Rechtsguts stellt somit die zweite Anforderung¹² im Rahmen der Untersuchung der Legitimität einer Strafvorschrift dar. Wie schon beim Rechtsgutsbegriff ausgeführt,¹³ ist es auch bei „nur" kriminalpolitischer Folge der Rechtsgutslehre wichtig, diese verfassungsrechtlich zu fundieren. Auch hier gilt: Je mehr die Forderung einer passenden Deliktsstruktur daher in Einklang mit und auf Grundlage der Verfassung erfolgt, umso eher wird sich der Gesetzgeber daranhalten. Wie auch die Forderung nach dem Vorliegen eines Rechtsguts,¹⁴ ist die Forderung nach der passenden Deliktstruktur daher in den Verhältnismäßigkeitsgrundsatz zu integrieren.

Die Forderung nach einer passenden Deliktsstruktur wird zunächst am Prüfungspunkt der Geeignetheit relevant: Für die Beziehung zwischen Verhalten und geschütztem Rechtsgut muss überhaupt *irgendeine* Deliktsstruktur gefunden werden. Nur wenn nämlich ein Zusammenhang zwischen Verhalten und dem geschützten Rechtsgut hergestellt werden kann, ist die Strafvorschrift überhaupt geeignet, das

---

⁶ *Kubiciel/Weigend*, KriPoZ 2019, 35 (36); *Hirsch/Wohlers*, in: Die Rechtsgutstheorie, S. 196 (197); *Hirsch*, GA 2002, 2 (9 f.); *Anastasopoulou*, Deliktstypen zum Schutz kollektiver Rechtsgüter, S. 170.

⁷ *von Hirsch/Wohlers*, in: Die Rechtsgutstheorie, S. 196 (197).

⁸ *von Hirsch/Wohlers*, in: Die Rechtsgutstheorie, S. 196 (197); *Wohlers*, GA 2002, 15 (17).

⁹ *Kubiciel/Weigend*, KriPoZ 2019, 35 (38 f.).

¹⁰ *von Hirsch*, GA 2002, 2 (9 f.).

¹¹ *von Hirsch*, GA 2002, 2 (9 f.).

¹² Die erste Anforderung beinhaltet das Vorliegen eines schützenswerten Rechtsgutes. Siehe zum Rechtsgutsbegriff allgemein oben § 5 A. I. 2. und zu dessen kriminalpolitischer Wirkung § 5 A. I. 2. c).

¹³ Siehe dazu oben § 5 A. II.

¹⁴ Siehe dazu oben § 5 A. III. 2.

Rechtsgut zu schützen.[15] Im Rahmen der Angemessenheit wiederum spielen insbesondere folgende Faktoren eine Rolle: das konkret sanktionsbewehrte Verhalten, die Gewichtigkeit des geschützten Rechtsguts, die Nähe oder Ferne zwischen dem Verhalten und dem Rechtsgut (Verletzung oder Gefährdung), die Wahrscheinlichkeit einer tatsächlichen Verletzung, die Notwendigkeit des Rückgriffs auf Verhalten Dritter sowie die angedrohte Strafhöhe. Letzten Endes geht es hier um die Frage: Ist es *legitim*, das Rechtsgut durch das unter Strafe gestellte Verhalten zu schützen?[16]

## B. Überblick der Tatbestandstypen

Für die Suche nach einer passenden Deliktsstruktur ist demnach zunächst eine Systematisierung der unterschiedlichen Deliktsstrukturen vorzunehmen. Dabei ist jedoch, wie Wohlers zutreffend festgestellt hat, zu betonen, dass allein die Systematisierung unterschiedlicher Deliktstypen keine Erkenntnisse über deren Legitimation gibt.[17] Dennoch dient die Systematisierung dazu, die für die unterschiedlichen Deliktsstrukturen notwendigen Fragen für eine Legitimation deutlich hervorzuheben, damit diese dann für jeden Einzelfall des in Frage stehenden Rechtsguts präzise erörtert werden können.

Für die Fragen der Legitimation und der konkreten Tatbestandsausgestaltung sind insbesondere die Unterscheidung in Erfolgs- und Tätigkeitsdelikte sowie Verletzungs- und Gefährdungsdelikte relevant. Schon an dieser Stelle ist der unterschiedliche Anknüpfungspunkt dieser beiden Differenzierungen klarzustellen. Während die Unterscheidung in Verletzungs- und Gefährdungsdelikte an das Rechtsgut anknüpft, geht es bei Erfolgs- und Tätigkeitsdelikten um den Bezug zum Handlungsobjekt.[18]

### I. Anknüpfung an das Handlungsobjekt: Erfolgs- und Tätigkeitsdelikte

Die Differenzierung zwischen Tätigkeits- und Erfolgsdelikt unterscheidet nach der Beziehung des Verhaltens zum *Handlungsobjekt*. So wäre zwar denkbar, jedes Verhalten als „Erfolg" zu sehen, da die Körperaktion das Resultat eines Willensimpulses darstellt. Erfolgsdelikte fordern aber eine von der Handlung zeitlich und räumlich abtrennbare Wirkung am Handlungsobjekt als Erfolg. Die Handlung

---

[15] In diese Richtung auch *Sigmund*, Strafrecht gegen Korruption im Sport?, S. 281 f.
[16] An späterer Stelle wird diese Frage als „Frage der Kriminalisierungsebene" bezeichnet. Siehe dazu unten § 6 E.
[17] *Wohlers*, GA 2002, 15 (20).
[18] *Rönnau*, JuS 2010, 961 (962); *Schulenburg*, in: Die Rechtsgutstheorie, S. 244 (250 ff.). Siehe zu den unterschiedlichen Begrifflichkeiten des Rechtsguts und des Handlungsobjektes oben § 5 A. II. 3.

muss dabei kausal für den Erfolg sein und dem Täter objektiv zugerechnet werden können.[19] Bei Tätigkeitsdelikten hingegen fällt die Tatbestandserfüllung mit dem letzten Handlungsakt zusammen, ein davon abtrennbarer Erfolg wird nicht verlangt.[20] Die Differenzierung bezieht sich daher rein formal auf den Tatbestand.[21] Da es bei dieser Kategorisierung gerade nicht um eine Anknüpfung an das Rechtsgut geht, kann der Schutz sowohl von Individual- als auch von Kollektivrechtsgütern durch beide Deliktsarten ausgestaltet werden.

## II. Anknüpfung an das Rechtsgut: Verletzungs- und Gefährdungsdelikte

Des Weiteren wird anhand der Beziehung zwischen Verhalten und Rechtsgut unterschieden, also danach, ob und inwiefern ein Verhalten das Rechtsgut betrifft oder beeinträchtigt.[22] Andere sprechen hier auch von der „Intensität des Rechtsgutsangriffs"[23] oder der „Wirkung"[24] der Straftaten. Hier wird zwischen Verletzungs- und Gefährdungsdelikten unterschieden, wobei die Gefährdungsdelikte in abstrakte und konkrete Gefährdungsdelikte unterteilt werden. Hefendehl spricht deshalb von einer Deliktsstrukturtrias.[25]

## C. Nähere Erörterung der Deliktsstrukturtrias

Aus zwei Gründen bedarf die Kategorisierung der Deliktsstrukturtrias nachfolgend genauerer Betrachtung. Erstens bestimmt diese Deliktskategorisierung maßgebend, welche Art und Intensität einer Rechtsgutsbetroffenheit unter Strafe gestellt wird und hat insofern große Bedeutung für die Legitimität einer Strafvor-

---

[19] *Rengier*, Strafrecht AT, § 10 Rn. 4; *Jescheck/Weigend*, Strafrecht AT, S. 260; *Kühl*, Strafrecht AT, § 4 Rn. 8.

[20] Zum Ganzen *Jakobs*, Strafrecht AT, 6. Abschn. Rn. 78; *Roxin/Greco*, Strafrecht AT I, § 10 Rn. 102 ff.; *Jescheck/Weigend*, Strafrecht AT, S. 260 ff.; *Eisele*, in: Schönke/Schröder, Vorbemerkungen zu den §§ 13 ff. StGB Rn. 130; *Mitsch*, in: Baumann/Weber/Mitsch/Eisele, Strafrecht AT, § 6 Rn. 47 f.; *Maurach/Zipf*, Strafrecht AT 1, § 20 Rn. 27; *Graul*, Abstrakte Gefährdungsdelikte und Präsumtionen, S. 19 ff.; *Schulenburg*, in: Die Rechtsgutstheorie, S. 244 (252 f.).

[21] *Rönnau*, JuS 2010, 961 (961).

[22] *Jescheck/Weigend*, Strafrecht AT, S. 263; *Bach*, Die Strafbarkeit der Marktteilnahme, S. 210; *Kargl*, in: NK StGB, Vorbemerkungen zu den §§ 306–322 StGB Rn. 16; *Puschke*, Legitimation, Grenzen und Dogmatik, S. 311.

[23] *Anastasopoulou*, Deliktstypen zum Schutz kollektiver Rechtsgüter, S. 44; *Maurach/Zipf*, Strafrecht AT 1, § 20 Rn. 29; ähnlich auch *Großmann*, Liberales Strafrecht in der komplexen Gesellschaft, S. 136.

[24] *Eisele*, in: Schönke/Schröder, Vorbemerkungen zu den §§ 13 ff. StGB Rn. 129.

[25] *Hefendehl*, Kollektive Rechtsgüter, S. 147; *ders.*, in: Die Rechtsgutstheorie, S. 119 (130).

schrift. Zweitens ist diese Deliktsstrukturtrias für die Kategorie der abstrakten Gefährdungsdelikte zu unpräzise und wird den heterogenen Straftatbeständen mit unterschiedlichem Risikopotenzial nicht gerecht.[26]

## I. Verletzungsdelikte

Bei Verletzungsdelikten wird das Rechtsgut bei vollendeter Tat tatsächlich beschädigt oder beeinträchtigt. Es handelt sich um Erfolgsdelikte.[27] Durch diese Deliktsstruktur wird der Charakter des Strafrechts als repressives Instrumentarium am deutlichsten sichtbar: Die Tat ist vollendet, der Schaden ist eingetreten und lässt sich somit nicht mehr abwenden.[28] Insofern wird durch das Strafrecht auf das Geschehene reagiert und Präventionseffekte sind nur noch für mögliche zukünftige Taten denkbar.[29]

Damit Rechtsgüter durch einen Straftatbestand in der Form eines Verletzungsdeliktes geschützt werden können, müssen sie überhaupt durch ein Verhalten verletzt werden können. Während bei Individualrechtsgütern durch einen Vergleich der Lage vor und nach der Einwirkung eine Verletzung des Rechtsguts als Erfolg in der Regel konkret sicht- und feststellbar ist, ist das für Kollektivrechtsgüter generell ausgeschlossen.[30] Zwar lassen sich für die aufzehrbaren Kontingente mit der Gesellschaft als Rechtsgutsträgerin Einwirkungen naturwissenschaftlich nachweisen.[31] Allerdings werden auch diese nicht durch Verletzungsdelikte geschützt, da allein eine nachweisbare Veränderung an dem Handlungsobjekt, beispielsweise des Wassers oder der Luft, nicht zu einer Verletzung des Rechtsguts führt.

Die Verletzung von kollektiven Rechtsgütern durch nur eine einzelne Handlung wäre nämlich nur durch praktisch nur selten vorstellbare „Megaverstöße"[32] möglich.[33] Neben dieser praktischen Unverletzbarkeit kollektiver Rechtsgüter ist

---

[26] *Wohlers*, GA 2002, 15 (18); *ders.*, Deliktstypen, S. 291; *Hefendehl*, in: Die Rechtsguts-theorie, S. 119 (130); *ders.*, GA 2002, 21 (26 f.); a. A. *Anastasopoulou*, Deliktstypen zum Schutz kollektiver Rechtsgüter, S. 321 ff.
[27] *Eisele*, in: Schönke/Schröder, Vorbemerkungen zu den §§ 13 ff. StGB Rn. 130; *Rönnau*, JuS 2010, 961 (962).
[28] *Mitsch*, in: Baumann/Weber/Mitsch/Eisele, Strafrecht AT, § 6 Rn. 49.
[29] *Mitsch*, in: Baumann/Weber/Mitsch/Eisele, Strafrecht AT, § 6 Rn. 49.
[30] *Großmann*, Liberales Strafrecht in der komplexen Gesellschaft, S. 138; *Hefendehl*, Kollektive Rechtsgüter, S. 173; *Martin*, Umweltbeeinträchtigungen, S. 31; *Puschke*, Legitimation, Grenzen und Dogmatik, S. 313.
[31] *Großmann*, Liberales Strafrecht in der komplexen Gesellschaft, S. 164.
[32] Hierfür bildete Hefendehl das Beispiel des Überschwemmens des Geldverkehrs mit so viel Falschgeld, wodurch das Vertrauen der Gesellschaft in diesen gänzlich aufgehoben würde (*Hefendehl*, JR 1996, 353 [354]).
[33] *Hefendehl*, JR 1996, 353 (354); dem folgend *Großmann*, Liberales Strafrecht in der komplexen Gesellschaft, S. 139; *Wohlers*, Deliktstypen, S. 308.

auch auf ihre strukturelle Unverletzbarkeit hinzuweisen. Kollektive Rechtsgüter sind gerade so auszugestalten, dass sie durch eine einzelne Handlung in der Regel nicht verletzt werden können. Nach Hefendehl kann ein Rechtsgut nämlich „nur dann der Allgemeinheit dienen, wenn es ihr auch zur Verfügung steht, es sich also als wehrhaft erweist. Diese Wehrhaftigkeit folgt [...] aus der Fähigkeit, singuläre Beeinträchtigungen in einem gewissen Umfang ohne Schaden hinnehmen zu können."[34] Sofern das nicht der Fall wäre, befände sich die Gesellschaft in einem so fragilen Zustand, dass sie die Tat gar nicht bestrafen könnte.[35]

Eine Ausnahme hiervon bilden aufzehrbare Kontingente mit dem Staat als Rechtsgutsträger. Der Schutz dieser Kollektivrechtsgüter kann als Verletzungsdelikt ausgestaltet sein. Grund dafür ist, dass mit jeder Reduzierung des Kontingents dieses bereits verletzt wird.[36] Darüber hinaus gilt das Argument der Wehrhaftigkeit kollektiver Rechtsgüter hier nicht. Der Staat hat schließlich begrenzte personelle und finanzielle Ressourcen. Werden diese beeinträchtigt, widerrechtlich in Anspruch genommen oder zerstört, so findet ein Eingriff statt. Abgesehen von aufzehrbaren Kontingenten des Staates kommen Verletzungsdelikte daher nahezu ausschließlich zum Schutz von Individualrechtsgütern in Betracht.[37]

## II. Konkrete Gefährdungsdelikte

Konkrete Gefährdungsdelikte verlangen als Tatbestandsmerkmal, dass eine konkrete Gefährdung für das geschützte Rechtsgut geschaffen wird.[38] *Brehm* sieht es dabei als ausreichend an, wenn allein die *Handlung* eine konkrete Gefährlichkeit aufweist, und will somit den „Beurteilungsmaßstab vom Objekt der Beurteilung [...] trennen".[39] Zutreffend ist jedoch darüber hinaus ein „konkreter Gefahrerfolg" notwendig.[40] Das zeigt sich einerseits durch die Ausgestaltung der bestehenden konkreten Gefährdungsdelikte (beispielsweise §§ 315–315c StGB), in denen der Gesetzgeber das Vorliegen eines bestimmten Zustandes voraussetzt und nicht allein auf die Handlung abstellt.[41] Auch der höhere Strafrahmen im Vergleich zu den klassischen abstrakten Gefährdungsdelikten rechtfertigt die Notwendigkeit

---

[34] *Hefendehl*, Kollektive Rechtsgüter, S. 151.
[35] *Großmann*, Liberales Strafrecht in der komplexen Gesellschaft, S. 139; *Wohlers*, Deliktstypen, S. 308.
[36] *Hefendehl*, Kollektive Rechtsgüter, S. 201.
[37] Siehe für Ausnahmen *Hefendehl*, Kollektive Rechtsgüter, S. 200 f.
[38] *Radtke*, in: MüKo StGB, Vorbemerkung zu § 306 StGB Rn. 8; *Wolters*, in: SK StGB, Vor §§ 306 ff. Rn. 5; *Puschke*, Legitimation, Grenzen und Dogmatik, S. 315; *Wohlers*, Deliktstypen, S. 285.
[39] *Brehm*, Zur Dogmatik des abstrakten Gefährdungsdelikts, S. 15 ff. (Zitat auf S. 16).
[40] *Zieschang*, Die Gefährdungsdelikte, S. 29, 36 ff.; *Radtke*, in: MüKo StGB, Vorbemerkung zu § 306 StGB Rn. 8; *Puschke*, Legitimation, Grenzen und Dogmatik, S. 315.
[41] *Zieschang*, Die Gefährdungsdelikte, S. 29.

eines Erfolges.⁴² So führt der konkrete Gefahrerfolg zur Einordnung als Erfolgsdelikt, dessen Erfolg jedoch im Vergleich zu Verletzungsdelikten vorgelagert ist.⁴³

Früher ließ die Rechtsprechung für das Vorliegen einer konkreten Gefahr eine „naheliegende Möglichkeit" ausreichen oder, dass der „Eintritt des Schadens als wahrscheinlich zu gelten hat".⁴⁴ Inzwischen hat der Bundesgerichtshof am Beispiel des § 315 Abs. 3 StGB a. F. den Begriff der „Gemeingefahr" klargestellt: „[N]icht schon die entfernte, weit abliegende Gefahr genügt, sondern eine nach der allgemeinen Lebenserfahrung im Einzelfall zu beurteilende naheliegende Gefahr [ist] erforderlich [...], die auf einen unmittelbar bevorstehenden Unfall hindeutet, wenn keine plötzliche Wendung eintritt."⁴⁵ Der damalige Begriff der „Gemeingefahr" meint die heutige „Gefährdung" i. S. d. §§ 315 Abs. 1 Hs. 2, 315b Abs. 1 Hs. 2, 315c Abs. 1 Hs. 2 StGB. Bedeutend ist insofern, dass ein potenzielles Gefährdungsobjekt auch tatsächlich in den Wirkungsbereich eines gefährlichen Verhaltens gelangt ist.⁴⁶ Ob es zu einer tatsächlichen Verletzung des Rechtsguts kommt oder nicht, darf nur noch vom Zufall abhängig sein,⁴⁷ nicht jedoch von einem weiteren wesentlichen freiverantwortlichen Zwischenakt.⁴⁸ Insofern spricht der Bundesgerichtshof auch häufig von einem „Beinahe-Unfall", bei dem es „noch einmal gut gegangen ist".⁴⁹ Das ist dann der Fall, wenn der Täter die Lage nicht beherrscht.⁵⁰ Sofern der Täter selbst gezielt Umstände zur Verhinderung einer Rechtsgutsverletzung geschaffen hat oder er mit diesen allgemein rechnen durfte, kann nicht von einem Unfall ausgegangen werden.⁵¹ Anders ist es jedoch für Umstände, die zum Ausbleiben der Verletzung geführt haben, auf die der Täter gerade nicht vertrauen durfte. Beispiele dafür wären etwa besondere Fähigkeiten des Rechtsgutsträgers/der Rechtsgutsträgerin.⁵² Maßgebend für die Bestimmung der konkreten Gefahr ist eine objektive

---

⁴² *Zieschang*, Die Gefährdungsdelikte, S. 29.
⁴³ *Kargl*, in: NK StGB, Vorbemerkungen zu den §§ 306–322 StGB Rn. 19; *Satzger*, NStZ 1998, 112 (114); *Gallas*, in: FS Heinitz, S. 171 (176); *Küper*, NJW 1976, 543 (544 f.); *Walter*, in: LK, vor §§ 13 ff. StGB Rn. 65.
⁴⁴ RG, Urteil v. 11.03.1884, 460/84, RGSt 10, 173 (176); RG, Urteil v. 18.05.1886, 1069/86, RGSt 14, 135 (137); RG, Urteil v. 08.07.1927, I 494/27, RGSt 61, 362 (364).
⁴⁵ BGH, Beschluss v. 15.02.1963, 4 StR 404/62 Rn. 2, BGHSt 18, 271 (272).
⁴⁶ *Zopfs/Küper*, Strafrecht BT, Rn. 252.
⁴⁷ BGH, Urteil v. 30.03.1995, 4 StR 725/94 Rn. 6, NJW 1995, 3131 (3131); BGH, Beschluss v. 04.12.2012, 4 StR 435/12 Rn. 4, NStZ 2013, 167 (167); *Puschke*, Legitimation, Grenzen und Dogmatik, S. 315; *Kargl*, in: NK StGB, Vorbemerkungen zu den §§ 306–322 StGB Rn. 19; *Radtke*, in: MüKo StGB, Vorbemerkung zu § 306 StGB Rn. 8; *Radtke*, Die Dogmatik der Brandstiftungsdelikte, S. 282.
⁴⁸ *Puschke*, Legitimation, Grenzen und Dogmatik, S. 316.
⁴⁹ BGH, Urteil v. 30.03.1995, 4 StR 725/94 Rn. 9, NJW 1995, 3131 (3132); BGH, Beschluss v. 04.09.1995, 4 StR 471/94, NJW 1996, 329 (330); Beschluss v. 20.03.2019, 4 StR 517/18 Rn. 5, NStZ 2020, 225 (226).
⁵⁰ *Heine/Bosch*, in: Schönke/Schröder, Vorbemerkungen zu den §§ 306 ff. StGB Rn. 3.
⁵¹ *Radtke*, in: MüKo StGB, Vorbemerkung zu § 306 StGB Rn. 8; *ders.*, in: FS Geppert, S. (477); *Renzikowski*, JR 1997, 115 (116 f.); *Kindhäuser*, Gefährdung als Straftat, S. 202.
⁵² *Radtke*, Die Dogmatik der Brandstiftungsdelikte, S. 282.

nachträgliche Prognose aus *ex-ante* Sicht.[53] Insofern kommt es darauf an, welche Umstände schon vor der Tat einem/einer objektiven Dritten bekannt waren und welches Sonderwissen der Täter hatte. Das ergibt sich unter anderem daraus, dass Normadressat:innen im Voraus erkennen können müssen, welches Verhalten verboten oder geboten ist.[54]

Indem bei konkreten Gefährdungsdelikten die Verletzung der geschützten Rechtsgüter nur durch einen Zufall ausbleibt, setzen die denkbaren Rechtsgüter, die durch konkrete Gefährdungsdelikte geschützt werden können, ihre Verletzbarkeit durch eine Einzelhandlung voraus. Mit gleicher Argumentation wie bei den Verletzungsdelikten[55] ist das nahezu ausschließlich bei Individualrechtsgütern der Fall.[56]

### III. Abstrakte Gefährdungsdelikte

#### 1. Grundsätzliches zu abstrakten Gefährdungsdelikten

Zuletzt bilden die abstrakten Gefährdungsdelikte mit ihren heterogenen Deliktsstrukturen die dritte Kategorie der Deliktsstrukturtrias. Sie lassen sich zunächst negativ beschreiben, indem sie weder Verletzungs- noch konkrete Gefährdungsdelikte darstellen.[57] Ihr Rechtsgutsbezug liegt noch *vor* der Ebene der konkreten Gefährdung.[58] Anders als es ihr Name vermuten lässt, stellen abstrakte Gefährdungsdelikte ein bestimmtes Verhalten unter Strafe, *ohne* dass ein Gefahrenzustand oder ein Gefährdungserfolg am geschützten Rechtsgut eintreten muss.[59] Gesetzgeberisches Motiv und Grund für die Existenz der Vorschrift ist allein die Gefahr möglicher Rechtsgutsverletzungen. Die Gefährlichkeit selbst ist kein Teil des objektiven Tatbestandes und wird deshalb auch nicht durch den/die Richter:in im Einzelfall geprüft.[60]

---

[53] BGH, Urteil v. 30.03.1995, 4 StR 725/94 Rn. 6, BGH NJW 1995, 3131 (3131); *Roxin/Greco*, Strafrecht AT I, § 11 Rn. 147, 40; *Fischer*, StGB, § 315c StGB Rn. 15a; *Zieschang*, in: NK StGB, § 315 StGB Rn. 34; *Heger*, in: Lackner/Kühl/Heger, § 315c StGB Rn. 22.
[54] *Zieschang*, Die Gefährdungsdelikte, S. 30.
[55] Siehe dazu oben § 6 C. I.
[56] *Hefendehl*, GA 2002, 21 (27).
[57] *Wolters*, in: SK StGB, Vor §§ 306 ff. StGB Rn. 16; *Puschke*, Legitimation, Grenzen und Dogmatik, S. 317; *Hirsch/Wohlers*, in: Die Rechtsgutstheorie, S. 196 (197); *Radtke*, Die Dogmatik der Brandstiftungsdelikte, S. 23.
[58] *Tiedemann*, Tatbestandsfunktionen, S. 119.
[59] *Roxin/Greco*, Strafrecht AT I, § 11 Rn. 153; *Walter*, in: LK, vor §§ 13 ff. StGB Rn. 65; *Fischer*, StGB, vor § 13 StGB Rn. 19; *Radtke*, in: MüKo StGB, Vorbemerkung zu § 306 StGB Rn. 6; *Hirsch*, in: FS Kaufmann, S. 545 (550).
[60] *Walter*, in: LK, vor §§ 13 ff. StGB Rn. 65; *Fischer*, StGB, vor § 13 StGB Rn. 19; *Kargl*, in: NK StGB, Vorbemerkungen zu den §§ 306–322 StGB Rn. 24; *Schneider*, JURA 1988, 460 (461); *Saal*, Vortäuschen einer Straftat, S. 63; *Roxin/Greco*, Strafrecht AT I, § 11 Rn. 153.

Die Strafwürdigkeit liegt in der generellen Gefährlichkeit eines Verhaltens,[61] wie es beispielsweise bei der Trunkenheit im Verkehr nach § 316 Abs. 1 StGB der Fall ist. Aufgrund von allgemeinem Erfahrungswissen kann davon ausgegangen werden, dass dieses Verhalten typischerweise oder im Regelfall zu einer Gefährdung führt.[62] Abstrakte Gefährdungsdelikte adressieren somit für ihre Normadressat:innen ein eindeutiges Handlungsverbot.[63] Möglich ist dabei, dass die typische Gefährlichkeit nicht in einer Handlung liegt, sondern in einem Erfolg.[64] Das ist dann der Fall, wenn der tatbestandsmäßige Erfolg nicht mit der Verletzung oder konkreten Gefährdung des Rechtsguts zusammenfällt, sondern einen eigenständigen Umstand verlangt.[65] So schützt zum Beispiel § 306a Abs. 1 StGB abstrakt die Rechtsgüter Leben und körperliche Unversehrtheit, verlangt jedoch als Erfolg das Inbrandsetzen oder die Zerstörung der genannten Objekte.[66] Im Falle der Ausgestaltung eines abstrakten Gefährdungsdeliktes als Erfolgsdelikt fällt der Erfolg gerade nicht mit der tatsächlichen Verletzung oder Gefährdung des geschützten Rechtsguts zusammen.[67] Sofern kein Erfolg verlangt wird, handelt es sich um ein abstraktes Gefährdungsdelikt als Tätigkeitsdelikt.[68] Insofern sind zwar alle Tätigkeitsdelikte abstrakte Gefährdungsdelikte, aber nicht alle abstrakten Gefährdungsdelikte auch Tätigkeitsdelikte.[69]

### 2. Vereinbarkeit mit dem Schuldprinzip

An der Kategorie der abstrakten Gefährdungsdelikte gibt es aber auch viel Kritik. Abstrakte Gefährdungsdelikte knüpfen häufig an ein sehr frühes Stadium an, wodurch die Strafbarkeitsgrenze vorverlagert wird.[70] Es wird außerdem allein an Verhaltensweisen angeknüpft und der Erfolg fällt nicht mit der Rechtsgutsverletzung oder -gefährdung zusammen. Dadurch werden notwendigerweise auch solche Konstellationen erfasst, bei denen eine Gefährdung oder reale Beeinträchtigung eines Rechtsgutsobjekts im Einzelfall unwahrscheinlich oder sogar von vornherein

---

[61] *Kargl*, in: NK StGB, Vorbemerkungen zu den §§ 306–322 StGB Rn. 24.
[62] *Walter*, in: LK, vor §§ 13 ff. StGB Rn. 65.
[63] *Saal*, Vortäuschen einer Straftat, S. 75 f.; *Schneider*, JURA 1988, 460 (462); *Berz*, Formelle Tatbestandsverwirklichung und materialer Rechtsgüterschutz, S. 58; *Kratzsch*, Verhaltenssteuerung und Organisation, S. 114.
[64] *Jakobs*, Strafrecht AT, 6. Abschn. Rn. 86; *Eisele*, in: Schönke/Schröder, Vorbemerkungen zu den §§ 13 ff. StGB Rn. 130.
[65] *Rönnau*, JuS 2010, 961 (962).
[66] BT-Drucks. 13/8587, S. 47; *Kudlich*, in: BeckOK StGB, § 306a StGB Rn. 3; *Heine/Bosch*, in: Schönke/Schröder, § 306a StGB Rn. 1; *Kargl*, in: NK StGB, § 306a StGB Rn. 2; *Radtke*, in: MüKo StGB, § 306a StGB Rn. 3; *ders.*, ZStW 110 (1998), 848 (858).
[67] *Rönnau*, JuS 2010, 961 (962).
[68] *Rönnau*, JuS 2010, 961 (962).
[69] *Rönnau*, JuS 2010, 961 (962).
[70] *Schneider*, JURA 1988, 460 (462).

ausgeschlossen ist.⁷¹ Insbesondere gibt es auch Bedenken zur Vereinbarkeit abstrakter Gefährdungsdelikte mit dem Schuldprinzip aus Art. 20 Abs. 3 GG und Art. 2 Abs. 1 GG i. V. m. Art. 1 Abs. 1 GG.⁷² So ginge es nur noch um die bloße Missachtung des Normbefehls, was als reiner Gehorsamsverstoß nicht ausreiche, um eine Kriminalstrafe zu verhängen.⁷³ Hiergegen ist zu argumentieren, dass das StGB kein zwingendes Erfolgsunrecht voraussetzt.⁷⁴ Wie die Strafbarkeit des Versuches zeigt, genügt gerade auch *allein* das Vorliegen von Handlungsunrecht.

Dennoch ist es wichtig, die genaue Beziehung zwischen Tathandlung und Rechtsgut herauszuarbeiten. Da abstrakte Gefährdungsdelikte unterschiedliche Rechtsgutsbeziehungen aufweisen, bietet es sich an, verschiedene Kategorien abstrakter Gefährdungsdelikte zu bilden. Nur so können den heterogenen abstrakten Gefährdungsdelikten Rechnung getragen werden und diese einzeln unter anderem auf ihre Vereinbarkeit mit dem Schuldprinzip überprüft werden. Diese Erkenntnisse dienen dann als notwendige Grundlage für die sich später anschließende Suche nach einer passenden Deliktsstruktur für die als Rechtsgut eingeordneten betroffenen Interessen öffentlich zugänglicher Beleidigungen.⁷⁵

### 3. Kategorisierung abstrakter Gefährdungsdelikte

In der Literatur gibt es verschiedene Ansätze, um abstrakte Gefährdungsdelikte zu kategorisieren. Beispielsweise differenziert Saal nach dem Rechtsgut,⁷⁶ Hefendehl nach dem Vorliegen eines Zufallsmomentes,⁷⁷ Jakobs nach dem Erfordernis weiteren Verhaltens,⁷⁸ Puschke danach, ob die Gefahr objektiv oder subjektiv begründet wird,⁷⁹ während andere einfach so unterschiedliche Kategorien bilden.⁸⁰ Diese unterschiedlichen Differenzierungsansätze weisen aber viele Überschneidungen auf und sollen daher nachfolgend gemeinsam kategorisiert werden. So ist

---

⁷¹ *Wohlers*, Deliktstypen, S. 286; *Berz*, Formelle Tatbestandsverwirklichung und materialer Rechtsgüterschutz, S. 101; *Saal*, Vortäuschen einer Straftat, S. 77 ff.; *Schneider*, JURA 1988, 460 (462); *Schünemann*, JA 1975, 787 (797 f.); *Hoyer*, Die Eignungsdelikte, S. 33 ff.

⁷² *Satzger*, NStZ 1998, 112 (115); *Wolter*, Objektive und personale Zurechnung, S. 278; *Cramer*, Vollrauschtatbestand, S. 52; *Zieschang*, Die Gefährdungsdelikte, S. 383; *Rudolphi*, in: FS Maurach, S. 51 (59 f.); *Kaufmann*, JZ 1963, 425 (432); *Schünemann*, JA 1975, 787 (797 f.).

⁷³ *Zieschang*, Die Gefährdungsdelikte, S. 383.

⁷⁴ In diese Richtung auch *Meyer*, Die Gefährlichkeitsdelikte, S. 168.

⁷⁵ Siehe dazu unten § 6 E.

⁷⁶ *Saal*, Vortäuschen einer Straftat, S. 95.

⁷⁷ *Hefendehl*, Kollektive Rechtsgüter, S. 157 f.

⁷⁸ *Jakobs*, ZStW 97 (1985), 751 (768 f.); dem folgend *Bach*, Die Strafbarkeit der Marktteilnahme, S. 221.

⁷⁹ *Puschke*, Legitimation, Grenzen und Dogmatik, S. 319 ff.

⁸⁰ *Wohlers*, GA 2002, 15 (18); *Roxin/Greco*, Strafrecht AT I, § 11 Rn. 153 ff.

in Anlehnung an Jakobs[81] zunächst danach zu differenzieren, ob das Verhalten des Täters als abschließendes gefährliches Verhalten zu sehen ist oder ob es auf weiteres Handeln ankommt.

### *a) Abschließendes gefährliches Verhalten*

Als „herkömmliche"[82] oder „klassische"[83] abstrakte Gefährdungsdelikte ist die Fallgruppe zu bezeichnen, die bereits unter 1. vorgestellt wurde. Dabei wird ein Verhalten sanktioniert, das allein durch dessen Ausübung zu einer Verletzung des Rechtsguts führen *kann*. Ob es jedoch letzten Endes dazu kommt, liegt außerhalb der Macht des Täters. Insofern möchte der Gesetzgeber dem Risikopotenzial des gefährlichen Zufalls vorbeugen, sodass es in dieser Fallgruppe zum einen um „Rechtsgüterschutz durch Zufallsbeherrschung"[84] geht. Ausschlaggebend ist jedoch, dass allein das Verhalten für die Erfüllung des Zufalls ausreicht. Eine teleologische Reduktion ist daher zu fordern, sofern solch ein Zufallsmoment mit Sicherheit unmöglich ist. Das ist zum Beispiel im Falle des § 306a Abs. 1 Nr. 1 StGB denkbar, wenn die Gefährdung von Menschenleben absolut ausgeschlossen ist und sich der Täter dahingehend vergewissert hat.[85]

Keine teleologische Reduktion darf nach Roxin/Greco bei Massenhandlungen, wie beispielsweise der Trunkenheit im Verkehr, vorgenommen werden.[86] So ist hier eine Strafbarkeit auch dann anzunehmen, wenn eine Gefährdung oder Verletzung eines Rechtsguts komplett ausgeschlossen werden kann. Ansonsten wäre der Zweck des Gesetzgebers, solches Verhalten absolut zu tabuisieren, gefährdet. Diese Fallgruppe darf jedoch wegen des stark gelockerten Rechtsgutsbezugs nur in sehr engen Ausnahmefällen Anwendung finden.

Für diese Deliktskategorie kommt es ausschließlich auf eine objektiv gefährliche Handlung oder gefährliche Situation an. Der Täter braucht keinen subjektiven Bezug zum konkret gefährdenden Verlauf, sondern es genügt allein Vorsatz bezüglich seines Verhaltens. Daher wird diese Deliktskategorie von Puschke als Teil der objektiv-abstrakten Gefährdungstatbestände eingeordnet.[87]

---

[81] *Jakobs*, ZStW 97 (1985), 751 (768f.); dem folgend *Bach*, Die Strafbarkeit der Marktteilnahme, S. 221.
[82] *Puschke*, Legitimation, Grenzen und Dogmatik, S. 319.
[83] *Roxin/Greco*, Strafrecht AT I, § 11 Rn. 154.
[84] Begrifflichkeit von *Kratzsch*, Verhaltenssteuerung und Organisation, S. 119.
[85] *Heine*, in: Schönke/Schröder, § 306a StGB Rn. 2; *Wolters*, in: SK StGB, § 306a StGB Rn. 21; *Wolters*, JR 1999, 208 (209); *Geppert*, JURA 1998, 597 (601); obiter dictum BGH, Urteil v. 24.04.1975, 4 StR 120/75 Rn. 12, NJW 1975, 1369 (1370); a.A. *Radtke*, in: MüKo StGB, § 306a StGB Rn. 46; *Kargl*, in: NK StGB, § 306a StGB Rn. 3.
[86] *Roxin/Greco*, Strafrecht AT I, § 11 Rn. 160.
[87] *Puschke*, Legitimation, Grenzen und Dogmatik, S. 320f.; dem folgend *Bach*, Die Strafbarkeit der Marktteilnahme, S. 223f.

In gewisser Form eine Sonderform dieser Kategorie bilden die Eignungsdelikte,[88] auch bekannt als potenzielle Gefährdungsdelikte[89] oder abstrakt-konkrete Gefährdungsdelikte.[90] Bei diesen Straftatbeständen wird nicht pauschal ein bestimmtes Handeln oder ein bestimmter Erfolg unter Strafe gestellt, sondern es wird gefordert, dass das Verhalten für die Herbeiführung eines bestimmten Erfolgs *geeignet* ist.[91] Dieses Eignungserfordernis führt daher zu der Ausgestaltung als Erfolgsdelikt.[92] Im Gegensatz zum konkreten Gefährdungsdelikt braucht kein bestimmtes Rechtsgutsobjekt betroffen zu sein, vielmehr kommt es darauf an, dass die „Verletzung von Rechtsgütern bestimmter *Art* (Leben, Gesundheit, Sachgüte[r]) zu befürchten ist."[93] Die Beurteilung über die generelle Gefährlichkeit erfolgt somit nicht im Voraus in Form des gesetzgeberischen Motivs für die Strafvorschrift, sondern wird als Teil des Tatbestandes durch die Richter:innen im Einzelfall vorgenommen.[94] § 186 StGB stellt durch die Notwendigkeit, dass die Aussage geeignet sein muss, den Dritten verächtlich zu machen oder in der öffentlichen Meinung herabzuwürdigen, ein Eignungsdelikt dar. Ob es jedoch auch bei Eignungsdelikten zu einem Verletzungserfolg kommt, hängt allein vom Zufall ab.

Von dieser Kategorie des abschließend gefährlichen Handelns werden überwiegend Individualrechtsgüter geschützt. Grund ist auch hier, dass es letzten Endes um den Schutz vor Verhalten geht, das zu einer Rechtsgutsverletzung führen *kann*. Bei Kollektivrechtsgütern ist das jedoch in der Regel nicht der Fall.

### b) Hinzukommen von weiterem Verhalten

Die zweite Hauptgruppe abstrakter Gefährdungsdelikte bilden Konstellationen, bei denen es *allein* durch das Verhalten eines Täters nicht zu Zufallssituationen kommen kann. Auch hier kann das tatbestandliche Verhalten entweder allein in einer Handlung liegen oder in der Herbeiführung eines Erfolges. Für diese Deliktskategorie braucht es weiteres Verhalten, entweder in Addition zu dem Verhalten

---

[88] *Fischer*, GA 1989, 445 (446); *Wohlers*, Deliktstypen, S. 297; *Hefendehl*, Kollektive Rechtsgüter, S. 159; *Graul*, Abstrakte Gefährdungsdelikte und Präsumtionen, S. 116; *Radtke*, Die Dogmatik der Brandstiftungsdelikte, S. 27; *Roxin/Greco*, Strafrecht AT I, § 10 Rn. 124; statt vieler BGH, Urteil v. 12.12.2000, 1 StR 184/00 Rn. 51, NJW 2001, 624 (626).

[89] *Heger*, in: Lackner/Kühl/Heger, Vorbemerkung zu § 13 StGB Rn. 32; *Fischer*, StGB, § 325 StGB Rn. 2a.

[90] *Heghmanns*, in: LK, § 325 StGB Rn. 5; *Schröder*, JZ 1967, 522 (525 ff.).

[91] *Jescheck/Weigend*, Strafrecht AT, S. 264.

[92] BGH, Urteil v. 12.12.2000, 1 StR 184/00, BGHSt 46, 212 (221); *Zieschang*, Die Gefährdungsdelikte, S. 347; anders hingegen *Fischer*, StGB, vor § 13 StGB Rn. 19; *Mitsch*, in: Baumann/Weber/Mitsch/Eisele, Strafrecht AT, § 6 Rn. 53, der lediglich von einer „auf den Erfolg bezogenen Eignungskomponente" ausgeht.

[93] *Gallas*, in: FS Heinitz, S. 171 (180).

[94] *Gallas*, in: FS Heinitz, S. 171 (175); *Berz*, Formelle Tatbestandsverwirklichung und materialer Rechtsgüterschutz, S. 60.

des Täters oder im Anschluss daran. Das anschließende Verhalten kann entweder durch den Täter selbst erfolgen oder durch Dritte.

### aa) Kumuliertes Verhalten

Nachfolgend sind solche Delikte zu erörtern, die erst durch das Verhalten vieler gemeinsam zu einer Rechtsgutsverletzung oder -gefährdung führen können. Bei dieser Deliktsform wird von Kumulationsdelikten gesprochen.

*(1) Entwicklung des Kumulationsdeliktes*

Loos hat diese neue Kategorie gebildet, bei der erst durch die Summierung eines Verhaltens eine Verletzung oder Gefährdung herbeigeführt werden kann.[95] Anhand von Bestechungsdelikten hat Loos herausgearbeitet, dass, abgesehen von hypothetischen Extremfällen, eine einzelne deliktische Handlung eines Beamten/einer Beamtin nicht in der Lage sei, die Funktionsfähigkeit des öffentlichen Dienstes zu tangieren.[96] „[E]rst durch häufiges Auftreten von Bestechungsfällen kann das Funktionieren der Verwaltung relevant und meßbar beeinträchtigt werden."[97]

Kuhlen hat diese Erkenntnis unter dem Namen des Kumulationsdelikts als eigenständige Deliktstruktur bezeichnet und diese anhand einer Erörterung des Straftatbestandes der Gewässerverunreinigung (§ 324 StGB) weiter analysiert und präzisiert.[98] Danach erfasse ein Kumulationstatbestand „auch für sich genommen ungefährliche Einzelhandlungen deshalb [...], weil ohne ein sanktionsbewehrtes Verbot derartiger Handlungen damit zu rechnen wäre, daß sie in großer Zahl vorgenommen würden und dann eine Störung [...] zur Folge hätten".[99]

Daxenberger hat aus dem Bereich der Ökotoxikologie den Begriff der Kumulation als Oberbegriff ausgemacht, der das Zusammenwirken verschiedener Stoffe beschreibt. Davon umfasst ist unter anderem die *Summation* mehrerer gleichzeitiger oder sukzessiver Einzeleinwirkungen derselben Art. Bei der *Addition* kommen im Unterschied dazu verschiedene Einzelhandlungen zusammen. Auch umfasst ist die *synergetische* Wirkung, bei der die gleichzeitige Wirkung durch ihre Kombinationen zu einer neuartigen, gesteigerten Folge führt.[100]

---

[95] *Loos*, in: FS Welzel, S. 879 (891).
[96] *Loos*, in: FS Welzel, S. 879 (891 f.).
[97] *Loos*, in: FS Welzel, S. 879 (892).
[98] *Kuhlen*, GA 1986, 389 (399).
[99] *Kuhlen*, ZStW 105 (1993), 697 (716).
[100] Zum Ganzen siehe *Daxenberger*, Kumulationseffekte, S. 18 ff.

*(2) Ausräumung der Kritik*

Während die Anerkennung des Kumulationsdeliktes als Deliktsart in der Literatur teilweise auf Zustimmung gestoßen ist,[101] gibt es auch eine Reihe an Bedenken.[102] Diese sind nachfolgend zu analysieren.

(a) Beschränkung auf realistische Effekte

Von Samson wurde kritisiert, dass durch Kumulationsdelikte jede beliebige alltägliche Handlung unter Strafe gestellt werden kann, da sie, wenn sie hypothetisch von vielen Menschen vorgenommen würde, nicht hinnehmbar wäre. Dazu bildete er das Beispiel des lauten Pfeifens auf der Straße, das allein problemlos möglich wäre, jedoch nicht, wenn es alle täten.[103] Dieser Kritik liegt die Annahme zugrunde, Kumulationsdelikte könnten jedes beliebige Verhalten unter Strafe stellen, das unerwünscht wäre, wenn es unzählig viele täten.[104] Ausgangslage einer Kriminalisierung durch den Gesetzgeber ist jedoch gerade nicht die bloße theoretische Spekulation „Wo kämen wir denn hin, wenn das jeder machen würde?".[105] Vielmehr darf der Gesetzgeber nur solches Verhalten zum Anlass eines Verbots nehmen, mit dem *nach realistischer Beurteilung* auch tatsächlich zu rechnen ist.[106]

Wohlers hat dabei zutreffend herausgearbeitet, dass der Gesetzgeber zwei verschiedene Prognoseentscheidungen treffen muss, um solche realistischen Kumulationseffekte annehmen zu können: Einerseits, wenn die Auswirkungen des kumulierten Verhaltens zwar bekannt sind, jedoch eine Prognose getroffen werden muss, wie sicher es zu der großen Zahl an Einzelhandlungen kommt. Andererseits kann

---

[101] *Hefendehl*, Kollektive Rechtsgüter, S. 183 ff.; *ders.*, GA 2002, 21; *Wohlers*, Deliktstypen, S. 318 ff.; *ders.*, GA 2002, 15 (19); *Bach*, Die Strafbarkeit der Marktteilnahme, S. 230 ff.; *Puschke*, Legitimation, Grenzen und Dogmatik, S. 95; *Saal*, Vortäuschen einer Straftat, S. 96.
[102] *Großmann*, Liberales Strafrecht in der komplexen Gesellschaft, S. 162 ff.; *Anastasopoulou*, Deliktstypen zum Schutz kollektiver Rechtsgüter, S. 183 ff.; *Roxin/Greco*, Strafrecht AT I, § 2 Rn. 82; *Roxin*, in: FS Hassemer, S. 573 (587 ff.); *Zieschang*, Die Gefährdungsdelikte, S. 241 ff.; *Frisch*, in: Die Rechtsgutstheorie, S. 215 (235); *Sánchez*, GA 2010, 307 (315 f.); *Walter*, GA 2001, 131 (137 ff.); *ders.*, in: LK, vor §§ 13 ff. StGB Rn. 68; *Seelmann*, NJW 1990, 1257 (1259); *Möhrenschlager*, in: Umweltstrafrecht, S. 33 (34) Fn. 8; *Kim*, Umweltstrafrecht in der Risikogesellschaft, S. 210 ff.; *Bulut*, Strafbarkeit der Hassrede, S. 390.
[103] *Samson* zitiert nach *Perron*, ZStW 99 (1987), 637 (663).
[104] *Lagodny*, Strafrecht vor den Schranken der Grundrechte, S. 25; *Herzog*, Strafrechtliche Daseinsvorsorge, S. 147; *Anastasopoulou*, Deliktstypen zum Schutz kollektiver Rechtsgüter, S. 182.
[105] So aber *Herzog*, Strafrechtliche Daseinsvorsorge, S. 144.
[106] *Kuhlen*, ZStW 105 (1993), 697 (716) Fn. 91; *Hefendehl*, in: Die Rechtsgutstheorie, S. 119 (131); *ders.*, Kollektive Rechtsgüter, S. 185; *Wohlers*, Deliktstypen, S. 322; *von Hirsch/Wohlers*, in: Die Rechtsgutstheorie, S. 196 (208); *Frisch*, Umweltstrafrecht, S. 141; *Feinberg*, Harm to others, S. 226.

auch unsicher sein, welche Auswirkungen das kumulierte Verhalten tatsächlich hat. Diese Prognosen zu treffen ist dabei Teil des gesetzgeberischen Beurteilungs- und Entscheidungsspielraums. Um zu einem verhältnismäßigen Ergebnis zu kommen, hat der Gesetzgeber Erkenntnisse der empirischen Wissenschaften und Naturwissenschaften zu berücksichtigen und bei Bedarf für deren Gewinnung zu sorgen.[107] Insofern kann, entgegen der Kritik, nicht jedes beliebige Verhalten, das in großer Zahl unerwünscht wäre, die Einführung eines Kumulationsdeliktes legitimieren.

(b) Vereinbarkeit mit dem Schuldprinzip – Haftung für eigenes Verhalten

Kritisiert wird zudem, Kumulationsdelikte führten zu einer Haftung *ex iniuria tertii* – für das Unrecht Dritter.[108] Hierin wird ein Verstoß gegen das Schuldprinzip gesehen, das eine *persönliche* Verantwortlichkeit des Täters für die Tat verlangt.[109] Elementarer Grundsatz der Schuldtheorie ist, dem Täter einen Vorwurf zu machen, weil *er* die Freiheit gehabt hätte, anders zu handeln.[110] Kumulationsdelikte würden jedoch dem Täter vorwerfen, eine Verletzung oder Gefährdung zusammen mit Dritten herbeigeführt zu haben, deren Verhalten er weder vorhersehen noch steuern oder verantworten könne.[111] Sein eigener Beitrag kann das Rechtsgut schließlich eigenständig weder verletzen noch gefährden. Insofern würden dem Täter die Taten Dritter als Unrecht zugerechnet werden.[112]

Genau zu solch einer Zurechnung kommt es durch das Kumulationsdelikt jedoch gerade nicht. Hefendehl weist dafür auf die Unterscheidung zwischen Kriminalisierung und Tatbestand hin.[113] Auf Kriminalisierungsebene wird auf die Prognose der zu erwartenden Handlungen Dritter in großer Zahl zurückgegriffen, um den Straftatbestand als Kumulationstatbestand zu begründen. Wird dieser Straftatbestand dann in einem zweiten Schritt im Einzelfall angewandt, kommt es nur auf das Vorliegen des konkreten einzelnen Kumulationsbeitrages an.

---

[107] Zum Ganzen siehe *Wohlers*, Deliktstypen, S. 323, mit Verweis auf S. 239; so auch *Hirsch/Wohlers*, in: Die Rechtsgutstheorie, S. 196 (208); *Hefendehl*, Kollektive Rechtsgüter, S. 187; *Bach*, Die Strafbarkeit der Marktteilnahme, S. 238 f.

[108] *Rogall*, in: FS Universität Köln, S. 505 (520); *Wachenfeld*, Wasserrechtliches Minimierungsverbot, S. 51 f.; *Roxin/Greco*, Strafrecht AT I, § 2 Rn. 82; *Anastasopoulou*, Deliktstypen zum Schutz kollektiver Rechtsgüter, S. 179; *Kahlo*, Das Problem des Pflichtwidrigkeitszusammenhanges, S. 184 Rn. 327.

[109] *Eisele*, in: Schönke/Schröder, Vorbemerkungen zu den §§ 13 ff. StGB Rn. 103/104; *Jescheck/Weigend*, Strafrecht AT, S. 407 ff.; *Maier*, in: MüKo StGB, § 46 StGB Rn. 31.

[110] BGH, Beschluss v. 18. 03. 1952, GSSt 2/51 Rn. 15, NJW 1952, 593 (594).

[111] *Wachenfeld*, Wasserrechtliches Minimierungsverbot, S. 52; *Frisch*, in: Die Rechtsgutstheorie, S. 215 (235).

[112] *Kindhäuser*, in: Madrid-Symposium, S. 125 (129).

[113] *Hefendehl*, Kollektive Rechtsgüter, S. 189; dem folgend *Bach*, Die Strafbarkeit der Marktteilnahme, S. 234.

Insofern wird der Täter nur für sein *eigenes* Verhalten belangt, als eigenständiger Teilbeitrag zur Rechtsgutsbeeinträchtigung.[114] Das zeigt sich insbesondere dadurch, dass das Verhalten auch dann tatbestandsmäßig ist, wenn es (unerwartet) bei diesem einzelnen Verhalten bleibt und kein weiteres dazukommt.[115]

(c) Relevanz einer Handlung für das Rechtsgut?

Wenn auch der Täter nur für sein eigenes Verhalten haftet, so ist damit nichts dazu gesagt, dass dadurch keine eigenständige Relevanz des Verhaltens für das betroffene Rechtsgut vorliegt. Eine tatsächliche Rechtsgutsverletzung oder Rechtsgutsgefährdung entsteht erst dann, wenn neben dem Verhalten des Täters noch unzählig weiteres Verhalten hinzukommt. Gerade hier setzt die Kritik an: Es sei illegitim, ein Verhalten zu pönalisieren, das nicht einmal theoretisch dazu in der Lage ist, das Rechtsgut zu verletzen oder zu gefährden.[116]

So ist es zutreffend, dass jedes Individuum behaupten könnte, das *eigene* Verhalten habe nicht zur Rechtsgutsverletzung oder -gefährdung geführt. Dieser Einwand wird in der Literatur häufig unter dem Problem des „Trittbrettfahrens" beschrieben[117] und als „*unfair* advantage-taking"[118] gesehen. Das Verhalten des/der Trittbrettfahrenden zu sanktionieren, folgt aus Gerechtigkeitsaspekten. Die Mitglieder der Gesellschaft sind darauf angewiesen, dass bestimmte kollektive Rechtsgüter bereitgestellt und erhalten werden. Sofern ein Individuum den Erhalt der kollektiven Rechtsgüter durch sein Verhalten verweigert, diese aber zugleich nutzt, von deren Bestehen Gebrauch macht und von dem Nicht-Verhalten der anderen Gesellschaftsmitglieder profitiert, ist es legitim, das „Trittbrettfahren" strafrechtlich zu sanktionieren.[119] Zudem ist der Erhalt kollektiver Rechtsgüter gerade als gemeinsame gesellschaftliche Aufgabe zu sehen, von der einzelne Individuen nicht zugunsten ihrer eigenen Handlungsfreiheit entlassen werden dürfen.[120]

Ausfluss dieses Gleichheitsprinzips ist es darüber hinaus, dass es für die Sanktionierung des Kumulationsbeitrages nicht darauf ankommt, zu welchem Zeitpunkt das Verhalten vorgenommen wurde. Daher kann das Verhalten des Täters das erste sein, an das sich ein Verhalten Dritter anschließt, es kann sich unzähligem Verhalten Dritter anschließen und „das Fass zum Überlaufen bringen" oder es kann erst dann erfolgen, wenn das Fass bereits übergelaufen ist und das Verhalten das Un-

---

[114] *Puschke*, Legitimation, Grenzen und Dogmatik, S. 95, 322.
[115] *Kuhlen*, ZStW 105 (1993), 697 (719).
[116] *Großmann*, Liberales Strafrecht in der komplexen Gesellschaft, S. 166.
[117] *Wohlers*, Deliktstypen, S. 319 f.
[118] *Feinberg*, Harmless wrongdoing, S. 183.
[119] *Hefendehl*, Kollektive Rechtsgüter, S. 191; *Wohlers*, Deliktstypen, S. 321.
[120] *Bach*, Die Strafbarkeit der Marktteilnahme, S. 235.

recht daher nur noch vertieft.[121] Es ist daher nur gerecht, das Verhalten, das unter den Kumulationstatbestand fällt, unabhängig vom Zeitpunkt zu sanktionieren. Ansonsten wären Kumulationstatbestände mit großer Rechtsunsicherheit, Willkür und Beweisproblemen verbunden.

Ein weiterer Umstand liegt in der Eigenschaft von Kollektivrechtsgütern. Diese sollen und können, wie bereits erörtert,[122] häufig gerade nicht durch Einzelhandlungen betroffen werden, da sie sich nur so als wehrhaft erweisen und der Allgemeinheit zur Verfügung gestellt werden können. Insofern sind streng genommen die meisten Handlungen gegenüber kollektiven Rechtsgütern als „irrelevant" anzusehen. Da das jedoch gerade ihre Eigenschaft als kollektives Rechtsgut ist, ist dieser Umstand kein Argument gegen Kumulationsdelikte.

(d) Vereinbarkeit mit dem Bagatellprinzip

Teilweise wird Kumulationsdelikten nicht zuletzt vorgeworfen, sie würden gegen das Bagatellprinzip verstoßen.[123] Danach werden Verhaltensweisen von geringer Bedeutung, die nur eine geringe Schuld, eine geringe persönliche Verantwortung oder ein geringes Handlungs- oder Erfolgsunrecht aufweisen, aus dem Bereich des strafbaren Verhaltens herausgefiltert.[124] Dabei ist zu betonen, dass sich diese Frage besonders bei Straftatbeständen stellt, deren Erfolg steigerbar und demnach quantifizierbar ist,[125] wie es beispielsweise bei Eigentums- und Vermögensdelikten der Fall ist.[126]

Der Gesetzgeber kommt dem Bagatellprinzip häufig nur durch verfahrensrechtliche Regelungen nach, etwa in Form eines Antragserfordernisses in den Fällen der §§ 248a, 257 Abs. 4 S. 2, 259 Abs. 2, 263 Abs. 4, 265a Abs. 3, 266 Abs. 2 StGB oder durch die Vorschriften zur Einstellung nach §§ 153, 153a StPO.[127] Manche Straftatbestände berücksichtigen das Bagatellprinzip, indem sie die Tatbestandsverwirklichung an die Erfüllung bestimmter Erheblichkeitsschwellen knüpfen, wie beispielsweise die „nicht nur unerhebliche" Körperverletzung nach § 223 Abs. 1 StGB. Darüber hinaus gibt es viele Delikte, die nach ihren Tatbestandsvoraussetzungen so begangen werden können, dass sie sowohl schweres Unrecht darstellen

---

[121] Beispiele nach *Daxenberger*, Kumulationseffekte, S. 54.
[122] Siehe dazu oben § 6 C. I.
[123] *Anastasopoulou*, Deliktstypen zum Schutz kollektiver Rechtsgüter, S. 185 f.; *Daxenberger*, Kumulationseffekte, S. 61 ff.; *Samson*, ZStW 99 (1987), 617 (624); *Kindhäuser* nach *Vitt*, ZStW 105 (1993), 803 (810).
[124] *Daxenberger*, Kumulationseffekte, S. 48 f.; *Dreher*, in: FS Welzel, S. 917 (917).
[125] *Daxenberger*, Kumulationseffekte, S. 49 f.
[126] *Hoven*, JuS 2014, 975 (975).
[127] *Eisele*, in: Schönke/Schröder, Vorbemerkungen zu den §§ 13 ff. StGB Rn. 70a.

als auch in Bagatellform möglich sind.[128] Ob das letzten Endes über eine mit dem Wortlaut der Vorschrift noch vereinbare einschränkende Auslegung oder durch eine teleologische Reduktion zu berücksichtigen ist, ist unerheblich, da Art. 103 Abs. 2 GG einer täterbegünstigenden, strafbefreienden Auslegung über den Wortlaut hinaus nicht entgegensteht.[129]

Da nahezu jedes noch so geringfügige Verhalten in Summe zu einer Verletzung oder Gefährdung führen könne, werde die Bagatellgrenze durch Kumulationsdelikte vollständig aufgegeben.[130] Dieser Einwand verkennt jedoch, dass die Beachtung des Bagatellprinzips nicht verlangt, dass vom Tatbestand keine Bagatellhandlungen erfasst werden *können*. Vielmehr geht es darum, bei der tatbestandsmäßigen *Anwendung* des Kumulationsdeliktes solche Verhaltensweisen auszuschließen, die nur ein sehr geringes Handlungs- oder Erfolgsunrecht aufweisen. Insofern findet hier erneut die zuvor angesprochene Trennung von Kriminalisierung und Rechtsanwendung Bedeutung:[131] Die Wahrung des Bagatellprinzips ist unabhängig von der Frage der Kriminalisierung von Kumulationstatbeständen an sich zu beachten, sodass die Anerkennung von Kumulationsdelikten nicht im Widerspruch zum Bagatellprinzip steht.[132] Aufgrund der Besonderheit von Kumulationsbeiträgen als „Teilhandlung" einer Rechtsgutsverletzung ist besonders streng zu kontrollieren, ob das Bagatellprinzip gewahrt wird. Dabei kann, wie etwa in Form von § 326 Abs. 6 StGB, explizit auf die Straffreiheit von Bagatellverhalten aufmerksam gemacht werden, möglich ist aber auch, auf die bereits beschriebene Auslegung des Wortlautes zurückzugreifen. In letzterem Fall wird verlangt, dass jedes einzelne Verhalten ein „minimales Eigengewicht" aufweist.[133] Es lässt sich jedoch keine allgemeingültige Formel für alle Kumulationstatbestände finden.[134] Vielmehr ist jede Subsumtion und Anwendung eine Frage der Auslegung im Einzelfall, die besonders auch durch einen Vergleich mit anderen Konstellationen und anderem Verhalten vorzunehmen ist.[135]

---

[128] *Dreher*, in: FS Welzel, S. 917 (918).
[129] *Roxin/Greco*, Strafrecht AT I, § 10 Rn. 41 Fn. 89.
[130] *Daxenberger*, Kumulationseffekte, S. 61; *Schmitz*, in: MüKo StGB, Vorbemerkung zu § 324 StGB Rn. 30.
[131] *Hefendehl*, Kollektive Rechtsgüter, S. 187 f.; dem folgend *Bach*, Die Strafbarkeit der Marktteilnahme, S. 236 f.
[132] *Kuhlen*, GA 1986, 389 (407 ff.); *Hefendehl*, Kollektive Rechtsgüter, S. 187 ff.; *ders.*, in: Die Rechtsgutstheorie, S. 119 (131); *Wohlers*, Deliktstypen, S. 324 ff.; *Bach*, Die Strafbarkeit der Marktteilnahme, S. 236 f.
[133] *Wohlers*, Deliktstypen, S. 324 ff.; *Kuhlen*, GA 1986, 389 (407 f.); *Eisele*, in: Schönke/Schröder, Vorbemerkungen zu den §§ 13 ff. StGB Rn. 83.
[134] *Kunz*, Das strafrechtliche Bagatellprinzip, S. 244 f., 319 f.; in die Richtung auch *Rengier*, Das moderne Umweltstrafrecht, S. 15 f.
[135] *Krümpelmann*, Die Bagatelldelikte, S. 47 f., siehe S. 111 ff. für anzuwendende Maßstäbe.

## C. Nähere Erörterung der Deliktsstrukturtrias

*(3) Grund für den Schutz kollektiver Rechtsgüter durch Kumulationsdelikte*

Von Kumulationsdelikten werden insbesondere Kollektivrechtsgüter geschützt.[136] Grund hierfür ist, wie die bisherige Analyse gezeigt hat, dass Verletzungs- und konkrete Gefährdungsdelikte keine geeigneten Deliktsstrukturen bieten. Kollektivrechtsgüter *sind* in der Regel weder praktisch durch ein einzelnes Verhalten verletzbar noch *sollen* sie in ihrer Funktion durch ein einzelnes Verhalten verletzbar sein. Auch die weiteren Kategorien der abstrakten Gefährdungsdelikte sind zum Schutz kollektiver Rechtsgüter nicht hinreichend, da aufgrund der fehlenden Verletzbarkeit das Zufallsmoment nicht entscheidend ist und allein der Schutz über Vorbereitungsdelikte[137] nicht ausreichend ist. Daher bedarf es gerade für Kollektivrechtsgüter Deliktsarten, die ohne das Merkmal der potenziellen Verletzbarkeit aufgrund eines einzelnen Verhaltens auskommen – wozu der Kumulationsgedanke dient. Hefendehl spricht deshalb von einem „materielle[n] Äquivalent[] für das Fehlen realer Verletzungskausalität" für Kollektivrechtsgüter.[138]

Besonders viel Aufmerksamkeit in der Debatte der Literatur haben dabei Kollektivrechtsgüter mit der Gesellschaft als Rechtsgutträgerin erhalten, sowohl für die Kategorie der aufzehrbaren Kontingente als auch für die der Vertrauensrechtsgüter in staatliche Institutionen und Reaktionsinstrumentarien. Zwar kann bei aufzehrbaren Kontingenten der Gesellschaft anders als bei Vertrauensrechtsgütern rein tatsächlich ein Unterschied am *Handlungsobjekt* durch eine einzelne Handlung nachgewiesen werden. So können bereits wenige Tropfen Altöl ein Gewässer nachweisbar verändern. Das geschützte Rechtsgut von § 324 StGB ist aber nicht allein das Gewässer, sondern dieses in seiner Funktion als natürliche Lebensgrundlage.[139] Gerade dieses Rechtsgut kann aber nicht durch solch ein einzelnes Verhalten verletzt oder gefährdet werden. Insofern ist § 324 StGB als Kumulationsdelikt einzuordnen. Beispiele von Kumulationstatbeständen für Vertrauensrechtsgüter bilden die §§ 331 ff. StGB zum Schutz des Vertrauens in die Unbestechlichkeit des Beamtenapparates oder §§ 153 ff. StGB zum Schutz des Vertrauens in die staatliche Rechtspflege. Innerhalb dieser beiden Kategorien unterscheidet Hefendehl danach, dass es im Falle der aufzehrbaren Kontingente durch Berechnungen und anhand wissenschaftlicher Prognosen in jedem Fall zu einer Verletzung oder Gefährdung des Rechtsguts kommen wird.[140] Bei Vertrauensrechtsgütern hingegen hängt eine Verletzung oder Gefährdung durch Kumulation noch von weiteren Faktoren ab: Damit sich das Vertrauen in Misstrauen umwandelt, ist erforderlich, dass die einzelnen Kumulationsbeiträge im Wege der Bekanntgabe, Vernetzung, Kommunikation

---

[136] *Hefendehl*, Kollektive Rechtsgüter, S. 182 ff.; *Wohlers*, Deliktstypen, S. 318; *Bach*, Die Strafbarkeit der Marktteilnahme, S. 231.
[137] Zu diesen gleich § 6 C. III. 3. b) bb).
[138] Zu diesem Begriff erstmals *Hefendehl*, Kollektive Rechtsgüter, S. 182; so auch *Puschke*, Legitimation, Grenzen und Dogmatik, S. 95.
[139] *Witteck*, in: BeckOK StGB, § 324 StGB Rn. 3.
[140] *Hefendehl*, Kollektive Rechtsgüter, S. 184.

und Verbreitung miteinander in Verbindung gebracht werden und sich dann so auf das Verhalten der Individuen auswirken. Ebendieses Umschlagen von Vertrauen in Misstrauen bildet den relevanten Bezugspunkt für das materielle Äquivalent.[141]

*(4) Deliktsart*

Kumulationsdelikte werden in dieser Arbeit als Unterkategorie der abstrakten Gefährdungsdelikte erörtert. Diese Kategorisierung anhand des Rechtsguts (Abgrenzung zwischen Verletzungs- und konkreten Gefährdungsdelikten) sowie die Kategorisierung anhand des Handlungsobjektes (Differenzierung zwischen Erfolgs- und Tätigkeitsdelikten)[142] sind nachfolgend kurz zu erläutern.

Mit Einordnung als Unterkategorie der abstrakten Gefährdungsdelikte stellen Kumulationsdelikte ein *aliud* zu den Verletzungs- und konkreten Gefährdungsdelikten dar. Der Hinweis Kuhlens, Kumulationstatbestände ließen sich in Verletzungs- oder Gefährdungstatbestände einteilen, „je nachdem, ob ein Tatbestand darauf abstellt, daß die in großer Zahl vorgenommene Handlung zu einer Verletzung oder Gefährdung führen würde",[143] könnte missverstanden werden. So ist es nicht so, dass Kumulationsdelikte eine Unterkategorie der Verletzungs- oder konkreten Gefährdungsdelikte sind. Denn für solch eine Einordnung müsste dieser Erfolg auch gerade kausal und objektiv zurechenbar verursacht werden, was für ein einziges Verhalten gerade nicht angenommen werden kann. Das Kumulationsdelikt führt gerade nicht zu der Zurechnung des Verhaltens Dritter. Es schafft hingegen ein materielles Äquivalent für das Fehlen der Verletzungs- oder Gefährdungskausalität. Durch diese grundlegend verschiedene Beziehung zum Rechtsgut ist das Kumulationsdelikt daher zutreffend als eigene Kategorie der abstrakten Gefährdungsdelikte zu sehen.

Sofern ausnahmsweise das vielzählige Verhalten Dritter nicht nur hypothetischer Natur ist, sondern tatsächlich schon stattfindet, kommt es auch zu einer tatsächlichen Verletzung des Rechtsguts. Auch das ändert aber nichts daran, dass Kumulationsdelikte abstrakte Gefährdungsdelikte sind. Diese Situation ist beispielsweise mit § 316 StGB vergleichbar, wenn es zu einem tatsächlichen Unfall kommt und das Rechtsgut somit tatsächlich gefährdet ist.

Auf Tatbestandsebene werden Kumulationsdelikte wohl am häufigsten als Erfolgsdelikte ausgestaltet sein. Anders als bei Verletzungs- oder konkreten Gefährdungsdelikten wird der im Tatbestand geforderte Erfolg bei Kumulationsdelikten nie mit der Verletzung oder konkreten Gefährdung des Rechtsguts zusammenfallen, sondern in der Herbeiführung eines anderen Zustandes liegen.[144] So verlangt

---

[141] Siehe dazu ausführlich *Hefendehl*, Kollektive Rechtsgüter, S. 193 ff.
[142] Siehe zu dieser Unterscheidung oben § 6 B.
[143] *Kuhlen*, GA 1986, 389 (399) Fn. 56.
[144] So auch schon bereits § 6 C. III. 1.

beispielsweise § 331 Abs. 1 Alt. 1 StGB als Erfolg den Zugang des Forderns eines Vorteils[145] oder § 324 Abs. 1 StGB als Erfolg die Verschlechterung der Gewässereigenschaften.[146] Die Kumulation dieser in hypothetisch großer Zahl herbeigeführten Erfolge würde dann zu einer Betroffenheit des Rechtsguts führen. Die Handlung des Täters muss selbstverständlich kausal für den Erfolg in Form des Kumulationsbeitrages sein und dieser Erfolg muss nach den allgemeinen Zurechnungsregeln zurechenbar herbeigeführt werden.

### bb) Anschließendes Verhalten

Neben der soeben erörterten Deliktsstruktur des Kumulationsdeliktes, bei der weiteres deliktisches Verhalten Dritter notwendig ist, gibt es abstrakte Gefährdungsdelikte, die ein Verhalten unter Strafe stellen, an das sich Verhalten *anschließen* kann. Erst durch das anschließende Verhalten kann sich eine schädigende Wirkung für das Rechtsgut entfalten. Dieses anschließende Verhalten muss dabei noch nicht einmal in das Versuchsstadium gelangt sein. Hier ist weiter danach zu differenzieren, ob das anschließende Verhalten vom Vorsatz des Täters umfasst ist.

*(1) Ohne subjektiven Bezug*

Straftatbestände, die selbstständiges, anschließendes deliktisches Verhalten ermöglichen, um Rechtsgüter zu schädigen, wobei das anschließende Verhalten nicht Teil des Vorsatzes ist, ordnet Puschke den objektiv-abstrakten Gefährdungstatbeständen zu.[147] Da in vielen Fällen nicht vorhersehbar ist, ob es tatsächlich zu der Anschlusstat kommt und es darauf auch für die Strafbarkeit gar nicht ankommt, sind die Legitimationsbedingungen hier sehr eng zu stecken. Neutrales Verhalten darf nicht ausreichen. Sieber stellt darauf ab, dass eine Sorgfaltspflicht verletzt werden muss, die gerade deliktisches Anschlussverhalten ausschließen will, das in besonderem Maße gefährlich ist.[148] So stellen beispielsweise §§ 51, 52 WaffG unter anderem allein das Besitzen, Erwerben, Überlassen, Mitnehmen, Führen oder Instandsetzen bestimmter Schusswaffen unter Strafe. Schutzzweck dieser Vorschriften ist es, *weitere* Straftaten zu vermeiden, die mit diesen Waffen begangen werden. Zur Erfüllung der §§ 51, 52 WaffG ist daher weder erforderlich, dass der Täter dabei beabsichtigt, die Waffe rechtsgutsschädigend zu verwenden, noch, dass er die Waffe tatsächlich verwendet.

---

[145] *Sinner*, in: Matt/Renzikowski, § 331 StGB Rn. 27.
[146] *Witteck*, in: BeckOK StGB, § 324 StGB Rn. 15.
[147] *Puschke*, Legitimation, Grenzen und Dogmatik, S. 335; dem folgend *Bach*, Die Strafbarkeit der Marktteilnahme, S. 224.
[148] *Sieber*, NStZ 2009, 353 (358 f.).

## (2) Mit subjektivem Bezug (Vorbereitungsdelikte)

Anders ist dies hingegen bei sogenannten Vorbereitungsdelikten.[149] Hier wird ein Verhalten unter Strafe gestellt, das anschließendes deliktisches Verhalten ermöglichen oder erleichtern *soll*.[150] Insofern will der Gesetzgeber ein anschließendes, tatsächlich zum Unrechtserfolg führendes Verhalten regulieren. Das Gefährdungsunrecht ergibt sich aus der Beziehung zwischen dem vorbereitenden Verhalten und einem zukünftigen Beeinträchtigungsverhalten.[151] Da es jedoch nicht erforderlich ist, dass dieses vorbereitete Delikt tatsächlich begangen wird, bilden die *subjektive* Zielsetzung, Absicht, Planung und Vorstellung des Täters zur Erfüllung des deliktischen Erfolgs den relevanten Bezugsgegenstand.[152] Weil diese Deliktsstruktur für die nachfolgende Untersuchung keine Rolle spielen wird, ist an dieser Stelle nicht weiter auf sie einzugehen.

## (3) Kumulations-Vorbereitungsdelikte

Hirsch/Wohlers sehen darüber hinaus sogenannte Kumulations-Vorbereitungsdelikte als eine weitere Spezialform der Vorbereitungsdelikte[153]. Diese ergeben sich, wie ihr Name schon sagt, aus einer Kombination von Vorbereitungsdelikten und Kumulationsdelikten. Grund für ihr Bestehen ist, dass häufig nicht allein *ein* Vorbereitungs- und *ein* Anschlussverhalten reicht, um das kollektive Rechtsgut auch tatsächlich zu beeinträchtigen. Vielmehr wird eine Vielzahl an Vorbereitungsdelikten benötigt, da sie nur in großer Zahl gemeinsam Anschlussdelikte herbeiführen. Zudem stellen auch die Anschlusstaten wiederum Kumulationsdelikte dar, da auch dieses Verhalten nur in Kumulation das Rechtsgut verletzen kann.[154]

Die restliche Literatur bildet diese Unterkategorie nicht, sondern ordnet die Delikte in die oben genannten beiden Kategorien ein. Inwiefern eine kleinteilige Untergliederung in diese weitere Deliktskategorie sinnvoll ist, soll an dieser Stelle

---

[149] *Wohlers*, Deliktstypen, S. 328 ff.; *Hirsch/Wohlers*, in: Die Rechtsgutstheorie, S. 196 (198, 200 ff.) verwenden den Begriff der Vorbereitungsdelikte als Oberbegriff aller Straftatbestände, denen sich weiteres deliktisches Handeln anschließen kann, was der hiesigen Kategorisierung „anschließendes Handeln" entspricht.

[150] *Mitsch*, JURA 2013, 696 (699).

[151] *Chou*, Zur Legitimität von Vorbereitungsdelikten, S. 17; *Puschke*, Legitimation, Grenzen und Dogmatik, S. 323.

[152] *Chou*, Zur Legitimität von Vorbereitungsdelikten, S. 17; *Zweigle*, Gesetzgeber im Konflikt, S. 132 f.; *Jakobs*, ZStW 97 (1985), 751 (772); *Lagodny*, Strafrecht vor den Schranken der Grundrechte, S. 208; *Mitsch*, JURA 2013, 696 (699); *Puschke*, Legitimation, Grenzen und Dogmatik, S. 361 ff.

[153] Für ein Verhalten, bei dem es sich um ein Kumulations-Vorbereitungsdelikt handeln könnte, siehe unten § 6 E. III. 2. b).

[154] Zum Ganzen vgl. *Hirsch/Wohlers*, in: Die Rechtsgutstheorie, S. 196 (198); *Wohlers*, GA 2002, 15 (19).

offengelassen werden. Jedenfalls hilfreich ist, dass durch diese Präzisierung die große Distanz einer einzelnen Handlung zum Rechtsgut und das notwendige Zusammenwirken vieler sowie weiterer Handlungen deutlich hervorgehoben werden. Diese Umstände – egal ob durch die Anerkennung als eigene Deliktsstruktur oder als Teil der gängigen Untergliederungen – fordern daher, solches Verhalten nur höchst selten als strafrechtlich relevantes Verhalten einzuordnen.

## IV. Besonderheit: Kollektivrechtsgüter des Staates zum Schutz staatlicher Institutionen

Der Vollständigkeit halber ist darauf hinzuweisen, dass es neben Verletzungs-, konkreten und abstrakten Gefährdungsdelikten einen eigenen Deliktstypus zum Schutz der Kollektivrechtsgüter des Bestands des Staates und dessen Funktionsbedingungen mit dem Staat als Rechtsgutsträger gibt. Für deren Schutz werde auf die Herstellung einer realen Verletzungskausalität sowie eines materiellen Äquivalents verzichtet.[155] Die Legitimation ihrer Deliktsstruktur ergebe sich aus ihrer verfassungsrechtlichen Verankerung.[156] Da jedoch keine der von öffentlich zugänglichen Beleidigungen in sozialen Netzwerken betroffenen Interessen ein solches Rechtsgut darstellt, wird diese besondere Deliktsstruktur nicht weiter erläutert.

## V. Zwischenfazit: Bedeutung des Rechtsguts für die Deliktsstruktur

Die vorangegangene Untersuchung hat somit ergeben, dass es neben den üblichen Verletzungs- und konkreten Gefährdungsdelikten unterschiedliche abstrakte Gefährdungsdelikte gibt: Einerseits solche, die einer Zufallsbeherrschung dienen, mit Eignungsdelikten als Unterkategorie. Andererseits zählen zu den objektiven Gefährdungsdelikten Straftatbestände, die noch weiteres deliktisches Verhalten verlangen, entweder indem sich daran Verhalten anschließt (Vorbereitungsdelikte) oder indem das Verhalten vielfach durch Dritte vorgenommen wird (Kumulationsdelikte). Straftatbestände, an denen sich weiteres deliktisches Verhalten anschließt, lassen sich weiter danach differenzieren, ob das Verhalten lediglich objektiv gefährlich ist oder ob es auch einen subjektiven Bezug aufweist. Zudem gibt es Kumulations-Vorbereitungsdelikte, die sowohl eine Kumulation der Vorbereitungs- als auch der Anschlussdelikte verlangen.

Die Ausgestaltung einer Deliktsstruktur hängt maßgebend von der Ausgestaltung und Konstruktion des Rechtsguts ab. Da Individualrechtsgüter durch einzelne Handlungen verletzt werden können, kann deren Schutz durch Verletzungs- und

---

[155] *Hefendehl*, Kollektive Rechtsgüter, S. 201.
[156] *Hefendehl*, Kollektive Rechtsgüter, S. 203.

konkrete Gefährdungsdelikte erfolgen sowie durch abstrakte Gefährdungsdelikte, die dem gefährlichen Zufall vorbeugen wollen und anschließendes Verhalten voraussetzen. Gleiches gilt für Kollektivrechtsgüter des Staates zum Schutz aufzehrbarer Kontingente, da diese ebenfalls durch einzelne Handlungen verletzbar sind. Kollektivrechtsgüter der Gesellschaft in Form von aufzehrbaren Kontingenten und Vertrauensrechtsgütern können durch ihre praktische und theoretische Unverletzbarkeit hingegen gerade weder durch Verletzungs- und konkrete Gefährdungsdelikte noch durch abstrakte Gefährdungsdelikte in Form der Zufallsbeherrschung geschützt werden. Deren Schutz erfolgt insbesondere durch Kumulationsdelikte, da diese ein materielles Äquivalent für das Fehlen der Verletzungs- oder Gefährdungskausalität schaffen. Davon zu unterscheiden sind Kollektivrechtsgüter des Staates zum Schutz des Bestands des Staates oder der Funktionsbedingungen einzelner Verfassungsorgane, die ausnahmsweise eine eigene Legitimation haben. So ergibt sich folgender grafischer Überblick:

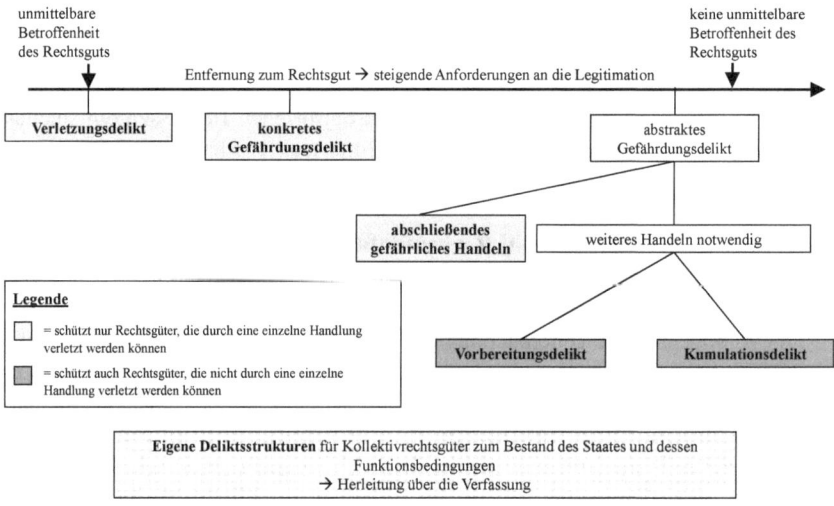

Abbildung 6: Überblick der Deliktsstrukturtrias

## D. Deliktsstruktur des § 185 StGB als Grunddelikt

Ausgehend von diesen Erkenntnissen soll anschließend zunächst die Deliktsstruktur des Grundtatbestandes des § 185 Hs. 1 StGB erörtert werden, um danach mögliche Deliktsstrukturen für die von öffentlich zugänglichen Beleidigungen in sozialen Netzwerken betroffenen Rechtsgüter zu diskutieren.

Der Grundstraftatbestand des § 185 StGB Hs. 1 StGB verlangt nach dem Wortlaut lediglich eine Beleidigung. Aufgrund dieses sehr knappen Tatbestandes bestehen hinsichtlich der Bestimmtheitsanforderungen nach Art. 103 Abs. 2 GG Be-

## D. Deliktsstruktur des § 185 StGB als Grunddelikt

denken.[157] Unter Auslegung des Begriffes durch die Gerichte, insbesondere unter Wahrung der Meinungsfreiheit nach Art. 5 Abs. 1 S. 1 Alt. 1 GG, greifen diese Einwände jedoch nicht.[158] So hat sich ergeben, dass die Beleidigung als Kundgabe der Miss- oder Nichtachtung zu verstehen ist.[159] Die Kundgabe erfordert dabei zunächst einen Ausdruck und ein Zeigen der Miss- oder Nichtachtung. Das kann wörtlich, schriftlich, bildlich, symbolisch oder durch schlüssiges Handeln erfolgen.[160]

Die Entscheidung darüber, ob eine tatbestandsmäßige Beleidigung über die Äußerung der Beleidigung hinaus noch weitere Anforderungen erfüllen muss, hat Auswirkungen auf die Deliktsstruktur des § 185 Hs. 1 StGB. Einigkeit besteht zunächst darin, dass die Kundgabe über den Akt des Äußerns hinaus einer Kenntnisnahme durch das Opfer oder durch eine dritte Person bedarf.[161] Da diese Kenntnisnahme zeitlich versetzt zur Äußerung erfolgen kann und der Straftatbestand damit nicht allein auf die Äußerung abstellt, scheidet eine Einordnung als Tätigkeitsdelikt aus. Welche Anforderungen an die Kenntnisnahme gestellt werden, ist daher maßgebend für die Festlegung des tatbestandlichen Erfolges. Teilweise wird allein ein rein sinnliches Wahrnehmen durch das Opfer oder eine:n Dritte:n verlangt, mit der Begründung, die Verletzung des Achtungsanspruchs würde unabhängig von dem Verstehen der Äußerung erfolgen.[162]

Gibt es jedoch niemanden, der die Äußerung über ein sinnliches Wahrnehmen hinaus auch tatsächlich als ehrverletzend versteht, so besteht keinerlei Angriff auf den Achtungsanspruch des/der Adressierten.[163] Das folgt zum einen aus der Bedeutung des Achtungsanspruchs: Aus dem Achtungsanspruch ergibt sich der Anspruch, nach dem eigenen Geltungswert auch behandelt und respektiert zu werden, um so an der Gesellschaft teilzuhaben.[164] Sofern demnach weder der/die Adressierte der Beleidigung noch eine dritte Person von der Herabsetzung erfährt, besteht keine Gefahr, dass der/die Adressierte das eigene Verhalten in der Gesellschaft etwa

---

[157] *Findeisen/Hoepner/Zünkler*, ZRP 1991, 245 (246); *Husmann*, MDR 1988, 727 (727); *Ritze*, JZ 1989, 91 (92); *Schubarth*, JuS 1981, 726 (728).
[158] *Regge/Pegel*, in: MüKo StGB, § 185 StGB Rn. 2; *Küpper*, ZRP 1991, 249 (250); BVerfG, Beschluss v. 10.10.1995, 1 BvR 1476/91, 1 BvR 1980/91, 1 BvR 102/92, 1 BvR 221/92 Rn. 116, BVerfGE 93, 266 (291 f.), NJW 1995, 3303 (3304).
[159] *Fischer*, StGB, § 185 StGB Rn. 2; *Sinn*, in: Satzger/Schluckebier/Widmaier, § 185 StGB Rn. 5; *Rogall*, in: SK StGB, § 185 StGB Rn. 1, 3; BGH, Beschluss v. 18.11.1957, GSSt 2/57, NJW 1958, 228 (228); BGH, Urteil v. 29.05.1951, 2 StR 153/51 Rn. 4, NJW 1951, 929 (929).
[160] *Hilgendorf*, in: LK, § 185 StGB Rn. 15; *Rogall*, in: SK StGB, § 185 StGB Rn. 4; *Fischer*, StGB, § 185 StGB Rn. 5; *Eisele/Schittenhelm*, in: Schönke/Schröder, § 185 StGB Rn. 8; *Maurach et al.*, Straftaten gegen Persönlichkeits- und Vermögenswerte, § 25 Rn. 12.
[161] *Regge/Pegel*, in: MüKo StGB, § 185 StGB Rn. 38; *Rogall*, in: SK StGB, § 185 StGB Rn. 5; *Hilgendorf*, in: LK, § 185 StGB Rn. 10; *Maurach et al.*, Straftaten gegen Persönlichkeits- und Vermögenswerte, § 24 Rn. 26.
[162] *Schramm*, in: FS Lenckner, S. 539 (561 f.); *Brockamp*, Die Tatvollendung bei den Beleidigungsdelikten, S. 79; so auch die frühere Rechtsprechung BGH, Urteil v. 16.12.1954, 3 StR 384/54 Rn. 11 BGHSt 7, 129 (132), NJW 1955, 471 (472).
[163] *Regge/Pegel*, in: MüKo StGB, § 185 StGB Rn. 38.
[164] Vgl. *Hilgendorf*, in: LK, vor § 185 StGB Rn. 18.

durch Rückziehung ändert oder der/die Dritte von der Richtigkeit des hypothetisch geminderten Achtungsanspruchs ausgeht.[165] Die Möglichkeit, nicht entsprechend an der Gesellschaft teilzuhaben, scheidet somit bei einer rein sinnlichen Kenntnisnahme aus. Zum anderen beruht die Notwendigkeit der tatsächlichen Kenntnisnahme darauf, dass eine Beleidigung ein Akt inhaltlicher Kommunikation ist und nicht lediglich ein physikalischer Vorgang.[166] Ein Akt inhaltlicher Kommunikation fordert somit, dass die Äußerung auch inhaltlich verstanden wird.[167]

Die herrschende Meinung geht daher davon aus, dass die Kenntnisnahme nicht nur einen rein faktischen Zugang in Form einer rein sinnlichen Wahrnehmung bedarf, sondern dass der Inhalt tatsächlich als ehrverletzend verstanden wird.[168] Damit sind auch Beleidigungen, die in einer fremden Sprache geäußert werden, nicht tatbestandsmäßig.[169] Die Ansicht, die bereits ein sinnliches Wahrnehmen ausreichen lässt, verlegt die Vollendung des Deliktes unzulässigerweise vor in den nicht-strafbaren Bereich des Versuchs.[170]

In diesem Moment der tatsächlichen Kenntnisnahme der beleidigenden Äußerung als notwendiger Erfolg liegt der Angriff auf den Achtungsanspruch und damit eine Verletzung des Rechtsguts der Ehre vor. Insofern stellt § 185 Hs. 1 StGB ein Erfolgsdelikt[171] in Ausgestaltung eines Verletzungsdeliktes[172] dar.

Dieses Ergebnis der Einordnung als Verletzungsdelikt beruht auf dem oben herausgearbeiteten Ehrverständnis beziehungsweise dessen Verletzung.[173] Zu einer anderen Deliktseinordnung, nämlich einem konkreten Gefährdungsdelikt, kommt Amelung, da er von einem anderen Ehrverständnis ausgeht.[174] Danach liege eine Ehrverletzung erst in dem Moment der tatsächlichen Änderung des Urteils des/der Kenntnisnehmenden über das Opfer vor, im Moment der Kenntnisnahme bestehe

---

[165] *Sinn*, in: Satzger/Schluckebier/Widmaier, § 185 StGB Rn. 3 nennt diesen Umstand eine Gefährdung für den „intra- oder interpersonellen Frieden[]".
[166] *Hilgendorf*, in: LK, § 185 StGB Rn. 28; in diese Richtung auch *Kern*, Die Äußerungsdelikte, S. 25, wenn er davon spricht, „eine nicht verstandene Äußerung ist so gut wie keine Äußerung".
[167] *Hilgendorf*, in: LK, § 185 StGB Rn. 28.
[168] *Regge/Pegel*, in: MüKo StGB, § 185 StGB Rn. 38; *Hilgendorf*, in: LK, § 185 StGB Rn. 28; *Fischer*, StGB, § 185 StGB Rn. 6; *Rogall*, in: SK StGB, § 185 StGB Rn. 18; *Eisele/Schittenhelm*, in: Schönke/Schröder, § 185 StGB Rn. 16; *Heger*, in: Lackner/Kühl/Heger, § 185 StGB Rn. 7; *Sinn*, in: Satzger/Schluckebier/Widmaier, § 185 StGB Rn. 25; so mittlerweile auch die ständige Rechtsprechung seit BGH, Urteil v. 12.01.1956, 4 StR 470/55, BGHSt 9, 17 (19), NJW 1956, 679 (679).
[169] OLG Zweibrücken, Beschluss v. 16.10.2018, 1 OLG 2 Ss 46/18 Rn. 16, NStZ-RR 2019, 246 (248).
[170] *Regge/Pegel*, in: MüKo StGB, § 185 StGB Rn. 38; *Joecks/Jäger*, Studienkommentar Strafgesetzbuch, § 185 StGB Rn. 22.
[171] *Roxin/Greco*, Strafrecht AT I, § 10 Rn. 102.
[172] *Regge/Pegel*, in: MüKo StGB, Vorbemerkung zu § 185 StGB Rn. 3; *Krischker*, JA 2013, 488 (491); *Sinn*, in: Satzger/Schluckebier/Widmaier, § 185 StGB Rn. 3.
[173] Siehe dazu oben § 4 A. I. 3.
[174] *Amelung*, in: FS Rudolphi, S. 373 (376); dem folgend *Fischer*, StGB, § 185 StGB Rn. 1.

dafür lediglich die Gefahr. Dem ist jedoch nicht zuzustimmen. Die Annahme einer Ehrverletzung von dem Verhalten Dritter abhängig zu machen, erscheint nicht gerecht. Da sich nur schwer ermitteln ließe, ob und wie viele Dritte ihr Urteil über die betroffene Person tatsächlich geändert haben, würde sich nicht feststellen lassen, ob es zu einer tatsächlichen Ehrverletzung kam. Zudem erfolgt der Angriff auf den Achtungsanspruch und die hypothetische Minderung des Geltungswertes allein im Verhältnis zwischen dem Täter und dem/der Beleidigten, unabhängig von dem Verhalten Dritter. Auch würde die Auffassung von Amelung zu dem Ergebnis führen, dass im Falle eines veränderten Urteils nach dem hypothetisch geminderten Geltungswert durch eine Vielzahl an Personen, eine einzelne beleidigende Äußerung zu einer, wohl kaum zu bestimmenden, Vielzahl an Ehrverletzungen führen würde.

Zutreffend liegt der Erfolg einer Beleidigung daher in der Rechtsgutsverletzung der Ehre durch eine hypothetische Minderung des Geltungswertes, die mit der tatsächlichen Kenntnisnahme durch das Opfer oder durch Dritte vollendet ist. Darüber hinaus ist § 185 Hs. 1 StGB durch die Sanktionierung der Verbreitung rechtswidriger Äußerungen als Äußerungsdelikt einzuordnen.[175]

## E. Suche nach Deliktsstrukturen für die betroffenen Rechtsgüter von einer in sozialen Netzwerken öffentlich zugänglich gemachten Beleidigung

Die nachfolgende Analyse hat zum Ziel, zu untersuchen, ob und inwiefern im bestehenden § 185 StGB passende Deliktsstrukturen für die durch öffentlich zugänglich gemachte Beleidigungen in sozialen Netzwerken betroffenen Rechtsgüter gefunden werden können. Dabei werden die Rechtsgüter der Ehre des/der Betroffenen, der Meinungsfreiheit Dritter, der Ehre Dritter, der Funktionsfähigkeit demokratischer Institutionen, der psychischen Gesundheit sowie des Rechts auf Anerkennung als gleichwertiges Mitglied der Gesellschaft als Ausfluss der Menschenwürde untersucht.

Für die Erörterung des Schutzes der ausgemachten Rechtsgüter sind immer zwei verschiedene Ebenen voneinander zu trennen: die Kriminalisierungsebene als Ebene der Norm*setzung* und die Tatbestandsebene als Ebene der Norm*anwendung*.[176] Auf der Kriminalisierungsebene geht es primär darum, ob eine passende Deliktsstruktur zum Schutz eines Rechtsguts begründet werden soll. Das ist im Kern eine Frage der Angemessenheit innerhalb der Verhältnismäßigkeits-

---

[175] *Hilgendorf/Valerius*, Computer- und Internetstrafrecht, Rn. 263; *Valerius*, in: BeckOK StGB, § 185 StGB Rn. 17; *Hilgendorf*, in: LK, § 185 StGB Rn. 10; *Maurach et al.*, Straftaten gegen Persönlichkeits- und Vermögenswerte, § 24 Rn. 25 f.

[176] *Hefendehl*, Kollektive Rechtsgüter, S. 189; dem folgend *Bach*, Die Strafbarkeit der Marktteilnahme, S. 234.

prüfung.[177] Es stellt sich einerseits die Frage, *wie intensiv* das Rechtsgut geschützt werden *soll* – im Falle einer Verletzung, konkreten Gefährdung oder abstrakten Gefährdung? Relevant ist aber auch, ob und wenn ja, welche Beziehung zum Handlungsobjekt gefordert werden *soll*. Dadurch kommt der Unterscheidung zwischen Tätigkeits- und Erfolgsdelikt Bedeutung zu, insbesondere durch die Frage, ob der Erfolg formal mit der Rechtsgutsverletzung oder -gefährdung zusammenfallen oder als ein davon zu trennender Erfolg ausgestaltet sein soll. Die Entscheidung der Deliktsart muss sich auch im Wortlaut niederschlagen. Nur so kann das Bestimmtheitsgebot aus Art. 103 Abs. 2 GG erfüllt sein und es den Bürger:innen ermöglichen, ihr Handeln danach auszurichten. Die sehr knappen gesetzlichen Verankerungen des Grundtatbestands aus § 185 Hs. 1 StGB und des Qualifikationstatbestands des § 185 Hs. 2 Alt. 1 StGB „öffentlich" bilden daher den primären Ausgangspunkt der nachfolgenden Untersuchung nach der passenden Deliktsstruktur für den Schutz der Rechtsgüter. Diese nachfolgende Analyse hat zwei Ziele: Zum einen wird nachfolgend analysiert, inwiefern sich die verschiedenen Rechtsgüter überhaupt von dem Qualifikationsstraftatbestand des § 185 Hs. 2 Alt. 1 StGB erfassen lassen. Demnach geht es um eine Untersuchung des Rechtsgüterschutzes de lege lata. Überlegungen zu einem Rechtsgüterschutz de lege ferenda erfolgen an späterer Stelle.[178] Zum anderen erfolgt dadurch zugleich eine Kontrolle, inwiefern die Argumentationen von Rechtsprechung, Gesetzesbegründung und Literatur für eine Straferhöhung (konkret die Einführung der Qualifikation des § 185 Hs. 2 Alt. 1 StGB) legitim sind.

Auf Tatbestandsebene hingegen kommt es allein auf die Frage an, ob im konkreten Einzelfall eine konkrete Handlung die Tatbestandsvoraussetzungen erfüllt. Je nach Deliktsstruktur kommt es im Falle der Ausgestaltung als Erfolgsdelikt zu Fragen nach der Kausalität und Zurechnung.

Diese beiden zu trennenden Ebenen, die Kriminalisierungs- und Tatbestandsebene, werden daher nachfolgend von Bedeutung sein: Wie *sollen* die Rechtsgüter geschützt werden? Ist solch ein Schutz mit dem Wortlaut vereinbar? Würde eine einzelne Beleidigung kausal und objektiv zurechenbar den jeweiligen tatbestandlichen Erfolg herbeiführen?

## I. Deliktsstruktur für den Schutz der Ehre des/der Betroffenen

Das Rechtsgut der Ehre wird bereits über die einfache Ehrverletzung des § 185 Hs. 1 StGB als Grunddelikt geschützt. Wird die Beleidigung auf einem sozialen Netzwerk öffentlich zugänglich gemacht, kann es zu einer intensiveren Ehrverletzung und zu möglichen weiteren Ehrverletzungen gegenüber dem/der Betroffenen kommen.

---

[177] Siehe dazu oben § 6 A.
[178] Siehe dazu unten § 7 B. IV.

## 1. Konkrete Gefahr der intensiveren Ehrverletzung

Zunächst ist die Deliktsstruktur für den Schutz des Rechtsguts der Ehre vor *intensiveren* Ehrverletzungen des/der Betroffenen zu erläutern. Die obige Erörterung hat dabei gezeigt, dass sich solch eine intensivere Ehrverletzung ergeben kann, wenn unzählig viele andere Nutzer:innen den Beitrag zur Kenntnis nehmen.[179] Dabei nimmt die Zahl der Kenntnisnehmenden zu, sofern Nutzer:innen den Beitrag liken oder kommentarlos teilen, da so auch deren befreundete Nutzer:innen den ursprünglichen Beitrag angezeigt bekommen.[180] Die Sanktionierung intensiverer Ehrverletzungen wäre auf Kriminalisierungsebene zu befürworten. Grund hierfür ist vor allem, dass eine intensivere Ehrverletzung für Betroffene zu deutlich weitreichenderen Folgen im realen Leben führen kann als eine einfache. Mit jeder Kenntnisnahme der Beleidigung besteht die Gefahr, dass der hypothetisch geminderte Geltungswert auch tatsächlich angewendet werden kann oder sich das Opfer diesem entsprechend verhält.

Eine in sozialen Netzwerken veröffentlichte Beleidigung *kann* durch unzählig viele weitere Nutzer:innen gelesen werden. Insofern besteht allerdings nur die Möglichkeit, dass viele die Beleidigung lesen, mit Sicherheit lässt sich das nicht sagen. Das gilt auch bei Inhalten, die in sozialen Netzwerken hochgeladen werden und potenziell allen Nutzer:innen zugänglich sind. Ob ein Beitrag von fünf oder fünftausend Nutzer:innen gelesen wird, hängt maßgebend vom Algorithmus ab, der wiederum sowohl nach dem Inhalt als auch aufgrund der Reichweite der veröffentlichenden und verlinkten Nutzer:innen entscheidet. Sofern ein Beitrag in sozialen Netzwerken öffentlich hochgeladen wird, ist zwar mit sehr großer Wahrscheinlichkeit damit zu rechnen, dass auch unzählig viele Nutzer:innen diesen lesen werden, garantiert werden kann das jedoch nicht. Daher ist auf Kriminalisierungsebene kein Schutz als Verletzungsdelikt zu beabsichtigen, sondern als konkretes Gefährdungsdelikt.

Solch eine Ausgestaltung ist auch auf Tatbestandsebene zu bejahen. § 185 Hs. 2 Alt. 1 StGB fordert als tatbestandlichen Erfolg das öffentliche Zugänglichmachen der Beleidigung. Das Merkmal „öffentlich" verlangt, dass die Beleidigung von einem größeren, nach Zahl und Zusammensetzung unbestimmten und nicht durch persönliche Beziehungen verbundenen Personenkreis zur Kenntnis genommen werden *kann*.[181] Anders als das Grunddelikt fordert der tatbestandsmäßige Erfolg der Qualifikation somit gerade keine tatsächliche Kenntnisnahme, sondern lediglich das öffentliche Zugänglichmachen als Erfolg. Äußerungen im Internet werden

---

[179] Siehe dazu oben § 4 A. II. 2.
[180] Siehe dazu oben § 4 A. II. 3.
[181] *Eisele/Schittenhelm*, in: Schönke/Schröder, § 186 StGB Rn. 19; *Valerius*, in: BeckOK StGB, § 186 StGB Rn. 25; *Hilgendorf*, in: LK, § 186 StGB Rn. 13; *Regge/Pegel*, in: MüKo StGB, § 186 StGB Rn. 34; RG, Urteil v. 10.12.1908, III 745/08, RGSt 42, 112 (113).

daher bereits „öffentlich" getätigt, wenn sie ohne Weiteres abrufbar sind.[182] Davon ist das Hochladen auf einem sozialen Netzwerk mit der Einstellung umfasst, dass der Beitrag der Öffentlichkeit zugänglich ist. Ab dann hängt es nämlich nur noch vom Zufall ab, ob unzählig viele Dritte die Beleidigung lesen und es somit zu einer intensiveren Ehrverletzung kommt oder nicht. Beherrschen kann der Täter die Verbreitung nicht mehr, es kommt allein auf äußerliche Faktoren an. Auch auf Tatbestandsebene ist eine Ausgestaltung als konkretes Gefährdungsdelikt demnach möglich.

Auf Tatbestandsebene ist zudem klarzustellen, dass das Unrecht der intensiveren Rechtsgutsverletzung der Ehre ausschließlich als Unrecht des Ausgangstäters zu sehen ist. Es kommt gerade nicht zu einer Zuweisung fremden Unrechts, da das Lesen der dritten Nutzer:innen nicht als Unrecht gesehen werden kann, sondern gerade die Realisierung der Gefahr einer öffentlich zugänglich gemachten Beleidigung ist.

Damit kann und soll das Rechtsgut der intensiveren Ehrverletzung des/der Adressierten in Form eines konkreten Gefährdungsdeliktes durch § 185 Hs. 2 Alt. 1 StGB de lege lata geschützt werden.

### 2. Konkrete Gefahr weiterer Ehrverletzungen

So stellt sich auch für den Schutz des Rechtsguts der Ehre des/der Beleidigten vor *weiteren* Beleidigungen auf Kriminalisierungs- und Tatbestandsebene die Frage einer passenden Deliktsstruktur. Weitere, sich anschließende Beleidigungen an dem/der Beleidigten können dabei in Kommentaren unter dem ursprünglichen Beitrag liegen oder durch das Teilen des ursprünglichen Beitrages mit einem zustimmenden Untertitel erfolgen.[183] Da auch hier nicht mit an Sicherheit grenzender Wahrscheinlichkeit gesagt werden kann, dass es tatsächlich zu diesen Reaktionen durch Dritte kommen wird, kann zum Zeitpunkt der Veröffentlichung einer Beleidigung auf einem sozialen Netzwerk nur von einer konkreten Gefahr für weitere Ehrverletzungen gesprochen werden.

Es fragt sich jedoch, auf Tatbestandsebene, ob dem Täter allein durch das öffentliche Zugänglichmachen einer Beleidigung auf einem sozialen Netzwerk diese Gefahr zugerechnet werden kann. Diese Frage stellt sich besonders, da das mögliche Anschlusshandeln Dritter in Form von zustimmenden Kommentaren oder in Form des Teilens des Beitrags mit einer zustimmenden Ergänzung eine *erneute* Ehrverletzung als *eigenständige* Beleidigung darstellt. Unproblematisch kann eine Kausalität der ursprünglichen Beleidigung angenommen werden, da die sich anschließenden Beleidigungen in Form von Kommentaren unter dem Beitrag oder

---

[182] *Valerius*, in: BeckOK StGB, § 186 StGB Rn. 25; *Eisele/Schittenhelm*, in: Schönke/Schröder, § 186 StGB Rn. 19.
[183] Siehe dazu oben § 4 A. II. 3.

Teilen des Beitrages rein technisch ohne den Beitrag der ursprünglichen Beleidigung gar nicht möglich sind.

Das (mögliche) Handeln durch dritte Nutzer:innen könnte aber den Zurechnungszusammenhang unterbrechen. Grundsätzlich wird eine Unterbrechung des Zurechnungszusammenhangs dann angenommen, wenn Dritte eine neue, selbstständige Gefahr begründen, die sich dann im Erfolg realisiert.[184] Das beruht auf dem Selbstverantwortungsprinzip, wonach grundsätzlich jede:r nur für das eigene Verhalten und nicht für das Verhalten anderer verantwortlich ist.[185] Solch eine Annahme wäre insofern denkbar, als das Anschlusshandeln auch eine tatsächlich eigene Beleidigung i. S. v. § 185 Hs. 1 StGB darstellt und somit eine eigene Gefahr für die Ehre des/der Betroffenen schafft, die sich durch die eigenständige Ehrverletzung realisiert. Aber allein der Hinweis auf die eigenständige strafrechtliche Würdigung des Verhaltens des/der Dritten beziehungsweise des/der möglicherweise den Zurechnungszusammenhang Unterbrechenden kann nicht ausreichen. Es geht gerade um die Frage, ob dieses Unrecht dem Täter zugerechnet werden kann, da nicht jedes Dazwischentreten zu einer Unterbrechung des Zurechnungszusammenhangs führt. Für das Zurechnen des Handelns Dritter lassen sich zwei Fallgruppen erkennen.

Zum einen ist das Handeln Dritter dem/der zuerst Handelnden dann zuzurechnen, wenn diese:r Sicherheits- oder Schutzvorschriften verletzt, die gerade das Handeln Dritter in Form von Vorsatz- oder Fahrlässigkeitstaten verhindern sollen.[186] In der Ausbildungsliteratur wird hier meist auf Vorschriften zum Umgang mit Waffen verwiesen, beispielsweise auf § 36 Abs. 1 WaffG, wonach Vorkehrungen zu treffen sind, um das Abhandenkommen dieser Gegenstände oder das unbefugte Verwenden durch Dritte zu verhindern. Werden diese Schutzvorschriften verletzt, so sind dem Täter die mit der Waffe begangenen Taten als Fahrlässigkeitsdelikt zuzurechnen, wie es etwa in der Verurteilung des Vaters des Amokläufers von Winnenden nach §§ 222, 229 StGB der Fall war.[187]

Die zweite Fallgruppe rechnet dem/der Ersthandelnden das Verhalten Dritter dann zu, wenn das Handeln Dritter eine derart spezifische Verbundenheit mit

---

[184] *Eisele*, in: Schönke/Schröder, Vorbemerkungen zu den §§ 13 ff. StGB Rn. 102; *Wessels/Beulke/Satzger*, Strafrecht AT, Rn. 284; *Heinrich*, Strafrecht AT, Rn. 253; *Otto*, Strafrecht AT, § 6 Rn. 56; *Baier*, JA 2002, 842 (843).

[185] OLG Rostock, Beschluss v. 11.08.1999, 1 Ws 10/97 Rn. 30, NStZ 2001, 199 (200); *Renzikowski*, in: Matt/Renzikowski, Vorbemerkung zu § 13 StGB Rn. 127; *Eisele*, in: Schönke/Schröder, Vorbemerkungen zu den §§ 13 ff. StGB Rn. 101; *Puppe/Grosse-Wilde*, in: NK StGB, Vorbemerkungen zu §§ 13–15 StGB Rn. 178; *Otto*, in: FS Lampe, S. 491 (498); *Kühl*, Strafrecht AT, § 4 Rn. 83 ff.; ablehnend *Schmoller*, in: FS Triffterer, S. 223 (244).

[186] *Otto*, in: FS Wolff, S. 395 (412 ff.); *Rengier*, Strafrecht AT, § 13 Rn. 93, § 52 Rn. 57 ff.; *Wessels/Beulke/Satzger*, Strafrecht AT, Rn. 285; *Heinrich*, Strafrecht AT, Rn. 254; *Mitsch*, ZJS 2011, 128 (131); *Schünemann*, GA 1999, 207 (224).

[187] BGH, Beschluss v. 22.03.2012, 1 StR 359/11, NStZ 2013, 238; ablehnende Anmerkung *Berster*, ZIS 2012, 624; *Braun*, JR 2013, 37.

der Ausgangsgefahr aufweist, dass das Anschlusshandeln bereits als Gefahr im Ersthandeln begründet ist.[188] Nicht ausreichend ist dabei, dass der Ersttäter nur eine günstige Gelegenheit schafft, die durch die Anschlusstat ausgenutzt wird.[189] Oft wird, misslich, die Bejahung der objektiven Zurechnung dann angenommen, wenn der Erfolg ein „Werk des Täters" darstellt.[190] Diese Formulierung ist insofern irreführend, als bei Bejahung der objektiven Zurechnung nicht allein der Täter der Ausgangshandlung, sondern *auch* der Täter der Zweithandlung bestraft wird, weil es eben nicht allein ein Werk des ersthandelnden Täters ist, sondern ein Werk beider. Zutreffend geht es daher darum, ob der Erfolg *allein* Werk des/der Dritten ist oder ob das Werk auch dem Ausgangstäter zugerechnet wird und somit Werk des/der Dritten *und* Werk des Ausgangstäters ist. Denn auch im Falle einer Zurechnung wird der/die Dritte bestraft, wenn das Verhalten strafrechtlich relevant ist. Hilfreicher erscheint daher die Kontrollfrage, ob die Anschlusshandlung die Ausgangsgefahr geändert hat.[191] Als Beispiel für die zweite Fallgruppe wird häufig das fahrlässige Fehlverhalten von Ärzt:innen oder anderen Retter:innen gebracht, das Teil der Gefahr ist, mit der gerechnet werden muss, wenn eine Person krankenhausreif verletzt wird.[192] Aber auch vorsätzliches Verhalten des/der Dazwischentretenden ist denkbar.

Eine Ausnahme der Unterbrechung des Zurechnungszusammenhangs nach der ersten Fallgruppe scheidet für die vorliegende Konstellation aus. Denn eine in sozialen Netzwerken veröffentlichte Beleidigung ist nicht aus dem Grund verboten, damit diese nicht kommentiert und geteilt wird und es damit nicht zu sich anschließenden Beleidigungen gegenüber dem/der Betroffenen kommt. Eine Beleidigung nach § 185 StGB steht zum Schutz der Ehre des/der Betroffenen unter Strafe. Vielmehr handelt es sich um einen Ausnahmefall in der Konstellation der zweiten Fallgruppe. Wählt der Täter ein soziales Netzwerk als Plattform und lädt seine Beleidigung in der Form hoch, dass sie der Öffentlichkeit zugänglich ist, so muss dieser von zustimmenden Reaktionen durch dritte Nutzer:innen ausgehen. Während bei einer mündlich geäußerten Beleidigung vor vielen Menschen nicht zwingend damit gerechnet werden muss, dass Gleichgesinnte dieser Handlung folgen, ist die Lage bei einer im Netz veröffentlichten Beleidigung aus zwei Gründen eine andere. Zum einen findet rein quantitativ ein viel größerer und von der Art her ganz anderer Austausch statt. Eine in einem sozialen Netzwerk veröffentlichte Beleidigung

---

[188] *Otto*, Strafrecht AT, § 6 Rn. 50; *Wessels/Beulke/Satzger*, Strafrecht AT, Rn. 286; mit etwas anderer Begründung *Jäger*, in: SK StGB, vor § 1 StGB Rn. 132, der maßgebend auf die konkrete Vorhersehbarkeit abstellt; *Eisele*, in: Baumann/Weber/Mitsch/Eisele, Strafrecht AT, § 10 Rn. 146, 162f. erkennt diese Fallgruppe hingegen nicht an.
[189] *Rengier*, Strafrecht AT, § 13 Rn. 90.
[190] *Wessels/Beulke/Satzger*, Strafrecht AT, Rn. 224; *Eisele*, in: Baumann/Weber/Mitsch/Eisele, Strafrecht AT, § 10 Rn. 64; *Rengier*, Strafrecht AT, § 13 Rn. 2 spricht von „sein Werk".
[191] *Kühl*, Strafrecht AT, § 4 Rn. 68.
[192] *Otto*, Strafrecht AT, § 6 Rn. 50; *ders.*, in: FS Wolff, S. 395 (408f.); so auch BGH, Beschluss v. 20.03.2000, 1 StR 50/00, StV 2000, 556, der ärztliches Fehlverhalten strafmildernd berücksichtigte.

ist, anders als bei einer mündlich geäußerten, nicht allein für den Moment ihrer Äußerung wahrnehmbar, sondern bis zu ihrer Löschung dauerhaft einsehbar, sodass bereits die potenzielle Zeit zur sich anschließenden Beleidigung viel größer ist. Auch die Äußerungskultur in sozialen Netzwerken, in denen ungefiltert und ohne technische oder soziale Hemmschwellen Gedanken verfasst und direkt geäußert werden können, ist anders als in der analogen Welt. Zum anderen hat der Einsatz von Algorithmen in sozialen Netzwerken eine katalysierende Wirkung. Durch diese werden Nutzer:innen überwiegend Beiträge angezeigt, die den selbst gefolgten Seiten und der eigenen Interaktion entsprechen. Dadurch sehen Nutzer:innen vor allem solche Beiträge, die die eigenen gesellschaftlichen, politischen, persönlichen und sozialen Interessen und Einstellungen widerspiegeln (Echokammern[193]). So wird die Hürde zu nachahmenden Beleidigungen noch einmal deutlich gesenkt. Anders als in der analogen Welt ist in der digitalen Welt damit zu rechnen und die Wahrscheinlichkeit sehr hoch, dass die Beleidigung inhaltlich auf Anklang stoßen wird und es zu bestätigenden, ebenfalls beleidigenden Reaktionen kommt.

Aufgrund der Gegebenheiten in sozialen Netzwerken erscheint es daher auf Tatbestandsebene möglich, durch eine in sozialen Netzwerken öffentlich zugänglich gemachte Beleidigung eine begründete konkrete Gefahr zu sehen, dass diese weitere, zustimmende Beleidigungen gegenüber dem/der Betroffenen hervorruft.[194] Diese Ausgestaltung ist auch auf Kriminalisierungsebene zu befürworten. Gerade die Vielzahl der sich anschließenden Beleidigungen trifft das Opfer besonders einschneidend. Die Gefahr weiterer, sich anschließender Ehrverletzungen sollte gerade berücksichtigt werden. Hieraus ergibt sich nämlich ein merklicher Unrechtssprung.

Der Schutz des Rechtsguts der Ehre ist zudem auch mit dem Grunddelikt und der Systematik der §§ 185 ff. StGB vereinbar. Der tatbestandliche Erfolg dieses konkreten Gefährdungsdeliktes liegt dabei in dem öffentlichen Zugänglichmachen der Beleidigung auf einem sozialen Netzwerk. Damit ist die Deliktsstruktur des konkreten Gefährdungsdeliktes auch mit dem Wortlaut des § 185 Hs. 2 Alt. 1 StGB vereinbar.

Nicht zuletzt ist klarzustellen, dass durch die Ausgestaltung als konkretes Gefährdungsdelikt für weitere Ehrverletzungen an dem/der Adressierten kein Verstoß gegen § 30 Abs. 1 S. 1 StGB erfolgt. So könnte man annehmen, § 30 Abs. 1 S. 1 StGB enthalte den Grundsatz einer generellen Straflosigkeit der versuchten Anstiftung zu einem Vergehen und das Schaffen einer konkreten Gefahr für weitere strafrechtlich relevante Handlungen sei letzten Endes das gleiche wie eine versuchte Anstiftung. Allerdings kennt das StGB auch außerhalb von § 30 Abs. 1 S. 1 StGB im Besonderen Teil Straftatbestände, die auch das Vorbereiten von Vergehen unter Strafe stellen. So ist das beispielsweise für §§ 149, 275 StGB der Fall. Solche sogenannten selbstständigen Vorbereitungsdelikte sind dem StGB demnach nicht

---
[193] Siehe dazu oben § 2 B.
[194] Gegen eine solche Zurechnung *Oğlakcıoğlu*, ZStW 132 (2020), 521 (542), ohne darauf jedoch genauer einzugehen.

fremd. Darüber hinaus handelt es sich in der vorliegenden Konstellation „sogar" um ein konkretes Gefährdungsdelikt, wohingegen §§ 149[195] und 275[196] StGB als abstrakte Gefährdungsdelikte eingeordnet werden. Somit lässt sich die Zulässigkeit der hiesigen Deliktsstruktur wegen der näheren Beziehung zum Rechtsgut sowie des fortgeschritteneren Gefährdungsstadiums erst recht annehmen. Die Regelung in § 30 Abs. 1 S. 1 StGB steht der Einordnung als konkretes Gefährdungsdelikt nicht entgegen.

### 3. Zwischenfazit: Schutz des Rechtsguts der Ehre durch eine Ausgestaltung als konkretes Gefährdungsdelikt

Insofern lässt sich festhalten, dass sowohl der Schutz vor intensiveren Ehrverletzungen des/der Adressierten als auch vor weiteren Ehrverletzungen an dem/der Adressierten bereits de lege lata in Gestalt konkreter Gefährdungsdelikte legitimerweise von § 185 Hs. 2 Alt. 1 StGB geschützt werden. Daher argumentieren somit Gesetzgebung und Literatur berechtigterweise,[197] intensivere und weitere Ehrverletzungen strafrahmenerhöhend durch die eingeführte Qualifikation zu berücksichtigen. Die konkrete Ausgestaltung dieser konkreten Gefährdungsdelikte ist jedoch wohl eher untypisch: Meist verlangt der Tatbestand explizit, dass eine konkrete Gefahr für die betroffenen Rechtsgüter vorliegen muss. Vorliegend wird hingegen ein Erfolg normiert, bei dem von einer konkreten Gefahr ausgegangen wird. Wenn auch, wie sich gezeigt hat, solch eine Ausgestaltung des Tatbestands legitim ist, so ist im Rahmen des Vorschlages einer neuen Fassung des § 185 StGB die Eigenschaft als konkretes Gefährdungsdelikt auch tatbestandlich zu verankern.[198]

## II. Deliktsstruktur für den Schutz der Meinungsfreiheit Dritter

Nachfolgend soll auch für den Schutz des Rechtsguts der Meinungsfreiheit eine passende Deliktsstruktur gesucht werden, die de lege lata von § 185 Hs. 2 Alt. 1 StGB potenziell umfasst ist. Die Schutzbedürftigkeit beruht auf dem sogenannten „silencing effect". Danach lesen Dritte unzählig viele diskriminierende, herabsetzende und beleidigende Inhalte und ziehen sich aus Sorge, selbst Opfer dieser Beiträge zu werden, vom öffentlichen Diskurs zurück. Damit kommt es zu der Einschränkung der eigenen Meinungsfreiheit i. S. v. Art. 5 Abs. 1 S. 1 Alt. 1 GG.[199]

---

[195] *Weidemann*, in: BeckOK StGB, § 149 StGB Rn. 3; *Fischer*, StGB, § 149 StGB Rn. 2; *Erb*, in: MüKo StGB, § 149 StGB Rn. 1.
[196] *Heine/Schuster*, in: Schönke/Schröder, § 275 StGB Rn. 2; *Maier*, in: Matt/Renzikowski, § 275 StGB Rn. 1.
[197] RefE Gesetz zur Bekämpfung des Rechtsextremismus und der Hasskriminalität, S. 22; *Doerbeck*, JR 2021, 54 (56); *Beck*, MMR 2009, 736 (739).
[198] Siehe dazu unten § 7 B. III.
[199] Siehe dazu oben § 4 C. und § 5 B. III.

Dabei ist zu beachten, dass es zu der Einschränkung der eigenen Meinungsfreiheit nicht durch das Lesen einer einzigen Beleidigung kommt, sondern nur, wenn Nutzer:innen eine große Zahl an Beleidigungen lesen und dadurch der Gesamteindruck eines negativen Diskurses entsteht. Sofern jedoch solch ein insgesamt negativer Diskurs im Netz besteht, kann aufgrund von empirischen Erkenntnissen[200] gefolgert werden, dass es zu einer Einschränkung der Meinungsfreiheit kommen wird. Daher ist nachfolgend nicht lediglich von dem Schaffen einer konkreten Gefahr für die Meinungsfreiheit auszugehen, sondern durch die sichere Rückziehung der Nutzer:innen von einer Verletzung des Rechtsguts.

Zur Ausgestaltung des deliktischen Schutzes des Rechtsguts der Meinungsfreiheit erscheinen zwei Optionen denkbar, die beide nachfolgend genau untersucht werden: Einerseits könnte die Einschränkung der eigenen Meinungsfreiheit als tatbestandlicher Erfolg gesehen werden, wonach das Rechtsgut der Meinungsfreiheit durch ein Verletzungsdelikt geschützt werden würde. Andererseits könnte das öffentliche Zugänglichmachen als tatbestandlicher Erfolg gesehen werden und der Rechtsgutsbezug über die Deliktsstruktur des Kumulationsdeliktes hergestellt werden. Diese beiden Optionen werden nachfolgend untersucht und neben Fragen der Legitimation auf Kriminalisierungsebene auch daraufhin überprüft, ob § 185 StGB de lege lata einen Zusammenhang zu diesem Rechtsgut erlaubt. Nur wenn festgestellt wird, dass die Meinungsfreiheit durch § 185 StGB geschützt werden kann und soll, darf die Folge des „silencing efffects", wie in der Gesetzesbegründung zur Einführung der Qualifikation von § 185 Hs. 2 Alt. 1 StGB behauptet,[201] auch tatsächlich strafschärfend berücksichtigt werden.

### 1. Ausgestaltung als Verletzungsdelikt?

Nach der ersten Option würde die Einschränkung der eigenen Meinungsfreiheit (und damit deren Verletzung) den tatbestandlichen Erfolg darstellen. Zur Untersuchung dieser Deliktsstruktur eines Verletzungsdeliktes wird zunächst geprüft, ob die Verletzung der Meinungsfreiheit Dritter überhaupt durch eine einzelne Beleidigung erfüllt werden könnte (Tatbestandsebene), bevor die Legitimation solch einer Ausgestaltung (Kriminalisierungsebene) untersucht wird.

*a) Bejahung der Kausalität und objektiven Zurechnung (Tatbestandsebene)*

Die Untersuchung der ersten Option beruht auf der Annahme, dass die Einschränkung der eigenen Meinungsfreiheit den tatbestandlichen Erfolg darstellen würde. Dieser Erfolg müsste durch eine Beleidigung kausal herbeigeführt worden

---
[200] Siehe dazu oben § 4 C. II.
[201] RefE Gesetz zur Bekämpfung des Rechtsextremismus und der Hasskriminalität, S. 1.

sein und dem Täter einer Beleidigung objektiv zugerechnet werden können. Nach der anerkannten Äquivalenztheorie werden alle Bedingungen eines Erfolges als gleichwertig angesehen. Der Erfolg ist hiernach durch eine Handlung dann verursacht worden, wenn die Handlung nicht hinweggedacht werden kann, ohne dass der Erfolg in seiner konkreten Gestalt entfiele (*conditio-sine-qua-non-Formel*).[202] Vorliegend können jedoch gerade einzelne Beleidigungen hinweggedacht werden, ohne dass es an dem insgesamt negativen Diskurs und somit an der Einschränkung der Meinungsfreiheit durch Dritte etwas ändert. Auch eine Zurechnung über die Grundsätze der kumulativen Kausalität[203] kommt hier nicht in Betracht. Zwar führen hier erst unzählig viele Beleidigungen durch ihr Zusammenwirken zum Erfolg, jedoch führt das Hinwegdenken einzelner Beleidigungen nicht zum Wegfall des Erfolges.

Es liegt somit der Fall vor, dass mehrere Bedingungen für den Erfolgseintritt zusammenwirken müssen, das Ausbleiben einzelner Handlungen jedoch nicht zum Entfall des Erfolges führt. Eine Verneinung der Kausalität der einzelnen Handlungen ist in solch einer Konstellation nicht zufriedenstellend.

In diesen Fällen scheint vielmehr ein Rückgriff auf die ursprünglich von Engisch entwickelte Lehre der gesetzmäßigen Bedingung sinnvoll. Danach ist eine Handlung dann kausal, wenn zwischen Handlung und Erfolg ein nach bekannten Naturgesetzen bekannter erklärbarer Zusammenhang besteht und wenn diese Handlung auch vorgenommen wurde.[204] Solch eine Betrachtung verhindert es, eine Zurechnung des Erfolges aufgrund von wirklichen oder hypothetischen Pflichtverletzungen Dritter auszuschließen.[205] *Puppe* hat die Lehre der gesetzmäßigen Bedingung insofern präzisiert, als dass sie, um eine Handlung als kausale Bedingung anzuerkennen, fordert, dass die Ursache ein notwendiger Bestandteil einer hinreichenden Mindestbedingung sein muss.[206] Im Falle des Zusammenkommens mehrerer, einzeln aber nicht kausaler Handlungen erscheint dieser Zusatz sinnvoll, etwa wenn es um eine bestimmte Anzahl an Ja-Stimmen zum Erreichen einer Mehrheit im Rahmen einer Gremienentscheidung geht.[207] Hier kann nämlich festgestellt

---

[202] Ständige Rechtsprechung, exemplarisch statt vieler BGH, Urteil v. 28.09.1951, 2 StR 391/51 Rn. 10, BGHSt 1, 332 (333); BGH, Urteil v. 13.11.2003, 5 StR 327/03 Rn. 9, BGHSt 49, 1 (3); so auch *Kindhäuser/Zimmermann*, Strafrecht AT, § 10 Rn. 9; *Gropp/Sinn*, Strafrecht AT, § 4 Rn. 33 ff.; *Frister*, Strafrecht AT, § 9 Rn. 5 ff., 33.

[203] Zur kumulativen Kausalität siehe *Eisele*, in: Baumann/Weber/Mitsch/Eisele, Strafrecht AT, § 10 Rn. 22; *Renzikowski*, in: Matt/Renzikowski, Vorbemerkung zu § 13 StGB Rn. 84.

[204] *Engisch*, Die Kausalität, S. 21 ff.; *Roxin/Greco*, Strafrecht AT I, § 11 Rn. 15 ff.; dem folgend *Jescheck/Weigend*, Strafrecht AT, S. 283; *Puppe/Grosse-Wilde*, in: NK StGB, Vorbemerkungen zu §§ 13–15 StGB Rn. 102 ff.; *Kühl*, Strafrecht AT, § 4 Rn. 22 ff.; *Eisele*, in: Schönke/Schröder, Vorbemerkungen zu den §§ 13 ff. StGB Rn. 75.

[205] *Puppe*, ZJS 2008, 488 (490).

[206] *Puppe/Grosse-Wilde*, in: NK StGB, Vorbemerkungen zu §§ 13–15 StGB Rn. 102; *Puppe*, Strafrecht AT, § 2 Rn. 13; der folgend *Roxin/Greco*, Strafrecht AT I, § 11 Rn. 15a.

[207] So im sog. „Lederspray-Fall" BGH, Urteil v. 06.07.1990, 2 StR 549/89, BGHSt 37, 106; für weitere ähnliche Beispiele siehe *Jakobs*, in: FS Miyazawa, S. 419.

werden, dass jede einzelne Stimme notwendiger Bestandteil für das Erreichen der Mehrheit als hinreichende Mindestbedingung ist. Die vorliegende Situation – das Zusammenkommen unzählig vieler Beleidigungen, die den öffentlichen Diskurs zum Negativen verändern, woraufhin die konkrete Gefahr des Rückzugs Dritter vom Diskurs begründet wird – unterscheidet sich jedoch davon. Hier gibt es keine bestimmte Mindestanzahl an Beleidigungen, die notwendig ist, damit es zu einem veränderten Diskurs und demnach zu einer Einschränkung der Meinungsfreiheit kommt. Während zwei oder zwanzig Beleidigungen mit Sicherheit dafür nicht ausreichen, werden zwanzigtausend Beleidigungen hingegen genügen. Wie jedoch der Fall bei zweitausend Beleidigungen ist, lässt sich nicht vorhersagen, vor allem auch, da das Anzeigen der Beleidigungen auf dem sozialen Netzwerk aufgrund der Algorithmen für jede:n Nutzer:in unterschiedlich sein kann. Zudem können Beiträge zu jeder Zeit von dem/der Nutzer:in oder durch das soziale Netzwerk selbst gelöscht werden, sodass ein Festlegen auf eine Mindestanzahl auch rein praktisch nicht möglich wäre.

Allein der Umstand, dass keine Mindestzahl an Beleidigungen festgelegt werden kann, darf jedoch nicht zu einer Verneinung einer Kausalität nach der Lehre der gesetzmäßigen Bedingung führen. Während es zwar einen Graubereich gibt, in dem die Anzahl an Beleidigungen in ihrer Summe weder mit Sicherheit zu einer Veränderung des öffentlichen Diskurses noch zu dessen Ausbleiben führt, gibt es auch Bereiche, in denen mit Sicherheit eine Veränderung des öffentlichen Diskurses angenommen werden kann. Ab diesem Bereich, bei dem mit Sicherheit eine negative Veränderung des öffentlichen Diskurses festgestellt werden kann, ist über die Lehre der gesetzmäßigen Bedingung die Kausalität einer einzelnen Beleidigung anzunehmen. Die Beleidigungen Dritter werden dem Täter dann zur Vertiefung des Unrechts zugerechnet. Liegen hingegen nur so viele Beleidigungen vor, die mit Sicherheit keine Veränderung des öffentlichen Diskurses zur Folge haben oder bei denen nicht mit Sicherheit eine Veränderung angenommen werden kann, ist die Kausalität dieser Beleidigungen zu verneinen. Die Grenze festzulegen, ab wie vielen Beleidigungen eine negative Veränderung des öffentlichen Diskurses mit Sicherheit angenommen werden kann, bleibt, wie bei jeder festzulegenden Grenze, Aufgabe von Expert:innen, Sachverständigen und der Strafrechtswissenschaft. Im Falle der Ausgestaltung des tatbestandlichen Erfolges als Einschränkung der Meinungsfreiheit durch Dritte wäre eine einzelne Beleidigung als kausal anzusehen.

Diese kausale Herbeiführung des überwiegend negativen Diskurses und der sich daraus ergebenden Einschränkung der eigenen Meinungsfreiheit durch Dritte wäre dem Täter einer einzelnen Beleidigung zudem auch objektiv zurechenbar. Der öffentliche Diskurs wird durch das öffentliche Posten einer Beleidigung kausal negativ verändert, woraufhin sich Dritte vom öffentlichen Diskurs zurückziehen. Durch das öffentliche Anprangern können unzählig viele Nutzer:innen die Beleidigungen lesen, was besonders einschneidend für Betroffene ist und wovor dritte Nutzer:innen daher auch besonders Angst haben. Verstärkt wird dieses Gefühl insbesondere dadurch, dass das Opfer den Täter häufig gar nicht kennt. Der Anlass, Opfer zu werden, liegt daher oft allein darin, sich zu einem bestimmten Thema geäußert zu haben und eine vom Täter gegenteilige Meinung vertreten zu haben. Das Lesen von Beleidigungen genügt daher, dass sich unbeteiligte Dritte überlegen, ihre Meinung nicht mehr öffentlich in sozialen Netzwerken kundzutun. Das tatsächliche Einschränken der eigenen Meinungsfreiheit durch dritte Nutzer:innen ist keine Unterbrechung des Zurechnungszusammenhangs, sondern wäre vielmehr gerade eine Realisierung der durch Beleidigungen in sozialen Netzwerken gesetzten Gefahr.

Insofern wäre es auf *Tatbestandsebene* möglich, den Rückzug durch Dritte und damit deren eigene Einschränkung ihrer Meinungsfreiheit dem Täter einer in sozialen Netzwerken öffentlich zugänglich gemachten Beleidigung zuzurechnen.

Im Wortlaut des § 185 Hs. 2 Alt. 1 StGB ist zwar der Schutz der Meinungsfreiheit grundsätzlich denkbar,[208] die Ausgestaltung als Verletzungsdelikt ist jedoch dort nicht angelegt. Da die Forderung solch eines Erfolgs den Tatbestand des § 185 Hs. 2 Alt. 1 StGB jedoch weiter einschränken und nicht ausdehnen würde, wäre die Einordnung als Verletzungsdelikt für den Täter nicht belastend. Damit würde, auch wenn nicht im Wortlaut des § 185 Hs. 2 Alt. 1 StGB verankert, die Ausgestaltung als Verletzungsdelikt nicht gegen Art. 103 Abs. 2 GG verstoßen.

### b) Keine Legitimation der Kriminalisierung

Damit ist jedoch noch ungeklärt, ob diese Deliktsstruktur eines Verletzungsdeliktes auf *Kriminalisierungsebene* zu beabsichtigen ist.

Allein der Umstand, dass eine Kausalität bei einer hinreichenden Anzahl an Beleidigungen begründet werden könnte und dem Täter der Erfolg auch zugerechnet werden könnte, spricht nicht automatisch dafür, das Rechtsgut der Meinungsfreiheit Dritter durch eine Ausgestaltung als Verletzungsdelikt zu schützen. Die Einordnung als Verletzungsdelikt würde dazu führen, dem Täter einer einzelnen Beleidigung *alle* weiteren Beleidigungen im Netz für die Mindestanzahl an Beleidigungen zurechnen zu müssen, damit der Erfolg der Einschränkung der Meinungsfreiheit durch eine einzelne Beleidigung bejaht werden kann. Es ist keine Konstellation denkbar, in der eine einzelne Beleidigung *allein* zur Einschränkung der Meinungsfreiheit unzählig vieler Dritter in der Lage ist. Insofern wäre der Straftatbestand ausschließlich darauf ausgelegt, Handeln Dritter zuzurechnen. Eine gesetzliche Ausgestaltung zu schaffen beziehungsweise anzuerkennen, die einzig auf die Zurechnung des Verhaltens Dritter (und dazu noch in großem Maße) zugeschnitten ist, ist nicht zu legitimieren. Zudem können die Rechtsgutsträger:innen nach Vornahme der Tathandlung noch nicht hinreichend konkretisiert und bestimmt werden. Die mögliche Bestimmung der Rechtsgutsträger:innen ist jedoch bei einem

---

[208] Zur Begründung, die Meinungsfreiheit über § 185 Hs. 2 Alt. 1 StGB als Rechtsgut schützen zu dürfen, siehe unten § 6 E. II. 2. g) bb).

Verletzungsdelikt notwendig. Auf Kriminalisierungsebene kann der Schutz der Meinungsfreiheit dritter Nutzer:innen in Gestalt eines Verletzungsdeliktes daher nicht legitimiert werden.

So hat die vorangegangene Untersuchung gezeigt, dass auf Tatbestandsebene nach der Lehre der gesetzmäßigen Bedingung die anderen Handlungen zwar zugerechnet werden könnten und das Anschlusshandeln Dritter keine Unterbrechung des Zurechnungszusammenhangs darstellen würde. Solch eine Ausgestaltung als Verletzungsdelikt ist jedoch auf Kriminalisierungsebene nicht zu legitimieren: Ein Straftatbestand, der ausschließlich auf der Zurechnung des Handelns Dritter beruht, kann nicht beabsichtigt werden.

### 2. Ausgestaltung als Kumulationsdelikt

Das Rechtsgut der Meinungsfreiheit kann somit ausschließlich Schutz erlangen, wenn der tatbestandsmäßige Erfolg durch das eigene Verhalten des Täters selbst herbeigeführt werden kann. Denkbar ist daher ein Rückgriff auf den Kumulationsgedanken.[209] Bei einem Kumulationsdelikt bildet nämlich der Kumulationserfolg – hier der Rückzug Dritter und damit deren eigene Einschränkung ihrer Meinungsfreiheit – den Anlass für die Kriminalisierung. Auf tatbestandlicher Ebene wird dieser jedoch nicht gefordert. Stattdessen wird im Tatbestand an einen anderen Erfolg oder ein anderes Handeln (nachfolgend: Kumulationsbeitrag) angeknüpft, der/das bei hypothetischer Vornahme in großer Zahl zum Kumulationserfolg führen würde. In der vorliegenden Konstellation würde es sich um den tatbestandlichen Erfolg des öffentlichen Zugänglichmachens einer Beleidigung i. S. d. § 185 Hs. 2 Alt. 1 StGB handeln, der den Kumulationsbeitrag darstellt. Die Vornahme einer Vielzahl an Kumulationsbeiträgen würde nämlich zu dem Kumulationserfolg – dem Rückzug Dritter und damit der eigenen Einschränkung ihrer Meinungsfreiheit – führen. So können mögliche Argumente gegen eine Einordnung als klassisches abstraktes Gefährdungsdelikt, etwa, dass nicht pauschal jede öffentlich zugänglich gemachte Beleidung die abstrakte Gefahr der Einschränkung der Meinungsfreiheit enthält,[210] einer Ausgestaltung als Kumulationsdelikt nicht entgegengebracht werden, da der tatbestandliche Erfolg gerade ein anderer ist.

Damit das öffentliche Zugänglichmachen von Beleidigungen in sozialen Netzwerken als tatbestandlicher Erfolg eines Kumulationsdeliktes erfasst werden kann, müssen die Voraussetzungen des Kumulationsgedankens vorliegen. Dabei ist von der von Kuhlen entwickelten Definition auszugehen, wonach für sich genommen ungefährliches Verhalten unter Strafe gestellt wird, weil ohne sanktionsbewehrtes Verbot derartigen Verhaltens damit zu rechnen wäre, dass es in großer Zahl vor-

---

[209] Siehe zur ausführlichen Darstellung des Kumulationsdeliktes oben § 6 C. III. 3. b) aa).
[210] So jedoch *Bulut*, Strafbarkeit der Hassrede, S. 388.

genommen würde und dass dies dann eine Verletzung oder Gefährdung des geschützten Rechtsguts zur Folge hätte.[211]

### a) Ungefährlichkeit der einzelnen Erfolge

So mag es zunächst ungewohnt klingen, eine einzelne öffentlich zugänglich gemachte Beleidigung in sozialen Netzwerken als „ungefährlichen" Erfolg einzuordnen, obwohl diese gerade die Ehre des/der Betroffenen ohne Frage eigenständig verletzt. Allerdings bildet vorliegend das Rechtsgut der Meinungsfreiheit Dritter und nicht das der Ehre des/der von der Beleidigung Adressierten den Untersuchungsgegenstand. Auf die Meinungsfreiheit Dritter hat eine einzelne Beleidigung gerade keine Auswirkungen und ist somit für dieses Rechtsgut ungefährlich.

### b) Prognostizierte Kumulation

Darüber hinaus ist es notwendig, Kumulationstatbestände nur auf realistischerweise zu erwartende Kumulationseffekte zu beschränken. Für das Jahr 2023 wurden 20.808 Beleidigungen[212] i. S. d. §§ 185 ff. StGB mit dem Tatmittel Internet registriert,[213] wobei von einem deutlich größeren Dunkelfeld auszugehen ist.[214] Zweifelsfrei ist auch in den nächsten Jahren von einer sehr hohen Zahl an Beleidigungen in sozialen Netzwerken auszugehen, sofern sich an der Durchsetzung des geltenden Strafrechts und den Gemeinschaftsstandards der sozialen Netzwerke nicht spürbar etwas ändert. Eine Vielzahl dieser Kumulationsbeiträge lässt sich somit problemlos prognostizieren. Durch den Rückgriff auf Zahlen aus der Gegenwart zur Herleitung der Prognose wird eine Besonderheit der hier untersuchten Konstellation deutlich: Der Kumulationsbeitrag wird in großer Zahl *bereits jetzt* vorgenommen. Bei den anderen Konstellationen, die bislang als Kumulationsdelikt angesehen wurden, beruht die große Zahl lediglich auf einer Erwartung. Bei diesen liegen derzeit weder massenhafte Verunreinigungshandlungen i. S. v. § 324 StGB noch Bestechungshandlungen nach §§ 331 ff. StGB oder Falschaussagen nach §§ 153 ff. StGB vor. Wenn auch jede Vorhersage zukünftigen Verhaltens eine Spekulation darstellt, die nie mit hundertprozentiger Sicherheit bestätigt werden kann, so trifft die Prognose mit höherer Wahrscheinlichkeit zu, sofern das Verhalten bereits in den letzten Jahren in großer Zahl vorkam – wie es bei Beleidigungen in sozialen Netzwerken der Fall ist.

---

[211] *Kuhlen*, ZStW 105 (1993), 697 (716).
[212] *BKA* (Hrsg.), Polizeiliche Kriminalstatistik 2023 Grundtabelle „Tatmittel Internet", Summenschlüssel 673000 („Beleidigung §§ 185–187, 189 StGB").
[213] Allerdings ist das Merkmal „Internet" viel weiter zu verstehen als das Tatbestandsmerkmal „öffentlich", siehe dazu bereits § 3 F. I.
[214] Siehe dazu oben § 3 F. IV.

Insofern kann mit Sicherheit von einer Vielzahl an öffentlich zugänglich gemachten Beleidigungen als Kumulationsbeiträge ausgegangen werden. Diese Vielzahl an Kumulationsbeiträgen führt zudem, wie empirisch nachgewiesen,[215] auch mit Sicherheit zu dem Kumulationserfolg der Einschränkung der Meinungsfreiheit der Nutzer:innen.

### c) Keine Notwendigkeit der strafbegründenden Wirkung des Kumulationsgedankens

Bei den Kumulationsdelikten gem. § 324 StGB, §§ 331 ff. StGB oder §§ 153 ff. StGB führt die Anerkennung des Kumulationsgedankens zu einer strafbegründenden Wirkung. Wäre der Kumulationsgedanke nicht anerkannt, so könnte das Verhalten nicht unter Strafe stehen. Denkbar wäre, dass Kuhlen solch eine strafbegründende Wirkung des Kumulationsbeitrags auch intendiert hat. Das könnte sich daraus ergeben, dass Kuhlen fordert, dass „ohne sanktionsbewehrtes Verbot"[216] mit einer großen Zahl dieser Kumulationsbeiträge zu rechnen ist. Ausgehend davon, dass Strafgesetze auch den Zweck haben, ihr Begehen zu verhindern (negative Generalprävention),[217] würde die Einführung eines strafbegründenden Kumulationsstraftatbestandes dieses Verhalten verhindern. Ohne die Sanktionierung des Kumulationsbeitrages würde das Verhalten nicht verhindert werden und läge in großer Zahl vor. Es gäbe noch keinen anderen Straftatbestand, der zur Abschreckung dieses Verhaltens führen soll.

Für die vorliegende Konstellation von Beleidigungen in sozialen Netzwerken ist dieses Merkmal („ohne sanktionsbewehrtes Verbot") jedoch nicht gegeben, da die Beleidigung an sich durch die Ehrverletzung des/der Adressierten bereits in § 185 Hs. 1 StGB unter Strafe steht. Die Nicht-Anerkennung des Kumulationsgedankens und damit kein strafbewehrter Schutz der Meinungsfreiheit Dritter würden nicht zu einer Zunahme an Beleidigungen führen. Das liegt daran, dass dem Kumulationsgedanken hier keine strafbegründende Funktion für das Kumulationsverhalten zukommen soll, sondern vielmehr den Schutz der Verletzung eines *weiteren* Rechtsguts ermöglichen soll: die Meinungsfreiheit dritter Nutzer:innen.

Das Nicht-Erfüllen des Zusatzes „ohne sanktionsbewehrtes Verbot" führt jedoch nicht zu einer Ablehnung des Kumulationsgedankens. Das ergibt sich aus dem Telos dieses Merkmals. Das Telos wird deutlich, wenn die Überlegungen aus Kuhlens Publizierungen zum Kumulationsgedanken 1986 und 1993 miteinander verglichen werden. 1986 sprach Kuhlen allein davon, „daß die Einzelhandlung zu einer Art von Handlungen gehört, die, wenn sie in großer Zahl vorgenommen würden,

---
[215] Siehe dazu oben § 4 C. II.
[216] *Kuhlen*, ZStW 105 (1993), 697 (716).
[217] Dieser Gedanke beruht auf *Feuerbach*, Lehrbuch des gemeinen in Deutschland gültigen peinlichen Rechts, § 13, S. 38.

eine Verletzung oder Gefährdung herbeiführen würden".[218] 1993 erst kam der Zusatz hinzu „weil ohne sanktionsbewehrtes Verbot derartiger Handlungen damit zu rechnen wäre, daß sie in großer Zahl vorgenommen würden".[219] In einer Fußnote der Fassung von 1993 betont Kuhlen, dass „damit zu rechnen sein muss, daß ohne sanktionsbewehrtes Verbot bestimmter Handlungen diese *wirklich* so zahlreich vorgenommen würden".[220] Es geht also darum, mit Sicherheit vorhersagen zu können, dass es tatsächlich zu einer zahlreichen Vornahme der Handlungen kommt. Das ist, wie zuvor erörtert, vorliegend der Fall. Insofern ist es nicht erheblich, dass Beleidigungen bereits sanktionsbewehrt sind, da es gerade *dennoch* zu einer häufigen Vornahme von öffentlich zugänglichen Beleidigungen in sozialen Netzwerken kommt.

Weder aus Kuhlens Schriften noch aus dem Zweck des Kumulationsgedankens, den Schutz von Rechtsgütern zu ermöglichen, die allein durch kumuliertes Verhalten beeinträchtigt werden, lässt sich eine ausschließlich strafbegründende Wirkung des Kumulationsgedankens entnehmen. Ob der Rechtsgüterschutz dadurch gewährleistet wird, dass der Kumulationsbeitrag ausschließlich in seiner Kumulation strafrechtliche Relevanz entfaltet oder auch eigenständig weitere Rechtsgüter verletzen kann, darf für die Anerkennung des Kumulationsgedankens zum Schutz des Rechtsguts keinen Unterschied machen. Insofern ist der Kumulationsgedanke auch dann anzuerkennen, wenn dieser keine strafbegründende Wirkung hat und das Merkmal des „ohne sanktionsbewehrtes Verbot" nicht erfüllt ist. Entscheidend ist allein, dass das zu schützende Rechtsgut ausschließlich durch kumuliertes Verhalten beeinträchtigt werden kann und dass das kumulierte Verhalten mit Sicherheit in großer Zahl vorliegt oder vorliegen würde.

*d) Notwendigkeit eines materiellen Äquivalents zur realen Verletzungskausalität*

Die vorherige abstrakte Analyse hat ergeben, dass bislang ausschließlich Kollektivrechtsgüter durch den Kumulationsgedanken Schutz erfahren, wie etwa die Umwelt, das Vertrauen in die Unbestechlichkeit des Beamtenapparates oder das Vertrauen in die staatliche Rechtspflege.[221] Grund hierfür ist, dass bei Kollektivrechtsgütern in der Regel keine reale Verletzungskausalität durch die Einzelhandlung begründet werden kann und somit auf den Kumulationsgedanken zur Herstellung eines „materiellen Äquivalents" zurückgegriffen wird.[222] Kollektivrechtsgüter sind nämlich gerade so ausgestaltet, dass sie durch einzelnes Verhalten in der Regel nicht tangiert werden können, da sie der Allgemeinheit zur Verfügung stehen und sich nur so auch tatsächlich als wehrhaft erweisen.

---

[218] *Kuhlen*, GA 1986, 389 (399).
[219] *Kuhlen*, ZStW 105 (1993), 697 (716).
[220] *Kuhlen*, ZStW 105 (1993), 697 (716) Fn. 91, Hervorhebung im Original.
[221] Siehe dazu ausführlich oben § 6 C. III. 3. b) aa) (3).
[222] *Hefendehl*, Kollektive Rechtsgüter, S. 182.

So könnte aus diesem Grund die Anwendung des Kumulationsgedankens auf die Meinungsfreiheit dritter Nutzer:innen ausgeschlossen sein.[223] Die Meinungsfreiheit stellt ein Individualrechtsgut dar und ein solches kann grundsätzlich durch einzelne Handlungen verletzt und gefährdet werden.

Etwas anderes könnte sich aber daraus ergeben, dass die Meinungsfreiheit Dritter in der vorliegenden Arbeit als *unbestimmtes, massenhaft betroffenes Individualrechtsgut* eingeordnet wird.[224] Anders als in den klassischen Fällen betroffener Individualrechtsgüter kann das Rechtsgut hier gerade nicht einer konkreten Person zugeordnet werden. Es handelt sich vielmehr um ein Phänomen, wovon unzählig viele dritte Nutzer:innen betroffen sind, die jedoch zum Zeitpunkt der Tatbegehung nicht bestimmt werden können – weder nach Zahl noch nach Eigenschaft. Insofern liegt eine Ähnlichkeit zu Kollektivrechtsgütern vor, bei denen auch die Allgemeinheit betroffen ist.[225] Zudem besteht ein gesamtgesellschaftliches Interesse daran, dass man selbst die eigene Meinung und auch Dritte ihre eigene Meinung frei von Sorge eines Ehrangriffs kundtun kann beziehungsweise können.

Zum Rückgriff auf das materielle Äquivalent dürfte eine einzelne Handlung nicht ausreichen, um das Rechtsgut der Meinungsfreiheit zu tangieren. Es geht nicht nur darum, dass nur die Meinungsfreiheit eines einzelnen Nutzers/einer einzelnen Nutzerin durch eine einzelne Beleidigung nicht tangiert wird. Vielmehr geht es darum, dass sich – als Gesamtphänomen – unzählig viele aus dem Diskurs im Netz zurückziehen. Gerade diese große Zahl an Betroffenen macht die Meinungsfreiheit so schützenswert. Nicht nur, weil viele Individuen sich in ihrer eigenen Meinungsfreiheit einschränken, sondern auch und vor allem, weil der Rückzug vieler Individuen das Interesse der gesamten Gesellschaft betrifft. Es besteht ein gesamtgesellschaftliches Interesse daran, dass alle (rechtlich zulässigen) Meinungen in einer Demokratie vertreten werden dürfen und sollen, damit ein öffentlicher Diskurs tatsächlich sowohl real als auch digital besteht. Nur wenn es zu einem vielfältigen öffentlichen Diskurs kommt, können politische, soziale und gesellschaftliche Probleme offen thematisiert werden und Grundlage für Lösungen bilden.

Zu diesem Umstand, dass unzählig viele Nutzer:innen betroffen sind, kommt es nicht durch nur eine einzelne Beleidigung. Dieser Umstand entsteht nur dadurch, dass massenhafte Beleidigungen zu einem veränderten gesamten Stimmungsbild in sozialen Netzwerken beitragen und sich Dritte daraufhin in großer Zahl in ihrer eigenen Meinungsfreiheit einschränken. Die Meinungsfreiheit einzelner in der Form als *unbestimmtes, massenhaft betroffenes Individualrechtsgut* kann daher nicht durch nur eine einzige Beleidigung betroffen werden. Da eine reale

---

[223] So hat *Bach*, Die Strafbarkeit der Marktteilnahme, S. 240 f. die Anwendung des Kumulationsgedankens auf Individualrechtsgüter ausgeschlossen.
[224] Siehe dazu oben § 5 B. III.
[225] Dieses Ergebnis steht letzten Endes auch in Einklang mit der Einordnung des Interesses des öffentlichen Diskurses als nur scheinbares Kollektivrechtsgut, da es in Wahrheit ausschließlich aus der Summierung an Individualrechtsgütern (u. a. der Meinungsfreiheit) besteht.

Verletzungskausalität bei diesem *unbestimmten, massenhaft betroffenen Individualrechtsgut* wie bei Kollektivrechtsgütern nicht besteht, bedarf es daher eines materiellen Äquivalents. Gerade dieses materielle Äquivalent ist im Kumulationsgedanken zu finden.

### *e) Das Hinzukommen weiterer Faktoren*

Nachzugehen ist zudem dem Aspekt, dass der Rückzug Dritter und damit der eigenen Einschränkung ihrer Meinungsfreiheit nicht allein auf Beleidigungen i. S. v. § 185 Hs. 2 Alt. 1 StGB beruht. Auf den Prozess des Lesens von Beleidigungen in sozialen Netzwerken wirken noch weitere Faktoren ein, die dazu führen, dass Dritte die Entscheidung treffen, sich selbst vom öffentlichen Diskurs zurückzuziehen.

Zu der Entscheidung Dritter, sich nicht mehr in sozialen Netzwerken zu äußern, kommt es erst aufgrund eines Gesamteindrucks aller Inhalte,[226] die den Nutzer:innen in sozialen Netzwerken angezeigt werden. Dazu zählen zum einen weitere rechtswidrige Beiträge oder Kommentare, etwa nach §§ 126, 130 oder 240 StGB, aber auch solche, die zwar nicht rechtswidrig sind, aber dennoch unverschämt und abschreckend sein können. Hinzu kommt das rechtswidrige Verhalten der sozialen Netzwerke selbst. Sofern sie ihrer Pflicht zur Prüfung und Löschung von Beschwerden nach Art. 6 Abs. 1 lit. b) DSA nicht nachkommen, werden rechtswidrige Beiträge auch nicht gelöscht oder entfernt und sind somit für Nutzer:innen weiterhin sichtbar. All diese Inhalte gemeinsam führen zu einem insgesamt negativen Bild, das dann zu einem Rückzug und so zu einer Einschränkung der eigenen Meinungsfreiheit führt. Auf das Anzeigen dieser rechtswidrigen und rechtmäßigen Inhalte haben wiederum Algorithmen[227] einen großen Einfluss. Diese bestimmen, welche Inhalte überhaupt angezeigt werden, und legen deren Reihenfolge fest. Zum einen führen das eigene Klick-Verhalten in sozialen Netzwerken und die Auswahl an gefolgten Seiten und befreundeten Nutzer:innen dazu, dass möglichst Inhalte angezeigt werden, die am besten zu den einzelnen Nutzer:innen passen. Zum anderen sind die Algorithmen so programmiert, dass insbesondere sehr emotionale, polarisierende Beiträge, die häufig kommentiert und geteilt werden, vermehrt angezeigt werden.

Insofern kommt es zum Rückzug Dritter und damit zur eigenen Einschränkung ihrer Meinungsfreiheit als Kumulationseffekt nicht allein aufgrund des Kumulationsbeitrags der Beleidigung nach § 185 Hs. 2 Alt. 1 StGB, sondern erst durch das Zusammenwirken verschiedener weiterer Faktoren. Verallgemeinernd lassen sich diese Faktoren in weiteres rechtswidriges Verhalten, rechtmäßiges Verhalten und sonstige, nicht-menschliche Faktoren einordnen. Das Zusammenwirken die-

---

[226] Siehe dazu oben § 4 C.
[227] Siehe zu Algorithmen ausführlich oben § 2 B.

ser zusätzlichen Faktoren führt jedoch nicht zu einer Verneinung der Anerkennung des Kumulationsgedankens in der vorliegenden Konstellation. Das zeigt die nachfolgende Untersuchung der Gewässerverschmutzung, die ebenfalls auf mehreren Faktoren beruht und die Grundlage der Erörterung Kuhlens[228] bildet.

aa) Vergleich mit Ausgangsbeispiel der Gewässerverunreinigung von Kuhlen

So trägt im Rahmen der Verunreinigung von Gewässern ebenfalls rechtmäßiges Verhalten zum Kumulationseffekt bei. Das kann insbesondere durch die Erteilung von Genehmigungen oder Erlaubnissen nach §§ 8 Abs. 1, 10 Abs. 1 WHG der Fall sein, wonach das Einbringen oder Einleiten von Stoffen i. S. v. § 9 Abs. 1 Nr. 4 WHG rechtmäßig wird. Das wirkt sich strafbefreiend auf den Straftatbestand des § 324 StGB aus.[229] Wenn auch das Einleiten beispielsweise von Abwasser von Chemiefirmen hierdurch rechtmäßig wird, so ändert das nichts an ihrem möglicherweise erheblichen Beitrag zur Gewässerverunreinigung. Auch Bagatellhandlungen, wie das Werfen eines Apfelgehäuses ins Wasser, das Ausleeren einer Kanne Milch, das Urinieren in den Bach oder die Erzeugung einer geringfügigen Trübung durch Aufwühlen von Sand oder Lehm,[230] stellen keine strafbaren Handlungen dar. Diese Handlungen erfüllen nämlich nicht das zur Einordnung als Kumulationshandlung i. S. d. § 324 StGB notwendige Merkmal des minimalen Eigengewichts. Gerade deshalb werden sie jedoch auch nicht dazu in der Lage sein, merklich zum Kumulationseffekt beizutragen, weshalb diese rechtmäßigen Handlungen nicht als weiterer Faktor neben den Kumulationshandlungen anzusehen sind – erlaubte oder genehmigte Handlungen hingegen schon.

Beispiele für rechtswidrige Handlungen neben § 324 StGB, die zum Kumulationseffekt der Gewässerverunreinigung beitragen, lassen sich wohl nicht finden. Zwar stellt das Einleiten oder Einbringen von Stoffen ohne Erlaubnis oder Genehmigung eine Ordnungswidrigkeit gem. § 103 Abs. 1 Nr. 1 WHG dar, jedoch wird dieses Verhalten in der Regel selbst eine Kumulationshandlung i. S. d. § 324 StGB sein. Sofern das jedoch aufgrund des Fehlens eines minimalen Eigengewichts nicht der Fall ist, trägt das Handeln auch nicht zum Kumulationseffekt bei. Dieser Umstand ist der Ausgestaltung der Strafvorschrift geschuldet: § 324 StGB ist sehr weit und umfassend ausgestaltet und ist speziell zum Schutz des Kumulationserfolges geschaffen worden. Da es gerade das Ziel dieser Vorschrift ist, jedes Verhalten zu umfassen, das in Kumulation zum Kumulationserfolg beiträgt, ist es verständlich, dass es außerhalb dieser Vorschrift wohl kaum noch weiteres rechtswidriges Verhalten gibt, das zum Kumulationserfolg beitragen kann. Sofern jedoch, wie in der Konstellation von Beleidigungen in sozialen Netzwerken, das Kumulations-

---

[228] *Kuhlen*, ZStW 105 (1993), 697 (711 ff.).
[229] *Baumgarten*, Strafbarkeit wegen Gewässerverunreinigung, S. 187.
[230] *Alt*, in: MüKo StGB, § 324 StGB Rn. 39; *Ransiek*, in: NK StGB, § 324 StGB Rn. 12; für weitere Beispiele siehe *Wernicke*, NJW 1977, 1662 (1663).

verhalten bereits zum Schutz eines anderen Rechtsguts unter Strafe steht, so kann es durchaus passieren, dass auch tatbestandsmäßiges Verhalten, das anderen Straftatbeständen unterfällt, zum Kumulationserfolg beiträgt.

Auch im Beispiel der Verunreinigung von Gewässern gibt es sonstige, nichtmenschliche Umstände, die auf den Kumulationserfolg einwirken. Es kann beispielsweise bestimmte Strömungen geben, die eingeleitete Stoffe zusammenbringen. Auch die Abgeschlossenheit eines Gewässers oder die Wassertemperatur können Auswirkungen darauf haben, wie viele Stoffe notwendig sind und wie diese miteinander reagieren, um den Erfolg der Verunreinigung zu erreichen.

So zeigt diese Erörterung, dass auch in der Konstellation der Gewässerverunreinigung über das Kumulationsverhalten i. S. v. § 324 StGB hinaus weitere Faktoren zum Kumulationseffekt des verunreinigten Gewässers beitragen. Daraus jedoch zu schließen, das Hinzukommen weiterer Faktoren würde die Kriminalisierung nur einer dieser Faktoren als Kumulationsbeitrag pauschal nie ausschließen, wäre zu kurz gegriffen. Vielmehr stellt sich die Frage, inwiefern es legitim ist, allein einen einzelnen Faktor herauszusuchen und ausschließlich diesen als Kumulationsbeitrag unter Strafe zu stellen, wenn doch alle zum Kumulationseffekt beitragen. Damit könnte gerade das gegen die Grundidee des Kumulationsgedankens sprechen, indem manche Faktoren nun als „Trittbrettfahrende"[231] durchkommen.

Ausgangslage bildet demnach die Situation, dass unter § 185 Hs. 2 Alt. 1 StGB fallende Beiträge als Kumulationsbeitrag eingeordnet werden sollen, wenn auch viele weitere rechtmäßige und rechtswidrige andere Inhalte in sozialen Netzwerken sowie die eingesetzten Algorithmen zum Kumulationserfolg beitragen. Damit ist zunächst klarzustellen, dass ein Kumulationsdelikt ein Verhalten dann unter Strafe stellt, weil *dieses* Verhalten, wenn es in großer Zahl vorgenommen würde, zum Kumulationserfolg führen kann. Dass dazu gewisse tatsächliche, nicht beeinflussbare Faktoren, wie etwa Algorithmen, Winde oder Strömungen, beitragen, darf daran nichts ändern. In jedem Straftatbestand gibt es Gegebenheiten, die zum Erfolg beitragen, jedoch keinen Einfluss auf die Strafbarkeit haben, etwa eine kurvige Straße für eine Strafbarkeit nach §§ 315c ff. StGB oder ein starker Wind für eine Strafbarkeit nach § 306d StGB.

Zudem geht es bei der Kriminalisierung des Kumulationsbeitrags um die Frage, dass das konkrete Verhalten vermutlich in sehr großer Zahl vorgenommen wird und dann zum Kumulationserfolg führt. Bei Beleidigungen in sozialen Netzwerken ist bereits jetzt von unzähligen Beleidigungen auszugehen. Angenommen, ab der großen Zahl X an Beleidigungen in sozialen Netzwerken kommt es zu einer Einschränkung der Meinungsfreiheit. Das Hinzukommen anderer rechtswidriger und rechtmäßiger Beiträge führt nur dazu, dass für den Kumulationserfolg eine geringere Anzahl an Beleidigungen erforderlich ist. Die für den Erfolg notwendigen Kumulationsbeiträge berechnen sich dann wie folgt: Zahl X − (Anzahl sonstigen

---

[231] Siehe zu diesem Aspekt des Kumulationsgedankens oben § 6 C. III. 3. b) aa) (2) (c).

rechtswidrigen Verhaltens + Anzahl rechtmäßiger negativer Äußerungen). Damit führt das Hinzukommen weiteren Verhaltens Dritter allein dazu, dass der Erfolg bereits *früher* eintritt, so wie es vorliegend bereits tatsächlich der Fall ist: Eine Einschränkung der Meinungsfreiheit ist auch schon jetzt zu erkennen. Dieser Umstand ändert jedoch nichts daran, dass die Prognose der großen Zahl angenommen werden kann und dass diese auch ohne die weiteren Faktoren zu dem Kumulationserfolg führen würde.

### bb) Kriminalisierung weiterer Kumulationsbeiträge?

Von der Frage der legitimen Kriminalisierung der Kumulationsbeiträge über § 185 Hs. 2 Alt. 1 StGB ist jedoch diejenige zu trennen, ob auch weiteres rechtswidriges oder rechtmäßiges Verhalten als Kumulationsbeitrag eingeordnet werden soll. Bei rechtmäßigen Beiträgen darf das nicht der Fall sein. Hierzu zählt Verhalten, das eigentlich vom Kumulationsstraftatbestand erfasst sein könnte, es jedoch ausnahmsweise nicht ist, weil es etwa behördlich genehmigt oder erlaubt ist (wie im Falle des § 324 StGB) oder weil das Verhalten gerechtfertigt ist. Bei Beleidigungen nach § 185 Hs. 2 Alt. 1 StGB kann sich das aus § 193 StGB oder Art. 5 Abs. 1 S. 1 Alt. 1 GG ergeben.[232] Diese rechtliche Einordnung ist zu respektieren und darf nicht umgangen werden, sodass rechtmäßige Äußerungen in sozialen Netzwerken zwar zum Kumulationserfolg beitragen können, jedoch keinen strafbaren Kumulationsbeitrag darstellen.

Anders könnte das hingegen für andere rechtswidrige Beiträge in sozialen Netzwerken sein. Hier wäre denkbar, etwa §§ 130 oder 240 StGB in Bezug auf das Rechtsgut der Meinungsfreiheit Dritter ebenfalls als Kumulationsbeitrag einzuordnen. Dazu müsste die Tätigkeit des Hochladens in sozialen Netzwerken in irgendeiner Form gesetzlich verankert sein, damit zur Sanktionierung an diese Handlung angeknüpft werden kann. Bei § 240 StGB ist das nicht der Fall. § 130 Abs. 2 Nr. 1 Alt. 2 StGB spricht von einem „der Öffentlichkeit zugänglich [M]achen", woran als Verhalten angeknüpft werden könnte. Da § 130 StGB seit 2020 nicht mehr in der PKS aufgenommen wird, so ist nur möglicherweise parallel zu § 185 StGB von einer Vornahme in großer Zahl auszugehen. Problematisch könnte zudem sein, dass sich der Straftatbestand des § 130 Abs. 2 Nr. 1 Alt. 2 StGB anders als der des § 185 Hs. 2 Alt. 1 StGB nicht auf alle dritten Nutzer:innen auswirkt. Wenn auch insbesondere bestimmte Gruppen beleidigt werden, so können Beleidigungen alle Nutzer:innen treffen. Bei Volksverhetzungen hingegen werden ausschließlich bestimmte Gruppen adressiert. Ob sich daraus schließen lässt, dass sich „nur" diese Gruppen zurückziehen und nicht insgesamt dritte Nutzer:innen, bleibt eine Vermu-

---

[232] *Valerius*, in: BeckOK StGB, § 185 StGB Rn. 31 schreibt der Meinungsfreiheit bereits auf Tatbestandsebene eine Auswirkung der Meinungsfreiheit zu; *Heger*, in: Lackner/Kühl/Heger, § 185 StGB Rn. 1 sieht den Einfluss der Meinungsfreiheit erst auf Rechtfertigungsebene durch § 193 StGB.

tung. Dann wiederum ginge es nicht um die Meinungsfreiheit dritter Nutzer:innen, sondern „nur" um die Meinungsfreiheit der Gruppe angehörigen Nutzer:innen. Die Voraussetzungen eines gesellschaftlichen Phänomens wären dann hier nicht mehr gegeben. Diese Vermutungen sprechen gegen die Einordnung derzeitiger anderer Delikte als Kumulationsdelikte, ausgeschlossen ist deren Umstrukturierung jedoch nicht. Wichtig bleibt jedoch, dass die Kriminalisierung des § 185 Hs. 2 Alt. 1 StGB als Kumulationsdelikt *unabhängig* von der Einordnung anderer Delikte zu erfolgen hat – nicht, weil andere Delikte nicht als Kumulationsdelikt eingeordnet werden können, sondern weil § 185 Hs. 2 Alt. 1 StGB *selbst* die Anforderungen an ein Kumulationsdelikt erfüllt.

Insofern hat das Hinzukommen weiterer Faktoren zum Kumulationserfolg keine Auswirkung auf die Einordnung der öffentlich zugänglichen Beleidigung als Kumulationsbeitrag.

*f) Minimales Eigengewicht des einzelnen Beitrages*

Zu klären bleibt zudem, ob und wie Kriterien zu schaffen sind, die ausschließlich solche Kumulationsbeiträge berücksichtigen, die ein minimales Eigengewicht[233] haben. Anders als bei Kumulationsbeiträgen im Rahmen der Gewässerverunreinigung ist das Gewicht einer einzelnen Beleidigung nicht leicht einzuordnen. Während das Einleiten von Stoffen je nach Menge und Konzentration des Schadstoffes quantitativ und qualitativ eingeordnet werden kann, ist das bei öffentlich zugänglichen Beleidigungen in sozialen Netzwerken schwierig. Denkbar ist hier, an die Anzahl an Likes und Kommentaren anzuknüpfen oder an den Umstand, wie oft der Beitrag gesehen oder geteilt wurde. Anders als bei Handlungen im Rahmen der Gewässerverunreinigung kann der Täter diese Reaktionen jedoch nicht im Voraus bestimmen. Zwar kann bei Beiträgen von Nutzer:innen mit hoher Reichweite oder für Kommentare unter beliebten Beiträgen mit hohen Reaktionszahlen davon ausgegangen werden, für alle weiteren Beleidigungen ist das jedoch nicht im Voraus bestimmbar und festlegbar. Das Schaffen einer Eignungsklausel wie im Falle des § 326 Abs. 6 StGB würde daher in der vorliegenden Konstellation nicht weiterhelfen. Rechtsanwender:innen hätten somit keine Gewissheit, ob ihr Verhalten gerade einen Kumulationsbeitrag darstellt oder nicht, was gegen das Bestimmtheitsgebot aus Art. 103 Abs. 2 GG verstoßen würde.

Im Falle des kumulativen Zusammenwirkens von Beleidigungen in sozialen Netzwerken gibt es jedoch auch keine Beleidigungen *ohne* minimales Eigengewicht. Das ergibt sich aus einem weiteren Unterschied zwischen der Konstellation der Gewässerverunreinigung und der vorliegenden Situation. Bei der Gewässerverunreinigung kann es sich um Fälle der Addition oder Summation handeln,[234]

---

[233] Siehe dazu oben § 6 C. III. 3. b) aa) (2) (d).
[234] Zu den Begrifflichkeiten siehe oben § 6 C. III. 3. b) aa) (1).

bei der verschiedene Einzelhandlungen zusammenwirken. Es kann ganz genau ausgerechnet werden, welche und wie viele Stoffe noch hinzukommen müssen, damit beispielsweise ein bestimmter See messbar verunreinigt ist. Es geht, pro Gewässer, um einen Gesamterfolg. Je mehr Kumulationshandlungen mit einer bestimmten Konzentration dazukommen oder je höher die Konzentration einer Kumulationshandlung ist, desto höher wird der Wert an verunreinigtem Gewässer. Hier ist es daher auch in Relation zu diesem Wert möglich, dass ein besonders gering konzentrierter Stoff oder eine besonders geringe Menge kaum eine messbare Veränderung mit sich bringt.

Anders ist es jedoch bei öffentlich zugänglichen Beleidigungen aus zwei Gründen. Zum einen handelt es sich um einen Fall der synergetischen Kumulation, bei der durch die Kombination der Kumulationsbeiträge eine neuartige, gesteigerte Folge herbeigeführt wird.[235] Erst wenn eine große Zahl an Beleidigungen zusammenwirkt, entsteht die Folge der Einschränkung der Meinungsfreiheit. Bis dahin gibt es keine „geringe Einschränkung" der Meinungsfreiheit. Zum anderen tritt der Erfolg der Einschränkung der Meinungsfreiheit nicht nur einmal ein, sondern als Gesamtphänomen gerade in großer Zahl. Während manche Beleidigungen für dritte Nutzer:innen gar nicht sichtbar sind, können diese für andere zugleich zu den ausschlaggebenden Beiträgen gehören, sich nicht mehr in sozialen Netzwerken öffentlich zu äußern. Dafür ist es auch gerade nicht notwendig, dass diese besonders viele Reaktionen ausgelöst haben. Vielmehr ist entscheidend, was der Anlass für die Beleidigung war oder ob sich die Nutzer:innen mit den Adressierten möglicherweise identifizieren können. Insofern gibt es keine Beleidigungen, von denen nicht ausgegangen werden kann, dass sie kein minimales Eigengewicht zum Rückzug dritter Nutzer:innen von sozialen Netzwerken haben. Das Merkmal, Kumulationsbeiträge mit minimalem Eigengewicht auszuschließen, findet daher in der vorliegenden Konstellation keine Anwendung.

*g) Legitimation der Kriminalisierung*

aa) Legitime Ausgestaltung als Kumulationsdelikt

Nicht zuletzt ist in Einklang mit dem hier vertretenen systemkritischen Rechtsgutsverständnis[236] zu erläutern, weshalb es auch auf Kriminalisierungsebene als legitim erscheint, das Rechtsgut der Meinungsfreiheit Dritter vor einem Verhalten zu schützen, das überhaupt nur in Kumulation zu Schädigungen führen kann. Da die einzelnen Kumulationsbeiträge bei einem Kumulationstatbestand weit entfernt von einer eigenständigen Gefährdung oder Verletzung liegen, ist eine Legitimation von Kumulationsdelikten nur dann anzunehmen, wenn es sich um den Schutz

---

[235] *Daxenberger*, Kumulationseffekte, S. 18 ff.
[236] Siehe dazu ausführlich oben § 5 A. I. 2.

eines Rechtsguts handelt, bei dem ein grundlegendes, großes gesellschaftliches Interesse besteht.[237]

Das Rechtsgut der Meinungsfreiheit nach Art. 5 Abs. 1 S. 1 Alt. 1 GG zählt nicht nur für das Individuum, sondern auch für eine demokratische Gesellschaft zu den wichtigsten Freiheiten.[238] Für das Individuum ist die Meinungsfreiheit „als unmittelbarer Ausdruck der Persönlichkeit in der Gesellschaft eines der vornehmsten Menschenrechte".[239] Insofern wird die Selbstbestimmung des Individuums in und durch Kommunikation geschützt, da jede:r mit anderen frei teilen darf, was er/sie denkt.[240] Für eine freiheitlich-demokratische Gesellschaft ist die Meinungsfreiheit geradezu lebensnotwendig, da ein pluralistischer Verfassungsstaat daraus besteht, dass es einen ständigen freien Kampf der Meinungen gibt.[241] Nur so können politische Entscheidungen kritisiert und Ansichten ausgetauscht werden, damit in der öffentlichen Diskussion alle Mehr- und Minderheiten berücksichtigt werden.

Daher hat für jedes einzelne Individuum der Gesellschaft die Meinungsfreiheit eine große eigene Bedeutung. Das schutzwürdige Interesse besteht dabei aber nicht nur an der eigenen Meinungsfreiheit, sondern auch an dem Schutz der Meinungsfreiheit Dritter. Nur wenn Meinungen aller Minder- und Mehrheiten in einem öffentlichen Diskurs tatsächlich vorgebracht werden (dürfen), kommt ein öffentlicher Diskurs zustande, der vielfältige Interessen vertritt, die dann bestmöglich demokratisch gehört, durch- und umgesetzt werden können. Auch der eigenen Meinung wird mehr Gehör verschafft, wenn weitere Vertreter:innen dieser Meinung diese auch vorbringen. Das große gesellschaftliche Interesse an dem Schutz der Meinungsfreiheit betrifft daher insbesondere das tatsächliche Äußern der Meinungsfreiheit, um deren Schutz es im vorliegenden Fall gerade geht. Insofern erscheint es legitim, dieses gesamtgesellschaftliche Phänomen durch ein Kumulationsdelikt zu schützen.

### bb) Legitimer Schutz über § 185 Hs. 2 Alt. 1 StGB

Zudem ist festzuhalten, weshalb das Rechtsgut der Meinungsfreiheit auch über § 185 Hs. 2 Alt. 1 StGB geschützt werden darf. § 185 StGB gilt als Ehrschutzdelikt.[242] Der Schutz des Rechtsguts der Ehre und der Schutz der Meinungsfreiheit befinden sich in einem immer andauernden Spannungsfeld.[243] So führt die An-

---

[237] *von Hirsch/Wohlers*, in: Die Rechtsgutstheorie, S. 196 (210); *Krell*, in: Klimastrafrecht, S. 139 (160).
[238] *Bethge*, in: Sachs, Art. 5 GG Rn. 22; *Schemmer*, in: BeckOK GG, Art. 5 GG Rn. 1.
[239] BVerfG, Beschluss v. 25.01.1961, 1 BvR 9/57 Rn. 49, BVerfGE 12, 113 (125).
[240] *Jestaedt*, in: Handbuch der Grundrechte IV, § 102 Rn. 7.
[241] BVerfG, Urteil v. 15.01.1958, 1 BvR 400/51 Rn. 32, BVerfGE 7, 198 (208).
[242] *Eisele/Schittenhelm*, in: Schönke/Schröder, Vorbemerkungen zu den §§ 185 ff. StGB Rn. 1; *Regge/Pegel*, in: MüKo StGB, Vorbemerkung zu § 185 StGB Rn. 7.
[243] Zu dem Spannungsfeld auf verfassungsrechtlicher Ebene siehe bereits oben § 3 E.

nahme des Vorranges des Schutzes der Ehre zu einem Zurücktreten der Meinungsfreiheit und andersherum. Das zeigt auch Art. 5 Abs. 2 Alt. 2 GG. Die Annahme, ein Straftatbestand könne *beide* Rechtsgüter zeitgleich schützen, erscheint damit auf den ersten Blick verfehlt. Vorliegend geht es jedoch nicht um den Schutz der Ausübung der Meinungsfreiheit, die einem Schutz der Ehre gegenübersteht. Vielmehr soll die Meinungsfreiheit geschützt werden, die „auf der gleichen Seite" steht wie der Schutz der Ehre. Auch die Meinungsfreiheit wird nämlich dadurch eingeschränkt, dass Äußerungen die Ehre verletzen. Es ist auch gerade im Sinne des Ehrschutzes, solche Meinungen zu schützen, die *nicht* ehrverletzend sind. Gerade diese Art von Meinungen wird aber im öffentlichen Diskurs zurückgehalten und bildet den Gegenstand der soeben durchgeführten Untersuchung.

Somit erscheint es legitim, Verhalten, das die Äußerungsbereitschaft der eigenen Meinungsfreiheit Dritter in Kumulation beeinträchtigt, strafrechtlich zu sanktionieren.[244] Der Schutz der Meinungsfreiheit Dritter ist daher über die Deliktsstruktur des Kumulationsdeliktes zu schützen[245] und ist von § 185 Hs. 2 Alt. 1 StGB umfasst.

### III. Deliktsstruktur für den Schutz der Ehre Dritter?

Die gleichen Fragen stellen sich bei der Untersuchung des Schutzes des Rechtsguts der Ehre Dritter. Auch hier ist zu analysieren, ob sich eine mit § 185 Hs. 2 Alt. 1 StGB passende Deliktsstruktur finden lässt, denn nur dann dürfte dieses Rechtsgut straferhöhend berücksichtigt werden. Aufgrund des „Broken-Webs"[246] führt die bestehende Debattenkultur im Netz zur Senkung der Hemmschwelle und zum Anreiz für dritte Nutzer:innen, den Umgangston im Netz anzunehmen, andere zu beleidigen und somit dritte Nutzer:innen in ihrer Ehre zu verletzen. Diese Debattenkultur ergibt sich aus den unzähligen diskriminierenden, herabsetzenden und beleidigenden Äußerungen, die auch dadurch vermehrt wahrgenommen werden, dass sich Dritte vom öffentlichen Diskurs zurückziehen.[247] Wie auch im Falle der Verletzung der Meinungsfreiheit Dritter kommt es zu diesem Phänomen nur durch das Zusammenspiel unzählig vieler Beleidigungen im Netz, da nur so das „Broken-Web" geschaffen wird. Auch hier kommen damit zwei mögliche Deliktsausgestaltungen in Betracht: Entweder könnten die Ehrverletzungen Dritter

---

[244] In diese Richtung auch *Nussbaum*, KriPoZ 2021, 215 (221), der allerdings das „Meinungsklima" als schützenswert ansieht; anders hingegen *Valerius*, KriPoZ 2023, 242 (246); *Großmann*, StV 2020, 408 (411); *ders.*, GA 2020, 546 (552ff.), der keinen Schutz des Meinungsaustausches (von ihm als Kollektivrechtsgut des öffentlichen Diskurses gesehen) über das Individualstrafrecht befürwortet.
[245] A.A. wohl *Großmann/Kubiciel*, KriPoZ 2023, 186 (187), die jede „gesamtgesellschaftliche Folge" nicht von Beleidigungen erfasst sehen.
[246] Siehe zum „Broken-Web" oben § 4 B. II.
[247] Siehe zum Phänomen des „silencing effects" § 4 C. I.

als Erfolg gesehen werden (wofür die Beleidigungen Dritter zugerechnet werden müssten) oder das öffentliche Hochladen der Beleidigung könnte als tatbestandlicher Erfolg den Kumulationsbeitrag darstellen.

**1. Ausgestaltung der Verletzung als tatbestandlicher Erfolg?**

Zunächst ist die Deliktsstruktur zu untersuchen, die die Verletzung der Ehre dritter Nutzer:innen als tatbestandlichen Erfolg einordnet.

*a) Kausalität, aber fehlende objektive Zurechnung (Tatbestandsebene)*

Wie bereits für das Rechtsgut der Meinungsfreiheit erörtert, müsste für die Ehrverletzungen Dritter auf die Lehre der gesetzmäßigen Bedingung zurückgegriffen werden, damit eine einzelne Beleidigung als kausal angesehen werden kann. So stellt jede Beleidigung einen Teil des „Broken-Webs" dar, das dann wiederum als Ganzes zum Tätigen von Beleidigungen durch Dritte führt. Das Fehlen einer konkreten Mindestgröße, um den öffentlichen Diskurs als „Broken-Web" einzuordnen, ändert daran nichts.[248]

Problematisch wäre jedoch eine Bejahung der objektiven Zurechnung. Während für Beleidigungen, die sich in Form von Kommentaren oder durch Teilen direkt an den ursprünglichen Beitrag anschließen und sich gegen dasselbe Opfer richten, ein Zurechnungszusammenhang angenommen wird,[249] ist das bei dem vorliegenden Untersuchungsgegenstand in Form von komplett eigenständigen Beleidigungen nicht der Fall. Diese stehen weder in einem inhaltlichen Zusammenhang mit der ursprünglichen Beleidigung noch sind sie an dieselbe Person gerichtet. Zudem beruhen die neuen eigenständigen Beleidigungen auf einer Reihe von Zwischenschritten: Die potenziellen Täter müssen die negative Debattenkultur (unbewusst) wahrnehmen, sich daraufhin entschließen, selbst jemanden zu beleidigen, und das dann auch tatsächlich selbst tun. Jede einzelne Beleidigung solcher Art als Realisierung des zuvor stattgefundenen Risikos zu sehen, wäre zu weitgehend. Die zeitlich nach einer öffentlich zugänglichen Beleidigung in sozialen Netzwerken stattfindenden weiteren Beleidigungen sind vielmehr die Realisierung neuer, eigener Gefahren.

Auf Tatbestandsebene würde eine einzelne Beleidigung den Erfolg der weiteren Ehrverletzungen nicht zurechenbar herbeiführen können. Solch eine Deliktsausgestaltung wäre noch nicht einmal geeignet, das Rechtsgut der Ehre Dritter zu schützen.

---

[248] Siehe dazu die Argumentation oben § 6 E. II. 1. a).
[249] Siehe dazu oben § 6 E. I. 2.

### b) Keine Legitimation der Kriminalisierung

Darüber hinaus ist aus gleichem Grund wie bei dem Schutz der Meinungsfreiheit eine Ausgestaltung als Verletzungsdelikt auf Kriminalisierungsebene ebenfalls nicht zu legitimieren. Eine einzelne Beleidigung kann nie zu dem sogenannten „Broken-Web" führen. Den Straftatbestand so auszugestalten, dass *immer* ein Rückgriff auf das Handeln Dritter notwendig ist, kann nicht gewollt sein. Zudem lassen sich auch hier die Rechtsgutsträger:innen nicht hinreichend konkret bestimmen. Damit scheidet ein Schutz der Ehre Dritter durch ein Verletzungsdelikt aus.

## 2. Ausgestaltung als Kumulationsdelikt?

Denkbar wäre jedoch auch hier ein Rückgriff auf den Kumulationsgedanken. Der Schutz des Rechtsguts der Ehre Dritter wäre somit durch ein Kumulationsdelikt gewährt. Der Kumulationsbeitrag würde in dem öffentlichen Zugänglichmachen der Beleidigung nach § 185 Hs. 2 Alt. 1 StGB liegen und die Erfassung des Kumulationsbeitrages wäre somit mit dem Wortlaut vereinbar.

### a) Vorliegen der Voraussetzungen

Dazu müssten die Voraussetzungen für die Annahme eines Kumulationsdeliktes vorliegen.[250] Da der Kumulationsbeitrag in dem öffentlichen Zugänglichmachen der Beleidigung liegen würde und damit gleich wäre wie bei dem zuvor geprüften Kumulationsdelikt zum Schutz der Meinungsfreiheit, können unter Verweis auf die obige Prüfung[251] auch die weiteren Merkmale bejaht werden: Ungefährlichkeit der Einzelhandlung, prognostizierte Kumulation, keine Notwendigkeit der strafbegründenden Wirkung des Kumulationsbeitrages, minimales Eigengewicht sowie das Hinzukommen weiterer Faktoren.

Auch das Merkmal des „materiellen Äquivalents" ist gegeben: Zwar stellt auch die Ehre ein Individualrechtsgut dar, das grundsätzlich durch eine einzelne Handlung verletzt und gefährdet werden kann. Durch die Einordnung der vorliegenden Konstellation als *unbestimmtes, massenhaft betroffenes* Individualrechtsgut[252] ergibt sich aber auch hier eine Vergleichbarkeit zu einem Kollektivrechtsgut. Denn eine einzelne Handlung ist nicht in der Lage, diesen Umstand herbeizuführen. Es geht vielmehr darum, dass als Gesamtphänomen unzählig viele dritte Nutzer:innen von zukünftigen Ehrverletzungen betroffen sind, die jedoch nicht im Voraus

---

[250] Zu dem Kumulationsdelikt allgemein § 6 C. III. 3. b) aa).
[251] Siehe dazu oben § 6 E. II. 2.
[252] Siehe dazu oben § 5 B. II.

bestimmt werden können. Der Schutz der Ehre Dritter über ein Kumulationsdelikt wäre demnach auf Tatbestandsebene zu bejahen.

### b) Keine Legitimation der Kriminalisierung als Kumulations-Vorbereitungsdelikt

Für den Schutz des Rechtsguts der Ehre Dritter wäre allein eine Einordnung in die Untergruppe des Kumulations-Vorbereitungsdeliktes[253] denkbar. Dies sind eine bestimmte Art von Vorbereitungsdelikten. Klassische Vorbereitungsdelikte stellen solches Verhalten unter Strafe, das als einzelne Tat die Herbeiführung einer Anschlusstat ermöglichen kann. Bei Kumulations-Vorbereitungsdelikten benötigt es hingegen eine Vielzahl an Vorbereitungsdelikten, da sie nur gemeinsam in großer Zahl Anschlussdelikte herbeiführen. Zudem sollen solche Anschlusstaten verhindert werden, die in Kumulation zu dem ungewünschten Erfolg führen.[254] In der vorliegenden Konstellation sind zum einen zur Schaffung des negativen Diskurses eine große Zahl von Beleidigungen als Vorbereitungsdelikte notwendig. Zum anderen braucht es für das Gesamtphänomen der sich anschließenden Beleidigungen Dritter als Anknüpfungstaten eine Vielzahl desjenigen Verhaltens. Damit wäre die Untergruppe der Kumulations-Vorbereitungsdelikte einschlägig.

Auch auf Kriminalisierungsebene müsste die Einordnung als Kumulations-Vorbereitungsdelikt bejaht werden. Bereits das Vorbereitungsdelikt ohne subjektiven Bezug hat hohe Legitimitätsanforderungen: Hierfür muss das Delikt gerade unter Strafe stehen, *um* weiteres deliktisches Handeln auszuschließen. Da es auf das Erfüllen der Anschlusstaten bei der Legitimation von Vorbereitungsdelikten gar nicht ankommt, sind die Legitimationsbedingungen sehr eng zu stecken. Dies ergibt sich zudem aus der weiten Entfernung der durch die Anschlusstaten geschützten Rechtsgüter zu der Vorbereitungshandlung. Daher muss das deliktische Anschlusshandeln gerade in besonderem Maße gefährlich und das Rechtsgut besonders schützenswert sein. Noch mehr Zurückhaltung auf Kriminalisierungsebene ist bei der hiesigen Konstellation der Kumulations-Vorbereitungsdelikte geboten. Durch das Erfordernis der Kumulation besteht eine noch größere Distanz zum geschützten Rechtsgut. Wenn auch die Ehre Dritter kein unbedeutendes Rechtsgut ist, so stellt sie dennoch kein Rechtsgut von überragender Bedeutung dar. Anders hingegen ist es für Leben oder Leib als Individualrechtsgüter, wie es etwa bei den Vorbereitungsdelikten der §§ 51, 52 WaffG der Fall ist oder bei Kollektivrechtsgütern der Sicherheit und Zuverlässigkeit des Verkehrs mit Geld (§§ 146 Abs. 1 Nr. 1 und 2, 149 StGB).[255] Das Rechtsgut der Ehre Dritter ist daher nicht über ein Kumulations-Vorbereitungsdelikt zu schützen.

---

[253] Siehe dazu oben § 6 C. III. 3. b) bb) (3).
[254] *Wohlers*, GA 2002, 15 (19).
[255] *Wohlers*, GA 2002, 15 (19).

### 3. Keine taugliche Deliktsart

Für den Schutz des Rechtsguts der Ehre dritter Nutzer:innen besteht daher keine taugliche Deliktsstruktur. Ein Rückgriff auf die Ehrverletzungen Dritter als Grundlage für eine Straferhöhung und Begründung für die Qualifikation des § 185 Hs. 2 Alt. 1 StGB geht somit fehl.[256] Es kann weder an die Verletzung des Rechtsguts als Erfolg angeknüpft werden noch an den Erfolg einer öffentlich zugänglich gemachten Beleidigung in sozialen Netzwerken als Kumulationsbeitrag.

## IV. Deliktsstruktur für den Schutz der Funktionsfähigkeit demokratischer Institutionen

### 1. Eingrenzung des für das Rechtsgut in Betracht kommenden Verhaltens

Bei der Untersuchung der Zurechnungsstruktur für die Verletzung oder Gefährdung des Rechtsguts der Funktionsfähigkeit demokratischer Institutionen fragt sich, welche Art von Beleidigungen überhaupt in die Erörterung miteinzubeziehen sind. Bei den bisherigen Untersuchungen zum Schutz der Rechtsgüter der Ehre vor intensiveren Ehrverletzungen oder der sich anschließenden Ehrverletzungen an dem/der Adressierten, der Ehre dritter Nutzer:innen oder der Meinungsfreiheit Dritter wurden Beleidigungen gegenüber jeder Personengruppe, die öffentlich in sozialen Netzwerken hochgeladen werden, berücksichtigt. Das ist in Bezug auf das Rechtsgut der Funktionsfähigkeit demokratischer Institutionen anders. Untersuchungen oder Studien, die speziell das relevante Verhalten für die Funktionsfähigkeit demokratischer Institutionen untersuchen, gibt es nicht, sodass die nachfolgenden Erklärungen auf Mutmaßungen aufgrund allgemeiner Erkenntnisse zum Phänomen des „silencing effects"[257] und zur Betroffenheit von Politiker:innen[258] beruhen.

So ist beachtlich, dass alle bekannt gemachten Rückzüge von Social Media von Politiker:innen auf eigenen Hass-Erfahrungen im Netz beruhten.[259] Bei den sonstigen Nutzer:innen geben in einer Umfrage hingegen 43 % aller Befragten, die *nicht* Opfer von Hass im Netz geworden sind, an, sich bereits schon einmal selbst im Netz eingeschränkt zu haben.[260] Das könnte einerseits auf dem Umstand beruhen, dass Politiker:innen ohnehin viel häufiger von Hass im Netz betroffen sind. Zudem ließe sich behaupten, Politiker:innen würden sich von dem allgemeinen negativen

---

[256] So aber RefE Gesetz zur Bekämpfung des Rechtsextremismus und der Hasskriminalität, S. 22.
[257] Siehe dazu oben § 4 C. II.
[258] Siehe dazu oben § 4 E. I.
[259] Für Beispiele siehe oben § 4 E. I.
[260] *Hoven/Universität Leipzig/Forschungsgruppe g/d/p*, Hate Speech Umfrage 2022, S. 12.

Diskurs im Netz, der nicht gegen Politiker:innen gerichtet ist, nicht (so stark) einschränken lassen. Während sie sich demnach wohl von sozialen Netzwerken zurückziehen würden, wenn ausschließlich Beleidigungen gegen Politiker:innen in sozialen Netzwerken zu lesen wären, erscheint ein Rückzug ausschließlich aufgrund des allgemein herrschenden negativen Diskurses und somit aufgrund der Beleidigung Dritter wohl eher schwierig anzunehmen.

Die Auswirkungen von Beleidigungen gegenüber Dritten auf das Verhalten von Politiker:innen lassen sich somit nur schwer einordnen. Wenn auch einzelne Beleidigungen gegenüber Dritten für das Verhalten von Politiker:innen von Bedeutung sein können, so sind unter Berücksichtigung des *in dubio pro reo*-Grundsatzes für die nachfolgende Untersuchung ausschließlich Beleidigungen gegenüber Politiker:innen zu berücksichtigen. Grund ist, dass nur bei diesen von einer Auswirkung auf die Funktionsfähigkeit demokratischer Institutionen ausgegangen werden kann. Das ergibt sich aus der Schlussfolgerung der oben dargestellten empirischen Lage[261]: Politiker:innen ziehen sich aufgrund von gegen sie gerichteten Hasses zurück oder geben sogar ihr Amt auf.

Die ausschließliche Berücksichtigung könnte zu der Annahme führen, solch eine Einschränkung auch für alle weiteren Personengruppen anzunehmen. Beispielsweise, dass für den Rückzug von Nutzer:innen einer bestimmten Religion, Herkunft, sexuellen Identität oder eines bestimmten Geschlechts auch nur ausschließlich solche Beleidigungen zu berücksichtigen sind, die sich gegen Nutzer:innen mit diesen konkreten Merkmalen richten. Das würde allerdings den Umstand des „silencing effects" nicht hinreichend beachten. Bei diesem handelt es sich gerade um ein gesamtgesellschaftliches Phänomen, bei dem sich Dritte unabhängig von der eigenen Identifizierung mit den gelesenen Beleidigungen vom öffentlichen Diskurs zurückziehen. Bestätigt wird das durch eine Studie der Landesanstalt für Medien NRW, bei der neben Politiker:innen „Menschen anderer politischer Meinung" die Personengruppe ist, die am zweithäufigsten von Hass betroffen ist.[262] Zu dieser Personengruppe kann jede:r Nutzer:in gehören, weshalb sich gesamtgesellschaftlich viele Nutzer:innen zurückziehen. Für die bisher erörterten Rechtsgüter wurden daher alle öffentlichen Beleidigungen in sozialen Netzwerken miteinbezogen.

### 2. Keine mit § 185 Hs. 2 Alt. 1 StGB vereinbare Deliktsstruktur

Da § 185 Hs. 2 Alt. 1 StGB keine Anhaltspunkte bietet, durch die eine Einschränkung auf Beleidigungen gegenüber Politiker:innen denkbar erscheint, kann mit dem Wortlaut de lege lata kein Schutz der Funktionsfähigkeit demokratischer Institutionen über § 185 Hs. 2 Alt. 1 StGB begründet werden.

---

[261] Siehe dazu oben § 4 E. I.
[262] *Landesanstalt für Medien NRW*, Hate Speech Forsa-Studie 2023, S. 8.

### 3. Schutz über § 188 Abs. 1 S. 1 Alt. 1 StGB

Genau solch einen Zuschnitt macht jedoch § 188 Abs. 1 S. 1 Alt. 1 StGB, der ausschließlich Beleidigungen gegenüber einer im politischen Leben des Volkes stehenden Person berücksichtigt.

#### a) *Schutzgut des § 188 StGB*

§ 188 StGB schützt die Ehre des/der Einzelnen als Individualrechtsgut, was sich bereits daraus ergibt, dass die Erfüllung einer der §§ 185, 186 oder 187 StGB als Grunddelikt vorausgesetzt wird. Darüber hinaus sind sich Rechtsprechung und Literatur nicht einig, ob und, wenn ja, welche Rechtsgüter über die Ehre hinaus noch von § 188 StGB geschützt werden sollen.[263]

Teile der Kommentarliteratur berufen sich insbesondere auf zwei Elemente zur Legitimation des § 188 StGB: zum einen auf die Bedeutung der Folgen der Tat für das politische Wirken der Person[264] und zum anderen darauf, dass Politiker:innen besonders häufig und intensiven Ehrverletzungen ausgesetzt sind.[265] Rühs stellt jedoch fest, dass diese beiden Gründe nicht ausreichen, um einen besonderen Ehrschutz von Politiker:innen zu legitimieren, da auch andere Berufsgruppen wie etwa Schauspieler:innen oder Models ebenso häufig Ehrverletzungen ausgesetzt sind, die ebenso starke Auswirkungen auf ihre Karriere haben.[266] Insofern muss es zur Legitimation der Qualifikation und zur Wahrung des Art. 3 Abs. 1 GG auf weitere Gründe ankommen.

Genau solche Gründe arbeitete das Bundesverfassungsgericht 1955 in seiner Entscheidung zur Verfassungsmäßigkeit des § 187a StGB (heute § 188 StGB) heraus. Es betont, „politische Auseinandersetzungen, die in üble Nachrede und Verleumdung ausarten, gefährden die Freiheit des politischen Handelns, also die Grundlage der Demokratie".[267] Darüber hinaus ist nach Auffassung des Bundesverfassungsgerichtes „[f]ür ein freiheitliches demokratisches Staatswesen […] die politische Mitarbeit seiner Bürger lebensnotwendig; es müssen sich in großer Zahl Persönlichkeiten finden, die sich im politischen Leben aktiv beteiligen und die bereit sind, die damit verbundenen Mühen und Unannehmlichkeiten auf sich zu nehmen. Erfahrungsgemäß setzen sie sich dadurch erhöhter Gefahr aus, in ihrer Ehre verletzt zu werden. Dieser Gefahrerhöhung trägt § 187a StGB Rechnung, wobei zu-

---

[263] Gänzlich gegen § 188 StGB *Oğlakcıoğlu*, ZStW 132 (2020), 521 (541).
[264] *Kargl*, in: NK StGB, § 188 StGB Rn. 2; *Wissenschaftliche Dienste*, WD 7 – 3000 – 216/13, S. 11.
[265] *Regge/Pegel*, in: MüKo StGB, § 188 StGB Rn. 1; *Fischer*, StGB, § 188 StGB Rn. 2.
[266] *Rühs*, ZIS 2022, 51 (55).
[267] BVerfG, Beschluss v. 30. 11. 1955, 1 BvL 120/53 Rn. 15, NJW 1956, 99 (100).

gleich dem allgemeinen staatspolitischen Interesse an der Sicherung der politischen Wirksamkeit des im politischen Leben stehenden Staatsbürgers gedient wird."[268]

Das Bundesverfassungsgericht benennt jedoch *trotz* dieser Argumentation und Benennung als „allgemeine[s] staatspolitische[s] Interesse" ausschließlich die erhöhte Schutzbedürftigkeit der Ehre als sachliche Rechtfertigung einer Ungleichbehandlung i. S. v. Art. 3 Abs. 1 GG.[269]

Daher ist zwar der Argumentation zuzustimmen, das Ergebnis hingegen, ausschließlich die Ehre als geschütztes Rechtsgut anzusehen, ist nicht als konsequent einzuordnen. Insofern wird teilweise in der Literatur jedenfalls ein *mittelbarer* Schutz der durch die Person wahrgenommenen demokratischen Funktionen angenommen.[270] Richtig ist es jedoch, diese Interessen als *zusätzliches*, kollektives Rechtsgut der Funktionsfähigkeit demokratischer Institutionen[271] zu sehen, da sich die dargelegten Gründe auf tatsächlich öffentlich bestehende Interessen beziehen und nur so eine Vereinbarkeit mit Art. 3 Abs. 1 GG erzielt werden kann.[272]

*b) Deliktsstruktur*

Auch bei diesem Rechtsgut stellt sich jedoch nun die Frage, durch welche Deliktsstruktur es zu schützen ist. Ausgangspunkt für diese Frage bildet wie immer die Art des Rechtsguts. Die Funktionsfähigkeit demokratischer Institutionen stellt ein Kollektivrechtsgut dar. Bei diesem Rechtsgut hat sich die Besonderheit ergeben, dass die Eigenschaft als kollektives Rechtsgut aus zwei Komponenten resultiert.[273] Zum einen existiert das Kollektivrechtsgut in dem Vertrauen in das Funktionieren des politisch-demokratischen Systems sowie in die daraus folgenden Handlungen. Zum anderen besteht ausnahmsweise ein öffentliches Interesse an dem Schutz des Individualrechtsguts der Ehre der Politiker:innen, wodurch mittelbar die Ausübung und die Bereitschaft, sich politisch einzubringen, sichergestellt werden sollen. Diese Besonderheit des sich aus zwei Gründen ergebenden kollektiven Rechtsguts hat sich daher auch in der Deliktsstruktur widerzuspiegeln.

Wenn auch die Ehre der Politiker:innen schon bei jeder Beleidigung gegen diese verletzt ist, so hat sich der Gesetzgeber dafür entschieden, nur solche Beleidigungen

---

[268] BVerfG, Beschluss v. 30.11.1955, 1 BvL 120/53 Rn. 16, NJW 1956, 99 (100).
[269] BVerfG, Beschluss v. 30.11.1955, 1 BvL 120/53 Rn. 16, NJW 1956, 99 (100).
[270] *Fischer*, StGB, § 188 StGB Rn. 2; *Regge/Pegel*, in: MüKo StGB, § 188 StGB Rn. 1; *Sinn*, in: Satzger/Schluckebier/Widmaier, § 188 StGB Rn. 3; in diese Richtung auch *Eisele/Schittenhelm*, in: Schönke/Schröder, § 188 StGB Rn. 1; *Heger*, in: Lackner/Kühl/Heger, § 188 StGB Rn. 1, da diese von „Entgegenwirken der Vergiftung des politischen Lebens" sprechen und dass der Schutz „nicht den Politikern um ihrer selbst willen erhöhten Ehrenschutz gewähren will".
[271] Zum Umfang dieses Rechtsguts siehe oben ausführlich § 5 B. V.
[272] *Rühs*, ZIS 2022, 51 (56 ff.); LG Verden, Beschluss v. 07.02.2022, 4 Qs 101/21 Rn. 22, BeckRS 2022, 13851; im Ergebnis auch *Hilgendorf*, in: LK, § 188 StGB Rn. 1.
[273] Siehe dazu ausführlich oben § 5 B. V.

strafschärfend zu berücksichtigen, die geeignet sind, das öffentliche Wirken erheblich zu erschweren.[274] § 188 Abs. 1 StGB ist damit ein abstraktes Gefährdungsdelikt in Gestalt eines Eignungsdelikts.[275] Die Eignung stellt dabei den tatbestandlichen Erfolg dar. Damit soll dem Grund der Strafrahmenerhöhung Rechnung getragen werden – das öffentliche Interesse an einem erhöhten Ehrschutz besteht deswegen, weil dieser für eine hinreichende Ausübung und Bereitschaft, politische Ämter zu übernehmen, notwendig ist. Auf einen Erfolg in Form eines möglichen Rückzuges aus der öffentlichen Präsenz, auf eine eigene Einschränkung des Auftretens oder gar auf ein Aufgeben des Amtes kommt es daher nicht an. Das öffentliche Interesse am Individualrechtsgut der Ehre wird damit durch ein Eignungsdelikt geschützt.

Der kollektive Aspekt des politisch-demokratischen Systems als Vertrauensrechtsgut der Gesellschaft kann grundsätzlich nie durch eine einzelne Handlung betroffen sein, sodass die Deliktstruktur eines Verletzungsdeliktes wie auch die eines konkreten und klassischen abstrakten Gefährdungsdeliktes hierfür ausscheiden. Daher bleiben nur solche Deliktsstrukturen, die auf weiteres Handeln Dritter abstellen und so entweder gemeinsam mit diesem oder als Vorbereitung zu diesem das Rechtsgut beeinträchtigen können. Vorliegend handelt es sich um ein Zusammenwirken vieler Einzelhandlungen und demnach um eine Einordnung als Kumulationsdelikt. Erst bei unzählig vielen Beleidigungen gegenüber Politiker:innen besteht die Gefahr, dass viele Nutzer:innen von der Berechtigung dieser Äußerungen ausgehen und somit kein Vertrauen mehr in die Richtigkeit der Abläufe und die Legitimation des politischen Handelns haben. Erst dadurch wird das Vertrauen in die Funktionsfähigkeit demokratischer Institutionen tatsächlich verletzt. Die Beleidigung gegenüber Politiker:innen unter Erfüllung der Eignungskomponente stellt dabei den Kumulationsbeitrag dar. Die Legitimation der Kriminalisierung als Kumulationsdelikt ergibt sich aus der großen Bedeutung des Rechtsguts der Funktionsfähigkeit demokratischer Institutionen: Eine Demokratie ist darauf angewiesen, dass die Gesellschaft Vertrauen in das politische Handeln der Politiker:innen und in die Regierung hat. Ein Kumulationsdelikt als Erfolgsdelikt anzunehmen, ist zudem auch mit dem Wortlaut vereinbar: Denn § 188 Abs. 1 StGB stellt ausschließlich auf die Eignungskomponente der Beleidigung ab.

Die Funktionsfähigkeit demokratischer Institutionen wird daher als Kollektivrechtsgut durch § 188 Abs. 1 StGB einerseits als Eignungsdelikt in Bezug auf das kollektive Interesse am Individualrechtsgut der Ehre und andererseits als Kumulationsdelikt in Bezug auf das Vertrauen in das politisch-demokratische System geschützt.

---

[274] Die Rspr. stellt allein auf den Inhalt der Tat ab BGH, Urteil v. 08.01.1954, 5 StR 611/53, NJW 1954, 649; anders die Literatur, die auf die Eignung der Tat insgesamt inkl. Begleitumstände abstellt *Regge/Pegel*, in: MüKo StGB, § 188 StGB Rn. 12; *Valerius*, in: BeckOK StGB, § 188 StGB Rn. 9; *Eisele/Schittenhelm*, in: Schönke/Schröder, § 188 StGB Rn. 6; *Fischer*, StGB, § 188 StGB Rn. 6.

[275] Siehe dazu oben § 6 C. III. 1.

## V. Deliktsstruktur für den Schutz der psychischen Gesundheit?

Für das Individualrechtsgut der psychischen Gesundheit kann in § 185 StGB keine taugliche Deliktsstruktur gefunden werden. Auch wenn die psychischen Folgen für Betroffene schwerwiegend sein können und auch viele Betroffene von Beleidigungen an psychischen Folgen leiden, so ist keine mit dem Wortlaut des § 185 StGB vereinbare Deliktsstruktur denkbar. Zu psychischen Folgen kommt es insbesondere im Fall von sogenannten Shitstorms oder Cybermobbing-Attacken, bei denen das Opfer Unmengen an zielgerichteten herabsetzenden Äußerungen, unter anderem Beleidigungen, ausgesetzt ist. Es geht daher besonders um die Vielzahl an Beleidigungen, die das Opfer betreffen und die sich im Falle von Cybermobbing wiederholen und andauern.[276]

Wie für die Bejahung einer möglichen intensiveren Ehrverletzung und weiterer Ehrverletzungen an dem/der Adressierten angenommen, könnten weitere Likes, Kommentare oder das Teilen des Beitrages dem primären Täter zugerechnet werden, da diese Gefahr jeder in sozialen Netzwerken öffentlich zugänglichen Beleidigung innewohnt. Anders als für das Rechtsgut der Ehre, für das allein durch die Möglichkeit des Lesens vieler und sich anschließender weiterer Beleidigungen eine mögliche intensivere Rechtsgutsverletzung und weitere Rechtsgutsverletzungen angenommen werden können, können diese beiden Voraussetzungen für eine Beeinträchtigung der psychischen Gesundheit nicht genügen. Wenn auch psychische Folgen sehr stark vom Einzelfall abhängen und demnach auch schon eine einzelne Beleidigung mit zehn Likes zu psychischen Folgen führen *kann*, so kann das nicht als Kausalzusammenhang einem Straftatbestand zugrunde gelegt werden. Wollte man die psychische Gesundheit mithilfe eines abstrakten oder konkreten Gefährdungsdeliktes schützen, so müssten weitere, den Tatbestand eingrenzende Kriterien dazukommen.[277] Allein an den Erfolg des öffentlichen Zugänglichmachens anzuknüpfen, um darin eine abstrakte Gefahr der Verletzung der psychischen Gesundheit zu sehen, ist somit nicht zu legitimieren.

Da der Wortlaut des § 185 Hs. 2 Alt. 1 StGB weder auf einen Erfolg psychischer Art abstellt noch auf präzisierte Handlungsmodalitäten, die klassischerweise psychische Folgen mit sich bringen, gibt es keinen normativen Anknüpfungspunkt, um die psychische Gesundheit durch § 185 Hs. 2 Alt. 1 StGB zu schützen. Ein möglicher Straftatbestand zum Schutz der psychischen Gesundheit wird daher später erörtert.[278]

---

[276] *Cornelius*, ZRP 2014, 164 (167).
[277] Siehe dazu mehr unten § 7 B. IV. 3.
[278] Siehe dazu unten § 7 B. IV. 3.

## VI. Deliktsstruktur für den Schutz des Rechts auf Anerkennung als gleichwertiges Mitglied der Gesellschaft als Teil der Menschenwürde?

Ein Angriff auf das Recht auf Anerkennung als gleichwertiges Mitglied der Gesellschaft kann sich nur aus dem Inhalt der Beleidigung ergeben. Pauschal aufgrund des öffentlichen Zugänglichmachens in sozialen Netzwerken als Äußerungsform i. S. v. § 185 Hs. 2 Alt. 1 StGB lässt sich daher weder eine Verletzung des Rechtsguts noch eine konkrete oder abstrakte Gefahr feststellen. De lege lata kann daher auch das Recht auf Anerkennung als gleichwertiges Mitglied der Gesellschaft nicht geschützt werden. Ein möglicher Schutz de lege ferenda wird daher an späterer Stelle untersucht.[279]

## F. Zwischenfazit

Die vorangegangenen Erörterungen haben gezeigt, wie § 185 Hs. 2 Alt. 1 StGB de lege lata bereits eine Reihe an Rechtsgütern durch unterschiedliche Deliktsstrukturen schützt. Damit ist die Straferhöhung des § 185 Hs. 2 Alt. 1 StGB für eine öffentliche Beleidigung legitim. So konnte festgestellt werden, dass eine öffentlich zugängliche Beleidigung in sozialen Netzwerken i. S. d. § 185 Hs. 2 Alt. 1 StGB zu einer konkreten Gefahr einer intensiveren Ehrverletzung des/der Adressierten und zu einer konkreten Gefahr weiterer Ehrverletzungen an dem/der Adressierten führt. Das Rechtsgut der Meinungsfreiheit Dritter wird durch ein Kumulationsdelikt geschützt. Grund ist, dass es zu der Einschränkung der eigenen Meinungsfreiheit unzählig vieler Nutzer:innen nur durch eine Vielzahl an Beleidigungen kommen kann. Der Schutz dieser drei Rechtsgüter erfolgt jeweils durch die tatbestandliche Ausgestaltung als Erfolgsdelikt, wobei das öffentlich zugängliche Hochladen der Beleidigung i.S.d § 185 Hs. 2 Alt. 1 StGB den tatbestandlichen Erfolg darstellt.

Für die Funktionsfähigkeit demokratischer Institutionen sind ausschließlich solche Beleidigungen von Bedeutung, die sich gegen Politiker:innen richten, sodass auf § 188 Abs. 1 StGB zurückzugreifen ist. Dieser schützt zwei Aspekte der Funktionsfähigkeit demokratischer Institutionen: das eigenständige kollektive Vertrauen in dieses Rechtsgut über die Ausgestaltung als Kumulationsdelikt und das kollektive Interesse an dem Ehrschutz als Eignungsdelikt.

Nicht geschützt werden hingegen Ehrverletzungen von anderen Nutzer:innen an Dritten. Diese weiteren Ehrverletzungen können weder im Falle einer Ausgestaltung als Verletzungsdelikt zugerechnet werden noch liegen die Voraussetzungen

---

[279] Siehe dazu unten § 7 B. IV. 4.

zur Annahme eines Kumulations-Vorbereitungsdeliktes vor. Auch für die psychische Gesundheit und das Recht auf Anerkennung als gleichwertiges Mitglied der Gesellschaft konnte de lege lata keine passende Deliktsstruktur gefunden werden. Während es für die Ausgestaltung eines Schutzes der psychischen Gesundheit auf eine Präzisierung der Äußerungsform ankommen muss, muss die Ausgestaltung des Schutzes des Rechts auf Anerkennung als gleichwertiges Mitglied der Gesellschaft auf den Inhalt der Beleidigung abstellen. Diese Rechtsgüter dürfen daher auch nicht als Grund für die Einführung des § 185 Hs. 2 Alt. 1 StGB berücksichtigt werden. Für sie ist an späterer Stelle zu untersuchen, ob ein Schutz de lege ferenda in Betracht kommt.[280]

An dieser Stelle ist klarzustellen, dass ein Zusammenspiel unterschiedlicher Deliktsstrukturen innerhalb eines Straftatbestandes zwar nicht den Normalfall der Ausgestaltung von Straftatbeständen bildet, jedoch dem StGB nicht fremd ist. Das zeigt beispielsweise § 306 Abs. 1 StGB. Dieser setzt sich aus der Kombination zweier Deliktstypen zusammen: Zum einen wird das Eigentum durch ein Verletzungsdelikt geschützt, zum anderen Leib und Leben Dritter durch ein abstraktes Gefährdungsdelikt.[281]

---

[280] Siehe dazu unten § 7 B. IV.
[281] *Kudlich*, in: BeckOK StGB, § 306 StGB Rn. 3; *Radtke*, ZStW 110 (1998), 848 (861); *Kargl*, in: NK StGB, Vorbemerkungen zu den §§ 306–322 StGB Rn. 2; BGH, Beschluss v. 21.11.2000, 1 StR 438/00 Rn. 5, NJW 2001, 765 (765); Gesetzesentwurf der Bundesregierung zum Entwurf eines Sechsten Gesetzes zur Reform des Strafrechts (6. StrRG) vom 25.09.1997, BT-Drucks. 13/8587, S. 87, abrufbar unter: https://dserver.bundestag.de/btd/13/085/1308587.pdf (letzter Abruf: 04.03.2025).

# § 7 Gesetzliche Ausgestaltung des § 185 StGB de lege ferenda

Soeben wurde erörtert, dass die Qualifikation des öffentlichen Zugänglichmachens auf einem sozialen Netzwerk i. S. d. § 185 Hs. 2 Alt. 1 StGB de lege lata den tatbestandlichen Erfolg im Schutz verschiedener Rechtsgüter darstellt und damit auch die Straferhöhung des § 185 Hs. 2 Alt. 1 StGB legitimiert. In diesem tatbestandlichen Erfolg liegt zum einen die Schaffung einer konkreten Gefahr für eine intensivere Ehrverletzung sowie für weitere Ehrverletzungen an dem/der Adressierten. Zum anderen stellt dieser tatbestandliche Erfolg den Kumulationsbeitrag zum Schutz der Meinungsfreiheit Dritter als Kumulationsdelikt dar. In diesem Kapitel soll untersucht werden, inwiefern an der gesetzlichen Ausgestaltung des § 185 StGB festgehalten werden soll. Dabei ist zum einen fraglich, ob eine einheitliche Ausgestaltung des Strafrahmens der insgesamt vier Qualifikationstatbestände des § 185 Hs. 2 StGB de lege lata legitim erscheint. Diese Untersuchung der Qualifikationstatbestände soll dabei anhand eines Unrechtsvergleichs erfolgen. Zum anderen wird untersucht, ob und wie die Rechtsgüter, die in der vorangegangenen Analyse nicht als von § 185 Hs. 2 Alt. 1 StGB erfasst gesehen wurden, durch die mögliche Einführung weiterer Tatbestandsmerkmale in § 185 StGB geschützt werden sollen – unabhängig von dem verwendeten Medium.

Bevor jedoch auf diese Überlegungen zu einer Neuausgestaltung der Qualifikationsmerkmale und weiterer Tatbestandsmerkmale von § 185 StGB eingegangen wird, ist nachfolgend zunächst der Grundtatbestand des § 185 Hs. 1 StGB in den Blick zu nehmen. Eine Untersuchung der Strafwürdigkeit des Grundtatbestands erfolgt, da im Rahmen der Diskussion um eine Erweiterung der Tatbestandsmerkmale des § 185 StGB teilweise eine Entkriminalisierung des Grunddelikts gefordert wird.

All diese Erkenntnisse berücksichtigend folgt am Ende dieses Kapitels ein Gesetzesvorschlag für § 185 StGB de lege ferenda.

## A. Beibehaltung der Kriminalisierung des Grundtatbestands

*Großmann*, der eine Entkriminalisierung des Grunddeliktes fordert,[1] führt im Wesentlichen drei Argumente an, die nachfolgend genauer untersucht werden. So würde einerseits eine Entkriminalisierung des Grunddeliktes dazu führen, dass

---

[1] *Großmann*, GA 2020, 546 (562).

so das Unrecht hinreichend ausdifferenziert berücksichtigt werden könne. Andererseits würde durch eine Entkriminalisierung das Strafgesetzbuch an die Praxis angepasst werden, in der eine einfache Beleidigung nicht strafrechtlich verfolgt werde. Zuletzt liege der Anwendungsbereich für einfache Beleidigungen nur noch in Bagatellfällen.

## I. Keine unverhältnismäßige Ausdehnung des Strafrahmens

Großmann führt an, durch eine Entkriminalisierung „wäre sichergestellt, dass die Strafrahmen der weiterhin strafwürdigen Fälle nicht unverhältnismäßig ausgedehnt werden müssen, nur um den qualitativen Unterschied zum Grundtatbestand aufzuzeigen".[2] Großmann ist dabei so zu verstehen, dass durch die Einführung weiterer straferhöhender Tatbestandsmerkmale der Strafrahmen um mindestens noch ein Jahr erweitert werden würde, er jedoch an dem bisherigen Strafrahmen des § 185 StGB von zwei Jahren festhalten wolle.

An dieser Stelle erscheint fraglich, ob die Erweiterung des Strafrahmens auf drei bzw. vier Jahre für schwerste Formen der Beleidigung wirklich ein unverhältnismäßiges Ausdehnen wäre. Extremste Fälle von Beleidigungen, die etwa Teil von systematisch durchgeführten Hasskampagnen sind, sollen nach der hier vertretenen Auffassung durchaus mit vier Jahren geahndet werden können.[3] Der Fall der österreichischen Ärztin Kellermayr[4] zeigt dabei, welche Auswirkungen schwerwiegendste Beleidigungen haben können. Unter Berücksichtigung etwa des Strafrahmens eines einfachen Diebstahls, der bei bis zu fünf Jahren liegt, erscheint ein solcher Strafrahmen auch nicht unverhältnismäßig. Zudem ist anzumerken, dass es sich lediglich um einen Strafhöchstrahmen handelt – ein Mindeststrafrahmen ist nicht vorgesehen. Auch ist davon auszugehen, dass Gerichte häufig bei der Strafzumessung im mittleren Rahmen des Strafrahmens bleiben und selten die Höchststrafe anwenden.[5]

Insofern erfolgt auch bei Beibehaltung der Kriminalisierung des Grunddeliktes keine unverhältnismäßige Ausdehnung des Höchststrafrahmens.

---

[2] *Großmann*, GA 2020, 546 (562).
[3] Deutlich weiter geht der Vorschlag von Kahle, der in seinem Vorschlag eines Mobbingtatbestandes in der Qualifikation einen Strafrahmen von bis zu 10 Jahren vorsieht, *Kahle*, Mobbing und Cybermobbing, S. 252.
[4] Österreichische Behörden ermitteln wieder, Tagesschau vom 05.08.2022, abrufbar unter: https://www.tagesschau.de/ausland/europa/kellermayr-aerztin-ermittlungen-101.html (letzter Abruf: 04.03.2025).
[5] *Junker*, in: Justiz: Oberstaatsanwältin kritisiert Urteilspraxis bei Gewaltstraftaten, Tagesspiegel vom 26.07.2008, abrufbar unter: https://www.tagesspiegel.de/politik/oberstaatsanwaltin-kritisiert-urteilspraxis-bei-gewaltstraftaten-1678222.html (letzter Abruf: 04.03.2025).

## II. Rechtliche Praxis

Großmann argumentiert weiter, einfache Beleidigungen würden heute in der Regel auf den Privatklageweg verwiesen werden und nach § 383 Abs. 2 StPO eingestellt werden.[6] Demnach solle das Strafgesetzbuch an die Rechtspraxis angeglichen werden.[7]

So zeigt die nachfolgende Übersicht durchaus, dass die meisten Fälle einer einfachen Beleidigung in der strafrechtlichen Praxis nur eine untergeordnete Rolle spielen. Nur die Allerwenigsten bringen Beleidigungen zur Anzeige, sondern verhandeln diese häufig lieber vor Zivil- und Berufsgerichten.[8] Das zeigen auch die Zahlen der PKS. Im Jahr 2021[9] wurden nur 235.335 Fälle der §§ 185–187, 189 StGB registriert.[10] Es kam dabei lediglich zu 34.778 Aburteilungen (14,8 %) und 27.938 Verurteilungen (11,9 %) nach §§ 185–200 StGB.[11] All diese Zahlen beinhalten dabei nicht nur das hier in Frage stehende Grunddelikt nach § 185 Hs. 1 StGB, sondern alle Grundtatbestände und Qualifikationen der §§ 185 ff. StGB. Der Grund dieser geringen Verurteilungsquote liegt dabei nicht darin, dass die Tatumstände nicht hinreichend aufgeklärt wurden, denn die Aufklärungsquote aller bei der PKS gemeldeten Fälle liegt bei 88,3 %.[12]

Während die Staatsanwaltschaft grundsätzlich nach dem Offizialprinzip gem. § 152 Abs. 1 StPO zur Erhebung der öffentlichen Klage berufen ist und nach dem Legalitätsprinzip auch nach § 152 Abs. 2 StPO dazu verpflichtet ist, sieht § 376 StPO als Ausnahme vor, dass für manche Delikte ein öffentliches Interesse gegeben sein muss. Für Beleidigungen i. S. v. §§ 185–189 StGB[13] ist das nach § 376 Abs. 2 Nr. 2 StPO der Fall. Ein öffentliches Interesse ist hier dann anzunehmen, wenn eine Beleidigung i. S. d. § 188 StGB oder eine wesentliche Ehrkränkung vorliegt, in der Regel jedoch nicht beispielsweise bei Familienstreitigkeiten oder Wirtshausstreitigkeiten.[14] Ist kein öffentliches Interesse gegeben und erhebt die Staatsanwaltschaft

---

[6] *Großmann*, GA 2020, 546 (562).
[7] *Großmann*, GA 2020, 546 (562).
[8] *Gaede*, in: Matt/Renzikowski, Vorbemerkung zu § 185 StGB Rn. 2; *Daimagüler*, in: MüKo StPO, Vorbemerkung zu § 374 StPO Rn. 4.
[9] Nachfolgend wird für die PKS auf das Jahr 2021 zurückgegriffen, da nach diesem Jahr keine Zahlen mehr zur Strafverfolgungsstatistik vorliegen und die Zahlen sonst nicht miteinander verglichen werden können.
[10] BKA (Hrsg.), Polizeiliche Kriminalstatistik 2021 Grundtabelle, Summenschlüssel 673000 („Beleidigung §§ 185–187, 189 StGB").
[11] *Rechtspflege Strafverfolgung*, Fachserie 10 Reihe 3, 2021, S. 24, abrufbar unter: https://www.destatis.de/DE/Themen/Staat/Justiz-Rechtspflege/Publikationen/Downloads-Strafverfolgung-Strafvollzug/strafverfolgung-2100300217004.pdf?__blob=publicationFile (letzter Abruf: 04.03.2025).
[12] BKA (Hrsg.), Polizeiliche Kriminalstatistik 2021 Grundtabelle, Summenschlüssel 673000 („Beleidigung §§ 185–187, 189 StGB").
[13] Mit Ausnahme, wenn sie gegen eine politische Körperschaft gerichtet ist.
[14] *Valerius*, in: BeckOK StPO, § 376 StPO Rn. 2.1.

somit keine Anklage, so haben die Verletzten nach §§ 374 ff. StPO die Möglichkeit eines Privatklageverfahrens, wodurch sie selbst die Tat als Ankläger:in verfolgen können. In ca. 85 % der gemeldeten Fälle, die nicht zu einer Anklage führten, lag demnach kein öffentliches Interesse vor. Auch wenn es hierzu keine Zahlen gibt, so ist doch davon auszugehen, dass ein öffentliches Interesse insbesondere bei den Qualifikationstatbeständen der §§ 185 ff. StGB gegeben sein wird. In der Praxis wird die Möglichkeit der Privatklage jedoch kaum genutzt, weshalb in der Literatur häufig deren Abschaffung oder jedenfalls Reformierung gefordert wird.[15] So kam es im Jahr 2021 für *alle Delikte* zu allein 503 Privatklageverfahren, wovon nur 58 durch Urteil, 59 durch Zurückweisung, 11 durch Vergleich und 43 durch Rücknahme beendet wurden.[16] Die Mehrheit der Verfahren wird demnach gem. § 383 Abs. 2 StPO wegen geringer Schuld eingestellt.[17] Damit ist es durchaus so, dass die einfache Beleidigung in der Rechtspraxis eine nur untergeordnete Rolle spielt und es häufig auf das Privatklageverfahren hinausläuft.

### III. Relevanz der Intensität der Rechtsgutsverletzung

Daraus darf jedoch nicht automatisch gefolgert werden, die einfache Beleidigung sei zu entkriminalisieren. Die Frage nach der Kriminalisierung eines Verhaltens ist ausgehend von dem systemkritischen Rechtsgutsbegriff anhand der Intensität der Rechtsgutsverletzung zu bestimmen. Großmann geht davon aus, dass die Einführung weiterer, qualifizierender Tatbestandsmerkmale dazu führen würde, dass der Anwendungsbereich des Grunddeliktes auf Bagatellfälle reduziert bliebe.[18]

Nach oben ausgeführtem Ehrverständnis wird die Ehre durch Ausdruck der Miss- oder Nichtachtung verletzt.[19] Dabei wird jedoch der Geltungswert einer Person nicht tatsächlich, sondern nur hypothetisch gemindert. Damit ist das Vorliegen einer Ehrverletzung auch unabhängig davon, ob dieser hypothetisch geminderte Geltungswert im realen Leben tatsächlich zugrunde gelegt wird. Dennoch ist die *Intensität* der Ehrverletzung davon abhängig, wie groß die Gefahr und die Auswirkungen sind, nach dem hypothetisch geminderten Geltungswert auch behandelt

---

[15] *Muttelsee*, Sicherung des Rechtsfriedens, S. 119; *Schauf*, Entkriminalisierungsdiskussion und Aussöhnungsgedanke, S. 216; *Schacky*, Das Privatklageverfahren, S. 267 ff.; *Rieß*, Die Rechtsstellung des Verletzten im Strafverfahren, Rn. 102 ff.; *Schmitt*, in: Meyer-Goßner/Schmitt, Vor § 374 StPO Rn. 1; *Velten*, in: SK StPO, Vor § 374 StPO Rn. 28 ff.; *Wenske*, in: Löwe-Rosenberg, Vor § 374 StPO Rn. 13 f.; *Schöch*, NStZ 1984, 385 (389); *Grebing*, GA 1984, 1 (10).

[16] *Rechtspflege Strafgerichte*, Fachserie 10 Reihe 2.3, 2021, S. 20, abrufbar unter: https://www.statistischebibliothek.de/mir/servlets/MCRFileNodeServlet/DEHeft_derivate_00070982/2100230217004.pdf (letzter Abruf: 04.03.2025).

[17] *Daimagüler*, in: MüKo StPO, Vorbemerkung zu § 374 StPO Rn. 4.

[18] *Großmann*, GA 2020, 546 (562).

[19] Siehe für alle nachfolgenden Ausführungen zum Ehrbegriff oben § 4 A. I. 3.

zu werden oder sich selbst diesem entsprechend zu verhalten. So mag es häufig der Fall sein, dass sich eine einfache Beleidigung nicht in der Teilhabe des/der Beleidigten am sozialen Leben und der Wahrnehmung des sozialen Umfeldes niederschlägt. Demnach liegt bei einfachen Beleidigungen häufig eine Ehrverletzung von geringer Intensität vor.

Nur weil es jedoch häufig der Fall sein mag, dass die Rechtsgutsverletzung bei einfachen Beleidigungen von geringer Intensität ist, ist das nicht immer der Fall. So kann es auch passieren, dass der/die Betroffene sich bereits nach einer Beleidigung vor fünf Mitschüler:innen von seinem/ihrem sozialen Leben zurückzieht oder dass Dritte den/die Betroffene:n nach dem hypothetischen Geltungswert behandeln. So ist eine erhöhte Intensität der Rechtsgutsverletzung einfacher Beleidigungen insbesondere in Fällen gegeben, in denen Betroffene etwa vor Mitschüler:innen oder Arbeitskolleg:innen beleidigt werden und es demnach mit erhöhter Wahrscheinlichkeit zu einer Anwendung des hypothetisch geminderten Geltungswertes kommt. Gerade für solche Fälle sollte das Strafrecht weiterhin Schutz bieten. Hier bleibt auch zu hoffen, dass ein hinreichendes öffentliches Interesse angenommen wird.

### IV. Zwischenergebnis: Beibehaltung der Kriminalisierung

Daher ist festzuhalten, dass eine Kriminalisierung des Grunddeliktes beizubehalten ist.[20] Ein damit einhergehender Höchststrafrahmen von bis zu vier Jahren erscheint auch nicht unverhältnismäßig. Zwar zeigt die Rechtspraxis, dass ein Großteil der einfachen Beleidigungen wohl auf den Privatklageweg verwiesen wird. Es bleibt aber zu hoffen, dass für diejenigen einfachen Beleidigungen mit einem erhöhten Unrecht ein öffentliches Interesse angenommen wird. Es gibt nämlich auch denkbare Fälle, in denen auch eine einfache Beleidigung zu einer intensiveren, strafwürdigen Ehrverletzung führen kann.

## B. Ausgestaltung strafschärfender Tatbestandsmerkmale

Nachfolgend stellt sich nun die Frage, wie verschiedene, straferhöhende Begehungsformen der Beleidigungen deliktisch auszugestalten sind. Gegenstand dieser Untersuchung bilden zum einen die bislang geltenden Qualifikationsmerkmale des § 185 Hs. 2 StGB. Diese werden daher zunächst vorgestellt und im Anschluss auf ihr Unrecht hin untersucht und in Relation gesetzt, um eine Umgestaltung dieser nachzugehen. Zum anderen erfolgt eine Analyse zur Ausgestaltung des Schutzes

---

[20] So auch Entwurf des Bayerischen Staatsministeriums der Justiz für ein Gesetz gegen Hassrede, S. 1; *Schmidt/Witting*, KriPoZ 2023, 190 (193); anders *Großmann*, GA 2020, 546 (562); *Großmann/Kubiciel*, KriPoZ 2023, 186 (186 f.); gänzlich für eine Abschaffung des Ehrenschutzstrafrechts *Kubiciel/Winter*, ZStW 113 (2001), 305 (305 ff.).

derjenigen Rechtsgüter, die bislang nicht von § 185 Hs. 2 StGB erfasst werden konnten.

Anknüpfungspunkt zur Widerspiegelung der Unrechtshöhe bietet dabei der Strafrahmen selbst, der durch Grundtatbestände, Qualifikationen oder Regelbeispiele unterschiedlich hoch ausgestaltet werden kann. Bevor die unterschiedlichen Begehungsmöglichkeiten einer Beleidigung analysiert werden, ist vorab festzuhalten, dass Tatbestände verschiedener Varianten oder Nummern eines Straftatbestandes wohl fast immer eine Divergenz ihrer Unrechtshöhe aufweisen. Für diese Divergenzen gibt es gerade einen Straf*rahmen*, der keine punktuelle Strafhöhe vorsieht, sondern es ermöglicht, dem Unrecht der einzelnen Qualifikationsmerkmale einerseits und dem Einzelfall andererseits zu entsprechen. Anzumerken ist zudem, dass § 185 Hs. 2 StGB keine Mindeststrafe vorsieht, sondern lediglich den maximalen Strafrahmen erhöht, sodass noch mehr Spielraum der Gerichte besteht. Dennoch sollten diese allgemeinen Umstände weder dazu führen, den Unrechtsgehalt nicht differenziert widerzuspiegeln, noch manchen Qualifikationsvarianten einen unberechtigt hohen Strafrahmen zu ermöglichen.

Für die Würdigung erhöhten Unrechts einer Beleidigung wird nachfolgend, wie es auch schon de lege lata der Fall ist, die tatbestandliche Ausgestaltung der Qualifikation gewählt. Zwar liegt das erhöhte Unrecht der Qualifikationen de lege lata ausschließlich in intensiveren Formen der Ehrverletzungen und demnach in dem Schutz des gleichen Rechtsguts, das auch durch das Grunddelikt des § 185 Hs. 1 StGB unter Strafe steht. Aber auch für den Schutz der hier infragestehenden weiteren Rechtsgüter durch eine Beleidigung soll die Ausgestaltung als Qualifikation gewählt werden. Dabei unterscheidet sich die vorliegende Konstellation von den Fällen der §§ 264, 264a, 265, 265b StGB, bei denen für ähnliches tatbestandliches Verhalten aber für den Schutz unterschiedlicher Rechtsgüter eigenständige Delikte gebildet wurden. Diese Straftatbestände haben gemein, dass sie sehr ausdifferenziert und spezifisch sind. Nur indem die verschiedenen Rechtsgüter durch unterschiedliche Delikte geschützt werden, lässt sich eine hinreichende Übersichtlichkeit und Verständlichkeit gewährleisten. Einer solchen Übersichtlichkeit und Verständlichkeit wird in der vorliegenden Konstellation auch durch die Ausgestaltung als Qualifikation hinreichend Rechnung getragen. Zudem ist der Schutz eines vom Grundtatbestand verschiedenen Rechtsguts in der Qualifikation dem Strafgesetzbuch nicht fremd, wie etwa § 244 Abs. 4 StGB zeigt.

## I. Qualifikationen des § 185 Hs. 2 StGB de lege lata

### 1. Erläuterung der Qualifikationen des § 185 Hs. 2 StGB

Für eine Untersuchung des Unrechtsvergleichs werden zunächst die Qualifikationstatbestände des § 185 Hs. 2 StGB kurz vorgestellt. Diese sind neben Beleidigungen in sozialen Netzwerken andere Konstellationen des Merkmals „öffentlich"

(Alt. 1), „in einer Versammlung" (Alt. 2), „durch Verbreiten eines Inhalts (§ 11 Absatz 3)" (Alt. 3) und „mittels einer Tätlichkeit" (Alt. 4). Im Zuge der Erläuterung dieser Qualifikationstatbestände soll jeweils ein Beispiel gebildet werden. Diese Beispiele dienen dann als Grundlage für den späteren Vergleich des Handlungs- und Erfolgsunrechts.

### a) Weitere Konstellationen von „öffentlich" (Alt. 1)

Neben öffentlich zugänglich gemachten Beleidigungen in sozialen Netzwerken sind noch weitere Beleidigungskonstellationen denkbar, die den Qualifikationstatbestand „öffentlich" erfüllen. Das Merkmal „öffentlich" verlangt, dass die Beleidigung von einem größeren, nach Zahl und Individualität unbestimmten oder durch nähere Beziehung nicht verbundenen Personenkreis unmittelbar wahrgenommen werden kann.[21] Dabei muss der Personenkreis tatsächlich anwesend sein, sodass allein die Bekanntgabe an einem öffentlichen Ort nicht ausreicht.[22] Das nachträgliche Gelangen an die Öffentlichkeit, wenn die Äußerung zuvor gegenüber einem begrenzten Personenkreis erfolgte, genügt nicht,[23] genauso wenig das sukzessive Herumerzählen.[24] Als mögliche öffentliche Beleidigungen kommen sowohl mündliche Äußerungen in Person als auch durch Übertragung im Fernsehen oder Radio sowie schriftliche Zeitungsartikel, Autokleber, Flugblätter oder Plakate in Betracht.[25] Für den nachfolgenden Vergleich soll eine abgedruckte Beleidigung aus einer Kolumne in einer Zeitschrift dienen.

### b) „In einer Versammlung" (Alt. 2)

Die zweite Alternative qualifiziert Beleidigungen, die in einer Versammlung geäußert werden. Während viele Versammlungen auch das Merkmal „öffentlich" erfüllen werden, sind von diesem Qualifikationstatbestand auch geschlossene Veranstaltungen umfasst.[26] Eine Versammlung ist demnach eine räumlich vereinigte

---

[21] *Eisele/Schittenhelm*, in: Schönke/Schröder, § 186 StGB Rn. 19; *Valerius*, in: BeckOK StGB, § 186 StGB Rn. 25; *Hilgendorf*, in: LK, § 186 StGB Rn. 13; *Regge/Pegel*, in: MüKo StGB, § 186 StGB Rn. 34; RG, Urteil v. 10.12.1908, III 745/08, RGSt 42, 112 (113).
[22] RG, Urteil v. 13.11.1905, 185/05, RGSt 38, 207 (208); *Valerius*, in: BeckOK StGB, § 186 StGB Rn. 25; *Eisele/Schittenhelm*, in: Schönke/Schröder, § 186 StGB Rn. 19; *Regge/Pegel*, in: MüKo StGB, § 186 StGB Rn. 34; *Kargl*, in: NK StGB, § 186 StGB Rn. 42; *Hilgendorf*, in: LK, § 186 StGB Rn. 13.
[23] *Eisele/Schittenhelm*, in: Schönke/Schröder, § 186 StGB Rn. 19; *Regge/Pegel*, in: MüKo StGB, § 186 StGB Rn. 34.
[24] *Hilgendorf*, in: LK, § 186 StGB Rn. 13.
[25] *Valerius*, in: BeckOK StGB, § 186 StGB Rn. 26; *Eisele/Schittenhelm*, in: Schönke/Schröder, § 186 StGB Rn. 19; *Regge/Pegel*, in: MüKo StGB, § 186 StGB Rn. 34 f.; *Kargl*, in: NK StGB, § 186 StGB Rn. 43 f.; *Fischer*, StGB, § 186 StGB Rn. 17 f.
[26] *Kargl*, in: NK StGB, § 186 StGB Rn. 45.

Personenmehrheit, deren Zusammentreffen gemeinsamen Zwecken und Zielen dient.[27] Rein zufällige Personenmehrheiten sind somit nicht erfasst.[28] Der Begriff unterscheidet sich nach seinem Telos von dem des verfassungsrechtlichen Versammlungsbegriffs i. S. d. Art. 8 Abs. 1 GG. Anders als bei Art. 8 Abs. 1 GG genügen nicht bereits drei Teilnehmende, da der Zweck des Qualifikationstatbestandes darin besteht, vor Verbreitung zu schützen.[29] Deswegen fordert die Literatur, dass kleine, mit einem Blick überschaubare Personenmehrheiten auszuschließen sind.[30] Für dieses Ergebnis spricht zudem eine systematische Auslegung, da auch die weiteren Alternativen des § 185 Hs. 2 StGB auf eine große Personenmenge abstellen. Eine mündliche Beleidigung im Rahmen einer Rede in einer geschlossenen Veranstaltung vor 20 Personen stellt das Beispiel für den nachfolgenden Unrechtsvergleich dar.

### c) „Durch Verbreiten eines Inhalts" (Alt. 3)

Die dritte Alternative des Qualifikationstatbestandes von § 185 Hs. 2 StGB verweist für den Inhaltsbegriff auf § 11 Abs. 3 StGB. Der Zweck dieser Verweisung in den Allgemeinen Teil besteht darin, einheitlich für alle auf diesen Paragrafen verweisenden Straftatbestände des Besonderen Teils auf Entwicklungen der modernen Informations- und Kommunikationstechnik reagieren zu können.[31] So kam es auch durch das Gesetz zur Modernisierung des Schriftenbegriffs zur Änderung von „Schriften" zu „Inhalt". Anders als noch der Begriff der Schriften stellt der Begriff des Inhalts nun nicht mehr auf das tatsächlich verkörperte Trägermedium ab, sondern, wie es auch der Name sagt, auf den Inhalt.[32] Dadurch sind nun auch solche Inhalte umfasst, die ohne Speicherung übertragen werden, wie etwa durch moderne Kommunikationsdienste.[33] Das Merkmal des Verbreitens umfasst das Zugänglichmachen an einen größeren Personenkreis.[34]

Unter diesen Qualifikationstatbestand fallen daher zum Beispiel das Versenden einer Beleidigung in einer (geschlossenen) WhatsApp-Gruppe oder über einen E-Mail-Verteiler sowie das physische Weitergeben eines Textes oder Bildes mit be-

---

[27] BGH, Urteil v. 22.12.2004, 2 StR 365/04 Rn. 23, NJW 2005, 689 (690); *Kargl*, in: NK StGB, § 186 StGB Rn. 45.
[28] *Fischer*, StGB, § 80a StGB Rn. 4.
[29] *von Heintschel-Heinegg*, in: BeckOK StGB, § 80a StGB Rn. 10 ff.; *Anstötz*, in: MüKo StGB, § 80a StGB Rn. 10.
[30] *Heger*, in: Lackner/Kühl/Heger, § 80a StGB Rn. 3; *von Heintschel-Heinegg*, in: BeckOK StGB, § 80a StGB Rn. 11.2.
[31] *Valerius*, in: BeckOK StGB, § 11 StGB Rn. 64.
[32] *Valerius*, in: BeckOK StGB, § 11 StGB Rn. 65.
[33] RefE Modernisierung des Schriftenbegriffs, S. 2.
[34] *Eisele/Schittenhelm*, in: Schönke/Schröder, § 186 StGB Rn. 20; *Hilgendorf*, in: LK, § 186 StGB Rn. 14; BGH, Urteil v. 03.10.1962, 3 StR 35/62, BGH NJW 1963, 60 (60).

leidigendem Charakter. Für diesen Qualifikationstatbestand soll auf das Beispiel einer Beleidigung innerhalb einer geschlossenen Telegram-Gruppe mit 150 Mitgliedern zurückgegriffen werden.

### d) „Mittels einer Tätlichkeit" (Alt. 4)

Von diesen drei Qualifikationstatbeständen unterscheidet sich die vierte Alternative („mittels einer Tätlichkeit") deutlich. Unter einer Tätlichkeit ist eine körperliche Einwirkung zu verstehen, die ihren beleidigenden Charakter dadurch erhält, dass nach ihrem objektiven Sinn eine besondere Missachtung gegenüber dem Geltungswert des/der Betroffenen ausgedrückt wird.[35] So fällt beispielsweise das Anspucken, das Geben einer Ohrfeige oder das Abschneiden der Haare unter den Straftatbestand.[36] Das Überschreiten der Erheblichkeitsgrenze i. S. d. § 223 Abs. 1 StGB wird nicht gefordert.[37] Dennoch muss es aber zu einem tatsächlichen Körperkontakt kommen, was sich aus dem Wortlaut ergibt und demnach bloß ausgeholte oder fehlgeschlagene körperliche Handlungen nicht ausreichen lässt.[38] In diesen Fällen kann jedoch das Handeln dennoch einen beleidigenden Charakter haben und somit den Grundtatbestand des § 185 Hs. 1 StGB erfüllen, nur eben nicht den des Qualifikationstatbestandes nach § 185 Hs. 2 Alt. 4 StGB, wie es auch bei beleidigendem symbolischem Handeln in Form von Tippen an die Stirn der Fall ist.[39] Als Grundlage für die nachfolgende Erörterung des Unrechts dient eine Ohrfeige.

### 2. Maßstäbe zur Ermittlung der Unrechtshöhe

Damit diese vier soeben kurz dargestellten Qualifikationstatbestände anhand der jeweils gebildeten Beispiele mit einer in einem sozialen Netzwerk öffentlich getätigten Beleidigung verglichen und in Bezug auf ihre Unrechtshöhe in Relation gesetzt werden können, ist zunächst der Begriff des Unrechts allgemein zu bestimmen. Dabei ist man sich heute einig, dass sich das Unrecht aus dem Vorliegen einer tatbestandsmäßigen und rechtswidrigen Tat ergibt – auf das Vorliegen der Schuld

---

[35] BGH, Urteil v. 15.10.1987, 4 StR 420/87 Rn. 4, NJW 1988, 2054 (2054); *Gaede*, in: Matt/Renzikowski, § 185 StGB Rn. 20; *Regge/Pegel*, in: MüKo StGB, § 185 StGB Rn. 48.
[36] *Heger*, in: Lackner/Kühl/Heger, § 185 StGB Rn. 13; *Eisele/Schittenhelm*, in: Schönke/Schröder, § 185 StGB Rn. 18; *Rogall*, in: SK StGB, § 185 StGB Rn. 40.
[37] *Regge/Pegel*, in: MüKo StGB, § 185 StGB Rn. 48.
[38] *Gaede*, in: Matt/Renzikowski, § 185 StGB Rn. 20; *Regge/Pegel*, in: MüKo StGB, § 185 StGB Rn. 48; *Rogall*, in: SK StGB, § 185 StGB Rn. 40; *Hilgendorf*, in: LK, § 185 StGB Rn. 15; a. A. *Eisele/Schittenhelm*, in: Schönke/Schröder, § 185 StGB Rn. 18; *Heger*, in: Lackner/Kühl/Heger, § 185 StGB Rn. 13; *Geppert*, JURA 1983, 580 (588).
[39] *Hilgendorf*, in: LK, § 185 StGB Rn. 15; *Gaede*, in: Matt/Renzikowski, § 185 StGB Rn. 20.

kommt es für die Bestimmung des Unrechts nicht an.[40] Das Unrecht wird in einen Handlungs- und einen Erfolgsunwert aufgeteilt.[41] Die Höhe des Handlungs- und Erfolgsunrechts ist ausschlaggebend dafür, um abstrakt die Legitimation der Strafbarkeit eines Verhaltens (das „Ob") und die Höhe der Strafwürdigkeit (das „Wie hoch") zu bestimmen.

Das Vorliegen des Unrechts ist aber auch an anderer Stelle relevant: Es dient als Bezugspunkt für die Ermittlung der Strafzumessungsschuld.[42] Diese Strafzumessungsschuld erfasst das Maß der Vorwerfbarkeit bei der Verwirklichung des Unrechts.[43] Die Begriffe des Handlungs- und Erfolgsunrechts werden deswegen häufig in diesem Kontext erläutert, beziehen sich jedoch hier auf das Handlungs- und Erfolgsunrecht einer konkret begangenen Tat und nicht auf das des abstrakt normierten Tatbestandes. Der Gesetzgeber hat insbesondere in § 46 Abs. 2 S. 2 StGB Umstände aufgelistet, die für ein höheres oder niedrigeres Unrecht sprechen können, die dann als Grundlage für die Ermittlung der Strafzumessungsschuld dienen.[44] Diese Normierung sowie die entsprechende Literatur dazu enthalten allgemeine Aussagen über die Bestimmung des Handlungs- und Erfolgsunrechts, sodass darauf nachfolgend teilweise zurückgegriffen wird. Dabei folgt jedoch nur ein Rückgriff auf (objektive und subjektive) Kriterien zur Ermittlung des Unrechts der Tatbegehung, da nur diese für die Bestimmung des allgemeinen Unrechts einer abstrakten Begehungsweise relevant sind. Umstände, die die Person des Täters betreffen, wie etwa sein Vorleben oder seine Gesinnung, bleiben außer Betracht, da diese nicht für solch eine allgemeine Unrechtsbestimmung entscheidend sind.

*a) Handlungsunrecht*

Unter dem Handlungsunrecht versteht man die Art und Weise des Handlungsvollzugs während der Tatbegehung.[45] Das Handlungsunrecht lässt sich in zwei Hauptkategorien einteilen: die äußere Komponente, womit die objektiven Um-

---

[40] *Heinrich*, Strafrecht AT, Rn. 93.
[41] *Roxin/Greco*, Strafrecht AT I, § 10 Rn. 88; *Jescheck/Weigend*, Strafrecht AT, S. 238 ff.; *Heinrich*, Strafrecht AT, Rn. 153; *Hohn*, JuS 2008, 494 (494); *Kühl*, Strafrecht AT, § 3 Rn. 4; *Ebert/Kühl*, JURA 1981, 225 (231); *Gallas*, in: FS Boeckelmann, S. 155 (163); *Graul*, JuS 1995, L41; statt vieler siehe BGH, Beschluss v. 02.02.1988, 1 StR 15/88 Rn. 3, JZ 1988 367 (367).
[42] *Maier*, in: MüKo StGB, § 46 StGB Rn. 31 ff.; *Kinzig*, in: Schönke/Schröder, § 46 StGB Rn. 4; *Heger*, in: Lackner/Kühl/Heger, § 46 StGB Rn. 23; *Schäfer/Sander/Gemmeren*, in: Praxis der Strafzumessung, Rn. 576 ff.
[43] *Schäfer/Sander/Gemmeren*, in: Praxis der Strafzumessung, Rn. 575; ähnlich *Kinzig*, in: Schönke/Schröder, § 46 StGB Rn. 9a.
[44] Für eine übersichtliche Einordnung der Merkmale des § 46 Abs. 2 S. 2 StGB in die Kategorien des Handlungs- und Erfolgsunrechts siehe *Schäfer/Sander/Gemmeren*, in: Praxis der Strafzumessung, Rn. 586.
[45] *Heinrich*, Strafrecht AT, Rn. 155; *Jescheck/Weigend*, Strafrecht AT, S. 240; *Ebert/Kühl*, JURA 1981, 225 (231).

B. Ausgestaltung strafschärfender Tatbestandsmerkmale    229

stände der Handlung selbst gemeint sind, und die personale Komponente, die unter anderem subjektive Elemente wie den Vorsatz und die Absicht umfasst.[46]

### aa) Äußere Komponente

Zu den objektiven Umständen der Tat, was § 46 Abs. 2 S. 2 StGB als „Art der Ausführung" bezeichnet, gehört alles, was die Tat über die bloße Erfüllung des Tatbestandes hinaus im Übrigen begleitet oder sonst prägt.[47] Dazu zählen die eingesetzten Mittel, die Art des Vorgehens (beispielsweise besondere Brutalität[48] oder planmäßiges Verhindern des Erkanntwerdens[49]), die Tatdauer[50] sowie der Ort.[51] Der Gesetzgeber hat beispielsweise einen höheren Strafrahmen für Handlungen mit bestimmten Gegenständen vorgesehen (§ 250 Abs. 1 Nr. 1 lit. a), b) StGB oder § 224 Abs. 1 Nr. 2 StGB). Aber auch das Maß der Pflichtwidrigkeit stellt einen äußeren Umstand dar, insbesondere zur Bestimmung der Fahrlässigkeit. Es kann entscheidend sein, inwieweit und wie gravierend von der erwarteten Sorgfaltspflicht abgewichen wurde und inwiefern diese objektiv vorhersehbar war.[52]

### bb) Personale Komponente

Besondere subjektive Elemente als Teile der personalen Komponente sind beispielsweise notwendig, damit gewisses Handeln überhaupt strafbar ist (zum Beispiel Notwendigkeit der Absicht in §§ 263 und 242 StGB). Liegt kein Vorsatz vor, so sind manche Delikte nach Entscheidung des Gesetzgebers entweder gar nicht strafbar (§ 303 Abs. 1 StGB) oder nur mit verringertem Strafrahmen (§ 229 StGB im Vergleich zu § 223 Abs. 1 StGB).[53]

---

[46] Siehe *Ebert/Kühl*, JURA 1981, 225 (233) für eine übersichtliche Darstellung hierzu.
[47] BGH, Urteil v. 14.08.1990, 1 StR 62/90 Rn. 8, NJW 1991 185 (185); dem folgend *Kinzig*, in: Schönke/Schröder, § 46 StGB Rn. 18; *Maier*, in: MüKo StGB, § 46 StGB Rn. 236; *von Heintschel-Heinegg*, in: BeckOK StGB, § 46 StGB Rn. 42; *Stadler*, Die Lebensleistung des Täters als Strafzumessungserwägung, S. 219.
[48] OLG Düsseldorf, 30.06.2015 v. 30.06.2015, III-3 RVs 18/15, 3 RVs 18/15 Rn. 28, BeckRS 2015, 14406.
[49] BGH, Urteil v. 05.11.1997, 5 StR 504/97 Rn. 8, NStZ 1998, 188 (188).
[50] BGH, Urteil v. 06.11.1985, 2 StR 523/85 Rn. 15, NJW 1986, 597 (598), wonach ein ungewöhnlich kurzer Zeitraum zur Strafmilderung führen kann.
[51] *Schäfer/Sander/van Gemmeren*, in: Praxis der Strafzumessung, Rn. 631; *Bußmann*, in: Matt/Renzikowski, § 46 StGB Rn. 17; *Fischer*, StGB, § 46 StGB Rn. 32; *Schneider*, in: LK, § 46 StGB Rn. 110 f.; *Stadler*, Die Lebensleistung des Täters als Strafzumessungserwägung, S. 218 f.
[52] *Schneider*, in: LK, § 46 StGB Rn. 101 ff.; *Kinzig*, in: Schönke/Schröder, § 46 StGB Rn. 17; *Fischer*, StGB, § 46 StGB Rn. 31; *Stadler*, Die Lebensleistung des Täters als Strafzumessungserwägung, S. 220, auf die Bestimmung der individuellen Pflichtverletzung ist jedoch vorliegend nicht einzugehen, da das Teil der Schuld ist.
[53] *Eisele*, in: Schönke/Schröder, Vorbemerkungen zu den §§ 13 ff. StGB Rn. 55.

Zu den subjektiven Elementen i. S. v. § 46 Abs. 2 S. 2 StGB gehören unter anderem die Beweggründe, Ziele, Gesinnung und der bei der Tat aufgewendete Wille. Während die Beweggründe, Ziele und Gesinnung auf die subjektive Ebene der Entschlussphase abstellen, erfasst der bei der Tat aufgewendete Wille die subjektive Ebene im Ausführungsstadium.[54] Der bei der Tat aufgewendete Wille wird dabei häufig auch als „kriminelle Energie" bezeichnet.[55] Die kriminelle Energie ist beispielsweise höher, wenn der Täter nicht lediglich spontan handelt, etwa durch Ausnutzen einer günstigen Gelegenheit, sondern wenn er die Tat plant und vorbereitet.[56] Je mehr Hindernisse überwunden werden müssen, je größer die Schwierigkeit der Verwirklichung ist oder je mehr Tatanläufe der Täter überwinden musste, desto höher ist die kriminelle Energie.[57] Eine niedrige kriminelle Energie lässt sich hingegen dann feststellen, wenn dem Täter die Tatausführung leicht gemacht worden ist und er keine besondere Willensstärke aufbringen musste, um die Tat zu begehen.[58] Dieses subjektive Element kann zwar auch für eine konkrete Einzeltat unterschiedlich hoch ausfallen, jedoch lässt sich schon für bestimmte Begehungsweisen eine unterschiedlich hohe kriminelle Energie abstrakt ermitteln. Damit wird dieses Element für die hier in Frage stehende Bestimmung des allgemeinen Handlungsunrechts der unterschiedlichen Qualifikationstatbestände von Bedeutung sein.

*b) Erfolgsunrecht*

Das Erfolgsunrecht bezieht sich auf die Herbeiführung eines rechtlich missbilligten verwirklichten äußeren Zustandes,[59] also das „Nicht-sein-sollen".[60] Der Erfolg liegt dabei nicht ausschließlich in der Verletzung oder konkreten Gefährdung des geschützten Handlungsobjektes als Erfolg im engeren Sinne,[61] sondern im untechnischen Sinne in der Herbeiführung eines wertwidrigen äußeren Sachverhalts.[62] Die Höhe des Erfolgsunrechts lässt sich dabei je nach Art und Umfang der Beeinträchtigung der betroffenen Rechtsgüter nach Quantität und Qualität be-

---

[54] *Brögelmann*, JuS 2002, 903 (908).
[55] *von Heintschel-Heinegg*, in: BeckOK StGB, § 46 StGB Rn. 40.
[56] *Schäfer/Sander/van Gemmeren*, in: Praxis der Strafzumessung, Rn. 619; *Brögelmann*, JuS 2002, 903 (908); BGH, Urteil v. 19.05.1982, 1 StR 77/82 Rn. 38, NJW 1982, 2264 (2265).
[57] *Brögelmann*, JuS 2002, 903 (908); *von Heintschel-Heinegg*, in: BeckOK StGB, § 46 StGB Rn. 40; *Kinzig*, in: Schönke/Schröder, § 46 StGB Rn. 16; *Stadler*, Die Lebensleistung des Täters als Strafzumessungserwägung, S. 231.
[58] *Kinzig*, in: Schönke/Schröder, § 46 StGB Rn. 16.
[59] *Roxin/Greco*, Strafrecht AT I, § 10 Rn. 88.
[60] *Eisele*, in: Schönke/Schröder, Vorbemerkungen zu den §§ 13 ff. StGB Rn. 57.
[61] Ausschließlich hierfür *Jescheck/Weigend*, Strafrecht AT, S. 240.
[62] *Eisele*, in: Schönke/Schröder, Vorbemerkungen zu den §§ 13 ff. StGB Rn. 57; *Rudolphi*, in: FS Maurach, S. 51 (56); *Lampe*, Das personale Unrecht, S. 100.

stimmen,⁶³ so beispielsweise konkret durch die Anzahl der betroffenen Personen oder die Höhe des Wertes der Vermögenseinbuße.⁶⁴

Der Gesetzgeber hat entschieden, dass ein fehlendes Erfolgsunrecht, wie im Falle des Versuches nach § 23 Abs. 2 StGB, zu einer Strafmilderung führen kann, das unmögliche Herbeiführen eines Erfolgsunrechts nach § 23 Abs. 3 StGB zur Möglichkeit des Absehens von Strafe.⁶⁵ Besonders im Bereich der Fahrlässigkeitsdelikte ist das Vorliegen eines Erfolges ausschlaggebend, um die Handlung unter Strafe zu stellen.⁶⁶ Auch lässt sich feststellen, dass der Gesetzgeber bei Hinzukommen der Verletzung bedeutender Rechtsgüter von einem höheren Strafrahmen ausgeht (zum Beispiel von dem des § 223 Abs. 1 StGB zu § 227 Abs. 1 StGB). Aber auch die intensivere oder mehrfache Verletzung kann den Strafrahmen erhöhen (zum Beispiel § 263 Abs. 3 Nr. 2 StGB).

### 3. Analyse des Unrechts der Qualifikationstatbestände des § 185 Hs. 2 StGB

Anhand dieser Informationen sollen die vier Qualifikationstatbestände des § 185 Hs. 2 StGB nun auf ihre Unrechtshöhe untersucht werden. Dabei dienen die zuvor gebildeten Beispiele⁶⁷ der Qualifikationstatbestände jeweils als Untersuchungsgegenstand, wobei für alle gebildeten Beispiele von dem gleichen Inhalt der Beleidigung auszugehen ist.

*a) Handlungsunrecht*

Alle zu vergleichenden Beleidigungen wurden vorsätzlich begangen – anders wäre es für eine strafbare Beleidigung i. S. d. § 185 Hs. 2 StGB gar nicht möglich. Insofern besteht mit Blick auf das Handlungsunrecht schon mal eine große Vergleichbarkeit.

Unterschiedliches Handlungsunrecht haben die vier verschiedenen Beispiele der Beleidigungen jedoch in Bezug auf ihre kriminelle Energie. Wie zuvor beschrieben, ist diese nämlich maßgebend davon abhängig, wie spontan die Tat war oder wie viele Hindernisse überwunden werden mussten. Das Posten einer Beleidigung in sozialen Netzwerken, die der Öffentlichkeit zugänglich ist, ist technisch

---

⁶³ *Eisele*, in: Schönke/Schröder, Vorbemerkungen zu den §§ 13 ff. StGB Rn. 57; *Schäfer/Sander/van Gemmeren*, in: Praxis der Strafzumessung, Rn. 588.
⁶⁴ *Bußmann*, in: Matt/Renzikowski, § 46 StGB Rn. 18; *Schäfer/Sander/van Gemmeren*, in: Praxis der Strafzumessung, Rn. 588; *Maier*, in: MüKo StGB, § 46 StGB Rn. 246.
⁶⁵ *Hohn*, JuS 2008, 494 (495).
⁶⁶ *Eisele*, in: Schönke/Schröder, Vorbemerkungen zu den §§ 13 ff. StGB Rn. 58.
⁶⁷ Die Beispiele wurden oben für die jeweiligen Tatbestandsmerkmale gebildet. Siehe dazu § 7 B. I. 1.

anspruchslos und kann jederzeit und von einem vertrauten Umfeld aus veröffentlicht werden, gegebenenfalls auch unter Schutz der Anonymität und ohne soziale Kontrolle.[68] Beleidigungen in sozialen Netzwerken erfolgen demnach im Sinne der schnelllebigen Kommunikationsform häufig spontan und damit mit weniger Reflektion und Zurückhaltung der sich Äußernden.[69] Daher ist das Handlungsunrecht für öffentlich zugängliche Beleidigungen in sozialen Netzwerken i.S.d. § 185 Hs. 2 Alt. 1 StGB als eher gering einzustufen.[70]

Bei einer Beleidigung, die i.S.v. § 185 Hs. 2 Alt. 1 StGB in der Kolumne einer Zeitschrift veröffentlicht wurde, sieht es hingegen anders aus. Diese hat vermutlich einen relativ langen Schreibprozess durchgemacht, wurde von dem/der Autor:in mehrfach Korrektur gelesen und schließlich, nachdem der/die Autor:in mit dem Text, der auch die Beleidigung enthielt, zufrieden war, bewusst veröffentlicht. Da bei schriftlichen Texten, die für eine Veröffentlichung oder einen Druck beabsichtigt sind, davon auszugehen ist, dass diese daher von dem Täter geplant und vorbereitet werden, kann bei ihnen grundsätzlich mehr Reflektion und Zurückhaltung erwartet werden.[71] In diesen Fällen zeigt der Täter einen erhöhten Willen, die Beleidigung zum Ausdruck zu bringen. Das Verbreiten der Beleidigung durch eine Kolumne in einer Zeitschrift nach § 185 Hs. 2 Alt. 1 StGB weist somit ein hohes Handlungsunrecht auf.

Eine Beleidigung, die auf einer geschlossenen Versammlung i.S.d. § 185 Hs. 2 Alt. 2 StGB stattgefunden hat, wird mündlich geäußert. Einerseits lässt sich dabei feststellen, dass mündliche Äußerungen durch einen Redefluss eher spontan erfolgen. Andererseits wird eine Versammlung im Voraus organisiert und Menschen, die auf einer solchen Veranstaltung eine Rede halten, werden in der Regel auch vorher überlegen, was diese zum Inhalt haben soll. Insofern ist zwar nicht der gleiche Umfang an Planung und die gleiche Höhe an krimineller Energie nachzuweisen wie bei einer durchdachten schriftlichen Veröffentlichung, dennoch aber mehr als bei einer spontanen mündlichen Äußerung.

Wird eine Beleidigung in eine geschlossene Telegram-Gruppe gesendet, so ergeben sich viele Gemeinsamkeiten zu einer öffentlich in sozialen Netzwerken geposteten Beleidigung. Auch hier wird die Beleidigung nicht geplant, sondern erfolgt spontan und aus dem Affekt heraus. Sie kann hier ebenfalls von überall und somit auch aus einem vertrauten Umfeld heraus verfasst und abgeschickt werden, ohne technische Voraussetzungen überwinden zu müssen oder sozialer Kontrolle

---

[68] *Krischker*, JA 2013, 488 (489); *Nussbaum*, KriPoZ 2021, 215 (215f.); *Reinbacher*, NK 2020, 186 (190f.); *Hilgendorf*, ZIS 2010, 208 (213); *Preuß*, KriPoZ 2019, 97 (100); *Nussbaum*, KriPoZ 2021, 215 (221); *Reum*, Cybermobbing, S. 239.
[69] A.A. *Carathanassis*, DSRITB 2023, 681 (689), die davon ausgeht, Beiträge würden mit längerem Vorbedacht gepostet werden.
[70] *Nussbaum*, KriPoZ 2021, 215 (221); *Reum*, Cybermobbing, S. 241; a.A. *Großmann*, GA 2020, 546 (552), der wohl bereits kein geringeres Handlungsunrecht annehmen möchte.
[71] BVerfG, Beschluss v. 19.05.2020, 1 BvR 2397/19 Rn. 33, NJW 2020, 2622 (2626f.).

zu unterliegen. Daher ist das Handlungsunrecht für die gebildete Konstellation des § 185 Hs. 2 Alt. 3 StGB als eher gering einzuordnen.

Eine Ohrfeige, als Beispiel für eine Beleidigung mittels einer Tätlichkeit i. S. d. § 185 Hs. 2 Alt. 4 StGB, erfolgt nicht durch einen geschriebenen Text oder durch eine mündliche Äußerung, sondern durch eine körperliche Bewegung mit tatsächlichem Körperkontakt. Es ist davon auszugehen, dass die Handlung in den meisten Fällen spontan und aus den Emotionen heraus erfolgt und nicht geplant ist, was für ein eher niedriges Handlungsunrecht sprechen würde. Andererseits kostet es mehr kriminelle Energie, eine Beleidigung nicht nur mündlich auszudrücken, sondern durch Körperlichkeit.

In Relation gesetzt weist das Beispiel der Beleidigung in einer Kolumne einer Zeitschrift in schriftlicher Form, die Korrektur gelesen und formal veröffentlicht wird, den höchsten Handlungsunrechtsgehalt auf (§ 185 Hs. 2 Alt. 1 StGB). Dahinter folgen die Beleidigung in einer geplanten mündlichen Rede auf einer Versammlung (§ 185 Hs. 2 Alt. 2 StGB) und die Ohrfeige als Tätlichkeit (§ 185 Hs. 2 Alt. 4 StGB). Einen niedrigen Handlungsunrechtsgehalt weisen öffentlich zugängliche Beleidigungen in sozialen Netzwerken (§ 185 Hs. 2 Alt. 1 StGB) sowie Beleidigungen in einer geschlossenen Telegram-Gruppe (§ 185 Hs. 2 Alt. 3 StGB) auf.

*b) Erfolgsunrecht*

Im Rahmen der Ermittlung des Erfolgsunrechts lässt sich zunächst feststellen, dass alle Beleidigungen der Qualifikationsvarianten das gleiche Rechtsgut der Ehre betreffen. Wie sich jedoch gleich zeigen wird, wird die Ehre unterschiedlich intensiv betroffen.

Auswirkungen auf das Erfolgsunrecht hat zudem, ob darüber hinaus noch weitere Rechtsgüter betroffen werden. Während das bei öffentlich zugänglichen Beleidigungen in sozialen Netzwerken durch die zurechenbar betroffenen Rechtsgüter der Ehre (im Schutz vor weiteren Ehrverletzungen des/der Betroffenen) sowie der Meinungsfreiheit Dritter der Fall ist, wie im Laufe der Arbeit analysiert,[72] lassen sich durch die anderen Beleidigungen der Qualifikationstatbestände keine Betroffenheiten möglicher weiterer Rechtsgüter feststellen. Dieser Umstand trägt daher bereits zu einer deutlichen Erhöhung des Erfolgsunrechts von öffentlich zugänglichen Beleidigungen in sozialen Netzwerken bei. Öffentlich zugängliche Beleidigungen in sozialen Netzwerken können außerdem zu einer intensiveren Ehrverletzung[73] dadurch führen, dass unzählig viele Personen die Beleidigung sehen können, unabhängig von räumlichen oder zeitlichen Grenzen sowie von tatsächlichen Gegebenheiten wie Lautstärke. Verstärkt wird dieser Effekt zum einen

---

[72] Siehe dazu oben ausführlich § 6 E.
[73] Siehe dazu bereits ausführlich oben § 4 A. II. 2.

durch die zur Verbreitung polarisierender Beiträge programmierten Algorithmen sowie dadurch, dass die Beleidigung gelikt und geteilt werden kann und somit auch die befreundeten Nutzer:innen der Likenden und Teilenden die Beleidigung lesen können. Insbesondere durch die Möglichkeit von Screenshots ist auch eine Löschung oder ein Widerruf der Beleidigung, sei es durch den Täter oder durch das soziale Netzwerk selbst, nicht gewinnbringend[74] – rein praktisch kann eine Beleidigung in sozialen Netzwerken kaum beseitigt werden. Demnach liegt ein sehr hohes Erfolgsunrecht vor.

Geringer fällt das Erfolgsunrecht für eine Beleidigung in einer Kolumne einer Zeitschrift i. S. d. § 185 Hs. 2 Alt. 1 StGB aus. Zwar wird auch eine solche von mehreren Personen gelesen, weshalb auch hier von einer möglichen intensiveren Ehrverletzung auszugehen ist. Zudem ist die Beleidigung durch die Zeitschrift physisch verkörpert und kann damit zu späteren Zeitpunkten gelesen und auch Dritten weitergegeben werden. Allerdings sind der Weiterverbreitung durch die Gebundenheit an die physisch verkörperte Zeitschrift praktische Grenzen gesetzt.[75]

Wenn auch eine auf einer Versammlung geäußerte Beleidigung i. S. d. § 185 Hs. 2 Alt. 2 StGB von mehreren Menschen gehört werden kann und damit eine mögliche intensivere Ehrverletzung vorliegt, so ist auch diese tatsächlichen Grenzen ausgesetzt. Eine mündliche Äußerung ist nämlich flüchtig und kann nur in dem Moment der Äußerung gehört werden. Zudem ist deren Kenntnisnahme begrenzt durch die Lautstärke des/der Redenden sowie durch die Größe des Raums beziehungsweise der Örtlichkeit. Dadurch liegt ein deutlich niedrigeres Erfolgsunrecht vor als in den beiden soeben erörterten Fällen. Dieser Qualifikationshandlung ist ein eher niedrigeres Erfolgsunrecht beizumessen.

Beleidigungen in einer geschlossenen Telegram-Gruppe sind einerseits örtlich und zeitlich unabhängig abrufbar. Zudem kann die Beleidigung leicht, auch über Screenshots, geteilt werden. Andererseits ist die Anzahl an Menschen, die die Beleidigung zur Kenntnis nehmen, zunächst auf die Mitglieder der geschlossenen Gruppe beschränkt. Unbegrenzte Kenntnisnahme und damit mit dem Unrecht einer öffentlich zugänglichen Beleidigung in sozialen Netzwerken gleichzusetzen wäre hingegen eine öffentliche Gruppe. Eine Löschung ist wie auch bei öffentlich zugänglichen Beleidigungen in sozialen Netzwerken nur wenig erfolgversprechend. Damit ist für das Beispiel nach § 185 Hs. 2 Alt. 3 StGB ein hohes Erfolgsunrecht auszumachen.

Eine Beleidigung mittels einer Tätlichkeit i. S. d. § 185 Hs. 2 Alt. 4 StGB weist hingegen ein niedriges Erfolgsunrecht auf. Durch eine Ohrfeige wird der Ausdruck der Miss- oder Nichtachtung zwar tatsächlich sichtbar und ist nicht nur

---

[74] *Doerbeck*, JR 2021, 54 (57).
[75] Gleiches würde gelten, wenn die Beleidigung online in einer Zeitschrift erscheinen würde, die jedoch eines Abonnements bedarf. Anders wäre es hingegen, wenn die Zeitschrift online frei zugänglich ist. Dann lägen die gleichen, das Erfolgsunrecht erhöhenden, Umstände vor.

auditiv wahrnehmbar. Diese kann aber auch nur im Zweipersonenverhältnis erfolgen und damit der Öffentlichkeit entzogen sein. Der Erfolg ist ausschließlich auf den Moment der Tätlichkeit begrenzt. Zwar ist es möglich, dass durch die tätliche Handlung auch noch die körperliche Unversehrtheit des/der von der Beleidigung Adressierten betroffen wird, Voraussetzung ist das jedoch nicht. Insofern liegt ein eher niedriges Erfolgsunrecht vor.

Insgesamt befindet sich das Erfolgsunrecht von öffentlich zugänglichen Beleidigungen in sozialen Netzwerken mit Abstand auf höchster Stufe, sowohl aufgrund der Betroffenheit weiterer Rechtsgüter als auch aufgrund der möglichen sehr intensiven Ehrverletzung. Gefolgt wird diese Konstellation von einer Beleidigung in einer Kolumne (beide als Beleidigung i. S. d. § 185 Hs. 2 Alt. 1 StGB einzuordnen) sowie von einer Beleidigung in einer geschlossenen Chatgruppe i. S. d. § 185 Hs. 2 Alt. 3 StGB. Ein geringes Erfolgsunrecht weisen eine Beleidigung in einer Versammlung nach § 185 Hs. 2 Alt. 2 StGB sowie eine Ohrfeige als Beleidigung mittels einer Tätlichkeit nach § 185 Hs. 2 Alt. 4 StGB auf.

### c) Gesamtwürdigung

Es fragt sich nun, ob und inwiefern das Unrecht der verschiedenen Qualifikationen insgesamt eingeordnet werden kann. Vorab ist dabei festzustellen, dass einerseits die gewählten Beispiele einen bedeutenden Einfluss auf die Unrechtshöhe haben. Allein die leichteste Abwandlung der Konstellationen, beispielsweise von einer geschlossenen zu einer offenen Chatgruppe oder von einer gedruckten Kolumne zu einer im Internet frei zugänglichen Kolumne, hat maßgebende Auswirkungen auf die Unrechtshöhe. Diesem Umstand soll daher im späteren Verlauf der Arbeit Rechnung getragen werden, indem die spezifischen Gemeinsamkeiten eines hohen Unrechts eingegrenzt werden sollen.[76]

Relativ eindeutig fällt das Urteil über die Unrechtshöhe einer Beleidigung mittels einer Tätlichkeit i. S. d. § 185 Hs. 2 Alt. 4 StGB aus. Hier ist von einem niedrigen Erfolgsunrecht und einem nur mittleren Handlungsunrecht auszugehen. Die anderen drei Beleidigungsqualifikationen erscheinen dabei deutlich schwieriger einzuordnen, da Handlungs- und Erfolgsunrecht unterschiedlich hoch ausfallen. Es lässt sich nicht behaupten, das hohe Erfolgsunrecht und das vergleichsweise niedrigere Handlungsunrecht einer öffentlich zugänglichen Beleidigung in sozialen Netzwerken stünden dem niedrigeren Erfolgsunrecht und dem höheren Handlungsunrecht einer Beleidigung auf einer geschlossenen Versammlung gleich und hätten somit den insgesamt gleichen Unrechtsgehalt. Auch gibt es keine pauschale Antwort auf die Frage, ob das Handlungs- oder Erfolgsunrecht „gewichtiger" ist. Es lassen sich lediglich Relationen benennen, etwa dass das Erfolgsunrecht einer öffentlich zugänglichen Beleidigung in sozialen Netzwerken vergleichsweise deut-

---

[76] Siehe dazu unten § 7 B. II.

lich höher ist, während das Handlungsunrecht einer Rede auf einer geschlossenen Versammlung nur leicht höher ist.

Dennoch lässt sich festhalten, dass auch im Bereich des Handlungsunrechts der Bezug zum Erfolgsunrecht nicht vernachlässigt werden kann: Wenn auch der Täter keine hohe Hemmschwelle zur Tatbegehung überwinden muss, so darf nicht übersehen werden, dass diese Handlung dennoch bewusst und im Wissen um die Folgen passiert. Bei Erfolgsdelikten, wie es bei § 185 Hs. 2 StGB der Fall ist, bezieht sich der Handlungsunwert nämlich auf den Erfolgsunwert.[77] Denn der Eintritt des Erfolges ist „geradezu notwendige[s] Kernstück des Unrechts".[78] Durch diesen Ansatz lässt sich auch die Unrechtshöhe von öffentlich zugänglichen Beleidigungen in sozialen Netzwerken ermitteln, da bei solchen eine große Spannbreite von einem sehr niedrigen Handlungsunrecht und einem sehr hohen Erfolgsunrecht gegeben ist. Großmann weist zutreffend darauf hin, dass sich die Gefährlichkeit von öffentlich zugänglichen Beleidigungen in sozialen Netzwerken dabei gerade aus der Kombination der Einfachheit der Realisierung und der schwerwiegenden Folgen für Betroffene ergibt.[79] Gerade weil die Vornahme einer Beleidigung in sozialen Netzwerken so technisch anspruchslos ist und mental keine große Hemmschwelle überwunden werden muss, kommt es auch zu einer so großen Zahl an Beleidigungen. Diese hohe Zahl an Beleidigungen führt dann wiederum zu der Betroffenheit weiterer Rechtsgüter: Weitere Ehrverletzungen an dem/der Betroffenen durch Vervielfältigungshandlungen sowie ein Zurückziehen aus dem Diskurs und damit eine Einschränkung der eigenen Meinungsfreiheit. Es wäre „geradezu paradox, die größtmögliche Bloßstellung einer Person nur deshalb nicht qualifiziert ahnden zu können, weil sie allein durch eine einfache, niedrigschwellige Handlung zu verwirklichen ist".[80] Daher weisen öffentlich zugängliche Beleidigungen in sozialen Netzwerken aufgrund des sehr hohen Erfolgsunrechts insgesamt ein sehr hohes Unrecht auf.

Aufgrund dieser Argumentation ist für das gebildete Beispiel einer Beleidigung in einer geschlossenen Chatgruppe i. S. d. § 185 Hs. 2 Alt. 3 StGB von einem hohen Unrecht auszugehen, wenn auch nicht von einem gleich hohen Unrecht wie durch das öffentliche Zugänglichmachen auf einem sozialen Netzwerk. Auch hier ist so zu argumentieren, dass die niedrigschwellige Begehungsmöglichkeit die Herbeiführung eines hohen Erfolgsunrechts nicht „ausgleicht" und demnach insgesamt von einem hohen Unrecht auszugehen ist. Bei einer Beleidigung in einer Kolumne i. S. d. § 185 Hs. 2 Alt. 1 StGB ist nach der soeben vorgenommenen Würdigung ebenfalls von einem insgesamt hohen Unrecht auszugehen. Das ergibt sich in diesem Fall jedoch aus einem erhöhten Handlungs- sowie einem erhöhten Erfolgs-

---

[77] *Renzikowski*, in: Matt/Renzikowski, Vorbemerkung zu § 13 StGB Rn. 17.
[78] *Roxin/Greco*, Strafrecht AT I, § 10 Rn. 98; dem folgend *Duttge*, in: MüKo StGB, § 15 StGB Rn. 94.
[79] *Großmann*, GA 2020, 546 (552); zustimmend *Bulut*, Strafbarkeit der Hassrede, S. 385 f.
[80] *Großmann*, GA 2020, 546 (552).

unrecht. Das Gesamtunrecht für eine Beleidigung auf einer Versammlung i. S. d. § 185 Hs. 2 Alt. 2 StGB ist insgesamt eher niedrig, da hier sowohl Handlungs- als auch Erfolgsunrecht niedrig sind. Das niedrigste Unrecht weist eine Beleidigung mittels einer Tätlichkeit i. S. d. § 185 Hs. 2 Alt. 4 StGB auf.

## II. Umgestaltung der bisherigen Qualifikationstatbestände des § 185 Hs. 2 StGB

Nach dieser soeben vorgenommenen Unrechtswürdigung erscheint es nicht gerecht, alle vier Qualifikationsmerkmale einheitlich in einem Strafrahmen einzustufen. Daher ist nachfolgend zu erörtern, wie eine Ausgestaltung de lege ferenda aussehen könnte.

Beleidigungen mittels einer Tätlichkeit sind zu entkriminalisieren.[81] Einen Strafrahmen für diese Qualifikationshandlung von bis zu zwei Jahren fordern hingegen weiterhin Großmann und Kubiciel mit Verweis auf die Betroffenheit des besonders schutzwürdigen Interesses der körperlichen Integrität.[82] Zwar stellt die körperliche Integrität zutreffend ein besonders schutzwürdiges Rechtsgut dar, jedoch ist nach dem herrschenden Verständnis der Tätlichkeit gerade kein Erreichen der Schwelle nach § 223 Abs. 1 StGB für deren Bejahung erforderlich.[83] Um jedoch gerade nicht auch Bagatelltätlichkeiten zu erfassen, sollte für die Erheblichkeit eines Angriffs auf die körperliche Integrität die Schwelle des § 223 Abs. 1 StGB berücksichtigt werden, so etwa bei Ohrfeigen. Für diese Fälle kann aber dann direkt auf § 223 Abs. 1 StGB verwiesen werden, der das Unrecht bereits hinreichend erfasst und eine unerwünschte Doppelung innerhalb der Straftatbestände vermeidet.

Anders sieht es für Beleidigungen aus, die öffentlich begangen werden oder durch Verbreitung von Schriften i. S. d. § 11 Abs. 3 StGB. Diese sollen aufgrund ihres herausgearbeiteten höheren Unrechts erhöht strafbar bleiben. Diese beiden Äußerungsformen haben gemeinsam, dass unzählig viele Personen von der Beleidigung erfahren können und dann die Ehrverletzung für den/die Betroffene:n intensiver ist. Es ist jedoch, anders als bei der analysierten öffentlich zugänglichen Beleidigung in sozialen Netzwerken, nicht in jedem Fall gegeben, dass Dritte diese Beleidigung selbst leicht weiterverbreiten können und es zu sich anschließenden, weiteren Ehrverletzungen an dem/der Adressierten kommt. Auch ist das verwendete Medium sehr stark dafür maßgebend, ob Dritte sich dadurch eingeschüchtert fühlen und sich daraufhin selbst in ihrer Meinungsfreiheit einschränken. Für diese beiden Varianten ist daher ein Strafrahmen von bis zu zwei Jahren vorzusehen.

---

[81] A.A *Schmidt/Witting*, KriPoZ 2023, 190 (193); *Großmann/Kubiciel*, KriPoZ 2023, 186 (187); Entwurf des Bayerischen Staatsministeriums der Justiz für ein Gesetz gegen Hassrede, S. 27.
[82] *Großmann*, GA 2020, 546 (562); *Großmann/Kubiciel*, KriPoZ 2023, 186 (188).
[83] *Regge/Pegel*, in: MüKo StGB, § 185 StGB Rn. 48.

Nicht so eindeutig erscheint der Umgang mit Beleidigungen auf Versammlungen i. S. d. § 185 Hs. 2 Alt. 2 StGB, bei denen eine mittlere Unrechtshöhe gegeben ist. Wenn die Versammlung sehr groß und uneingeschränkt zugänglich ist, so kann eine auf einer Versammlung getätigte Beleidigung ebenfalls von einem nicht näher bestimmten Personenkreis wahrgenommen werden und erfüllt somit das Merkmal der Öffentlichkeit. Solche wären somit ohnehin schon von diesem Tatbestandsmerkmal erfasst. Fraglich ist jedoch, ob auch eine Beleidigung, die auf einer geschlossenen Veranstaltung geäußert wird, die lediglich aus einer geringen Anzahl an Leuten und damit potenziellen Kenntnisnehmenden besteht, erhöht strafbar sein sollte. Es wäre wohl kaum zu rechtfertigen, weshalb eine Beleidigung vor zwölf Zuhörenden beispielsweise in einer Vereinssitzung des örtlichen Turnvereins erhöht strafbar sein sollte, nicht jedoch eine Beleidigung vor zwölf Mitschüler:innen, bei denen keine Versammlung gegeben ist. Es lässt sich kein sachlicher Grund finden, weshalb Beleidigungen vor Menschen, die sich zu einem bestimmten Zweck versammelt haben, erhöht strafwürdig sein sollten und Beleidigungen vor Menschen, die sich rein zufällig getroffen haben, nicht. Beleidigungen auf einer Versammlung sollen daher nicht gesondert unter Strafe gestellt werden.

Folglich wird vorgeschlagen, ausschließlich die Merkmale „öffentlich" und „durch Verbreiten eines Inhaltes" zu übernehmen. Für sie ist ein Straftatbestand mit einem Höchststrafmaß von zwei Jahren vorzusehen (§ 185 Abs. 2 StGB n. F.).[84]

### III. Würdigung öffentlich zugänglicher Beleidigungen in sozialen Netzwerken und Verankerung der konkreten Gefahr als Tatbestandsmerkmal

Wie bereits mehrfach betont, weisen öffentlich zugängliche Beleidigungen in sozialen Netzwerken ein stark erhöhtes Unrecht auf, was auch künftig im Strafrahmen zu berücksichtigen ist. Allein eine Würdigung in dem Tatbestandsmerkmal „öffentlich" genügt nicht. Die Besonderheiten der intensiven Form der Ehrverletzung, weiterer Ehrverletzungen gegenüber dem/der Betroffenen und der Auswirkung auf die Meinungsfreiheit Dritter gelten ausschließlich bei öffentlich zugänglichen Beleidigungen in sozialen Netzwerken. Diese Gegebenheiten durch ein Tatbestandsmerkmal „Internet" zu umschreiben,[85] wäre nicht präzise genug, da so auch private Chat-Nachrichten umfasst wären, bei denen jedoch gerade nicht die Gefahr der Abrufbarkeit durch unzählig viele Nutzer:innen sowie die Gefahr der zustimmenden Reaktionen durch dritte Nutzer:innen gegeben wären. Auch ein Tatbestandsmerkmal „öffentlich im Internet" wird diesem Umstand nicht gerecht. Zwar können so unzählig viele Dritte die Beleidigung lesen und gegebenenfalls auch zustimmend darauf antworten. Allerdings wären auch Beleidigungen etwa

---

[84] Siehe zum Gesetzesvorschlag unten § 7 D.
[85] Diese Möglichkeit nicht ausschließend *Hilgendorf*, ZIS 2010, 208 (213).

unter öffentlich zugänglichen Zeitungskolumnen umfasst. Zwar kann auch hier wohl in gewissem Maße von einer Einschränkung der eigenen Meinungsfreiheit durch Dritte ausgegangen werden, allerdings gibt es hier keine polarisierenden Filterblasen- oder Echokammer-Effekte,[86] da keine selektierenden Algorithmen eingesetzt werden. Zudem gibt es keine Möglichkeit der Vervielfältigungshandlungen in Form von Liken oder Teilen, sodass keine Gefahr der weiteren Ehrverletzungen an dem/der Adressierten angenommen werden kann. Somit erscheint es notwendig, diese Gegebenheiten eines sozialen Netzwerkes in einem eigenen Tatbestandsmerkmal festzuhalten.[87]

Eine Beleidigung ist daher dann erhöht unter Strafe zu stellen, wenn „die Beleidigung auf einem sozialen Netzwerk öffentlich zugänglich gemacht wird" (§ 185 Abs. 3 S. 1 Nr. 1 StGB n. F.).[88] Dabei kann auf das Medium abgestellt werden, wenn auch das erhöhte Unrecht nicht aus dem Medium selbst stammt, sondern von den sich daraus ergebenden Umständen[89] – nämlich, dass in sozialen Netzwerken ein öffentlicher Diskurs stattfindet, Algorithmen eingesetzt werden und Reaktions- und Teilfunktionen durch ihre Nutzer:innen möglich sind. Der Begriff des sozialen Netzwerkes ist dabei gleich zu verstehen wie in der Legaldefinition des § 1 Abs. 1 S. 1 NetzDG. Der Tatbestand soll als Erfolgsdelikt ausgestaltet werden, wobei das öffentliche Zugänglichmachen auf einem sozialen Netzwerk den Erfolg darstellt.

Durch diese neue Ausgestaltung wird auch eine konkrete Gefahr für eine intensivere Ehrverletzung sowie für weitere Ehrverletzungen an dem/der Betroffenen umfasst.[90] Diese Deliktsstruktur der konkreten Gefahr ist jedoch im Zuge der Neugestaltung auch im Tatbestand zu verankern. Das soll durch den Zusatz „und dadurch die Gefahr für intensivere sowie weitere Ehrverletzungen an dem Adressierten schafft" (§ 185 Abs. 3 S. 1 Nr. 1 StGB n. F.)[91] zum Ausdruck gebracht werden. Es wird bewusst das kumulative Vorliegen der konkreten Gefahren gewählt (ausgedrückt durch die Wortwahl „sowie"), da diese die gleichen Voraussetzungen haben.[92] Durch diese Ergänzung sind zwar in aller Regel die gleichen Fälle erfasst wie allein durch das Merkmal des öffentlichen Zugänglichmachens auf einem sozialen Netzwerk. Durch den einzuführenden Zusatz wird jedoch die Deliktsstruktur als konkretes Gefährdungsdelikt klargestellt. Das Vorliegen solch einer konkreten Gefahr muss durch den/die Richter:in positiv festgestellt werden. Es kann ganz wenige, sehr seltene Fälle geben, bei denen die Beleidigung zwar auf einem sozialen Netzwerk öffentlich zugänglich gemacht wird, jedoch ausnahmsweise keine konkrete Gefahr anzunehmen ist. Das kann etwa dann der Fall sein, wenn der/die

---

[86] Siehe dazu oben § 2 B.
[87] A.A. Entwurf des Bayerischen Staatsministeriums der Justiz für ein Gesetz gegen Hassrede, S. 21.
[88] Siehe zum Gesetzesvorschlag unten § 7 D.
[89] *Doerbeck*, JR 2021, 54 (57).
[90] Siehe dazu oben § 6 E. I.
[91] Siehe dazu unten § 7 D.
[92] Siehe dazu oben § 6 E. I.

Veröffentlichende die Beleidigung auf dem eigenen, öffentlich zugänglichen Profil postet, jedoch gar keine Follower:innen hat und auch vorherige Posts durch den Algorithmus keinen anderen Nutzer:innen angezeigt wurden. Da in diesem Fall nicht davon ausgegangen werden kann, dass andere Nutzer:innen die Beleidigung lesen und sich dieser durch Kommentare anschließen, läge keine konkrete Gefahr vor. Solche, wohl äußerst selten vorkommende Situationen, können durch das zusätzliche Erfordernis, eine konkrete Gefahr feststellen zu müssen, ausgeschlossen werden.[93] Für den Schutz der Meinungsfreiheit als Kumulationsdelikt bedarf es keiner Ergänzung im Tatbestand. Nach bisheriger Rechtslage nach § 185 Hs. 2 Alt. 1 StGB lag der Kumulationsbeitrag im öffentlichen Zugänglichmachen. Durch die einzuführende Forderung einer konkreten Gefahr stellt diese nun den neuen tatbestandlichen Erfolg und damit den Kumulationsbeitrag dar.

Diese Erkenntnisse beruhen auf den vorangegangenen Überlegungen im Rahmen der Ausgestaltung zu § 185 Hs. 2 Alt. 1 StGB.[94] Aufgrund des erhöhten Unrechts dieses Tatbestandsmerkmals soll dieses eine Erhöhung des Strafrahmens auf bis zu drei Jahre vorsehen.

### IV. Ausgestaltung des Schutzes weiterer Rechtsgüter

Nachfolgend wird untersucht, inwiefern passende Deliktsstrukturen für den Schutz der Rechtsgüter gebildet werden können, die zwar betroffene Interessen von öffentlich zugänglichen Beleidigungen in sozialen Netzwerken darstellen, aber nicht de lege lata von § 185 Hs. 2 Alt. 1 StGB geschützt werden können. In Einklang mit dem systemkritischen Rechtsgutsbegriff bilden sowohl der Umfang des Schutzes eines Rechtsguts als auch die Entscheidung, welches Verhalten unter Strafe gestellt werden soll, die Grundlage der Diskussion, wenn es um die Ausgestaltung neuer Tatbestandsmerkmale geht. Wenn auch diese Rechtsgüter insbesondere durch öffentlich zugängliche Beleidigungen in sozialen Netzwerken betroffen sein können und solche den Schwerpunkt der nachfolgenden Erörterungen bilden, so können diese Rechtsgüter auch durch andere Medien betroffen sein. Dieser Umstand der „Medienoffenheit" ist daher bei der Ausgestaltung der Tatbestände zum Schutz dieser Rechtsgüter zu berücksichtigen.

Anders als die Rechtsgüter des intensiveren Ehrschutzes, des weiteren Ehrschutzes des/der Betroffenen und der Meinungsfreiheit Dritter können die Rechtsgüter der Funktionsfähigkeit demokratischer Institutionen, des Ehrschutzes dritter Nutzer:innen, der psychischen Gesundheit sowie des Rechts auf Anerkennung als gleichwertiges Mitglied der Gesellschaft nicht über das Merkmal „öffentlich"

---

[93] Nach bisheriger Rechtslage wären solche seltenen Fälle über eine einschränkende Wortlautauslegung oder teleologische Reduktion auszuschließen.
[94] Siehe dazu oben § 6 E.

Schutz erfahren.[95] Auch die Einführung des spezielleren Tatbestandsmerkmals des öffentlichen Zugänglichmachens auf einem sozialen Netzwerk (§ 185 Abs. 3 S. 1 Nr. 1 StGB n. F.)[96] ändert daran nichts. Daher ist nachfolgend zu untersuchen, ob und wie diese Rechtsgüter durch neue Tatbestandsmerkmale Schutz erfahren sollten. Vorschläge zur Schaffung weiterer Tatbestandsmerkmale innerhalb des § 185 StGB sind dabei nicht neu. Im Folgenden werden die Unterschiede der Gesetzesvorschläge daher herausgearbeitet und unter besonderer Berücksichtigung des betroffenen Rechtsguts deren konkrete Deliktsstruktur ausfindig gemacht.

### 1. Funktionsfähigkeit demokratischer Institutionen

Das Rechtsgut der Funktionsfähigkeit demokratischer Institutionen wird über § 188 Abs. 1 StGB geschützt. Bei Überlegungen zu einer Neugestaltung dieses Straftatbestandes ist dabei wichtig, dass die gesetzliche Ausgestaltung beide Komponenten dieses Kollektivrechtsguts berücksichtigt: Einerseits die kollektive Komponente des Vertrauens in das gesamte Funktionieren des politisch-demokratischen Systems und andererseits das ausnahmsweise öffentliche Interesse an dem Schutz des Individualrechtsguts der Ehre der Politiker:innen, um mittelbar die Ausübung von politischen Ämtern und die Bereitschaft, solche Ämter zu übernehmen, zu gewährleisten. Während das Funktionieren des politisch-demokratischen Systems nur über eine Ausgestaltung als Kumulationsdelikt betroffen sein kann,[97] wird die Ehre des Politikers/der Politikerin bereits durch eine einzelne Beleidigung betroffen.

Bislang hat der Gesetzgeber durch Ausübung seines Gesetzgebungsspielraums nur solche Beleidigungen erfasst, die geeignet sind, das öffentliche Wirken erheblich zu erschweren. Diese Ausgestaltung ist jedoch nicht zwingend. Auch eine Ausgestaltung ohne die Eignungsklausel wäre denkbar und ist nach dem nachfolgend vorzustellenden Vorschlag zu befürworten. Jede Beleidigung gegenüber einem Politiker/einer Politikerin stellt einen Kumulationsbeitrag dar, der in Kumulation zu einer Beeinträchtigung des Vertrauens in das Funktionieren des politisch-demokratischen Systems führen würde. Ein hinreichender Bezug zum politisch-demokratischen System soll durch ein Tatbestandsmerkmal zum Ausdruck gebracht werden, das ein Zusammenhängen mit der Stellung des/der Beleidigten mit dessen/deren öffentlichem Leben fordert. Bei dem öffentlichen Interesse an dem Individualrechtsgut der Ehre der Politiker:innen geht es gerade nicht um das öffentliche Wirken der Person, sondern darum, welche Folgen Ehrverletzungen für Politiker:innen haben (geringere Mitwirkungsbereitschaft, Rückzug oder gar Rück-

---

[95] Siehe dazu oben § 6 E.
[96] Siehe zum Gesetzesvorschlag unten § 7 D.
[97] Siehe dazu oben § 6 E. IV. 3. b).

tritt). Diese Folgen können, müssen aber nicht zwingend mit einem Erschweren des öffentlichen Wirkens einhergehen. Von dem Erfordernis einer Eignungsklausel ist somit abzusehen.[98]

Anders als in der aktuellen Fassung des § 188 Abs. 1 StGB soll es zudem für eine Straferhöhung nicht notwendig sein, dass die Beleidigung „öffentlich, in einer Versammlung oder durch das Verbreiten eines Inhaltes" getätigt wird. Die Effekte des Rückzugs vom öffentlichen Auftreten oder gar eines Rücktritts aus dem Amt können nämlich auch bereits dann eintreten, wenn die betroffenen Politiker:innen durch den Erhalt von Briefen oder Privatnachrichten beleidigt werden.[99] § 188 Abs. 1 StGB n. F. ist daher so auszugestalten, dass dieser unabhängig vom Medium ist.

Da der Schutz dieses kollektiven Rechtsguts von großer Bedeutung ist und das auch zum Ausdruck kommen soll, erscheint weiterhin ein erhöhter möglicher Strafrahmen von drei Jahren gerechtfertigt. Das gilt unabhängig davon, dass die den Tatbestand einschränkenden Merkmale der Eignungsklausel und des Mediums nicht in § 188 Abs. 1 StGB n. F. übernommen werden sollten. Das Tatbestandsmerkmal soll dann erfüllt sein, wenn „die Beleidigung gegenüber einer im politischen Leben des Volkes stehenden Person erfolgt und diese aus Beweggründen begangen wurde, die mit der Stellung des Beleidigten im öffentlichen Leben zusammenhängen" (§ 188 Abs. 1 StGB n. F.).[100] Klarstellend ist, wie auch bislang in § 188 Abs. 1 S. 2 StGB, darauf hinzuweisen, dass das politische Leben des Volkes bis hin zur kommunalen Ebene reicht. Durch Änderung des § 188 Abs. 1 StGB ändert sich auch der Bezugspunkt für §§ 186, 187 StGB in Abs. 2 der Vorschrift. Dieser Umstand ist zu begrüßen, da sich die Argumentation zur Änderung des § 188 Abs. 1 StGB im Wesentlichen übertragen ließe. In dieser Arbeit sollen jedoch keine Vorschläge zum Strafrahmen in § 188 Abs. 2 StGB gemacht werden, da dafür eine intensive Auseinandersetzung mit den §§ 186, 187 StGB notwendig ist.

### 2. Weitere Ehrverletzung an Dritten?

Weitere Ehrverletzungen an Dritten sind aufgrund ihres fehlenden Zurechnungszusammenhangs zu einer einzelnen Beleidigung auch nicht de lege ferenda zu kriminalisieren. Ein gesondertes Tatbestandsmerkmal zu deren Schutz ist daher nicht einzuführen. Die einzig denkbare Ausgestaltung eines Schutzes wäre in Form eines Kumulations-Vorbereitungsdelikts. Diese Ausgestaltung wurde aber in Bezug auf

---

[98] Entwurf des Bayerischen Staatsministeriums der Justiz für ein Gesetz gegen Hassrede, S. 11 f.; *Großmann/Kubiciel*, KriPoZ 2023, 186 (187 f.); a. A. *Schmidt/Witting*, KriPoZ 2023, 190 (193, 197).
[99] Mit dieser Argumentation auch *Schmidt/Witting*, KriPoZ 2023, 190 (197); im Ergebnis auch *Großmann/Kubiciel*, KriPoZ 2023, 186 (187); Entwurf des Bayerischen Staatsministeriums der Justiz für ein Gesetz gegen Hassrede, S. 11 f.
[100] Siehe zum Gesetzesvorschlag unten § 7 D.

das Qualifikationsmerkmal „öffentlich" des § 185 Hs. 2 Alt. 1 StGB bereits thematisiert und abgelehnt.[101]

### 3. Psychische Gesundheit

Die psychische Gesundheit ist dagegen durch die Einführung eines neuen Tatbestandsmerkmals zu schützen. Dabei sind nachfolgend sowohl die Möglichkeit einer neuen Ausgestaltung als Verletzungsdelikt als auch als abstraktes Gefährdungsdelikt zu untersuchen. Eine Neuregelung ist deswegen erforderlich, weil § 185 StGB de lege lata eine Deliktsausgestaltung zum Schutz der psychischen Gesundheit nicht zulässt.[102]

Für die Ausgestaltung als Verletzungsdelikt würde sprechen, dass die Beeinträchtigung der psychischen Gesundheit sehr stark vom Einzelfall abhängt. Das mehrfache Beleidigen in sozialen Netzwerken durch zehn Mitschüler:innen kann gerade zu vergleichbaren psychischen Folgen führen wie das Beleidigen eines Schiedsrichters/einer Schiedsrichterin durch 1.000 Fans. Zugleich kann aber auch das Beleidigen eines Fußballspielers/einer Fußballspielerin durch 1.000 Fans diese:n unberührt lassen. Maßgebend für die Auswirkungen auf die psychische Gesundheit können unter anderem sein, wie sehr sich das Opfer selbst die Schuld gibt, wie selbstbewusst das Opfer ist, wie sehr es ohnehin in der Öffentlichkeit steht, wie stabil das reale soziale Umfeld ist oder wer alles von den Anfeindungen erfährt. Insofern könnte der tatbestandliche Erfolg als „Beeinträchtigung der psychischen Gesundheit" ausgestaltet sein, die durch anerkannte psychische Krankheitsbilder und mit Hilfe von medizinischen Sachverständigen festgestellt werden könnte. Zu solch einer Verletzung kommt es jedoch nicht allein durch eine einzelne Beleidigung. Wie für andere Rechtsgüter bereits thematisiert, müsste für eine Annahme der Kausalität auf die Lehre der gesetzmäßigen Bedingung zurückgegriffen werden.[103] Auf Kriminalisierungsebene ist jedoch das Ausgestalten eines Tatbestandes, der nie durch eine alleinige Handlung erfüllt werden kann, nicht zu legitimieren. Unklar bliebe auf Tatbestandsebene zudem, wie die objektive Zurechnung bejaht werden kann, da weder durch eine einzelne Beleidigung eine Gefahr für das Rechtsgut der psychischen Gesundheit begründet wird noch für das anschließende Handeln Dritter.[104]

Überzeugender erscheint daher eine Ausgestaltung als abstraktes Gefährdungsdelikt. Solch eine Ausgestaltung hat den großen Vorteil, dass durch das Anknüpfen

---

[101] Siehe dazu oben § 6 E. III.
[102] Siehe dazu oben § 6 E. V.
[103] Siehe dazu oben § 6 E. II. 1. a).
[104] Ebenfalls gegen die Ausgestaltung als Verletzungsdelikt siehe *Kahle*, Mobbing und Cybermobbing, S. 248 ff.

allein an das Verhalten der sich äußernden Person nicht auf das Handeln Dritter zurückgegriffen werden müsste und damit kein Problem der Zurechnung bestünde. Zudem kann in Bezug auf die Rechtssicherheit genauer festgelegt werden, welches Verhalten verboten ist und welches nicht. Dafür muss die neue Qualifikationsausgestaltung versuchen, dass das unter Strafe gestellte Verhalten möglichst präzise Fälle erfasst, die zu einer Beeinträchtigung der psychischen Gesundheit führen können. Es kann davon ausgegangen werden, dass psychische Beeinträchtigungen häufig dann auftreten, wenn Beleidigungen Teil von (Cyber-)Mobbing oder sogenannten Shitstorms sind. (Cyber-)Mobbing-Attacken bestehen dabei aus einer gezielten, sich wiederholenden, fortgesetzten und systematischen Herabwürdigung des Opfers.[105] Shitstorms beschreiben ebenfalls eine quantitativ große Zahl an Herabwürdigungen, die als Reaktion auf eine vorangegangene Handlung des Opfers erfolgen und innerhalb kürzester Zeit das Opfer „überfluten", jedoch auch nach kurzer Zeit wieder abklingen können.[106]

Diese beiden Phänomene bilden häufig die Grundlage für Vorschläge zur Ausgestaltung von Qualifikationstatbeständen des § 185 StGB[107]: So werden folgende Formulierungen vorgeschlagen: „Teil eines fortgesetzten und systematischen Ehrangriffs auf die beleidigte Person",[108] „wenn sich mit [...] [der Beleidigung] an einem von mehreren verübten erheblichen Angriff auf die Persönlichkeit oder das soziale Ansehen der Betroffenen beteiligt wird",[109] „Teil einer erheblichen, beharrlichen und systematischen Belästigung der beleidigten Person"[110] oder „Bestandteil einer über längere Zeit fortgesetzten erheblichen und systematischen Belästigung der beleidigten Person".[111] Zu begrüßen ist, dass alle Vorschläge eine Technikferne aufweisen. Damit werden auch klassische Fälle des Mobbings erfasst und zugleich wird so sichergestellt, dass künftige technische Entwicklungen berücksichtigt bleiben.[112] Da die Gesetzesvorschläge zum Teil sehr ähnlich sind, sollen nachfolgend primär ihre Unterschiede herausgearbeitet werden.

---

[105] *Cornelius*, ZRP 2014, 164 (164).
[106] *Doerbeck*, Cybermobbing, S. 123.
[107] Aber auch über die Ausgestaltung eines Qualifikationstatbestandes von § 185 StGB hinaus sind diese beiden Phänomene Gegenstand der Diskussion. Für einen eigenen Straftatbestand zum Schutz der Psyche *Bublitz*, RW 2011, 28 (57); *Steinberg*, JZ 2009, 1053 (1059f.); *Kahle*, Mobbing und Cybermobbing, S. 246ff.; gänzlich gegen die Einführung eines Cybermobbing-Straftatbestandes hingegen *Doerbeck*, Cybermobbing, S. 315; *Preuß*, KriPoZ 2019, 97 (104); für eine Sanktionierung des „traditionellen" Mobbings *Wickler*, DB 2002, 477 (484); *Reum*, Cybermobbing, S. 233; *Knauer*, Der Schutz der Psyche im Strafrecht, S. 250.
[108] *Großmann/Kubiciel*, KriPoZ 2023, 186 (187f.).
[109] *Schmidt/Witting*, KriPoZ 2023, 190 (193).
[110] *Großmann*, GA 2020, 546 (563).
[111] Entwurf des Bayerischen Staatsministeriums der Justiz für ein Gesetz gegen Hassrede, S. 2.
[112] *Großmann*, GA 2020, 546 (561); *Cornelius*, ZRP 2014, 164 (167); zum „Grundsatz der Technikdistanz" *Hilgendorf*, ZStW 113 (2001), 650 (653); *ders.*, ZIS 2010, 208 (209).

So ist ein wichtiger Unterschied, ob die Beleidigung als Teil eines „Ehrangriffs",[113] eines „erheblichen Angriff[s] auf die Persönlichkeit oder das soziale Ansehen"[114] oder einer „Belästigung"[115] ausgestaltet ist. Am engsten ist dabei die Formulierung des „Ehrangriffs", die ausschließlich Handlungen nach §§ 185 ff. StGB miteinbezieht. Sowohl in Fällen von Cybermobbing als auch in klassischen Fällen des Mobbings kommt es jedoch nicht nur zu einem Zusammenspiel vieler fortgesetzter und gezielter Ehrangriffe. Das Opfer kann zudem auch von anderen (strafbaren) Verhaltensweisen wie Bedrohungen (§ 241 StGB), durch Verletzung des persönlichen Lebensbereichs (§ 201a StGB), Veröffentlichungen sensibler Daten (§ 126a StGB) oder Nachstellungen (§ 238 StGB) betroffen sein, sodass solch ein enger Begriff abzulehnen ist. Der Begriff der Belästigung ist an § 3 Abs. 3 AGG angelehnt,[116] worunter unerwünschte Verhaltensweisen zu verstehen sind, die ein von Einschüchterungen, Anfeindungen, Erniedrigungen oder Beleidigungen gekennzeichnetes Umfeld schaffen. Unter „Angriff" ist jede negative Einwirkung auf die betroffene Person zu verstehen.[117] Große inhaltliche Unterschiede lassen sich durch diese beiden Begrifflichkeiten nicht erkennen. Da jedoch der Begriff des Angriffs dem Strafrecht bereits an verschiedenen Stellen bekannt ist, ist dieser bevorzugt zu verwenden. Hiervon soll die Gesamtschau aller negativ gegen das Opfer gerichteten Handlungen umfasst werden.

Damit ist jedoch noch nicht die Frage geklärt, wie dieser Angriff ausgestaltet sein muss. Diese Frage umfasst dabei zwei verschiedene Ebenen: eine zeitliche und eine qualifizierte Komponente. Auf zeitlicher Ebene wird nach einem engen Verständnis ein fortgesetzter Angriff gefordert,[118] ein weites Verständnis macht keine zeitliche Eingrenzung.[119] Rechtsfolge hieraus ist, dass ein enges Verständnis in der Regel kurz andauernde Shitstorms nicht berücksichtigt, sondern ausschließlich (Cyber-)Mobbing, ein weites Verständnis hingegen beide Phänomene erfasst. Wenn auch die Dauer eines Shitstorms kürzer ist, als das bei (Cyber-)Mobbing-Fällen der Fall ist, so können die Folgen für Betroffene dennoch sehr heftig sein. Gerade die Flut an gezielten Äußerungen von (anonymen) Dritten, die das Opfer plötzlich trifft, kann für das Opfer verheerende psychische Folgen haben. In Anbetracht der Ausrichtung des zu schaffenden Tatbestandes zum Rechtsgüterschutz der psychischen Gesundheit soll dabei bereits ein zeitlich sehr kurzer und intensiver

---

[113] *Großmann/Kubiciel*, KriPoZ 2023, 186 (187 f.).
[114] *Schmidt/Witting*, KriPoZ 2023, 190 (193).
[115] *Großmann*, GA 2020, 546 (563); Entwurf des Bayerischen Staatsministeriums der Justiz für ein Gesetz gegen Hassrede, S. 2.
[116] Entwurf des Bayerischen Staatsministeriums der Justiz für ein Gesetz gegen Hassrede, S. 26.
[117] *Schmidt/Witting*, KriPoZ 2023, 190 (195).
[118] *Großmann/Kubiciel*, KriPoZ 2023, 186 (188); Entwurf des Bayerischen Staatsministeriums der Justiz für ein Gesetz gegen Hassrede, S. 26.
[119] *Schmidt/Witting*, KriPoZ 2023, 190 (194 f.).

Angriff genügen. Eine Besonderheit des Rechtsguts der psychischen Gesundheit ist gerade, dass deren Beeinträchtigung nicht gleich lang wie die Dauer des Angriffs ist, sondern in der Regel vor allem im Fortgang an den Angriff viel länger anhält. Das Merkmal eines fortdauernden Angriffs ist daher auf zeitlicher Ebene nicht zu fordern, sodass zunächst auch Shitstorms in den möglichen Anwendungsbereich fallen sollen. Dennoch kann die Dauer des Angriffs innerhalb des Strafrahmens einen erhöhenden Einfluss haben.

Zu den qualitativen Anforderungen des Angriffs ist zunächst klarzustellen, dass der Angriff nicht nur aus einer einzigen Handlung besteht. Daher ist die Begrifflichkeit „durch mehrere verübter Angriff" zu verwenden. Aber allein in der Summe einzelner Angriffshandlungen liegt noch nicht das erhöhte Unrecht.[120] Vielmehr muss zwischen dieser Summe an Angriffshandlungen ein Zusammenhang bestehen, nach Großmann/Kubiciel müssten diese „abgestimmt" erfolgen.[121] Ein gemeinsamer Tatplan muss dem Angriff dabei nicht zugrunde liegen, sodass die Täter alle aufgrund eines eigenen Tatentschlusses handeln können. Ein Ausnutzen der Gegebenheiten kann insofern ausreichen.[122] Notwendig ist allerdings, dass die Täter um das Verhalten der anderen Personen wissen und in diesem Bewusstsein handeln.[123] Während im Falle des (Cyber-)Mobbings das Opfer durch die Täter gezielt und systematisch angefeindet wird, ist es im Falle eines Shitstorms eine eher ungeplante Dynamik, der sich Täter wohl eher spontan anschließen. Der qualitative Zusammenhang des (Cyber-)Mobbings liegt in der gleichen Tätergruppe und dem beharrlichen „Fertigmachen". Bei einem Shitstorm liegt dieser Zusammenhang hingegen im gleichen Anlass der Belästigungen und in deren gleichem inhaltlichen Bezug. Anders als nach Ansicht von Großmann/Kubiciel[124] können daher auch Handlungen innerhalb eines Shitstorms abgestimmt erfolgen. Das Gefühl, dem Angriff nicht entkommen zu können, Ohnmacht, Angst oder Unruhe können durch beide Phänomene auftreten, sodass in beiden Konstellationen mit erheblichen Beeinträchtigungen der psychischen Gesundheit zu rechnen ist.

Die Notwendigkeit, auf das bewusste Handeln Dritter Bezug zu nehmen, muss dabei ebenfalls im Tatbestand zum Ausdruck gebracht werden. Das könnte an den Formulierungen „Bestandteil",[125] „Teil"[126] oder „beteiligen"[127] der vorgebrachten Gesetzesvorschläge verankert werden. Der Wortlaut von „beteiligen" bringt dabei am besten einen aktiven Tatbeitrag an einem von mehreren verübten Angriff zum

---

[120] *Großmann*, GA 2020, 546 (560).
[121] *Großmann/Kubiciel*, KriPoZ 2023, 186 (188).
[122] *Cornelius*, ZRP 2014, 164 (164).
[123] *Schmidt/Witting*, KriPoZ 2023, 190 (194).
[124] *Großmann/Kubiciel*, KriPoZ 2023, 186 (188).
[125] Entwurf des Bayerischen Staatsministeriums der Justiz für ein Gesetz gegen Hassrede, S. 2.
[126] *Großmann/Kubiciel*, KriPoZ 2023, 186 (187 f.); *Großmann*, GA 2020, 546 (563).
[127] *Schmidt/Witting*, KriPoZ 2023, 190 (193).

Ausdruck. Darunter ist jedes Anschließen an einen bestehenden Angriff zu verstehen, der dadurch die Angriffswirkung verstärkt. Der Angriff kann dabei digital, mündlich oder durch andere Medien erfolgen, sodass der Tatbestand bewusst medienoffen zu gestalten ist. Die notwendige Komponente des Bewusstseins für dieses Zusammenwirken bildet dabei Teil des subjektiven Tatbestandes. Bei einer in sozialen Netzwerken verbreiteten Beleidigung kann es immer der Fall sein, dass das Opfer bereits von Shitstorms oder (Cyber-)Mobbing betroffen ist. Zwar wäre es denkbar, für diese Möglichkeit manchen Tätern einer Beleidigung dolus eventualis unterstellen zu können, allerdings ist eine weitere Eingrenzung im subjektiven Tatbestand vorzuziehen. Der Täter muss sich daher *absichtlich* an einem von mehreren verübten Angriff durch seine Beleidigung beteiligen. Es muss dem Täter also gerade darauf ankommen. Zwar können Aspekte des subjektiven Tatbestandes grundsätzlich eher schwierig nachgewiesen werden, dafür können aber ein mehrfaches Adressieren des Opfers durch den gleichen Täter, das Teilen einer Angriffshandlung, das Kommentieren unter einer Angriffshandlung oder das Aufgefordertwerden durch einen anderen Täter als Anhaltspunkte dienen. Im analogen Leben, beispielsweise bei Mobbingfällen in der Schule oder am Arbeitsplatz, ist die Gruppe der anderen Täter in der Regel bekannt. Damit wird hier der Nachweis der Absicht wohl leichter fallen.

Während Schmidt/Witting davon ausgehen, dieses bewusste Beteiligen an einem Zusammenwirken ermögliche die Zurechnung der einzelnen Beiträge als Ursachenanteile des Gesamterfolgs des Angriffs,[128] betont Kubiciel, dadurch finde allein eine Bestrafung für das eigene Verhalten statt, indem der Täter sich in einen bereits bestehenden Kontext eingliedere, um dessen Angriffswirkung zu verstärken.[129] Schmidt/Witting ziehen dabei einen Vergleich zu anderen Straftatbeständen, die ebenfalls ein gemeinschaftliches Vorgehen unter Strafe stellen,[130] folgern hieraus jedoch einen unzutreffenden Schluss. Das Erfüllen der § 224 Abs. 1 Nr. 4 StGB oder § 184i Abs. 2 S. 2 StGB, die auf ein gemeinschaftliches Begehen abstellen, haben nämlich nicht den Zweck, dass die Tatbeiträge den Tätern gegenseitig zugerechnet werden.[131] Der Grund ihrer Einordnungen als Qualifikationsmerkmal besteht darin, dass durch das gemeinschaftliche Handeln eine intensivere Rechtsgutsverletzung für das Opfer möglich ist, da sich das Opfer schlechter verteidigen kann.[132] Die Täter sind jedoch ausschließlich aufgrund ihrer eigenen Handlung zu bestrafen. Weil sie sich dazu entschieden haben, die Tat unter der Beteiligung Dritter zu begehen,

---

[128] *Schmidt/Witting*, KriPoZ 2023, 190 (194).
[129] *Kubiciel*, Augsburger Papier zur Kriminalpolitik 2020, 1 (12).
[130] *Schmidt/Witting*, KriPoZ 2023, 190 (194).
[131] Auch bei § 231 StGB ist der Zweck nicht, die Handlungen der anderen an der Schlägerei Beteiligten zuzurechnen. Allerdings kommt es hier in gewisser Weise im Rahmen der objektiven Bedingung der Strafbarkeit zu einer Zurechnung der schweren Folge.
[132] *Eisele*, in: Schönke/Schröder, § 184i StGB Rn. 13; *Eschelbach*, in: BeckOK StGB, § 224 StGB Rn. 37.

besteht eine abstrakt größere Gefahr für das infrage stehende Rechtsgut. Dadurch wird auch nochmal deutlich, um welche Deliktsart es sich bei diesem Tatbestandsmerkmal handeln soll: um ein abstraktes Gefährdungsdelikt. Nach den oben gebildeten Kategorien der abstrakten Gefährdungsdelikte[133] handelt es sich um ein abstraktes Gefährdungsdelikt, das abschließend gefährliches Handeln pönalisiert. Durch die Teilnahme an dem bereits bestehenden Angriff wird die abstrakte Gefahr der Intensivierung der Rechtsgutsverletzung an der psychischen Gesundheit begründet. Wie es bei Straftatbeständen dieser Deliktskategorie grundsätzlich üblich ist, kann es auch zu einem Ausbleiben solch einer Intensivierung kommen, etwa wenn der gesamte Angriff das Opfer unberührt lässt. Da die psychische Gesundheit aber ein so wichtiges Rechtsgut ist und für den/die Betroffene:n so weitreichende Folgen haben kann, ist bereits die abstrakte Gefahr zu sanktionieren.

Abschließend ist auch durch das Tatbestandsmerkmal klarstellend zum Ausdruck zu bringen, welches Rechtsgut geschützt werden soll. Während teilweise auch auf die Betroffenheit der freien Lebensgestaltung Bezug genommen wird,[134] ist im vorliegenden Fall allein auf die psychische Gesundheit abzustellen. Die freie Lebensgestaltung kann nämlich von jedem Straftatbestand durch daraus folgendes Vermeideverhalten betroffen sein und ist daher unter Berücksichtigung eines systemkritischen Rechtsgutsbegriffs nur sehr zurückhaltend einzubeziehen.[135] Letztlich ist eine Beeinträchtigung der freien Lebensausgestaltung in den vorliegend zu berücksichtigenden Fällen häufig eine aus erheblichen Beeinträchtigungen der psychischen Gesundheit resultierende Folge. Die Klarstellung soll durch den Zusatz „Angriff, der geeignet ist, spürbare psychische Folgen hervorzurufen", erfolgen. Durch diese Eignungsklausel soll es sich um ein abstraktes Gefährdungsdelikt in Form eines Eignungsdeliktes handeln. Die Eignung stellt hierbei den Erfolg dar.

So ergibt sich der Vorschlag, einen erhöhten Strafrahmen vorzusehen, wenn „sich der Täter durch die Beleidigung absichtlich an einem von mehreren verübten Angriff beteiligt, der geeignet ist, spürbare psychische Folgen hervorzurufen" (§ 185 Abs. 3 S. 1 Nr. 2 StGB n. F.).[136] Dieser Tatbestand soll einen Strafrahmen von bis zu drei Jahren ermöglichen.

---

[133] Siehe dazu oben § 6 C. III. 3.
[134] *Großmann/Kubiciel*, KriPoZ 2023, 186 (188); *Esser*, in: Rechtshandbuch Social Media, S. 305 (339).
[135] Siehe dazu oben ausführlich § 5 B. VI.
[136] Siehe zum Gesetzesvorschlag unten § 7 D.

### 4. Menschenwürde: Recht auf Anerkennung als gleichwertiges Mitglied der Gesellschaft

Auch zum Schutz des Rechts auf Anerkennung als gleichwertiges Mitglied der Gesellschaft als Teil der Menschenwürde gibt es eine Reihe an Gesetzesvorschlägen.[137] Einigkeit besteht bei diesen darüber, dass der Straftatbestand an den Inhalt der Beleidigung anknüpft. Auch hier ist daher eine medienoffene Tatbestandsausgestaltung zu fordern.

So verlangt der Vorschlag von Großmann/Kubiciel, dass die Beleidigung „einen rassistischen, fremdenfeindlichen, antisemitischen, islamfeindlichen, sexistischen, homo- oder transphoben oder sonstigen menschenverachtenden Inhalt hat oder auf diese Weise motiviert ist".[138] Schmidt/Witting sehen eine Strafrahmenerhöhung vor, wenn die Beleidigung „ableistisch, antisemitisch, rassistisch, sexistisch, die sexuelle Orientierung betreffend oder vergleichbar menschenverachtend ist".[139] Nach dem Entwurf des Bayerischen Staatsministeriums der Justiz liegt eine schwere Beleidigung vor, wenn diese „einen rassistischen, fremdenfeindlichen, antisemitischen oder sonstigen menschenverachtenden Inhalt hat oder von derartigen Beweggründen getragen ist."[140]

Bevor auf die Merkmale im Einzelnen eingegangen wird, ist zunächst die konkrete Art des Delikts zu klären und daher die genaue Bedeutung des Rechtsgutsbezugs. Dafür ist vorab festzuhalten, dass auch wenn eine Beleidigung auf eines der oben genannten Merkmale Bezug nimmt, dadurch nicht automatisch eine Missachtung des Rechts auf Anerkennung als gleichwertiges Mitglied der Gesellschaft vorliegt.[141] Vielmehr muss die Beleidigung die Anerkennung des Opfers als gleichwertigen Menschen betreffen.[142] Zudem kann sich der menschenverachtende Charakter einer Äußerung auch ohne Bezugnahme auf eines der Merkmale ergeben.[143] Es ist

---

[137] In diesem Zuge ist auch auf den Vorschlag eines Qualifikationstatbestandes für § 185 StGB von *Rostalski/Weiss*, KriPoZ 2023, 199 (208 f.) hinzuweisen, der zwar eine „Reduzierung auf die Zugehörigkeit zu einer Gruppe" fordert, nicht jedoch explizit eine Menschenwürdeverletzung. Daher ist dieser nachfolgend nicht in die Diskussion miteinzubeziehen. *Beck/Nussbaum*, KriPoZ 2023, 218 (226 ff.) befürworten zwar die Einführung eines Qualifikationstatbestandes für eine Beleidigung mit „menschenwürdeangreifendem Charakter", gehen auf diesen jedoch nicht weiter ein. Sie setzen sich mit einer Reform des § 192a StGB auseinander, der künftig zwar eine gruppenbezogene Menschenwürdeverletzung vorsehen soll, wegen spezifischer Besonderheiten zu diesem Straftatbestand jedoch ebenfalls nicht in die nachfolgende Analyse aufgenommen wurde.
[138] *Großmann/Kubiciel*, KriPoZ 2023, 186 (187); identisch, außer, dass ausschließlich auf „homophobe" und nicht auf „homo- oder transphobe" Inhalte Bezug genommen wird *Großmann*, GA 2020, 546 (563).
[139] *Schmidt/Witting*, KriPoZ 2023, 190 (193).
[140] Entwurf des Bayerischen Staatsministeriums der Justiz für ein Gesetz gegen Hassrede, S. 2.
[141] *Großmann*, GA 2020, 546 (558 f.).
[142] Siehe dazu bereits oben § 4 H.
[143] *Großmann*, GA 2020, 546 (559).

also notwendig, dass der Gesetzeswortlaut diesen Umstand zum Ausdruck bringt. Wenn auch keiner der Gesetzesvorschläge explizit verlangt, dass die Beleidigungen, die sich auf ein Merkmal beziehen, menschenverachtend sein müssen, so beziehen sich alle auf die Möglichkeit eines „sonstigen"[144] oder „vergleichbaren"[145] menschenverachtenden Inhalts. Der Wortlaut von „sonstige" oder „vergleichbare" drückt aus, dass nicht nur die weiteren Inhalte menschenverachtend sein müssen, sondern auch die Inhalte, die eines der zuvor aufgelisteten Merkmale erfüllen. Von dem auszugestaltenden Vorschlag sollen daher nur solche Beleidigungen erfasst werden, die auch tatsächlich die Würde des/der Adressierten angreifen.[146] Wie auch bei der einfachen Beleidigung ist das im Einzelfall durch Auslegung der Äußerung zu ermitteln. Insofern soll das Recht auf Anerkennung als gleichwertiges Mitglied der Gesellschaft als Verletzungsdelikt geschützt werden.

Durch diese zwingende Begrenzung auf eine Menschenwürdeverletzung findet auch keine Standpunktdiskriminierung statt. Ein Gesetz darf grundsätzlich gerade nicht so ausgestaltet sein, dass es „sich von vornherein nur gegen bestimmte Überzeugungen, Haltungen oder Ideologien richtet"[147] („allgemeines Gesetz" i. S. d. Art. 5 Abs. 2 Alt. 1 GG). Steinl/Schemmel erläutern diesbezüglich zutreffend, dass ein Anknüpfen an den Inhalt einer Äußerung und damit an die Einstellung des Täters grundsätzlich problematisch sein könnte. Anders als die Anknüpfung in § 46 Abs. 2 StGB würde nämlich die Einstellung des Täters durch die Ausgestaltung eines Tatbestandmerkmals das Äußerungsverbot eigenständig begründen, was dadurch gerade kein allgemeines Gesetz i. S. d. Art. 5 Abs. 2 GG wäre. Da jedoch eine Menschenwürdeverletzung in der vorgeschlagenen Gesetzesausgestaltung vorausgesetzt wird und die Meinungsfreiheit in diesen Fällen immer zurücktritt, wäre die Vorschrift nicht vom Verbot der Standpunktdiskriminierung erfasst.[148]

Die durch die Gesetzesvorschläge benannten Merkmale sind größtenteils sehr ähnlich und weisen deutliche Überschneidungen mit den Beweggründen aus § 46 Abs. 2 StGB auf. Alle verzichten auf das Benennen bestimmter Gruppen, sondern wählen adjektivische Formulierungen, um zu verdeutlichen, dass auch nicht in diesen Gruppen gedacht werden soll, um eine desintegrierende Wirkung zu vermeiden.[149] Insbesondere aufgrund der Einführung der Merkmale „geschlechts-

---

[144] *Großmann/Kubiciel*, KriPoZ 2023, 186 (187); *Großmann*, GA 2020, 546 (563); Entwurf des Bayerischen Staatsministeriums der Justiz für ein Gesetz gegen Hassrede, S. 2.

[145] *Schmidt/Witting*, KriPoZ 2023, 190 (193).

[146] Ausdrücklich beschränkt auf Menschenwürdeverletzungen *Großmann*, GA 2020, 546 (558); *Großmann/Kubiciel*, KriPoZ 2023, 186 (188); wohl eher nicht *Schmidt/Witting*, KriPoZ 2023, 190 (195 f.), die den Schwerpunkt in der Diskriminierung strukturell benachteiligter Gruppen sehen, bei denen eine Menschenwürdeverletzung vorliegen *kann*; uneindeutig dazu Entwurf des Bayerischen Staatsministeriums der Justiz für ein Gesetz gegen Hassrede, S. 22 ff.

[147] BVerfG, Beschluss v. 04.11.2009, 1 BvR 2150/08 Rn. 57, BVerfGE 124, 300 (323).

[148] Zum Ganzen siehe *Steinl/Schemmel*, GA 2021, 86 (98 f.).

[149] *Lembke/Liebscher*, in: Intersektionelle Benachteiligung und Diskriminierung, S. 275 f.; *Schmidt/Witting*, KriPoZ 2023, 190 (195) mit dem einprägsamen Beispiel, dass es keine Rassen gibt, eine rassistische Diskriminierung aber schon.

spezifische" und „gegen die sexuelle Orientierung gerichtete" durch das Gesetz zur Überarbeitung des Sanktionenrechts – Ersatzfreiheitsstrafe, Strafzumessung, Auflagen und Weisungen sowie Unterbringung in einer Entziehungsanstalt vom 01. Oktober 2023 umfasst § 46 Abs. 2 StGB die Merkmale, die am häufigsten Inhalt von Hass sind.[150] Wenn auch die Begrifflichkeit „sexistisch" gegenüber „geschlechtsspezifisch" vorzugswürdig erscheinen würde,[151] so ist aus Gründen einer einheitlichen Gesetzesausgestaltung die Formulierung aus § 46 Abs. 2 StGB zu übernehmen. Wie auch bei § 46 Abs. 2 StGB[152] ist diese Auflistung weder abschließend noch als eine einseitige Gewichtung dieser Merkmale im Vergleich zu weiteren Merkmalen zu verstehen. Aufgrund von § 46 Abs. 3 StGB dürfen die aufgelisteten oder weiteren menschenverachtenden Merkmale, die nun Teil des gesetzlichen Tatbestandes sein werden, nicht nach § 46 Abs. 2 StGB im Rahmen der Strafzumessung schärfend berücksichtigt werden. Erfüllt eine Beleidigung jedoch mehrere Merkmale, so kann das hingegen schon strafschärfend berücksichtigt werden.[153]

Ob weitere Merkmale durch die Verwendung des Begriffs „sonstig" oder „vergleichbar menschenverachtend" zum Ausdruck gebracht werden sollen, ist nicht unerheblich. *Schmidt/Witting*[154] beabsichtigen durch die Verwendung von „vergleichbar menschenverachtend", den Anwendungsbereich ihres Gesetzesvorschlages enger zu halten als den des § 46 Abs. 2 StGB.[155] Sie wollen nämlich ausschließlich *strukturell* benachteiligte Menschen von dem Schutzbereich erfassen, wie es auch bei den aufgelisteten Merkmalen der Fall ist. Wenn auch Beleidigungen strukturell benachteiligter Menschen wahrscheinlich die häufigsten Anwendungsfälle des einzuführenden Tatbestands bilden werden, so sind auch Verletzungen des Rechts auf Anerkennung als gleichwertiges Mitglied der Gesellschaft strukturell nicht benachteiligter Menschen im Hinblick auf die besondere Bedeutung des Art. 1 Abs. 1 GG in den Straftatbestand miteinzubeziehen. Daher ist die Begrifflichkeit „sonstig menschenverachtend" zu verwenden.[156]

Der Gesetzesvorschlag soll dabei ausschließlich auf den Inhalt der Beleidigung abstellen und nicht etwa auf die Beweggründe[157], die Motivation[158] oder die

---

[150] RegE Gesetz zur Überarbeitung des Sanktionenrechts, S. 15.
[151] So auch *Schmidt/Witting*, KriPoZ 2023, 190 (196), da der Begriff „sexistisch" deutlicher nicht allein die Geschlechter „männlich" und „weiblich" berücksichtigt, sondern auch trans- oder intersexuelle Menschen.
[152] *Maier*, in: MüKo StGB, § 46 StGB Rn. 210.
[153] *Schmidt/Witting*, KriPoZ 2023, 190 (197).
[154] *Schmidt/Witting*, KriPoZ 2023, 190 (195).
[155] Der Vorschlag, den Anwendungsbereich einzuengen, ist möglicherweise auch dem Umstand geschuldet, dass dieser eine Menschenwürdeverletzung nicht zwingend voraussetzt und sonst durchaus sehr weit gefasst wäre.
[156] *Großmann/Kubiciel*, KriPoZ 2023, 186 (187); *Großmann*, GA 2020, 546 (563); Entwurf des Bayerischen Staatsministeriums der Justiz für ein Gesetz gegen Hassrede, S. 2.
[157] So aber Entwurf des Bayerischen Staatsministeriums der Justiz für ein Gesetz gegen Hassrede, S. 2.
[158] So aber *Großmann*, GA 2020, 546 (563).

„Beweggründe und Ziele" – Letztere bilden den Bezugspunkt für § 46 Abs. 2 S. 2 StGB. Zwar wird in der Regel der Inhalt der Beleidigung die Beweggründe des Täters abbilden. Konstellationen, in denen der Täter aufgrund eines menschenverachtenden Beweggrundes das Opfer beleidigt, ohne dass die Beleidigung jedoch einen menschenverachtenden Inhalt enthält, sind auch denkbar. Diese sollten allerdings nicht zu einem erhöhten Strafrahmen führen können. Allein in dieser Gesinnung des Täters liegt keine Verletzung des Rechts auf Anerkennung als gleichwertiges Mitglied der Gesellschaft des Opfers, sodass der Grund des erhöhten Unrechts wegfiele. Zudem liefe man Gefahr, solch eine Anknüpfung könnte ein unzulässiges Täterstrafrecht darstellen. Nicht zuletzt ist der Nachweis eines solchen Beweggrundes, der sich nicht durch äußerliches Handeln manifestiert, nur schwer möglich. Bezugspunkt bietet somit allein der Inhalt der geäußerten Beleidigung.

Der einzuführende Tatbestand weist damit in mehreren Punkten Unterschiede zu § 46 Abs. 2 S. 2 StGB auf. So sollen alle Menschenwürdeverletzungen erfasst werden und nicht nur solche von strukturell benachteiligten Gruppen. Zudem soll eine Gesinnung allein nicht genügen, sondern es muss eine tatsächliche Verletzung der Menschenwürde vorliegen. Wesentlicher Grund jedoch, der trotz ähnlicher Regelung wie § 46 Abs. 2 S. 2 StGB für die Einführung eines eigenen strafschärfenden Tatbestands spricht, ist, dass § 46 Abs. 2 S. 2 StGB nur *innerhalb* des Strafrahmens eine Straferhöhung vorsieht. Ein eigenes straferhöhendes Tatbestandsmerkmal führt hingegen zu der Ermöglichung eines *weiteren* Strafrahmens.[159] Unter Berücksichtigung der besonderen Bedeutung der Menschenwürde ist daher ein eigenes Tatbestandsmerkmal zu befürworten.

Dieses Tatbestandsmerkmal der Verletzung des Rechts auf Anerkennung als gleichwertiges Mitglied der Gesellschaft soll dabei, wie auch für die zuvor erörterten Rechtsgüter, zu einem erhöhten Strafrahmen von drei Jahren führen. Insofern sollte straferhöhend wirken, „wenn die Beleidigung einen rassistischen, fremdenfeindlichen, antisemitischen, geschlechtsspezifischen, gegen die sexuelle Orientierung gerichteten oder sonstigen menschenverachtenden Inhalt hat" (§ 185 Abs. 3 S. 1 Nr. 3 StGB n. F.).[160]

Dieses einzuführende Tatbestandsmerkmal zum Schutz des Rechts auf Anerkennung als gleichwertiges Mitglied der Gesellschaft führt dabei dazu, § 192a StGB zu streichen. Da ohnehin in der Regel Äußerungen des § 192a StGB eine Beleidigung unter Bezeichnung eines Kollektivs darstellen,[161] bleibt das „Mehr" des § 192a StGB im Wesentlichen in der Eignung einer Beleidigung zur Menschenwürdeverletzung. Ebendieses erhöhte Unrecht wird durch eine Einführung des § 185

---

[159] Mit ähnlicher Argumentation für die Einführung des § 192a StGB siehe *Schwarz/Heger*, ZStW 136 (2024), 57 (60).
[160] Siehe zum Gesetzesvorschlag unten § 7 D.
[161] Siehe dazu ausführlich oben § 3 D. I. 1.

Abs. 3 S. 1 Nr. 3 StGB n. F. umfasst.[162] Dass dabei eine tatsächliche Menschenwürdeverletzung gefordert wird und nicht lediglich eine Eignung, wie es in § 192a StGB[163] der Fall ist, erscheint unter Berücksichtigung des erhöhenden Strafrahmens sinnvoller. Auch erscheint es überzeugender, jeden menschenverachtenden Inhalt vom Straftatbestand zu erfassen und nicht allein solche, die an die in § 192a StGB aufgelisteten Merkmale anknüpfen.[164]

## C. Weitere Fragen der Deliktsausgestaltung

Zuletzt bleiben im Rahmen der Deliktsausgestaltung eines § 185 StGB de lege ferenda noch abschließende Fragen zu klären.

### I. Tatbestandskombinationen

Die Analyse der vorgesehenen Ausgestaltungen hat gezeigt, dass sofern neben einer Ehrverletzung noch weitere Rechtsgüter betroffen sind, eine Anhebung des Höchststrafrahmens auf drei Jahre gerechtfertigt erscheint. Eine Besonderheit bildet dabei die vorgesehene Einführung des „öffentlichen Zugänglichmachens auf einem sozialen Netzwerk". Dieser Straftatbestand schützt dabei vor einer möglichen intensiveren Ehrverletzung, weiteren Ehrverletzungen sowie der eigenen Einschränkung der Meinungsfreiheit durch Dritte. Je nach Adressat:in der Beleidigung, Art und Weise oder Inhalt kann jedoch *zugleich* auch noch das Rechtsgut der Funktionsfähigkeit demokratischer Institutionen betroffen sein, wenn sich die Beleidigung gegen Politiker:innen richtet, das Rechtsgut der psychischen Gesundheit, wenn sich der Täter durch die Beleidigung an einem von mehreren verübten Angriff beteiligt, oder das Recht auf Anerkennung als gleichwertiges Mitglied der Gesellschaft, wenn der Inhalt menschenverachtend ist. Nicht allein aufgrund der Betroffenheit mehrerer Rechtsgüter erscheint eine weitere Strafrahmenerhöhung von bis zu vier Jahren sinnvoll, wenn die Beleidigung durch „öffentliches Zugänglichmachen auf einem sozialen Netzwerk erfolgt" *und* einer der anderen drei Tatbestände erfüllt ist. Bei allen drei anderen Tatbeständen ist nämlich auch davon auszugehen, dass deren Rechtsgüter bei dieser Verbreitungsmodalität intensiver betroffen sind. Das ergibt sich aus den mit der Handlungsmodalität einhergehenden Umständen: Die Beleidigung kann durch unzählig viele Dritte gelesen und durch diese weiterverbreitet werden.

---

[162] Ebenfalls für die Regelung als Qualifikation *Rostalski/Weiss*, KriPoZ 2023, 199 (209); *Beck/Nussbaum*, KriPoZ 2023, 218 (229) im Ergebnis für einen ähnlichen Inhalt wie der hiesige Vorschlag des § 185 Abs. 3 S. 1 Nr. 3 StGB n. F., jedoch durch Normierung als eigener Straftatbestand unter § 192a StGB.
[163] Kritisch zur Eignungsklausel *Schwarz/Heger*, ZStW 136 (2024), 57 (80 ff.).
[164] Zu dieser Kritik an § 192a StGB siehe auch *Mitsch*, KriPoZ 2022, 398 (399 f.).

Für das Rechtsgut der Funktionsfähigkeit demokratischer Institutionen führt das einerseits dazu, dass durch die Möglichkeit, dass mehrere die Beleidigung an Politiker:innen lesen, auch die Gefahr eines sinkenden Vertrauens in das politische System immer größer wird.[165] Durch diese Verbreitungsmodalität wird auch die Ehre des betroffenen Politikers/der betroffenen Politikerin intensiver betroffen,[166] was zwar ein Individualrechtsgut darstellt, woran jedoch ausnahmsweise ein öffentliches Interesse als zweite Komponente des Kollektivrechtsguts besteht. Je intensiver die Ehre betroffen wird, desto eher ist davon auszugehen, dass es zu Rückzügen oder gar Rücktritten der Politiker:innen kommt. In Bezug auf das Rechtsgut der psychischen Gesundheit können insbesondere in Cybermobbingfällen die Folgen für die Betroffenen größer sein, da der stattfindende Angriff durch eine größere Anzahl an Nutzer:innen erfolgen kann und das Opfer diesem nicht entfliehen kann. Wird eine Beleidigung, die das Recht auf Anerkennung als gleichwertiges Mitglied der Gesellschaft verletzt, von vielen gelesen, so besteht wie für das Rechtsgut der Ehre die Gefahr, dass der/die Betroffene nach diesem hypothetisch sehr stark geminderten Geltungswert behandelt wird. Durch die Möglichkeit zustimmender Kommentare oder des Teilens besteht zudem ebenfalls die Gefahr weiterer, sich anschließender Beleidigungen, die das Recht auf Anerkennung als gleichwertiges Mitglied der Gesellschaft verletzen.

In diesen Fällen einer Tatbestandskombination aus dem „öffentlichen Zugänglichmachen auf einem sozialen Netzwerk" und der Erfüllung der weiteren Rechtsgüter ist somit ein Höchststrafrahmen von bis zu vier Jahren vorzusehen (§ 185 Abs. 4 StGB n. F.).[167]

## II. Schutz von Personengemeinschaften

Darüber hinaus ist zu thematisieren, inwiefern Personengemeinschaften in den Anwendungsbereich der Ehrschutzdelikte fallen sollen. De lege lata ermöglicht § 194 Abs. 3 und 4 StGB, dass Behörden oder sonstige Stellen, die Aufgaben der öffentlichen Verwaltung wahrnehmen, Behörden der Kirchen und anderer Religionsgesellschaften des öffentlichen Rechts, Gesetzgebungsorgane des Bundes oder eines Landes sowie andere politische Körperschaften Strafantrag stellen können. Daraus wird gefolgert, dass diese auch beleidigungsfähig sind.[168] Dafür

---

[165] Siehe dazu oben § 4 E. II.
[166] Siehe zur Intensivierung ausführlich § 4 A. II. 2.
[167] Siehe zum Gesetzesvorschlag unten § 7 D.
[168] BGH, Urteil v. 22. 11. 2005, VI ZR 204/04 Rn. 9, NJW 2006, 601 (602); BGH, Urteil v. 02. 12. 2008, VI ZR 219/06 Rn. 9, NJW 2009, 915 (915); BVerfG, Beschluss v. 10. 10. 1995, 1 BvR 1476/91, 1 BvR 1980/91, 1 BvR 102/92, 1 BvR 221/92 Rn. 115, BVerfGE 93, 266 (291); *Eisele/Schittenhelm*, in: Schönke/Schröder, Vorbemerkungen zu den §§ 185 ff. StGB Rn. 3; *Regge/Pegel*, in: MüKo StGB, Vorbemerkung zu § 185 StGB Rn. 46 ff.; *Heger*, in: Lackner/Kühl/Heger, Vorbemerkungen zu den §§ 185 ff. StGB Rn. 5; a. A. *Fischer*, StGB, vor §§ 185–200 StGB Rn. 14 f., der aus der Antragsbefugnis keine Beleidigungsfähigkeit folgern möchte.

sprechen sowohl der Wortlaut („die Tat" muss sich gegen die Personengemeinschaft richten) als auch der historische Wille des Gesetzgebers, der durch § 194 Abs. 3 und 4 StGB die §§ 196, 197 StGB a. F. ersetzen wollte, die ausdrücklich von „Beleidigung gegen eine Behörde" oder „Beleidigung gegen eine gesetzgebende Versammlung" normierten.[169]

Von der herrschenden Meinung wird zudem angenommen, dass auch andere Personengemeinschaften beleidigungsfähig sind, sofern sie einen einheitlichen Willen bilden können, eine anerkannte gesellschaftliche Funktion erfüllen und nicht vom Wechsel ihrer Mitglieder abhängen.[170] Die Gegenmeinung verweist hingegen darauf, dass nur Menschen über eine Ehre verfügen und daher auch nur diese beleidigungsfähig seien.[171] Zu Beginn dieser Arbeit wurde herausgearbeitet, dass die Ehre aus einem aus der Personenwürde ableitbaren Geltungswert und dem daraus folgenden Achtungsanspruch besteht, wobei sich der Geltungswert neben einem unantastbaren Kern aus einem personalen und einem sozialen Geltungswert ergibt.[172] Der unantastbare Kern ist dabei zweifelsfrei nur Menschen zuzuschreiben und auch der personale Geltungswert beruht auf einem Menschsein. Anders ist es jedoch für den sozialen Geltungswert. Auch Personengemeinschaften haben einen solchen Geltungswert, der sich je nach ihrer Tätigkeit, Orientierung oder ihrem Engagement ausrichtet und auch durch diese selbst geschmälert werden kann. Auch Personengemeinschaften sollten dabei das Recht haben, entsprechend dieses sozialen Geltungswerts behandelt und respektiert zu werden, ohne dass dafür eine individuell-personale Ebene notwendig ist.[173] Für diesen Teilbereich der Ehre können daher auch Personengemeinschaften Rechtsgutsträgerinnen sein.[174] Als weiteres Argument wird vorgebracht, es bestehe kein Schutzbedürfnis, da die Handlung als Beleidigung der einzelnen Mitglieder unter Kollektivbezeichnung bestraft werden könne.[175] Gerade das ist jedoch bei größeren Organisationen oder bei solchen, deren Mitglieder nur in einem sehr lockeren Verhältnis stehen, nicht der Fall.[176] Zudem ist zu berücksichtigen, dass Gruppenidentitäten in der heutigen

---

[169] *Regge/Pegel*, in: MüKo StGB, Vorbemerkung zu § 185 StGB Rn. 48.
[170] BGH, Urteil v. 08.01.1954, 5 StR 611/53 Rn. 10 ff., NJW 1954, 1412 (1412); *Heger*, in: Lackner/Kühl/Heger, Vorbemerkungen zu den §§ 185 ff. StGB Rn. 5; *Eisele/Schittenhelm*, in: Schönke/Schröder, Vorbemerkungen zu den §§ 185 ff. StGB Rn. 3; *Valerius*, in: BeckOK StGB, § 185 StGB Rn. 11 f.; *Sinn*, in: Satzger/Schluckebier/Widmaier, Vor §§ 185 ff. StGB Rn. 13 f.; *Hilgendorf*, in: LK, vor § 185 StGB Rn. 27; *Tenckhoff*, JuS 1988, 457 (458).
[171] *Rogall*, in: SK StGB, vor § 185 StGB Rn. 39; *Kaufmann*, ZStW 72 (1960), 418 (423 ff.); *Fischer*, StGB, vor §§ 185–200 StGB Rn. 12a; *Hirsch*, Ehre und Beleidigung, S. 91 ff.
[172] Siehe dazu oben § 4 A. I. 2. a).
[173] *Sinn*, in: Satzger/Schluckebier/Widmaier, Vor §§ 185 ff. StGB Rn. 14.
[174] *Tenckhoff*, JuS 1988, 457 (458); *Eisele/Schittenhelm*, in: Schönke/Schröder, Vorbemerkungen zu den §§ 185 ff. StGB Rn. 3; *Valerius*, in: BeckOK StGB, § 185 StGB Rn. 11; *Hilgendorf*, in: LK, vor § 185 StGB Rn. 27.
[175] *Rogall*, in: SK StGB, vor § 185 StGB Rn. 39; *Joecks/Jäger*, Studienkommentar Strafgesetzbuch, vor § 185 StGB Rn. 20; *Wagner*, JuS 1978, 674 (677 ff.).
[176] *Eisele/Schittenhelm*, in: Schönke/Schröder, Vorbemerkungen zu den §§ 185 ff. StGB Rn. 3; *Tenckhoff*, JuS 1988, 457 (458).

Gesellschaft immer bedeutender werden.[177] Nicht zuletzt führt eine ausdrückliche gesetzliche Miteinbeziehung aller Personengemeinschaften zudem auch zur Beseitigung bestehender Bedenken[178] mit Blick auf Art. 103 Abs. 2 GG.

Für die konkrete gesetzliche Ausgestaltung der Einbeziehung sonstiger Personengemeinschaften bleiben zwei Möglichkeiten: Entweder ihr Schutz wird im Straftatbestand des § 185 StGB festgehalten[179] oder durch eine entsprechende Regelung in § 194 StGB. Da durch eine Regelung in § 194 StGB ebenfalls vorgebracht werden könnte, es gehe allein um das verfahrensrechtliche Antragsrecht, erscheint eine eindeutige Ausgestaltung im Straftatbestand des § 185 StGB selbst vorzugswürdig. Daher soll in den Gesetzesvorschlag aufgenommen werden, dass diese Vorschriften „entsprechende Anwendung auf Personengemeinschaften [finden], die einen einheitlichen Willen bilden können, eine anerkannte gesellschaftliche Funktion erfüllen und nicht vom Wechsel ihrer Mitglieder abhängen" (§ 185 Abs. 3 S. 2 StGB n. F.).[180] Zusätzlich sollte in § 194 StGB die Antragsberechtigung anderer Personengemeinschaften ebenfalls geregelt werden. Das ist durch „Richtet sich die Tat gegen eine andere Personengemeinschaft, so wird sie auf Antrag ihres gesetzlichen Vertreters verfolgt." zu regeln.

Die tatbestandlichen Ausgestaltungen zum Schutz der psychischen Gesundheit und des Rechts auf Anerkennung als gleichwertiges Mitglied der Gesellschaft finden wegen des höchstpersönlichen Charakters dieser Schutzgüter keine Anwendung auf Personengemeinschaften. Auch der Straftatbestand zum Schutz der Funktionsfähigkeit demokratischer Institutionen kann nicht zugleich erfüllt sein. Lediglich die Begehung des „öffentlichen Zugänglichmachens auf einem sozialen Netzwerk" kann auch einschlägig sein. Die Schutzgüter einer möglichen intensiveren Ehrverletzung (unter Berücksichtigung ausschließlich des sozialen Geltungswertes), weiteren Ehrverletzungen (unter Berücksichtigung ausschließlich des sozialen Geltungswertes) und der Einschränkung der Meinungsfreiheit Dritter können auch bei der Adressierung von Personengemeinschaften einschlägig sein. Daher wird klarstellend im Gesetzesvorschlag (§ 185 Abs. 3 S. 2 StGB n. F.) die Anwendung auf Personengemeinschaften nur für eine einfache Beleidigung (§ 185 Abs. 1 StGB n. F.), für die öffentliche Beleidigung und Beleidigung durch Verbreiten eines Inhaltes (§ 185 Abs. 2 StGB n. F.) sowie für die auf einem sozialen Netzwerk öffentlich zugänglich gemachte Beleidigung (§ 185 Abs. 3 S. 1 Nr. 1 StGB n. F.) vorgesehen.

---

[177] *Großmann/Kubiciel*, KriPoZ 2023, 186 (188).
[178] *Joecks/Jäger*, Studienkommentar Strafgesetzbuch, vor § 185 StGB Rn. 19; *Kargl*, in: NK StGB, Vorbemerkungen zu §§ 185–200 StGB Rn. 81; *Gössel/Dölling*, Strafrecht BT, § 29 Rn. 27; *Fischer*, StGB, vor §§ 185–200 StGB Rn. 12; *Gössel*, in: FS Schlüchter, S. 295 (304).
[179] So *Großmann*, GA 2020, 546 (563); *Großmann/Kubiciel*, KriPoZ 2023, 186 (187).
[180] Siehe zum Gesetzesvorschlag unten § 7 D.

## D. Abschließender Gesetzesvorschlag

Diese Erörterungen führen zu folgendem Gesetzesvorschlag für § 185 StGB n. F.:

*§ 185 StGB Beleidigung*

(1) Die Beleidigung wird mit Freiheitsstrafe bis zu einem Jahr oder mit Geldstrafe bestraft.

(2) Wenn die Beleidigung öffentlich oder durch Verbreiten eines Inhalts (§ 11 Abs. 3) begangen wird, wird mit Freiheitsstrafe bis zu zwei Jahren oder mit Geldstrafe bestraft.

(3) ¹Auf Freiheitsstrafe bis zu drei Jahren oder auf Geldstrafe ist zu erkennen, wenn

1. die Beleidigung in einem sozialen Netzwerk öffentlich zugänglich gemacht wird und dadurch die Gefahr für intensivere sowie weitere Ehrverletzungen an dem Adressierten schafft,
2. sich der Täter durch die Beleidigung absichtlich an einem von mehreren verübten Angriff beteiligt, der geeignet ist, spürbare psychische Folgen hervorzurufen oder
3. wenn die Beleidigung einen rassistischen, fremdenfeindlichen, antisemitischen, geschlechtsspezifischen, gegen die sexuelle Orientierung gerichteten oder sonstigen menschenverachtenden Inhalt hat.

²Abs. 1, Abs. 2 und Abs. 3 S. 1 Nr. 1 finden entsprechend Anwendung auf Personengemeinschaften, die einen einheitlichen Willen bilden können, eine anerkannte gesellschaftliche Funktion erfüllen und nicht vom Wechsel ihrer Mitglieder abhängen.

(4) Auf Freiheitsstrafe bis zu vier Jahren oder auf Geldstrafe ist zu erkennen, wenn die Beleidigung Abs. 3 S. 1 Nr. 1 und zugleich Abs. 3 S. 1 Nr. 2, 3 oder § 188 Abs. 1 StGB erfüllt.

*§ 188 StGB Gegen Personen des politischen Lebens gerichtete Beleidigung, üble Nachrede, Verleumdung*

(1) ¹Auf Freiheitsstrafe bis zu drei Jahren oder auf Geldstrafe ist zu erkennen, wenn die Beleidigung gegenüber einer im politischen Leben des Volkes stehenden Person erfolgt und diese aus Beweggründen begangen wurde, die mit der Stellung des Beleidigten im öffentlichen Leben zusammenhängen. ²Das politische Leben reicht bis hin zur kommunalen Ebene.

## E. Fazit

Die Erarbeitung dieses Gesetzesvorschlages hat sich entsprechend der systemkritischen Rechtsgutstheorie stark an den betroffenen Rechtsgütern und deren Beeinträchtigungen orientiert. Da durch eine Beleidigung mehr betroffen sein kann als „lediglich" die Ehre des/der Betroffenen, sind diese zusätzlich betroffenen Rechtsgüter auch gesetzlich festzuhalten. Daher wurden auch eigene Straftatbestände zum Schutz der Funktionsfähigkeit demokratischer Institutionen (§ 188 Abs. 1 StGB n. F.), zum Schutz der psychischen Gesundheit (§ 185 Abs. 3 S. 1 Nr. 2 StGB n. F.) und zum Schutz des Rechts auf Anerkennung als gleichwertiges Mitglied der Gesellschaft als Teil der Menschenwürde (§ 185 Abs. 3 S. 1 Nr. 3 StGB

n. F.) vorgeschlagen. Diese Straftatbestände können dabei unabhängig von ihrem Medium erfüllt sein und wurden daher in einer medienoffenen Form ausgestaltet. Aufgrund des besonders erhöhten Unrechts von Verbreitungen von Beleidigungen in sozialen Netzwerken, sollte diese Verbreitungshandlung einen eigenen straferhöhenden Straftatbestand (§ 185 Abs. 3 S. 1 Nr. 1 StGB n. F.) darstellen. In diesem Tatbestand wurde zudem die konkrete Gefahr für intensivere und weitere Ehrverletzungen klarstellend gesetzlich verankert. Dieser neue tatbestandliche Erfolg stellt damit den relevanten Kumulationsbeitrag im Rahmen des Kumulationsdelikts zum Schutz der eigenen Einschränkung der Meinungsfreiheit dar.

Die Kriminalisierung der einfachen Beleidigung ist beizubehalten. Ein Höchststrafrahmen von zwei Jahren ist für Beleidigungen vorgesehen, die öffentlich oder durch Verbreiten eines Inhalts begangen werden (§ 185 Abs. 2 StGB n. F.). Die anderen beiden Qualifikationstatbestände des Äußerns auf einer Versammlung oder mittels einer Tätlichkeit sind im Vorschlag nicht mehr vorgesehen. Diese vorgesehene Änderung des § 185 StGB sollte besonders dazu führen, dass schwere Beleidigungen, die das Opfer stark betreffen, auch mit einer entsprechenden Strafe geahndet werden können. Für diese soll daher ein Strafrahmen von bis zu vier Jahren möglich sein (§ 185 Abs. 4 n. F.), sofern die Beleidigung sowohl öffentlich auf einem sozialen Netzwerk zugänglich gemacht wird als auch eines der Tatbestände zum Schutz der weiteren Rechtsgüter erfüllt (Funktionsfähigkeit demokratischer Institutionen, psychische Gesundheit oder Recht auf Anerkennung als gleichwertiges Mitglied der Gesellschaft als Teil der Menschenwürde).

Ergänzend sei zudem erwähnt, dass von einer Übertragung dieser Erkenntnisse auf den Straftatbestand der Üblen Nachrede i. S. v. § 186 StGB auszugehen ist. Das ergibt sich primär daraus, dass die Grenze zwischen ehrenrührigen Werturteilen und falschen Tatsachenbehauptungen fließend verläuft und demnach ein Gleichlauf der gesetzlichen Regelungen zu begrüßen wäre. Zudem wäre eine Parallelität der Argumentation zu erwarten, da durch eine Tatsachenbehauptung die Gefahr wohl noch höher sei, dass Dritte von der Wahrheit der Aussage ausgehen. Eine solche umfassende Analyse hätte jedoch den Rahmen der vorliegenden Arbeit überschritten.

# § 8 Schlussbetrachtung

Soziale Netzwerke dienen längst nicht mehr nur dem digitalen Austausch unter Freund:innen aus der analogen Welt. Sie sind inzwischen fester Bestandteil in nahezu jedem Aspekt des alltäglichen Lebens und somit auch aus der politischen Meinungsbildung und dem öffentlichen Diskurs nicht mehr wegzudenken.

## A. Die Berücksichtigung von als Rechtsgut qualifizierten Interessen durch Beleidigungen in sozialen Netzwerken

### I. Folgen öffentlich zugänglicher Beleidigungen in sozialen Netzwerken

Wenn auch der Inhalt einer in einem sozialen Netzwerk öffentlich zugänglich gemachten Beleidigung gleich sein mag wie der einer mündlich geäußerten Beleidigung, so weisen diese beiden Äußerungsmöglichkeiten große Unterschiede auf. Eine in einem sozialen Netzwerk öffentlich geäußerte Beleidigung kann von unzählig vielen Nutzer:innen unabhängig von zeitlichen Verzögerungen oder räumlichen Grenzen gesehen, gelikt, geteilt und kommentiert werden. Speziell eingesetzte Algorithmen führen dazu, dass besonders polarisierende und zu den individuellen Nutzer:innen passende Inhalte priorisiert angezeigt werden. Löschungs- oder Widerrufsversuche bleiben meist erfolglos.

Wie gesehen, kommt es durch in sozialen Netzwerken öffentlich geäußerte Beleidigungen zu weitreichenderen Folgen als „nur" einer Ehrverletzung des/der Adressierten, was daher auch die Argumentationsgrundlage von Gesetzesbegründungen und Gerichtsentscheidungen darstellt. Bis auf ein Umschlagen dieser digitalen Gewalt in reale Gewalt lassen sich die angeführten Folgen von Hass im Netz, wozu auch Beleidigungen in sozialen Netzwerken zählen, alle durch empirische Nachweise belegen, die insbesondere auf regelmäßig durchgeführten Befragungen von Nutzer:innen beruhen. Damit kommt es zum einen zu einer möglichen intensiveren Ehrverletzung des/der Adressierten durch die potenzielle Kenntnisnahme Dritter sowie zu weiteren Ehrverletzungen an dem/der Adressierten aufgrund von zustimmenden Kommentaren. Das „Broken-Web"-Phänomen beschreibt den Umstand, dass mehr Hass im Netz auch zu mehr negativen Äußerungen führt, da dieser den Nährboden für nachahmende Äußerungen darstellt. Insofern lässt sich ein allgemein sehr negativer, hasserfüllter Diskurs im Netz feststellen. Verstärkt wird dieser durch den sogenannten „silencing effect", wonach sich Dritte immer weniger trauen, ihre Meinung öffentlich kundzutun und ihre Meinungsfreiheit somit selbst einschränken. Aufgrund der überdurchschnittlichen Betroffenheit von Politiker:innen durch Beleidigungen kommt es immer häufiger dazu, dass auch diese sich von der Öffentlichkeit zurückziehen, ihre Social Media-Konten löschen oder gar von ihrem Amt zurücktreten. Je nach Einzelfall können insbesondere eine hohe Anzahl und Intensität an Beleidigungen Auswirkungen auf das Sicherheitsgefühl des/der Betroffenen haben und zu psychischen Folgen führen. Der Inhalt der Beleidigung kann wiederum das Recht auf Anerkennung als gleichwertiges Mitglied der Gesellschaft als Teil der Menschenwürde des/der Betroffenen beeinträchtigen, sofern dieser den Adressierten/die Adressierte nicht als würdiges Mitglied der Gesellschaft anerkennt.

## II. Als Rechtsgut qualifizierte Interessen

Zur strafrechtlichen Berücksichtigung dieser Folgen müssen die damit betroffenen Interessen jedoch ein strafrechtlich schützenswertes Rechtsgut darstellen, was nicht bei allen Folgen der Fall ist. Bevor solch eine Untersuchung dieser betroffenen Interessen stattfinden konnte, wurden die Grundfunktionen des Rechtsgutsbegriffs aufgearbeitet. Hierzu zählt unter anderem, dass nach dem systemkritischen Rechtsgutsbegriff erst der Schutz eines Rechtsguts dazu führt, dass eine Strafvorschrift legitim ist. Im Zuge der Erörterungen um eine Umschreibung eines Rechtsgutsbegriffs wurde herausgearbeitet, dass die Legitimität einer Vorschrift gerade nicht gleichzusetzen ist mit der Verfassungsmäßigkeit – so hat das systemkritische Rechtsgutsverständnis seine Daseinsberechtigung. Zu einem weiteren Schwerpunkt dieser abstrakten Umschreibung des Rechtsgutsbegriffs zählen die Aufarbeitung der begrenzenden Kriterien eines Kollektivrechtsguts sowie eine Untersuchung der Begrifflichkeit des Scheinrechtsguts.

Die Ehre des/der Adressierten sowie das Recht auf Anerkennung als gleichwertiges Mitglied der Gesellschaft als Teil der Menschenwürde können ein Individualrechtsgut darstellen. Auch die psychische Gesundheit ist unter Berücksichtigung der immer besseren medizinischen Möglichkeiten, psychische Erkrankungen zu diagnostizieren, sowie aufgrund des gewandelten Verständnisses von Gesundheit und der zunehmenden Zahlen psychischer Erkrankungen als solches einzuordnen. Bei dem Sicherheitsgefühl ist das hingegen nicht der Fall: Die einzig in Betracht kommende Komponente der affektbedingten Verhaltensänderung ist bei nahezu jedem Straftatbestand betroffen und würde damit keine strafrechtsbegrenzende Funktion haben.

Die Ehre Dritter, die durch das „Broken-Web-Phänomen" betroffen ist, sowie die Meinungsfreiheit Dritter wurden im Verlauf der Arbeit als *unbestimmte, massenhaft betroffene Individualrechtsgüter* bezeichnet. Das liegt an der Vielzahl an Betroffenen und an dem Umstand, dass deren Rechtsgutsträger:innen nur abstrakt bestimmt werden können. Dabei wurde die Meinungsfreiheit insbesondere aufgrund der herausgearbeiteten Unterschiede zum analog stattfindenden Diskurs erstmalig nicht bloß als Schutzreflex, sondern als schützenswertes Rechtsgut ausgemacht.

Als echtes Kollektivrechtsgut entpuppt sich die Funktionsfähigkeit demokratischer Institutionen, deren kollektiver Aspekt gleich auf zwei Grundlagen fußt. Zum einen sind das Vertrauen und die Glaubwürdigkeit in transparente, ehrliche politische Abläufe und Entscheidungen zu nennen und somit das politisch-demokratische System als Ganzes. Zum anderen existiert ausnahmsweise ein öffentliches Interesse an dem individuellen Ehrschutz der Politiker:innen, da nur so eine hinreichende Mitwirkungsbereitschaft und ein öffentliches Auftreten der Politiker:innen sichergestellt werden können. Kein Kollektivrechtsgut stellt hingegen der öffentliche Diskurs dar, da sich dieser lediglich aus der Summierung vieler Individualrechtsgüter zusammensetzt.

### III. Einbettung in eine Deliktsstruktur

Allein die Einordnung als Rechtsgüter führt noch nicht dazu, dass diese auch unter den Schutz des § 185 StGB zu stellen sind. Die Untersuchung hat ergeben, dass nicht alle als Rechtsgut identifizierten betroffenen Interessen von dem Straftatbestand des § 185 StGB erfasst werden. Das Grunddelikt des § 185 Hs. 1 StGB stellt ein Erfolgsdelikt in Form eines Verletzungsdeliktes dar. Grundlage der Suche nach passenden Deliktsstrukturen bildete die Begehungsform „öffentlich" der Qualifikation i. S. d. § 185 Hs. 2 Alt. 1 StGB, da hiervon auch öffentlich zugänglich gemachte Beleidigungen in sozialen Netzwerken erfasst sind.

Vor möglichen intensiveren Ehrverletzungen sowie vor weiteren Ehrverletzungen durch Dritte an dem/der Adressierten kann § 185 Hs. 2 Alt. 1 StGB als konkretes Gefährdungsdelikt schützen. Da sowohl die Möglichkeit des Lesens durch Dritte als auch des Likens, Teilens oder Kommentierens an den ursprünglichen Beitrag anknüpfen, ist eine Kausalität anzunehmen. Wenn auch für die Annahme der objektiven Zurechnung auf das Handeln Dritter abgestellt wird, so ist der Eintritt der konkreten Gefahr dennoch dem ursprünglichen Täter zuzurechnen. Problemlos kann das für das Lesen Dritter und demnach für die Gefahr der intensiveren Ehrverletzung angenommen werden. Aber auch das Kommentieren oder Teilen, die zu eigenständigen weiteren Ehrverletzungen führen, unterbrechen den Zurechnungszusammenhang nicht. Bereits das öffentliche Zugänglichmachen einer Beleidigung in einem sozialen Netzwerk enthält nämlich die Gefahr, dass sich Dritte durch eigenes beleidigendes Handeln der ursprünglichen Gefahr anschließen. Für dieses Verhalten Dritter wird dabei nicht lediglich eine günstige Gelegenheit geschaffen, sondern es wird gerade die begründete Gefahr realisiert.

Für den Schutz der eigenen Beeinträchtigung der Meinungsfreiheit Dritter als Verletzungsdelikt wäre zwar über die Lehre der gesetzmäßigen Bedingung eine Bejahung der Kausalität denkbar und auch eine objektive Zurechnung erschiene möglich. Allein ein mögliches Fassen unter den Tatbestand (Tatbestandsebene) darf jedoch nicht automatisch zu einer Legitimierung auf Kriminalisierungsebene führen. Es erscheint gerade nicht legitim, eine gesetzliche Ausgestaltung zu schaffen beziehungsweise anzuerkennen, die einzig auf die Zurechnung des Verhaltens Dritter (und dazu noch in großem Maße) zugeschnitten ist, weshalb eine Ausgestaltung des Schutzes der Meinungsfreiheit als Verletzungsdelikt nicht zu befürworten ist. Die vorangegangene Untersuchung ergab, dass das Rechtsgut der Meinungsfreiheit als Kumulationsdelikt geschützt werden kann, wobei der Kumulationsbeitrag in dem öffentlichen Zugänglichmachen einer Beleidigung liegt. Nicht eine in sozialen Netzwerken öffentlich gemachte Beleidigung allein kann dazu führen, dass sich Dritte in ihrer eigenen Meinungsfreiheit einschränken, sondern nur die unzählig vieler. Während demnach die Ungefährlichkeit des einzelnen Handelns sowie aufgrund des bereits bestehenden „silencing effects" eine prognostizierte Kumulation als Voraussetzungen eines Kumulationsdeliktes ohne Schwierigkeiten zu bejahen sind, bildete die Eigenart der Meinungsfreiheit Dritter als Individualrechtsgut den Schwerpunkt der Analyse. Das Kumulationsdelikt besteht nämlich, um ein sogenanntes „materielles Äquivalent zur realen Verletzungskausalität" zu schaffen. Während dieses Äquivalent für Kollektivrechtsgüter, die gerade nicht durch einzelne Handlungen beeinträchtigt werden können, notwendig ist, ist das für Individualrechtsgüter in der Regel nicht der Fall. Durch die Eigenart der Meinungsfreiheit Dritter als *unbestimmtes, massenhaft betroffenes Individualrechtsgut* bedarf es jedoch auch für dieses Individualrechtsgut eines solchen Äquivalents, sodass die Eigenschaft als Individualrechtsgut der Ausgestaltung als Kumulationsdelikt nicht entgegensteht. Im Zuge der Auseinandersetzung mit dem Kumulationsdelikt wurde auch thematisiert, welchen Einfluss weitere Faktoren haben, wie etwa rechtmäßige, aber dennoch negative Äußerungen oder der Einsatz von Algorithmen.

Wenn auch die Ehre Dritter Nutzer:innen ebenfalls als *unbestimmtes, massenhaft betroffenes Individualrechtsgut* einzuordnen ist, so ist diese nicht über eine Ausgestaltung als Kumulationsdelikt zu schützen. Hier wäre allein eine Einordnung als sogenanntes Kumulations-Vorbereitungsdelikt denkbar. Grund ist, dass es sowohl für das Bestehen des „Broken-Webs" eine Vielzahl an Beleidigungen als Vorbereitungshandlungen braucht als auch für die sich anschließenden Beleidigungen als Anknüpfungstaten. Für die Wahl dieser Deliktsart bedarf es jedoch eines besonders schützenswerten Rechtsguts sowie eines in besonderem Maße gefährlichen Anschlusshandelns. Diese beiden Voraussetzungen sind nicht gegeben. Eine legitime Deliktsstruktur zum Schutz des Rechtsguts der Ehre Dritter konnte somit nicht gefunden werden.

Für die Rechtsgüter der Funktionsfähigkeit demokratischer Institutionen, der psychischen Gesundheit und des Rechts auf Anerkennung als gleichwertiges Mitglied der Gesellschaft konnte keine mit § 185 Hs. 2 Alt. 1 StGB de lege lata vereinbare Deliktsstruktur gefunden werden, da all diese Rechtsgüter nicht bereits durch jede öffentlich zugänglich gemachte Beleidigung beeinträchtigt werden. Zudem wurde auf die Deliktsstruktur des § 188 StGB eingegangen. Diese Analyse zeigte, dass der Straftatbestand beide Facetten des Kollektivrechtsguts schützt: Zum einen das besondere öffentliche Interesse an der Ehre der Politiker:innen als Eignungsdelikt, zum anderen das Kollektivrechtsgut des politisch-demokratischen Systems als Kumulationsdelikt.

## IV. Gesetzesvorschlag

Grundlage für den am Ende dieser Arbeit gemachten Gesetzesvorschlag war nicht allein die Ausgestaltung eines Schutzes der Rechtsgüter, die nicht unter § 185 Hs. 2 Alt. 1 StGB gefasst werden konnten. So wurde nach einer Auseinandersetzung mit einer möglichen Entkriminalisierung des Grunddelikts ein Beibehalten der Kriminalisierung der einfachen Beleidigung weiter befürwortet. Auch wurde die Ausgestaltung der Qualifikationshandlungen des § 185 Hs. 2 StGB anhand eines Unrechtsvergleichs hinterfragt. Das Ergebnis dieses Vergleichs zeigt, dass erhebliche Unterschiede im Handlungs- und Erfolgsunrecht bestehen und somit die Beleidigung in einer Versammlung und die mittels einer Tätlichkeit de lege ferenda nicht mehr straferhöhend zu berücksichtigen sind. Vielmehr sollen nur die öffentliche Beleidigung oder das Verbreiten eines Inhalts Tatbestandsvoraussetzung sein, um einen Strafrahmen von bis zu zwei Jahren Freiheitsstrafe ermöglichen zu können. Ein Strafrahmen von bis zu drei Jahren Freiheitsstrafe ist in § 185 Abs. 3 S. 1 StGB n. F. für drei Alternativen vorgesehen: Wenn die Beleidigung auf einem sozialen Netzwerk öffentlich zugänglich gemacht wird sowie zum Schutz der Rechtsgüter der psychischen Gesundheit und des Rechts auf Anerkennung als gleichwertiges Mitglied der Gesellschaft. Innerhalb des Tatbestandes des öffentlichen Zugänglichmachens auf einem sozialen Netzwerk wurde zudem die konkrete Gefahr für intensivere und weitere Ehrverletzungen gesetzlich verankert. Dieser tatbestandliche Erfolg bildet damit den neuen Kumulationsbeitrag im Rahmen des Kumulationsdeliktes zum Schutz der Meinungsfreiheit. Ebenfalls einen Strafrahmen von bis zu drei Jahren ist zum Schutz der Funktionsfähigkeit demokratischer Institutionen zu erkennen. Hier wurde § 188 Abs. 1 StGB n. F. so modifiziert, dass bereits die einfache Beleidigung gegenüber einem Politiker/einer Politikerin genügt. Der Schutz dieser drei weiteren Rechtsgüter wurde medienoffen ausgestaltet.

Sofern die Begehung auf einem sozialen Netzwerk zugleich auch noch eines dieser drei Rechtsgüter betrifft, ermöglicht der Gesetzesvorschlag einen Strafrahmen von bis zu vier Jahren Freiheitsstrafe. Schwerpunkt dieses Gesetzesvorschlages ist daher vor allem, schweren Fällen der Beleidigung durch eine Strafrahmendifferenzierung auch hinreichend Rechnung tragen zu können. Zwar ist die Idee der Einführung neuer Tatbestandsalternativen nicht neu, in dieser Arbeit wurden diese jedoch in Einklang mit dem systemkritischen Rechtsgutsbegriff über das Rechtsgut erarbeitet und die Deliktsstruktur dieser auch konkret benannt.

## B. Zusammenfassung und Ausblick

Betroffene Interessen, unabhängig davon, wie relevant sie für Individuen sind und wie groß ihre Bedeutung für die Gesellschaft ist, dürfen nicht ohne Weiteres als Begründung gesehen werden, um Gesetze zu legitimieren und Gerichtsentscheidungen zu begründen. Das darf nur dann der Fall sein, wenn die betroffenen Interessen überhaupt strafrechtlich schützenswerte Rechtsgüter darstellen und die tatbestandliche Handlung überhaupt zu einer Betroffenheit dieser Rechtsgüter führt. Diese schon lange bekannten, aber teilweise nicht berücksichtigten Grundsätze bildeten die Grundlage für die vorangegangene Analyse. Hass in sozialen Netzwerken am Beispiel von Beleidigungen führt nämlich zu Folgen für Betroffene, Dritte und die Gesellschaft, die weit über eine einfache Ehrverletzung hinausgehen. Nicht all diese betroffenen Interessen stellen jedoch tatsächlich schützenswerte Rechtsgüter dar und die als Rechtsgüter eingeordneten Interessen werden nur in Teilen von der aktuellen Fassung des § 185 Hs. 2 Alt. 1 StGB erfasst.

Der dargestellte Gesetzesvorschlag wäre in der Lage, die als Rechtsgüter eingeordneten betroffenen Interessen durch teilweise eigens für sie geschaffene Tatbestandsalternativen zu schützen. Das erhöhte Unrecht besonders schwerer Fälle sollte jedoch auch tatsächlich durch den ermöglichten erhöhten Strafrahmen berücksichtigt werden. Damit es zu einer effektiven Strafverfolgung kommen kann und die gesetzgeberische Wertung somit auch ihre präventive Wirkung entfalten kann, bedarf es für die meisten Fälle der Beleidigungen eines Strafantrags des/der Betroffenen. Über diese Relevanz eines Strafantrages ist beispielsweise in Schulen und durch Kampagnen aufzuklären.

Das Strafrecht ist zwar nur eine Stellschraube in einer notwendigen interdisziplinären Bekämpfung von Hass im Netz. Es bleibt jedoch zu hoffen, dass der Einsatz des Strafrechts durch eine neue Fassung des § 185 StGB dazu beiträgt, nicht nur die Ehre, sondern auch andere beeinträchtigte Rechtsgüter hinreichend zu schützen.

# Literaturverzeichnis

*Adelberg*, Philipp Nikolaus: Rechtspflichten und -grenzen der Betreiber sozialer Netzwerke. Zum Umgang mit nutzergenerierten Inhalten, Heidelberg 2020 (zit.: *Adelberg*, Rechtspflichten und -grenzen der Betreiber sozialer Netzwerke).

*Albrecht*, Anna H.: Meinungsfreiheit und Persönlichkeitsrecht in der neueren Rechtsprechung des Bundesverfassungsgerichts – Klarstellung, Konkretisierung oder Nachjustierung?, ZUM 2023, S. 8–15 (zit.: *Albrecht*, ZUM 2023).

*Alexy*, Robert: Individuelle Rechte und kollektive Güter, in: Weinberger (Hrsg.), Internationales Jahrbuch für Rechtsphilosophie und Gesetzgebung, Aktuelle Probleme der Demokratie, Wien 1989, S. 49–70 (zit.: *Alexy*, in: Probleme der Demokratie).

*Alexy*, Robert: Recht, Vernunft, Diskurs: Studien zur Rechtsphilosophie, 2. Aufl., Frankfurt am Main 2016 (zit.: *Alexy*, Recht, Vernunft, Diskurs).

*Amadeu Antonio Stiftung*: „Geh sterben!" Umgang mit Hate Speech und Kommentaren im Internet – Interview mit Dorothee Scholz, abrufbar unter: https://www.amadeu-antonio-stiftung.de/wp-content/uploads/2015/04/Geh-sterben.pdf (letzter Abruf: 04.03.2025) (zit.: *Amadeu Antonio Stiftung*, „Geh sterben!").

*Amelung*, Knut: Rechtsgüterschutz und Schutz der Gesellschaft, Frankfurt 1972 (zit.: *Amelung*, Rechtsgüterschutz und Schutz der Gesellschaft).

*Amelung*, Knut: Rechtsgutsverletzung und Sozialschädlichkeit, in: Jung/Müller-Dietz/Neumann (Hrsg.), Recht und Moral. Beiträge zu einer Standortbestimmung, Baden-Baden 1991, S. 269–280 (zit.: *Amelung*, in: Recht und Moral).

*Amelung*, Knut: Der Begriff des Rechtsguts in der Lehre vom strafrechtlichen Rechtsgüterschutz, in: Hefendehl/von Hirsch/Wohlers (Hrsg.), Die Rechtsgutstheorie. Legitimationsbasis des Strafrechts oder dogmatisches Glasperlenspiel?, Baden-Baden 2003, S. 155–182 (zit.: *Amelung*, in: Die Rechtsgutstheorie).

*Amelung*, Knut: Zum Wirklichkeitsbezug der Ehre und ihre Verletzung, insbesondere bei sexuellen Beleidigungen, in: Rogall/Puppe/Stein/Wolter (Hrsg.), Festschrift für Hans-Joachim Rudolphi zum 70. Geburtstag, Neuwied 2004, S. 373–380 (zit.: *Amelung*, in: FS Rudolphi).

*Anastasopoulou*, Ioanna: Deliktstypen zum Schutz kollektiver Rechtsgüter, München 2005 (zit.: *Anastasopoulou*, Deliktstypen zum Schutz kollektiver Rechtsgüter).

AnwaltKommentar StGB: Leipold, Klaus/Tsambikakis, Michael/Zöller, Mark A. (Hrsg.), 3. Aufl., Heidelberg 2020 (zit.: *Bearbeiter:in*, in: AnwaltKommentar StGB).

*Apostel*, Christoph: Hate Speech – zur Relevanz und den Folgen eines Massenphänomens, KriPoZ 2019, S. 287–292 (zit.: *Apostel*, KriPoZ 2019).

*Appel*, Ivo: Verfassung und Strafe. Zu den verfassungsrechtlichen Grenzen staatlichen Strafens, Berlin 1998 (zit.: *Appel*, Verfassung und Strafe).

*Arzt*, Gunther: Der strafrechtliche Ehrenschutz – Theorie und praktische Bedeutung, JuS 1982, S. 717–728 (zit.: *Arzt*, JuS 1982).

*Arzt*, Gunther/*Weber*, Ulrich/*Heinrich*, Bernd/*Hilgendorf*, Eric (Hrsg.): Strafrecht, Besonderer Teil, 4. Aufl., Bielefeld 2021 (zit.: *Bearbeiter:in*, in: Arzt/Weber/Heinrich/Hilgendorf, Strafrecht BT).

*Augsberg*, Ino/*Petras*, Maximilian: Deplatforming als Grundrechtsproblem. Die Sperrung durch soziale Netzwerke, JuS 2022, S. 97–108 (zit.: *Augsberg/Petras*, JuS 2022).

*Bach*, Jakob: Die Strafbarkeit der Marktteilnahme. Zu Legitimation und Grenzen des Strafrechts im Bereich illegaler Märkte, Baden-Baden 2023 (zit.: *Bach*, Die Strafbarkeit der Marktteilnahme).

*Bäcker*, Matthias: Kriminalpräventionsrecht. Eine rechtsetzungsorientierte Studie zum Polizeirecht, zum Strafrecht und zum Strafverfahrensrecht, Tübingen 2015 (zit.: *Bäcker*, Kriminalpräventionsrecht).

*Baier*, Helmut: Anmerkung zu BGH, Urteil vom 12.06.2001 – 5 StR 432/00 (LG Berlin), JA 2002, S. 842–845 (zit.: *Baier*, JA 2002).

*Barth*, Armin: Algorithmik für Einsteiger. Für Studierende, Lehrer und Schüler in den Fächern Mathematik und Informatik, 2. Aufl., Wiesbaden 2013 (zit.: *Barth*, Algorithmik für Einsteiger).

*Baumann*, Jürgen/*Weber*, Ulrich/*Mitsch*, Wolfgang/*Eisele*, Jörg (Hrsg.): Strafrecht, Allgemeiner Teil. Lehrbuch, 13. Aufl., Bielefeld 2021 (zit.: *Bearbeiter:in*, in: Baumann/Weber/Mitsch/Eisele, Strafrecht AT).

*Baumgarten*, Kai: Strafbarkeit wegen Gewässerverunreinigung nach § 324 StGB und Konkretisierung der wasserrechtlichen Erlaubnis, Osnabrück 2005 (zit.: *Baumgarten*, Strafbarkeit wegen Gewässerverunreinigung).

*Beck*, Susanne: Internetbeleidigung de lege lata und de lege ferenda. Strafrechtliche Aspekte des „spickmich"-Urteils, MMR 2009, S. 736–740 (zit.: *Beck*, MMR 2009).

*Beck*, Susanne: Krankheitsbegriff im Kontext der Körperverletzungsdelikte, in: Beck (Hrsg.), Krankheit und Recht. Ethische und juristische Perspektiven, Berlin 2017, S. 101–134 (zit.: *Beck*, in: Krankheit und Recht).

*Beck*, Susanne/*Nussbaum*, Maximilian: Gruppenbezogene Herabsetzungen als Herausforderung für das Strafrecht unter besonderer Berücksichtigung inhaltlich nicht individualisierter Äußerungen, KriPoZ 2023, S. 218–229 (zit.: *Beck/Nussbaum*, KriPoZ 2023).

*Becker*, Christian: Strafrechtsmetaphysik oder Verfassungsrechtspositivismus? Überlegungen anlässlich der „strafverfassungsrechtlichen" Kritik der Rechtsgutslehre, GA 2024, S. 241–256 (zit.: *Becker*, GA 2024).

*Becker*, Ulrich: Grundrechtsberechtigung juristischer Personen (Art. 19 Abs. 3 GG), JURA 2019, S. 496–511 (zit.: *Becker*, JURA 2019).

Beck'scher Online Kommentar Informations- und Medienrecht: Gersdorf, Hubertus/Paal, Boris P. (Hrsg.), 46. Aufl., München 2023 (zit.: *Bearbeiter:in*, in: BeckOK Informations- und Medienrecht).

Beck'scher Online Kommentar zum Grundgesetz: Epping, Volker/Hillgruber, Christian (Hrsg.), 59. Aufl., München 2024 (zit.: *Bearbeiter:in*, in: BeckOK GG).

Beck'scher Online Kommentar zum OWiG: Graf, Jürgen (Hrsg.), 45. Aufl., München 2024 (zit.: *Bearbeiter:in*, in: BeckOK OWiG).

Beck'scher Online Kommentar zum StGB: Kudlich, Hans/von Heintschel-Heinegg, Bernd (Hrsg.), 63. Aufl., München 2024 (zit.: *Bearbeiter:in*, in: BeckOK StGB).

Beck'scher Online Kommentar zur StPO mit RiStBV und MiStra: Graf, Jürgen (Hrsg.), 54. Aufl., München 2025 (zit.: *Bearbeiter:in*, in: BeckOK StPO).

*Berster*, Lars: Anmerkung zu BGH, Beschl. v. 22.03.2012 – 1 StR 359/11 (LG Stuttgart), ZIS 2012, S. 624–627 (zit.: *Berster*, ZIS 2012).

*Berz*, Ulrich: Formelle Tatbestandsverwirklichung und materialer Rechtsgüterschutz. Eine Untersuchung zu den Gefährdungs- und Unternehmensdelikten, München 1986 (zit.: *Berz*, Formelle Tatbestandsverwirklichung und materialer Rechtsgüterschutz).

*Beurskens*, Michael: „Hate-Speech" zwischen Löschungsrecht und Veröffentlichungspflicht, NJW 2018, S. 3418–3420 (zit.: *Beurskens*, NJW 2018).

*Beyerbach*, Hannes: Social Media im Verfassungsrecht und der einfachgesetzlichen Medienregulierung, in: Hornung/Müller-Terpitz (Hrsg.), Rechtshandbuch Social Media, 2. Aufl., Berlin 2021, S. 507–593 (zit.: *Beyerbach*, in: Rechtshandbuch Social Media).

*Binding*, Karl: Die Normen und ihre Übertretung, Erster Band: Normen und Strafgesetze, 2. Aufl., Leipzig 1890 (zit.: *Binding*, Normen und ihre Übertretung I).

*Binding*, Karl: Lehrbuch des Gemeinen Deutschen Strafrechts. Besonderer Teil. Erster Band, 2. Aufl., Leipzig 1902 (zit.: *Binding*, Lehrbuch des Gemeinen Deutschen Strafrechts BT I).

*Blätte*, Andreas/*Dinnebier*, Laura/*Schmitz-Vardar*, Merve: Vielfältige Repräsentation unter Druck: Anfeindungen und Aggressionen in der Kommunalpolitik, 2022, abrufbar unter: https://www.boell.de/sites/default/files/2022-12/studie_vielfaeltige-repraesentation-unter-druck_anfeindungen-und-aggressionen-in-der-kommunalpolitik-.pdf (letzter Abruf: 04.03.2025) (zit.: *Blätte/Dinnebier/Schmitz-Vardar*, Anfeindungen und Aggressionen in der Kommunalpolitik).

*Bloy*, René: Der strafrechtliche Schutz der psychischen Integrität, in: Anold/Burkhardt/Gropp/Heine/Koch/Lagodny/Perron/Walther (Hrsg.), Menschengerechtes Strafrecht. Festschrift für Albin Eser zum 70. Geburtstag, München 2005, S. 233–255 (zit.: *Bloy*, in: FS Eser).

*Bock*, Michael: Die Übertragbarkeit der Kommunikationsfreiheiten des Artikel 5 GG auf das Internet, Wiesbaden 2018 (zit.: *Bock*, Die Übertragbarkeit der Kommunikationsfreiheiten des Artikel 5 GG auf das Internet).

*Boers*, Klaus: Furcht vor Gewaltkriminalität, in: Heitmeyer/Hagan (Hrsg.), Internationales Handbuch der Gewaltforschung, Wiesbaden 2002, S. 1399–1422 (zit.: *Boers*, in: Internationales Handbuch der Gewaltforschung).

*Braun*, Stefan: Anmerkung zu BGH, Beschl. v. 22.03.2012 – 1 StR 359/11, JR 2013, S. 37–40 (zit.: *Braun*, JR 2013).

*Bräutigam*, Peter: Das Nutzungsverhältnis bei sozialen Netzwerken. Zivilrechtlicher Austausch von IT-Leistung gegen personenbezogene Daten, MMR 2012, S. 635–641 (zit.: *Bräutigam*, MMR 2012).

*Bräutigam*, Peter/*Richter*, Diana: Vertragliche Aspekte der Social Media, in: Hornung/Müller-Terpitz (Hrsg.), Rechtshandbuch Social Media, 2. Aufl., Berlin 2021, S. 81–130 (zit.: *Bräutigam/Richter*, in: Rechtshandbuch Social Media).

*Bredler*, Eva Maria/*Markard*, Nora: Grundrechtsdogmatik der Beleidigungsdelikte im digitalen Raum, JZ 2021, S. 864–872 (zit.: *Bredler/Markard*, JZ 2021).

*Brehm*, Wolfgang: Zur Dogmatik des abstrakten Gefährdungsdelikts, Tübingen 1973 (zit.: *Brehm*, Zur Dogmatik des abstrakten Gefährdungsdelikts).

*Brettschneider*, Frank/*Güllner*, Manfred/*Matuschek*, Peter: Bundestagswahl 2021: Wahlplakate, Social Media und Gespräche. Eine gemeinsame Panel-Studie von forsa und der Universität Hohenheim, abrufbar unter: https://www.uni-hohenheim.de/fileadmin/uni_hohenheim/Aktuelles/Uni-News/Pressemitteilungen/Bundestagswahl_2021_Welle_2_-_Wahlplakate_und_Social_Media.pdf (letzter Abruf: 04.03.2025) (zit.: *Brettschneider/Güllner/Matuschek*, Bundestagswahl 2021: Wahlplakate, Social Media und Gespräche).

*Brockamp*, Helga: Die Tatvollendung bei den Beleidigungsdelikten, Münster 1967 (zit.: *Brockamp*, Die Tatvollendung bei den Beleidigungsdelikten).

*Brögelmann*, Jens: Methodik der Strafzumessung, JuS 2002, S. 903–908 (zit.: *Brögelmann*, JuS 2002).

*Bronsema*, Frauke: Medienspezifischer Grundrechtsschutz der elektronischen Presse, Berlin 2008 (zit.: *Bronsema*, Medienspezifischer Grundrechtsschutz der elektronischen Presse).

*Bublitz*, Jan-Christoph: Der (straf-)rechtliche Schutz der Psyche. Vom Körperverletzungstatbestand zum Grundrecht auf mentale Selbstbestimmung, RW 2011, S. 28–69 (zit.: *Bublitz*, RW 2011).

*Buchheim*, Johannes/*Schrenk*, Markus: Der Vollzug des Digital Services Act. Strukturen und Probleme eines vielfach verschränkten Rechts- und Vollzugsregimes, NVwZ 2024, S. 1–8 (zit.: *Buchheim/Schrenk*, NVwZ 2024).

*Bulut*, Yeliz: Strafbarkeit der Hassrede in Sozialen Netzwerken. Phänomenologische und strafrechtliche Betrachtung, Berlin 2025 (zit.: *Bulut*, Strafbarkeit der Hassrede).

*Carathanassis*, Fay: Steuerung privater Onlinekommunikation auf Social Media. Auslotung der Grenzen der Äußerungsfreiheit angesichts neuer Regulierungen, DSRITB 2023, S. 681–701 (zit.: *Carathanassis*, DSRITB 2023).

*Ceffinato*, Tobias: Die strafrechtliche Verantwortlichkeit von Internetplattformen, JuS 2017, S. 403–408 (zit.: *Ceffinato*, JuS 2017).

*Ceffinato*, Tobias: Hate Speech zwischen Ehrverletzungsdelikten und Meinungsfreiheit, JuS 2020, S. 495–498 (zit.: *Ceffinato*, JuS 2020).

*Ceffinato*, Tobias: Zur Regulierung des Internet durch Strafrecht bei Hass und Hetze auf Onlineplattformen, ZStW 132 (2020), S. 544–563 (zit.: *Ceffinato*, ZStW 132 (2020)).

*Chou*, Yang-Yi: Zur Legitimität von Vorbereitungsdelikten, Baden-Baden 2011 (zit.: *Chou*, Zur Legitimität von Vorbereitungsdelikten).

*Cornelius*, Kai: Plädoyer für einen Cybermobbing-Straftatbestand, ZRP 2014, S. 164–167 (zit.: *Cornelius*, ZRP 2014).

*Cornils*, Matthias: Präzisierung, Vervollständigung und Erweiterung: Die Änderungen des Netzwerkdurchsetzungsgesetzes 2021, NJW 2021, S. 2465–2471 (zit.: *Cornils*, NJW 2021).

*Cramer*, Peter: Der Vollrauschtatbestand als abstraktes Gefährdungsdelikt, Tübingen 1962 (zit.: *Cramer*, Vollrauschtatbestand).

*Dahm*, Georg: Verbrechen und Tatbestand, Berlin 1935 (zit.: *Dahm*, Verbrechen und Tatbestand).

*Dahm*, Georg/*Schaffstein*, Friedrich: Liberales oder autoritäres Strafrecht?, Hamburg 1933 (zit.: *Dahm/Schaffstein*, Liberales oder autoritäres Strafrecht?).

*Daxenberger*, Matthias: Kumulationseffekte. Grenzen der Erfolgszurechnung im Umweltstrafrecht, Baden-Baden 1997 (zit.: *Daxenberger*, Kumulationseffekte).

*Decker*, Frank/*Best*, Volker/*Fischer*, Sandra/*Küppers*, Anna: Vertrauen in Demokratie. Wie zufrieden sind die Menschen in Deutschland mit Regierung, Staat und Politik?, abrufbar unter: https://library.fes.de/pdf-files/fes/15621-20190822.pdf (letzter Abruf: 04.03.2025) (zit.: *Decker/Best/Fischer/Küppers*, Vertrauen in Demokratie).

*Deutscher Anwaltverein*: Regierungsentwurf des Bundesministeriums der Justiz und für Verbraucherschutz – Entwurf eines Gesetzes zur Verbesserung der Rechtsdurchsetzung in sozialen Netzwerken (Netzwerkdurchsetzungsgesetz – NetzDG), Berlin 2017 (zit.: *Deutscher Anwaltverein*, Stellungnahme zum NetzDG).

*Deutscher Juristinnenbund*: Stellungnahme zu den Eckpunkten des Bundesministeriums der Justiz zum Gesetz gegen digitale Gewalt, 26.05.2023, abrufbar unter: https://www.djb.de/presse/stellungnahmen/detail/st23-15 (letzter Abruf: 04.03.2025) (zit.: *Deutscher Juristinnenbund*, Stellungnahme zum Gesetz gegen digitale Gewalt).

*Dietrich*, Florian/*Ziegelmayer*, David: Anwendbares Recht und AGB-rechtliche Beurteilung der Werbeform „Sponsored Stories" (Gesponserte Meldungen), CR 2013, S. 104–110 (zit.: *Dietrich/Ziegelmayer*, CR 2013).

*Dietrich*, Nico/*Gersin*, Enrico/*Herweg*, Alan: Analysemöglichkeiten der Online-Kommunikation auf Social Network Sites am Beispiel PEGIDA und Facebook, in: Frindte/Dietrich (Hrsg.), Muslime, Flüchtlinge und Pegida. Sozialpsychologische und kommunikationswissenschaftliche Studien in Zeiten globaler Bedrohungen, Wiesbaden 2017, S. 235–266 (zit.: *Dietrich/Gersin/Herweg*, in: Muslime, Flüchtlinge und Pegida).

*Doerbeck*, Caprice: Cybermobbing. Phänomenologische Betrachtung und strafrechtliche Analyse, Berlin 2019 (zit.: *Doerbeck*, Cybermobbing).

*Doerbeck*, Caprice: Zum Erfordernis der Anhebung der Höchststrafdrohung öffentlicher Beleidigungen, JR 2021, S. 54–59 (zit.: *Doerbeck*, JR 2021).

*Dreher*, Eduard: Die Behandlung der Bagatellkriminalität, in: Stratenwerth/Kaufmann/Geilen/Hirsch/Schreiber/Jakobs/Loos (Hrsg.), Festschrift für Hans Welzel zum 70. Geburtstag am 25. März 1974, Berlin 1974, S. 917–940 (zit.: *Dreher*, in: FS Welzel).

Dreier Grundgesetz Kommentar: Band I: Präambel, Artikel 1–19, Brosius-Gersdorf, Frauke (Hrsg.), 4. Aufl., Tübingen 2023 (zit.: *Bearbeiter:in*, in: Dreier).

*Drexl*, Josef: Bedrohung der Meinungsvielfalt durch Algorithmen, ZUM 2017, S. 529–543 (zit.: *Drexl*, ZUM 2017).

Dürig/Herzog/Scholz Grundgesetz Kommentar: Herzog, Martin/Scholz, Rupert/Herdegen, Matthias/Klein, Hans. H (Hrsg.), 105. Egl., München 2024 (zit.: *Bearbeiter:in*, in: Dürig/Herzog/Scholz).

*Duttge*, Gunnar: Strafbarkeit des Geschwisterinzestes aufgrund „eugenischer Gesichtspunkte"?, in: Heinrich/Jäger/Achenbach/Amelung/Bottke/Haffke/Schünemann/Wolter (Hrsg.), Strafrecht als Scientia Universalis. Festschrift für Claus Roxin zum 80. Geburtstag am 15. Mai 2011, Berlin 2011, S. 227–244 (zit.: *Duttge*, in: FS Roxin 2011).

*Ebert*, Udo/*Kühl*, Kristian: Das Unrecht der vorsätzlichen Tat, JURA 1981, S. 225–236 (zit.: *Ebert/Kühl*, JURA 1981).

*Eckel*, Philipp/*Rottmeier*, Christian: „Liken als Haten": Strafverfolgung von Hatespeech in Sozialen Netzwerken, NStZ 2021, S. 1–11 (zit.: *Eckel/Rottmeier*, NStZ 2021).

*Eckert*, Nils: Was muss raus, was darf bleiben?, DSRITB 2023, S. 715–735 (zit.: *Eckert*, DSRITB 2023).

*Eifert*, Martin: Das Netzwerkdurchsetzungsgesetz und Plattformregulierung, in: Eifert/Gostomzyk (Hrsg.), Netzwerkrecht: Die Zukunft des NetzDG und seine Folgen für die Netzwerkkommunikation, Baden-Baden 2018, S. 9–44 (zit.: *Eifert*, in: Netzwerkrecht).

*Eifert*, Martin/*Landenberg-Roberg*, Michael von/*Theß*, Sebastian/*Wienfort*, Nora: Netzwerkdurchsetzungsgesetz in der Bewährung: Juristische Evaluation und Optimierungspotenzial, Baden-Baden 2020 (zit.: *Eifert/Landenberg-Roberg/Theß/Wienfort*, Netzwerkdurchsetzungsgesetz in der Bewährung).

*Eisenberg*, Ulrich/*Kölbel*, Ralf: Kriminologie, 7. Aufl., Tübingen 2017 (zit.: *Eisenberg/Kölbel*, Kriminologie).

*Elsaß*, Lennart/*Labusga*, Jan-Hendrik/*Tichy*, Rolf: Löschungen und Sperrungen von Beiträgen und Nutzerprofilen durch die Betreiber sozialer Netzwerke. Rechtliche Möglichkeiten des Vorgehens vor dem Hintergrund von Hate Speech, Fake News und Social Bots, CR 2017, S. 234–241 (zit.: *Elsaß/Labusga/Tichy*, CR 2017).

*Emmer*, Martin/*Bräuer*, Marco: Online-Kommunikation politischer Akteure, in: Schweiger/Beck (Hrsg.), Handbuch Online-Kommunikation, Wiesbaden 2010, S. 311–337 (zit.: *Emmer/Bräuer*, in: Handbuch Online-Kommunikation).

*Emmer*, Martin/*Wolling*, Jens: Online Kommunikation und politische Öffentlichkeit, in: Schweiger/Beck (Hrsg.), Handbuch Online-Kommunikation, Wiesbaden 2010, S. 36–58 (zit.: *Emmer/Wolling*, in: Handbuch Online-Kommunikation).

*Engel*, Christoph: Das Recht der Gemeinschaftsgüter, Die Verwaltung 1997, S. 429–479 (zit.: *Engel*, Die Verwaltung 1997).

*Engisch*, Karl: Die Kausalität als Merkmal der strafrechtlichen Tatbestände, Tübingen 1932 (zit.: *Engisch*, Die Kausalität).

*Engländer*, Armin: Revitalisierung der materiellen Rechtsgutslehre durch das Verfassungsrecht?, ZStW 127 (2015), S. 616–634 (zit.: *Engländer*, ZStW 127 (2015)).

*Erdogan*, Iknur: Scholz-Deepfake – bewusste Falschinformation zu politischen Zwecken. Wie adäquat reagiert das Strafrecht auf Deepfakes?, MMR 2024, S. 379–383 (zit.: *Erdogan*, MMR 2024).

*Erhardt*, Elmar: Kunstfreiheit und Strafrecht. Zur Problematik satirischer Ehrverletzungen, Heidelberg 1989 (zit.: *Erhardt*, Kunstfreiheit und Strafrecht).

*Erichsen*, Hans-Uwe/*Scherzberg*, Arno: Verfassungsrechtliche Determinanten staatlicher Hochschulpolitik, NVwZ 1990, S. 8–17 (zit.: *Erichsen/Scherzberg*, NVwZ 1990).

*Esser*, Robert: Strafrechtliche Aspekte der Social Media, in: Hornung/Müller-Terpitz (Hrsg.), Rechtshandbuch Social Media, 2. Aufl., Berlin 2021, S. 305–458 (zit.: *Esser*, in: Rechtshandbuch Social Media).

*Esser*, Robert/*Krey*, Volker: Deutsches Strafrecht Allgemeiner Teil: Studienbuch in systematisch-induktiver Darstellung, 7. Aufl., Stuttgart 2022 (zit.: *Esser/Krey*, Strafrecht AT).

*Faas*, Thorsten/*Roßteutscher*, Sigrid/*Schäfer*, Armin: Jugend wählt. Perspektiven junger Menschen auf Wahlalter, politische Informationen und Parteien bei der Europawahl 2024, 2024, abrufbar unter: https://library.fes.de/pdf-files/a-p-b/21722.pdf (letzter Abruf: 04.03.2025) (zit.: *Faas/Roßteutscher/Schäfer*, Jugend wählt).

*Fateh-Moghadam*, Bijan: Die religiös-weltanschauliche Neutralität des Strafrechts. Zur strafrechtlichen Beobachtung religiöser Pluralität, Tübingen 2019 (zit.: *Fateh-Moghadam*, Neutralität des Strafrechts).

*Fehr*, Anja: Mobbing am Arbeitsplatz. Eine strafrechtliche Analyse des Phänomens Mobbing, Baden-Baden 2007 (zit.: *Fehr*, Mobbing am Arbeitsplatz).

*Feinberg*, Joel: The moral limits of the criminal law. Volume 1: Harm to others, New York 1986 (zit.: *Feinberg*, Harm to others).

*Feinberg*, Joel: The moral limits of the criminal law. Volume 4: Harmless wrongdoing, New York 1990 (zit.: *Feinberg*, Harmless wrongdoing).

*Feldmann*, Thorsten: Zum Referentenentwurf eines NetzDG: Eine kritische Betrachtung, K&R 2017, S. 292–297 (zit.: *Feldmann*, K&R 2017).

*Fellmann*, Linda Sophie: Strafrechtliche Verantwortlichkeit für verbale und visuelle Angriffe im Netz, Wien 2023 (zit.: *Fellmann*, Strafrechtliche Verantwortlichkeit für verbale und visuelle Angriffe im Netz).

*Feltes*, Thomas: Null-Toleranz, in: Lange (Hrsg.), Kriminalpolitik, Wiesbaden 2008, S. 231–250 (zit.: *Feltes*, in: Kriminalpolitik).

*Feuerbach*, Paul Johann Anselm von: Lehrbuch des gemeinen in Deutschland gültigen peinlichen Rechts, 2. Neudr. der 14. Aufl., Heidelberg 1847 (zit.: *Feuerbach*, Lehrbuch des gemeinen in Deutschland gültigen peinlichen Rechts).

*Findeisen*, Michael/*Hoepner*, Barbara/*Zünkler*, Martina: Der strafrechtlichen Ehrenschutz – ein Instrument zur Kriminalisierung politischer Meinungsäußerungen, ZRP 1991, S. 245–249 (zit.: *Findeisen/Hoepner/Zünkler*, ZRP 1991).

*Fischer*, Christian: Der räuberische Angriff auf Kraftfahrer nach dem 6. Strafrechtsreformgesetz, JURA 2000, S. 433–442 (zit.: *Fischer*, JURA 2000).

*Fischer*, Thomas: Verhältnis der Bekenntnisbeschimpfung zur Volksverhetzung, GA 1989, S. 445–468 (zit.: *Fischer*, GA 1989).

*Fischer*, Thomas: Strafgesetzbuch mit Nebengesetzen, 72. Aufl., München 2025 (zit.: *Fischer*, StGB).

*Forschungsgruppe g/d/p/Universität Leipzig*: Hate Speech. Ergebnisse einer repräsentativen Bevölkerungsumfrage, 09.07.2020, abrufbar unter: https://www.jura.uni-leipzig.de/fileadmin/Fakult%C3%A4t_Juristen/Professuren/Hoven/gdp_Ergebnisse_HateSpeech_Kurzbericht.pdf (letzter Abruf: 04.03.2025) (zit.: *Forschungsgruppe g/d/p/Universität Leipzig*, Hate Speech Umfrage 2020).

*Frevel*, Bernhard: Wer hat Angst vor'm bösen Mann? Ein Studienbuch über Sicherheit und Sicherheitsempfinden, Baden-Baden 1998 (zit.: *Frevel*, Wer hat Angst vor'm bösen Mann?).

*Friehe*, Matthias: Löschen und Sperren in sozialen Netzwerken, NJW 2020, S. 1697–1702 (zit.: *Friehe*, NJW 2020).

*Frisch*, Wolfgang: An den Grenzen des Strafrechts, in: Küper/Welp (Hrsg.), Festschrift für Walter Stree und Johannes Wessels zum 70. Geburtstag, Heidelberg 1993, S. 69–106 (zit.: *Frisch*, in: FS Stree/Wessels).

*Frisch*, Wolfgang: Verwaltungsakzessorietät und Tatbestandsverständnis im Umweltstrafrecht. Zum Verständnis von Umweltverwaltungsrecht und Strafrecht und zur strafrechtlichen Relevanz behördlicher Genehmigungen, Heidelberg 1993 (zit.: *Frisch*, Umweltstrafrecht).

*Frisch*, Wolfgang: Rechtsgut, Recht, Deliktsstruktur und Zurechnung im Rahmen der Legitimation staatlichen Strafens, in: Hefendehl/von Hirsch/Wohlers (Hrsg.), Die Rechtsgutstheorie. Legitimationsbasis des Strafrechts oder dogmatisches Glasperlenspiel?, Baden-Baden 2003, S. 215–238 (zit.: *Frisch*, in: Die Rechtsgutstheorie).

*Frisch*, Wolfgang: Voraussetzungen und Grenzen staatlichen Strafens, NStZ 2016, S. 16–25 (zit.: *Frisch*, NStZ 2016).

*Frister*, Helmut: Strafrecht Allgemeiner Teil, 9. Aufl., München 2020 (zit.: *Frister*, Strafrecht AT).

*Funck*, Jan-Robert: Nicht jede erregte Äußerung ist eine Bedrohung – OLG Naumburg, Beschl. v. 21.2.2013 – 2 Ss 25/13, StraFo 2013, S. 214 (zit.: *Funck*, StraFo 2013).

*Gallas*, Wilhelm: Abstrakte und konkrete Gefährdung, in: Lüttger/Blei/Hanau (Hrsg.), Festschrift für Ernst Heinitz zum 70. Geburtstag am 1. Januar 1972, Berlin 1972, S. 171–184 (zit.: *Gallas*, in: FS Heinitz).

*Gallas*, Wilhelm: Zur Struktur des strafrechtlichen Unrechtsbegriffs, in: Kaufmann/Bemmann/Krauss/Volk (Hrsg.), Festschrift für Paul Boeckelmann, München 1979, S. 155–181 (zit.: *Gallas*, in: FS Boeckelmann).

*García*, Gonzalo: Die Funktionseinheitsstörung als Grundstein des Insiderstrafrechts. Zurechnungsstruktur und Unrechtsbegründung bei Informationsdelikten im deutschen und chilenischen Kapitalmarktrecht, Freiburg 2014 (zit.: *García*, Die Funktionseinheitsstörung).

*Gärditz*, Klaus Ferdinand: Strafbegründung und Demokratieprinzip, DER STAAT 2010, S. 331–367 (zit.: *Gärditz*, DER STAAT 2010).

*Gärditz*, Klaus Ferdinand: Demokratizität des Strafrechts und Ultima Ratio-Grundsatz, JZ 2016, S. 641–696 (zit.: *Gärditz*, JZ 2016).

*Geiring*, Sonja: Risiken von Social Media und User Generated Content: Social Media Stalking und Mobbing sowie datenschutzrechtliche Fragestellungen, Frankfurt am Main 2017 (zit.: *Geiring*, Risiken von Social Media und User Generated Content).

*Geneuss*, Julia: Das Billigen einer (noch) nicht begangenen Straftat im Internet. Zur Erweiterung des § 140 Nr. 2 StGB durch das Gesetz zur Bekämpfung des Rechtsextremismus und der Hasskriminalität, JZ 2021, S. 286–294 (zit.: *Geneuss*, JZ 2021).

*Geppert*, Klaus: Straftaten gegen die Ehre (§§ 185 ff. StGB), JURA 1983, S. 530–544 (zit.: *Geppert*, JURA 1983).

*Geppert*, Klaus: Straftaten gegen die Ehre (§§ 185 ff. StGB), JURA 1983, S. 580–592 (zit.: *Geppert*, JURA 1983).

*Geppert*, Klaus: Die Brandstiftungsdelikte (§§ 306 bis 306 f. StGB) nach dem Sechsten Strafrechtsreformgesetz, JURA 1998, S. 597–606 (zit.: *Geppert*, JURA 1998).

*Gersdorf*, Hubertus: Der verfassungsrechtliche Rundfunkbegriff im Lichte der Digitalisierung der Telekommunikation: Ein Rechtsgutachten im Auftrag der Hamburgischen Anstalt für Neue Medien, Berlin 1995 (zit.: *Gersdorf*, Der verfassungsrechtliche Rundfunkbegriff).

*Gersdorf*, Hubertus: Verbot presseähnlicher Angebote des öffentlich-rechtlichen Rundfunks, APR 2010, S. 421–434 (zit.: *Gersdorf*, APR 2010).

*Gersdorf*, Hubertus: Hate Speech in sozialen Netzwerken, MMR 2017, S. 439–447 (zit.: *Gersdorf*, MMR 2017).

*Geschke*, Daniel/*Klaßen*, Anja/*Quent*, Matthias/*Richter*, Christoph: #Hass im Netz: Der schleichende Angriff auf unsere Demokratie. Eine bundesweite repräsentative Umfrage, 2019, abrufbar unter https://www.idz-jena.de/fileadmin/user_upload/_Hass_im_Netz_-_Der_schleichende_Angriff.pdf (letzter Abruf: 04.03.2025) (zit.: *Geschke/Klaßen/Quent/Richter*, #Hass im Netz).

*Gesellschaft für Freiheitsrechte*: Stellungnahme zu den Eckpunkten des Bundesministeriums der Justiz zum Gesetz gegen digitale Gewalt, 26.05.2023, abrufbar unter: https://freiheitsrechte.org/uploads/documents/Demokratie/Marie-Munk-Initiative/2023-05-26_GFF_Stellungnahme-Eckpunkte-zum-Gesetz-gegen-digitale-Gewalt.pdf (letzter Abruf: 04.03.2025) (zit.: *Gesellschaft für Freiheitsrechte*, Stellungnahme zum Gesetz gegen digitale Gewalt).

*Giere*, Katrin: Grundrechtliche Einordnung sozialer Netzwerke vor dem Hintergrund des Netzwerkdurchsetzungsgesetzes (NetzDG), Baden-Baden 2021 (zit.: *Giere*, Grundrechtliche Einordnung sozialer Netzwerke).

*Goeckenjan*, Ingke: Überprüfung von Straftatbeständen anhand des Verhältnismäßigkeitsgrundsatzes: überfällige Inventur oder Irrweg?, in: Jestaedt/Lepsius (Hrsg.), Verhältnismäßigkeit: Zur Tragfähigkeit eines verfassungsrechtlichen Schlüsselkonzepts, Tübingen 2015, S. 184–209 (zit.: *Goeckenjan*, in: Verhältnismäßigkeit).

*Gomille*, Christian: Prangerwirkung und Manipulationsgefahr bei Bewertungsforen im Internet, ZUM 2009, S. 815–824 (zit.: *Gomille*, ZUM 2009).

*Gössel*, Karl H.: Der Schutz der Ehre, in: Duttge/Geilen/Meyer-Goßner/Warda (Hrsg.), Gedächtnisschrift für Ellen Schlüchter, Köln 2002, S. 295–316 (zit.: *Gössel*, in: FS Schlüchter).

*Gössel*, Karl H./*Dölling*, Dieter: Strafrecht Besonderer Teil 1. Straftaten gegen Persönlichkeits- und Gemeinschaftswerte, 2. Aufl., Heidelberg 2004 (zit.: *Gössel/Dölling*, Strafrecht BT).

*Graul*, Eva: Abstrakte Gefährdungsdelikte und Präsumtionen im Strafrecht, Berlin 1991 (zit.: *Graul*, Abstrakte Gefährdungsdelikte und Präsumtionen).

*Graul*, Eva: Unrechtsbegründung und Unrechtsausschluß, JuS 1995, S. L41 (zit.: *Graul*, JuS 1995).

*Grebing*, Gerhardt: Abschaffung oder Reform der Privatklage?, GA 1984, S. 1–22 (zit.: *Grebing*, GA 1984).

*Greco*, Luís: Was lässt das Bundesverfassungsgericht von der Rechtsgutslehre übrig? Gedanken anlässlich der Inzestentscheidung des Bundesverfassungsgerichts, ZIS 2008, S. 234–238 (zit.: *Greco*, ZIS 2008).

*Greco*, Luís: Gibt es Kriterien zur Postulierung eines kollektiven Rechtsguts?, in: Heinrich/Jäger/Achenbach/Amelung/Bottke/Haffke/Schünemann/Wolter (Hrsg.), Strafrecht als Scientia Universalis. Festschrift für Claus Roxin zum 80. Geburtstag am 15. Mai 2011, Berlin 2011, S. 199–214 (zit.: *Greco*, in: FS Roxin 2011).

*Greco*, Luís: Steht das Schuldprinzip der Einführung einer Strafbarkeit juristischer Personen entgegen? Zugleich Überlegungen zum Verhältnis von Strafe und Schuld, GA 2015, S. 503–516 (zit.: *Greco*, GA 2015).

*Gropp*, Walter/*Sinn*, Arndt: Strafrecht Allgemeiner Teil, 5. Aufl., Berlin 2020 (zit.: *Gropp/Sinn*, Strafrecht AT).

*Groß*, Eva/*Pfeiffer*, Hartmut/*Andree*, Christoph: Vorurteilskriminalität (Hate Crime) Erfahrungen und Folgen. Sonderbericht zur Befragung zu Sicherheit und Kriminalität in Niedersachsen 2017, 2018 (zit.: *Groß/Pfeiffer/Andree*, Vorurteilskriminalität (Hate Crime) Erfahrungen und Folgen. Sonderbericht zur Befragung zu Sicherheit und Kriminalität in Niedersachsen 2017).

*Großmann*, Sven: Liberales Strafrecht in der komplexen Gesellschaft: Über die Grenzen strafrechtlicher Verantwortung, Baden-Baden 2016 (zit.: *Großmann*, Liberales Strafrecht in der komplexen Gesellschaft).

*Großmann*, Sven: Der Beleidigungstatbestand und die Bekämpfung von digitalem Hass – Rechtsgüter und Abwägungskriterien bei internet-öffentlichen Beleidigungen, StV 2020, S. 408–412 (zit.: *Großmann*, StV 2020).

*Großmann*, Sven: Der Beleidigungstatbestand: Partielle Reform oder grundlegende Revision?, GA 2020, S. 546–563 (zit.: *Großmann*, GA 2020).

*Großmann*, Sven/*Kubiciel*, Michael: Formulierungsvorschlag zur Neufassung von § 185 StGB, KriPoZ 2023, S. 186–189 (zit.: *Großmann/Kubiciel*, KriPoZ 2023).

*Grünewald*, Anette: Das vorsätzliche Tötungsdelikt, Tübingen 2010 (zit.: *Grünewald*, Das vorsätzliche Tötungsdelikt).

*Grünhut*, Max: Methodische Grundlagen der heutigen Strafrechtswissenschaft, in: Hegler (Hrsg.), Festgabe für Reinhard von Frank zum 70. Geburtstag 16 August 1930. Band I: Beiträge zur Strafrechtswissenschaft, Tübingen 1930, S. 1–32 (zit.: *Grünhut*, in: FG Frank).

*Guggenberger*, Nikolaus: Das Netzwerkdurchsetzungsgesetz – schön gedacht, schlecht gemacht, ZRP 2017, S. 98–101 (zit.: *Guggenberger*, ZRP 2017).

*Haft*, Fritjof: Strafrecht Besonderer Teil. Die wichtigsten Tatbestände des Besonderen Teiles des Strafgesetzbuches, 7. Aufl., München 1998 (zit.: *Haft*, Strafrecht BT).

*Haim*, Mario: Nicht strafbar, aber sichtbar: Öffentlichkeit und subtiler Hass im Netz, in: Hoven (Hrsg.), Das Phänomen „Digitaler Hass", Baden-Baden, S. 89–102 (zit.: *Haim*, in: Das Phänomen „Digitaler Hass").

Handbuch der Grundrechte in Deutschland und Europa Band IV: Grundrechte in Deutschland: Einzelgrundrechte I, Merten, Detlef/Papier, Hans-Jürgen (Hrsg.), Heidelberg 2011 (zit.: *Bearbeiter:in*, in: Handbuch der Grundrechte IV).

Handbuch der IT-Verträge: Redeker, Helmut (Hrsg.), 54. Egl., Bonn 2024 (zit.: *Bearbeiter:in*, in: Handbuch der IT-Verträge).

Handbuch des Strafrechts Band 4: Strafrecht Besonderer Teil, Hilgendorf, Eric/Kudlich, Hans/Valerius, Brian (Hrsg.), Heidelberg 2019 (zit.: *Bearbeiter:in*, in: Handbuch des Strafrechts Band 4).

Handbuch Multimedia-Recht: Hoeren, Thomas/Sieber, Ulrich/Holznagel, Bernd (Hrsg.), 62. Egl., München 2024 (zit.: *Bearbeiter:in*, in: Handbuch Multimedia-Recht).

*Hardtung*, Bernhard: Die Körperverletzungsdelikte, JuS 2008, S. 864–869 (zit.: *Hardtung*, JuS 2008).

*Hassemer*, Winfried: Theorie und Soziologie des Verbrechens: Ansätze zu einer praxisorientierten Rechtsgutslehre, Frankfurt am Main 1973 (zit.: *Hassemer*, Theorie und Soziologie des Verbrechens).

*Hassemer*, Winfried: Grundlinien einer personalen Rechtsgutslehre, in: Philipps/Scholler (Hrsg.), Jenseits des Funktionalismus: Arthur Kaufmann zum 65. Geburtstag, Heidelberg 1989, S. 85–94 (zit.: *Hassemer*, in: Jenseits des Funktionalismus).

*Hassemer*, Winfried: Das Symbolische am symbolischen Strafrecht, in: Schünemann/Achenbach/Bottke/Haffke/Rudolphi (Hrsg.), Festschrift für Claus Roxin zum 70. Geburtstag am 15. Mai 2001, Berlin 2001, S. 1001–1019 (zit.: *Hassemer*, in: FS Roxin 2001).

*Hassemer*, Winfried: Darf es Straftaten geben, die ein strafrechtliches Rechtsgut nicht in Mitleidenschaft ziehen?, in: Hefendehl/von Hirsch/Wohlers (Hrsg.), Die Rechtsgutstheorie. Legitimationsbasis des Strafrechts oder dogmatisches Glasperlenspiel?, Baden-Baden 2003, S. 57–64 (zit.: *Hassemer*, in: Die Rechtsgutstheorie).

*Hassemer*, Winfried: Abweichende Meinung des Richters Hassemer zur Strafbarkeit des Beischlafs zwischen Geschwistern (BVerfG, Beschluß vom 26.2.2008 – 2 BvR 392/07), NJW 2008, S. 1142–1146 (zit.: *Hassemer*, NJW 2008).

*Hefendehl*, Roland: Zur Vorverlagerung des Rechtsgutsschutzes am Beispiel der Geldfälschungstatbestände – Zugleich eine Besprechung von BGH, NStZ 1994, 124; 1995, 440 und OLG Düsseldorf, JR 1996, S. 353–357 (zit.: *Hefendehl*, JR 1996).

*Hefendehl*, Roland: Der Begriff des Verletzten im Klageerzwingungsverfahren, GA 1999, S. 584–602 (zit.: *Hefendehl*, GA 1999).

*Hefendehl*, Roland: Wie steht es mit der Kriminalitätsfurcht und was hat der Staat damit zu tun? – zugleich ein Beitrag zur Tauglichkeit der Sicherheitswacht, KJ 2000, S. 174–187 (zit.: *Hefendehl*, KJ 2000).

*Hefendehl*, Roland: Kann und soll der Allgemeine Teil bzw. das Verfassungsrecht mißglückte Regelungen des Besonderen Teils retten?, in: Schünemann/Achenbach/Bottke/Haffke/Rudolphi (Hrsg.), Festschrift für Claus Roxin zum 70. Geburtstag am 15. Mai 2001, Berlin 2001, S. 145–169 (zit.: *Hefendehl*, in: FS Roxin 2001).

*Hefendehl*, Roland: Die Materialisierung von Rechtsgut und Deliktsstruktur, GA 2002, S. 21–28 (zit.: *Hefendehl*, GA 2002).

*Hefendehl*, Roland: Kollektive Rechtsgüter im Strafrecht, Köln 2002 (zit.: *Hefendehl*, Kollektive Rechtsgüter).

*Hefendehl*, Roland: Das Rechtsgut als materialer Angelpunkt einer Strafnorm, in: Hefendehl/von Hirsch/Wohlers (Hrsg.), Die Rechtsgutstheorie. Legitimationsbasis des Strafrechts oder dogmatisches Glasperlenspiel?, Baden-Baden 2003, S. 119–132 (zit.: *Hefendehl*, in: Die Rechtsgutstheorie).

*Hefendehl*, Roland: Mit langem Atem: Der Begriff des Rechtsguts. Oder: Was seit dem Erscheinen des Sammelbandes über die Rechtsgutstheorie geschah, GA 2007, S. 1–14 (zit.: *Hefendehl*, GA 2007).

*Hefendehl*, Roland: Der fragmentarische Charakter des Strafrechts, JA 2011, S. 401–406 (zit.: *Hefendehl*, JA 2011).

*Heinrich*, Bernd: Strafrecht – Allgemeiner Teil, 7. Aufl., Stuttgart 2022 (zit.: *Heinrich*, Strafrecht AT).

*Heinrich*, Manfred: Strafrecht als Rechtsgüterschutz – ein Auslaufmodell? Zur Unverbrüchlichkeit des Rechtsgutsdogmas, in: Heinrich/Jäger/Achenbach/Amelung/Bottke/Haffke/Schünemann/Wolter (Hrsg.), Strafrecht als Scientia Universalis. Festschrift für Claus Roxin zum 80. Geburtstag am 15. Mai 2011, Berlin 2011, S. 131–154 (zit.: *Heinrich*, in: FS Roxin 2011).

*Heinz*, Wolfgang: Die deutschen Rechtspflegestatistiken. Probleme und Möglichkeiten der Weiterentwicklung, in: Dölling/Baier (Hrsg.), Täter – Taten – Opfer: Grundlagenfragen und aktuelle Probleme der Kriminalität und ihrer Kontrolle, Mönchengladbach 2013, S. 736–758 (zit.: *Heinz*, in: Täter – Taten – Opfer).

*Helle*, Ernst: Der Schutz der Persönlichkeit, der Ehre und des wirtschaftlichen Rufes im Privatrecht, 2. Aufl., Tübingen 1969 (zit.: *Helle*, Der Schutz der Persönlichkeit, der Ehre und des wirtschaftlichen Rufes im Privatrecht).

*Herzog*, Felix: Gesellschaftliche Unsicherheit und strafrechtliche Daseinsvorsorge. Studien zur Vorverlegung des Strafrechtsschutzes in den Gefährdungsbereich, Heidelberg 1991 (zit.: *Herzog*, Strafrechtliche Daseinsvorsorge).

*Hestermann*, Thomas/*Hoven*, Elisa/*Autenrieth*, Michael: „Eine Bombe, und alles ist wieder in Ordnung": Eine Analyse von Hasskommentaren auf den Facebook-Seiten reichweitenstarker deutscher Medien, KriPoZ 2021, S. 204–214 (zit.: *Hestermann/Hoven/Autenrieth*, KriPoZ 2021).

*Hilgendorf*, Eric: Die neuen Medien und das Strafrecht, ZStW 113 (2001), S. 650–680 (zit.: *Hilgendorf*, ZStW 113 (2001)).

*Hilgendorf*, Eric: Ehrenkränkungen („flaming") im Web 2.0. Ein Problemaufriss de lege lata und de lege ferenda, ZIS 2010, S. 208–215 (zit.: *Hilgendorf*, ZIS 2010).

*Hilgendorf*, Eric/*Valerius*, Brian: Computer- und Internetstrafrecht: ein Grundriss, 2. Aufl., Heidelberg 2012 (zit.: *Hilgendorf/Valerius*, Computer- und Internetstrafrecht).

*von Hirsch*, Andrew: Rechtsgutstheorie und Deliktsstruktur: Eine Annäherung von drei Seiten, GA 2002, S. 2–14 (zit.: *von Hirsch*, GA 2002).

*von Hirsch*, Andrew/*Wohlers*, Wolfgang: Rechtsgutstheorie und Deliktsstruktur- zu den Kriterien fairer Zurechnung, in: Hefendehl/von Hirsch/Wohlers (Hrsg.), Die Rechtsgutstheorie. Legitimationsbasis des Strafrechts oder dogmatisches Glasperlenspiel?, Baden-Baden 2003, S. 196–214 (zit.: *von Hirsch/Wohlers*, in: Die Rechtsgutstheorie).

*Hirsch*, Hans Joachim: Ehre und Beleidigung. Grundfragen des strafrechtlichen Ehrschutzes, Karlsruhe 1967 (zit.: *Hirsch*, Ehre und Beleidigung).

*Hirsch*, Hans Joachim: Gefahr und Gefährlichkeit, in: Haft/Hassemer/Neumann/Schild/Schroth (Hrsg.), Festschrift für Arthur Kaufmann zum 70. Geburtstag, Heidelberg 1993, S. 545–565 (zit.: *Hirsch*, in: FS Kaufmann).

*Hirsch*, Hans Joachim: Grundfragen von Ehre und Beleidigung, in: Zaczyk/Köhler/Kahlo (Hrsg.), Festschrift für E.A. Wolff: zum 70. Geburtstag am 1.10.1998, Berlin 1998, S. 125–152 (zit.: *Hirsch*, in: FS Wolff).

*Hirtenlehner*, Helmut: Kriminalitätsfurcht – Ergebnis unzureichender Coping-Ressourcen?, MschrKrim 2006, S. 1–23 (zit.: *Hirtenlehner*, MschrKrim 2006).

*Hoffmann*, Klaus: Scheinbare Anschläge – Zur Strafbarkeit sog. Trittbrettfahrer, GA 2002, S. 385–402 (zit.: *Hoffmann*, GA 2002).

*Hofmann*, Franz/*Raue*, Benjamin (Hrsg.): Digital Services Act. Gesetz über digitale Dienste, Baden-Baden 2023 (zit.: *Bearbeiter:in*, in: Hofmann/Raue).

*Hoheisel-Gruler*, Roland: Der digitale Raum ist kein (grund-)rechtsfreier Raum, in: Rüdiger/Bayerl (Hrsg.), Cyberkriminologie: Kriminologie für das digitale Zeitalter, Wiesbaden 2020, S. 71–108 (zit.: *Hoheisel-Gruler*, in: Cyberkriminologie).

*Hohlfeld*, Ralf/*Godulla*, Alexander/*Planer*, Rosanna: Das Phänomen Social Media, in: Hornung/Müller-Terpitz (Hrsg.), Rechtshandbuch Social Media, 2. Aufl., Berlin 2021, S. 13–40 (zit.: *Hohlfeld/Godulla/Planer*, in: Rechtshandbuch Social Media).

*Hohmann*, Olaf: Zur eingeschränkten Anwendbarkeit von § 129 StGB auf Wirtschaftsdelikte, wistra 1992, S. 85–89 (zit.: *Hohmann*, wistra 1992).

*Hohn*, Kristian: Grundwissen – Strafrecht: Handlungs- und Erfolgsunrecht, JuS 2008, S. 494–495 (zit.: *Hohn*, JuS 2008).

*Holznagel*, Bernd: Phänomen „Fake News" – Was ist zu tun?, MMR 2018, S. 18–22 (zit.: *Holznagel*, MMR 2018).

*Holznagel*, Bernd/*Schumacher*, Pascal: Kommunikationsfreiheiten und Netzneutralität, in: Kloepfer (Hrsg.), Netzneutralität in der Informationsgesellschaft, Berlin 2011, S. 47–66 (zit.: *Holznagel/Schumacher*, in: Netzneutralität in der Informationsgesellschaft).

*Holznagel*, Bernd/*Schumacher*, Pascal: Netzpolitik Reloaded. Pflichten und Grenzen staatlicher Internetpolitik, ZRP 2011, S. 74–78 (zit.: *Holznagel/Schumacher*, ZRP 2011).

*Holznagel*, Daniel: Overblocking durch User Generated Content (UGC) – Plattformen: Ansprüche der Nutzer auf Wiederherstellung oder Schadensersatz? Eine Untersuchung zur zivilrechtlichen Einordnung des Vertrags über die Nutzung von UGC-Plattformen sowie der AGB-rechtlichen Zulässigkeit von „Lösch- und Sperrklauseln", CR 2018, S. 369–378 (zit.: *Holznagel*, CR 2018).

*Honig*, Richard: Die Einwilligung des Verletzten. Teil I: Die Geschichte des Einwilligungsproblems und die Methodenfrage, Mannheim 1919 (zit.: *Honig*, Die Einwilligung des Verletzten).

*Hörnle*, Tatjana: Grob anstössiges Verhalten: Strafrechtlicher Schutz von Moral, Gefühlen und Tabus, Frankfurt am Main 2005 (zit.: *Hörnle*, Grob anstössiges Verhalten).

*Hörnle*, Tatjana: Das Verbot des Geschwisterinzests – Verfassungsgerichtliche Bestätigung und verfassungsrechtliche Kritik, NJW 2008, S. 2085–2088 (zit.: *Hörnle*, NJW 2008).

*Hörnle*, Tatjana: Kultur, Religion, Strafrecht – Neue Herausforderungen in einer pluralistischen Gesellschaft. Gutachten C, München 2014 (zit.: *Hörnle*, Kultur, Religion, Strafrecht).

*Hoven*, Elisa: Bagatelldelikte. Zum Umgang mit „geringfügigen Straftaten" im materiellen und prozessualen Recht, JuS 2014, S. 975–979 (zit.: *Hoven*, JuS 2014).

*Hoven*, Elisa: Zur Strafbarkeit von Fake News – de lege lata und de lege ferenda, ZStW 129 (2017), S. 718–744 (zit.: *Hoven*, ZStW 129 (2017)).

*Hoven*, Elisa/*Universität Leipzig/Forschungsgruppe g/d/p*: Befragung digitaler Hass, 25.08.2022, abrufbar unter: https://www.uni-leipzig.de/fileadmin/prins_import/dokumente/dok_20220829123452_ae0b27c451.pdf (letzter Abruf: 04.03.2025) (zit.: *Hoven/Universität Leipzig/Forschungsgruppe g/d/p*, Hate Speech Umfrage 2022).

*Hoven*, Elisa/*Witting*, Alexandra: Das Beleidigungsunrecht im digitalen Zeitalter, NJW 2021, S. 2397–2401 (zit.: *Hoven/Witting*, NJW 2021).

*Hoven*, Elisa/*Witting*, Alexandra: Die Verhetzende Beleidigung in § 192a StGB – Zum strafrechtlichen Umgang mit gruppenbezogenen Beleidigungen, NStZ 2022, S. 589–595 (zit.: *Hoven/Witting*, NStZ 2022).

*Hoyer*, Andreas: Die Eignungsdelikte, Berlin 1987 (zit.: *Hoyer*, Die Eignungsdelikte).

*Hug*, David: Hassrede im Kontext einer Gewährleistung von Meinungsfreiheit, ZJS 2022, S. 327–337 (zit.: *Hug*, ZJS 2022).

*Husmann*, J.H.: Die Beleidigung und die Kontrolle des öffentlichen Interesses an der Strafverfolgung, MDR 1988, S. 727–730 (zit.: *Husmann*, MDR 1988).

*Jahn*, Matthias/*Brodowski*, Dominik: Das Ultima Ratio-Prinzip als strafverfassungsrechtliche Vorgabe zur Frage der Entbehrlichkeit von Straftatbeständen, ZStW 129 (2017), S. 363–381 (zit.: *Jahn/Brodowski*, ZStW 129 (2017)).

*Jakobs*, Günther: Kriminalisierung im Vorfeld einer Rechtsgutsverletzung, ZStW 97 (1985), S. 751–785 (zit.: *Jakobs*, ZStW 97 (1985)).

*Jakobs*, Günther: Strafrecht Allgemeiner Teil. Die Grundlagen und die Zurechnungslehre, 2. Aufl., Berlin 1991 (zit.: *Jakobs*, Strafrecht AT).

*Jakobs*, Günther: Strafrechtliche Haftung durch Mitwirkung an Abstimmungen, in: Kühne (Hrsg.), Festschrift für Koichi Miyazawa, Baden-Baden 1995, S. 419–436 (zit.: *Jakobs*, in: FS Miyazawa).

*Jakobs*, Günther: Beleidigung, in: Bloy/Böse/Hillenkamp/Momsen/Rackow (Hrsg.), Gerechte Strafe und legitimes Strafrecht. Festschrift für Manfred Maiwald zum 75. Geburtstag, Berlin 2010, S. 365–377 (zit.: *Jakobs*, in: FS Maiwald).

*Jakobs*, Günther: Rechtsgüterschutz? Zur Legitimation des Strafrechts, Paderborn 2012 (zit.: *Jakobs*, Rechtsgüterschutz?).

*Jansen*, Scarlett: Konsequenzen von Rechtsgüterkombinationen, ZIS 2019, S. 2–11 (zit.: *Jansen*, ZIS 2019).

*Jarass*, Hans D.: Rundfunkbegriff im Zeitalter des Internet. Zum Anwendungsbereich der Rundfunkfreiheit, des Rundfunkstaatsvertrags und des Mediendienste-Staatsvertrags, AfP 1998, S. 133–141 (zit.: *Jarass*, AfP 1998).

*Jarass/Pieroth*: Jarass, Hans D./Kment, Martin, Kommentar zum Grundgesetz für die Bundesrepublik Deutschland, 18. Aufl., München 2024 (zit.: *Bearbeiter:in*, in: Jarass/Pieroth).

*Jellinek*, Georg: Das System der subjektiven öffentlichen Rechte, 2. Aufl., Darmstadt 1963 (zit.: *Jellinek*, System der subjektiven öffentlichen Rechte).

*Jescheck*, Hans-Heinrich/*Weigend*, Thomas: Lehrbuch des Strafrechts: Allgemeiner Teil, 5. Aufl., Berlin 1996 (zit.: *Jescheck/Weigend*, Strafrecht AT).

*Jobst*, Simon: Konsequenzen einer unmittelbaren Grundrechtsbindung Privater, NJW 2020, S. 11–16 (zit.: *Jobst*, NJW 2020).

*Joecks*, Wolfgang/*Jäger*, Christian: Studienkommentar Strafgesetzbuch, 13. Aufl., München 2021 (zit.: *Joecks/Jäger*, Studienkommentar Strafgesetzbuch).

*Kahlo*, Michael: Das Problem des Pflichtwidrigkeitszusammenhanges bei den unechten Unterlassungsdelikten. Eine strafrechtlich-rechtsphilosophische Untersuchung zur Kausalität menschlichen Handelns und deren strafrechtlichem Begriff, Berlin 1990 (zit.: *Kahlo*, Das Problem des Pflichtwidrigkeitszusammenhanges).

*Kaiafa-Gbandi*, Maria: Ein Blick auf Brennpunkt der Entwicklung der deutschen Strafrechtsdogmatik vor der Jahrtausendwende aus der Sicht eines Mitglieds der griechischen Strafrechtswissenschaft, in: Eser/Hassemer/Burkhardt (Hrsg.), Die deutsche Strafrechtswissenschaft vor der Jahrtausendwende. Rückbesinnung und Ausblick, München 2000, S. 261–282 (zit.: *Kaiafa-Gbandi*, in: Die deutsche Strafrechtswissenschaft vor der Jahrtausendwende).

*Kalbhenn*, Jan: Medien- und wettbewerbsrechtliche Regulierung von Messenger-Diensten, ZUM 2022, S. 266–277 (zit.: *Kalbhenn*, ZUM 2022).

*Kant*, Immanuel: Band VI in Kants Werke: Die Religion innerhalb der Grenzen der bloßen Vernunft. Die Metaphysik der Sitten, Berlin 1968 (zit.: *Kant*, Die Metaphysik der Sitten).

*Kaspar*, Johannes: Verhältnismäßigkeit und Grundrechtsschutz im Präventionsstrafrecht, Baden-Baden 2014 (zit.: *Kaspar*, Verhältnismäßigkeit und Grundrechtsschutz).

*Katzer*, Catarina: Cybermobbing. Wenn das Internet zur W@ffe wird, Heidelberg 2014 (zit.: *Katzer*, Cybermobbing).

*Kaufmann*, Arthur: Zur Frage der Beleidigung von Kollektivpersönlichkeiten, ZStW 72 (1960), S. 418–445 (zit.: *Kaufmann*, ZStW 72 (1960)).

*Kaufmann*, Arthur: Unrecht und Schuld beim Delikt der Volltrunkenheit, JZ 1963, S. 425–433 (zit.: *Kaufmann*, JZ 1963).

*Keipi*, Teo/*Näsi*, Matti/*Oksanen*, Atte/*Räsänen*, Pekka: Online Hate and Harmful Content: Cross-national perspectives, London 2017 (zit.: *Keipi/Näsi/Oksanen/Räsänen*, Online Hate and Harmful Content).

*Keizer*, Kees/*Lindenberg*, Siegwart/*Steg*, Linda: The Spreading of Disorder, Science 2008, S. 1681–1685 (zit.: *Keizer/Lindenberg/Steg*, Science 2008).

*Kelling*, George L./*Wilson*, James Q.: Broken Windows. The police and neighborhood safety, The Atlantic 1982 (zit.: *Kelling/Wilson*, The Atlantic 1982).

*Kellner*, Anna: Die Regulierung der Meinungsmacht von Internetintermediären, Baden-Baden 2019 (zit.: *Kellner*, Die Regulierung der Meinungsmacht von Internetintermediären).

*Kern*, Eduard: Die Äußerungsdelikte, Tübingen 1919 (zit.: *Kern*, Die Äußerungsdelikte).

*Keuschnigg*, Marc/*Wolbring*, Tobias: Disorder, social capital, and norm violation: Three field experiments on the broken windows thesis, Rationality and Society 2015, S. 96–126 (zit.: *Keuschnigg/Wolbring*, Rationality and Society 2015).

*Kim*, Jae-Joon: Umweltstrafrecht in der Risikogesellschaft. Ein Beitrag zum Umgang mit abstrakten Gefährdungsdelikten, Göttingen 2004 (zit.: *Kim*, Umweltstrafrecht in der Risikogesellschaft).

*Kindhäuser*, Urs: Gefährdung als Straftat: Rechtstheoretische Untersuchungen zur Dogmatik der abstrakten und konkreten Gefährdungsdelikte, Frankfurt am Main 1989 (zit.: *Kindhäuser*, Gefährdung als Straftat).

*Kindhäuser*, Urs: Zur Legitimität der abstrakten Gefährdungsdelikte im Wirtschaftsstrafrecht, in: Schünemann/González (Hrsg.), Bausteine des europäischen Wirtschaftsstrafrechts. Madrid-Symposium für Klaus Tiedemann, Köln 1994, S. 125–134 (zit.: *Kindhäuser*, in: Madrid-Symposium).

*Kindhäuser*, Urs: Straf-Recht und ultima-ratio-Prinzip, ZStW 129 (2017), S. 382–389 (zit.: *Kindhäuser*, ZStW 129 (2017)).

*Kindhäuser*, Urs/*Zimmermann*, Till: Strafrecht Allgemeiner Teil, 9. Aufl., Baden-Baden 2020 (zit.: *Kindhäuser/Zimmermann*, Strafrecht AT).

*Kingreen*, Thorsten/*Poscher*, Ralf: Grundrechte. Staatsrecht II, 40. Aufl., Heidelberg 2024 (zit.: *Kingreen/Poscher*, Grundrechte).

*Klaßen*, Anja/*Geschke*, Daniel: #Hass im Netz. Wahrnehmung, Betroffenheit und Folgen von Hate Speech im Internet aus Sicht der Thüringer Bevölkerung, 2019, abrufbar unter: https://www.idz-jena.de/fileadmin/user_upload/IDZ_Sonderheft_Hate_Speech_WEB.pdf (letzter Abruf: 04.03.2025) (zit.: *Klaßen/Geschke*, #Hass im Netz. Wahrnehmung).

*Klahre*, Johannes: Mobbing und Cybermobbing. Phänomenologische Betrachtung und strafrechtliche Analyse psychischer Gewalt de lege lata sowie de lege ferenda, Berlin 2024 (zit.: *Klahre*, Mobbing und Cybermobbing).

*Kloepfer*, Michael: Verfassungsrecht. 1: Grundlagen, Staatsorganisationsrecht, Bezüge zum Völker- und Europarecht, München 2011 (zit.: *Kloepfer*, Verfassungsrecht I).

*Knauer*, Florian: Der Schutz der Psyche im Strafrecht, Tübingen 2013 (zit.: *Knauer*, Der Schutz der Psyche im Strafrecht).

*Koch*, Joerg/*Heidrich*, Michael: Die Nutzer im Netz zwischen Einfluss und Ohnmacht, MMR 2020, S. 581–586 (zit.: *Koch/Heidrich*, MMR 2020).

*Koch-Priewe*, Barbara: Hate Speech thematisieren: (K)eine Aufgabe für eine liberale öffentliche Allgemeinbildung?! Reflexionen zu zwölf Unterrichtsbeispielen aus Japan und Deutschland, in: Wachs/Koch-Priewe/Zick (Hrsg.), Hate Speech – Multidisziplinäre Analysen und Handlungsoptionen, Wiesbaden 2021, S. 191–226 (zit.: *Koch-Priewe*, in: Hate Speech).

*Köhler*, Michael: Freiheitliches Rechtsprinzip und Betäubungsmittelstrafrecht, ZStW 104 (1992), S. 3–64 (zit.: *Köhler*, ZStW 104 (1992)).

*Kompetenznetzwerke gegen Hass im Netz*: Lauter Hass – leiser Rückzug. Wie Hass im Netz den demokratischen Diskurs bedroht. Ergebnisse einer repräsentativen Befragung, 2024, abrufbar unter: https://kompetenznetzwerk-hass-im-netz.de/wp-content/uploads/2024/02/Studie_Lauter-Hass-leiser-Rueckzug.pdf (letzter Abruf: 04.03.2025) (zit.: *Kompetenznetzwerke gegen Hass im Netz*, Lauter Hass – leiser Rückzug).

*König*, Eberhard: Die Teletexte. Versuch einer verfassungsrechtlichen Einordnung, München 1980 (zit.: *König*, Die Teletexte).

*Koriath*, Heinz: Zum Streit um den Begriff des Rechtsguts, GA 1999, S. 561–583 (zit.: *Koriath*, GA 1999).

*Kratzsch*, Dietrich: Verhaltenssteuerung und Organisation im Strafrecht. Ansätze zur Reform des strafrechtlichen Unrechtsbegriffs und der Regeln der Gesetzesanwendung, Berlin 1985 (zit.: *Kratzsch*, Verhaltenssteuerung und Organisation).

*Krell*, Paul: Zur Legitimität von Kumulationsdelikten, in: Satzger/von Maltitz (Hrsg.), Klimastrafrecht. Die Rolle von Verbots- und Sanktionsnormen im Klimaschutz, Baden-Baden 2024, S. 139–162 (zit.: *Krell*, in: Klimastrafrecht).

*Krischker*, Sven: „Gefällt mir", „Geteilt", „Beleidigt"? – Die Internetbeleidigung in sozialen Netzwerken, JA 2013, S. 488–493 (zit.: *Krischker*, JA 2013).

*Krischker*, Sven: Das Internetstrafrecht vor neuen Herausforderungen, Berlin 2014 (zit.: *Krischker*, Das Internetstrafrecht vor neuen Herausforderungen).

*Krüger*, Matthias: Die Entmaterialisierungstendenz beim Rechtsgutsbegriff, Berlin 2000 (zit.: *Krüger*, Die Entmaterialisierungstendenz beim Rechtsgutsbegriff).

*Krümpelmann*, Justus: Die Bagatelldelikte. Untersuchungen zum Verbrechen als Steigerungsbegriff, Berlin 1966 (zit.: *Krümpelmann*, Die Bagatelldelikte).

*Kube*, Hanno: Neue Medien – Internet, in: Isensee/Kirchhof (Hrsg.), Handbuch des Staatsrechts der Bundesrepublik Deutschland Band IV: Aufgaben des Staates, 3. Aufl., Heidelberg 2003 (zit.: *Kube*, in: Handbuch des Staatsrechts IV).

*Kubiciel*, Michael: Kriminalpolitik und Strafrechtswissenschaft, JZ 2018, S. 171–179 (zit.: *Kubiciel*, JZ 2018).

*Kubiciel*, Michael: Die Renaissance der Ehrschutzdelikte – Das Maßnahmenpaket der Bundesregierung zur Bekämpfung von Hasskriminalität und die Initiativen der Bundesländer, jurisPR-StrafR 2019 (zit.: *Kubiciel*, jurisPR-StrafR 2019).

*Kubiciel*, Michael: Hate Speech und Äußerungsstrafrecht. Der Regierungsentwurf zur Hasskriminalität und die bayerische Initiative zur Modernisierung der Beleidigungsdelikte, Augsburger Papier zur Kriminalpolitik 2020, S. 1–13 (zit.: *Kubiciel*, Augsburger Papier zur Kriminalpolitik 2020).

*Kubiciel*, Michael/*Weigend*, Thomas: Maßstäbe wissenschaftlicher Strafgesetzgebungskritik, KriPoZ 2019, S. 35–40 (zit.: *Kubiciel/Weigend*, KriPoZ 2019).

*Kubiciel*, Michael/*Winter*, Thomas: Globalisierungsfluten und Strafbarkeitsinseln – Ein Plädoyer für die Abschaffung des strafrechtlichen Ehrenschutzes, ZStW 113 (2001), S. 305–333 (zit.: *Kubiciel/Winter*, ZStW 113 (2001)).

*Kudlich*, Hans: Grundrechtsorientierte Auslegung im Strafrecht, JZ 2003, S. 127–133 (zit.: *Kudlich*, JZ 2003).

*Kudlich*, Hans: Erlaubt ist nicht alles, was gefällt... – Das Inzestverbot vor dem Bundesverfassungsgericht. Verfassungsmäßigkeit des strafbewehrten Inzestverbotes in § 173 II 2 StGB (Beischlaf zwischen leiblichen Geschwistern), JA 2008, S. 549–551 (zit.: *Kudlich*, JA 2008).

*Kudlich*, Hans: Die Relevanz der Rechtsgutstheorie im modernen Verfassungsstaat, ZStW 127 (2015), S. 635–653 (zit.: *Kudlich*, ZStW 127 (2015)).

*Kühl*, Kristian: Strafrecht, Allgemeiner Teil, 8. Aufl., München 2017 (zit.: *Kühl*, Strafrecht AT).

*Kuhlen*, Lothar: Der Handlungserfolg der strafbaren Gewässerverunreinigung (§ 324 StGB), GA 1986, S. 389–408 (zit.: *Kuhlen*, GA 1986).

*Kuhlen*, Lothar: Umweltstrafrecht – auf der Suche nach einer neuen Dogmatik, ZStW 105 (1993), S. 697–726 (zit.: *Kuhlen*, ZStW 105 (1993)).

*Künast*, Renate: Regeln für Wahlkämpfe im digitalen Zeitalter. Echte Transparenz im Netz herstellen, ZRP 2019, S. 62–65 (zit.: *Künast*, ZRP 2019).

*Kunz*, Karl-Ludwig: Das strafrechtliche Bagatellprinzip. Eine strafrechtsdogmatische und kriminalpolitische Untersuchung, Berlin 1984 (zit.: *Kunz*, Das strafrechtliche Bagatellprinzip).

*Küper*, Wilfried: Gefährdung als Erfolgsqualifikation, NJW 1976, S. 543–546 (zit.: *Küper*, NJW 1976).

*Küpper*, Georg: Grundprobleme der Beleidigungsdelikte, §§ 185 ff. StGB, JA 1985, S. 453–462 (zit.: *Küpper*, JA 1985).

*Küpper*, Georg: Strafrechtlicher Ehrenschutz und politische Meinungsäußerungen, ZRP 1991, S. 249–250 (zit.: *Küpper*, ZRP 1991).

*Lackner*, Karl: Strafgesetzbuch mit Erläuterungen, 15. Aufl., München 1983 (zit.: *Lackner*, StGB, 15. Aufl.).

*Lackner*, Karl/*Kühl*, Kristian/*Heger*, Martin: Strafgesetzbuch: Kommentar, 30. Aufl., München 2023 (zit.: *Bearbeiter:in*, in: Lackner/Kühl/Heger).

*Ladeur*, Karl-Heinz/*Gostomzyk*, Tobias: Gutachten zur Verfassungsmäßigkeit des Entwurfs eines Gesetzes zur Verbesserung der Rechtsdurchsetzung in sozialen Netzwerken (Netzwerkdurchsetzungsgesetz – NetzDG) i.d.F. vom 16. Mai 2017 – BT-Drs. 18/12356, 2017 (zit.: *Ladeur/Gostomzyk*, Gutachten zur Verfassungsmäßigkeit des NetzDG-E).

*Lagodny*, Otto: Strafrecht vor den Schranken der Grundrechte: Die Ermächtigung zum strafrechtlichen Vorwurf im Lichte der Grundrechtsdogmatik, dargestellt am Beispiel der Vorfeldkriminalisierung, Tübingen 1996 (zit.: *Lagodny*, Strafrecht vor den Schranken der Grundrechte).

*Lammich*, Theodor: Fake News als Herausforderung des deutschen Strafrechts, Berlin 2022 (zit.: *Lammich*, Fake News als Herausforderung des deutschen Strafrechts).

*Lampe*, Ernst-Joachim: Das personale Unrecht, Berlin 1967 (zit.: *Lampe*, Das personale Unrecht).

*Landesanstalt für Medien NRW*: Hate Speech und Diskussionsbeteiligung im Internet – Zentrale Untersuchungsergebnisse der Hate Speech-Sonderstudie, 2019, abrufbar unter: https://www.medienanstalt-nrw.de/fileadmin/user_upload/lfm-nrw/Service/Veranstaltungen_und_Preise/Ergebnisbericht_Hate_Speech_Sonderstudie_LFMNRW.pdf (letzter Abruf: 04.03.2025) (zit.: *Landesanstalt für Medien NRW*, Hate Speech und Diskussionsbeteiligung im Internet 2019).

*Landesanstalt für Medien NRW*: Hate Speech Forsa-Studie 2023, zentrale Untersuchungsergebnisse, abrufbar unter: https://www.medienanstalt-nrw.de/fileadmin/user_upload/Neue-Website_0120/Themen/Hass/forsa_LFMNRW_Hassrede2023_Praesentation.pdf (letzter Abruf: 04.03.2025) (zit.: *Landesanstalt für Medien NRW*, Hate Speech Forsa-Studie 2023).

*Lang*, Andrej: Netzwerkdurchsetzungsgesetz und Meinungsfreiheit. Zur Regulierung privater Internet-Intermediäre bei der Bekämpfung von Hassrede, AöR 2018, S. 220–250 (zit.: *Lang*, AöR 2018).

*Lang*, Heinrich/*Wilms*, Heinrich: Grundrechte, 2. Aufl., Stuttgart 2020 (zit.: *Lang/Wilms*, Grundrechte).

*Lange*, Richard: Zur Strafbarkeit von Personenverbänden, JZ 1952, S. 261–264 (zit.: *Lange*, JZ 1952).

*Lantwin*, Tobias: Strafrechtliche Bekämpfung missbräuchlicher Deep Fakes. Geltendes Recht und möglicher Regelungsbedarf, MMR 2020, S. 78–82 (zit.: *Lantwin*, MMR 2020).

*Leeser*, Marcel: Die Beleidigung der Renate Künast. Können Bezeichnungen wie „Drecks Fotze", „du altes grünes Drecksschwein" oder „Sie alte perverse Drecksau" durch einen sachlichen Zusammenhang legitimiert sein?, IPRB 2020, S. 166–172 (zit.: *Leeser*, IPRB 2020).

*Legner*, Sarah: Der Digital Services Act – Ein neuer Grundstein der Digitalregulierung, ZUM 2024, S. 99–111 (zit.: *Legner*, ZUM 2024).

Leipziger Kommentar Band 1: §§ 1–18 StGB, Cirener, Gabriele/Radtke, Henning/Rissing-van Saan, Ruth/Rönnau, Thomas/Schluckebier, Wilhelm (Hrsg.), 13. Aufl., Berlin 2020 (zit.: *Bearbeiter:in*, in: LK).

Leipziger Kommentar Band 4: §§ 38–55 StGB, Cirener, Gabriele/Radtke, Henning/Rissing-van Saan, Ruth/Rönnau, Thomas/Schluckebier, Wilhelm (Hrsg.), 13. Aufl., Berlin 2020 (zit.: *Bearbeiter:in*, in: LK).

Leipziger Kommentar Band 10: §§ 174–210 StGB, Cirener, Gabriele/Radtke, Henning/Rissing-van Saan, Ruth/Rönnau, Thomas/Schluckebier, Wilhelm (Hrsg.), 13. Aufl., Berlin 2023 (zit.: *Bearbeiter:in*, in: LK).

Leipziger Kommentar Band 11: §§ 211–231 StGB, Cirener, Gabriele/Radtke, Henning/Rissing-van Saan, Ruth/Rönnau, Thomas/Schluckebier, Wilhelm (Hrsg.), 13. Aufl., Berlin 2023 (zit.: *Bearbeiter:in*, in: LK).

Leipziger Kommentar Band 12: §§ 232–241a StGB, Cirener, Gabriele/Radtke, Henning/Rissing-van Saan, Ruth/Rönnau, Thomas/Schluckebier, Wilhelm (Hrsg.), 13. Aufl., Berlin 2023 (zit.: *Bearbeiter:in*, in: LK).

Leipziger Kommentar Band 18: §§ 323a–330d StGB, Cirener, Gabriele/Radtke, Henning/Rissing-van Saan, Ruth/Rönnau, Thomas/Schluckebier, Wilhelm (Hrsg.), 13. Aufl., Berlin 2022 (zit.: *Bearbeiter:in*, in: LK).

Leipziger Kommentar Band 19: §§ 331–358 StGB, Cirener, Gabriele/Radtke, Henning/Rissing-van Saan, Ruth/Rönnau, Thomas/Schluckebier, Wilhelm (Hrsg.), 13. Aufl., Berlin 2024 (zit.: *Bearbeiter:in*, in: LK).

*Lembke*, Ulrike/*Liebscher*, Doris: Postkategoriales Antidiskriminierungsrecht? – Oder: Wie kommen Konzepte der Intersektionalität in die Rechtsdogmatik?, in: Philipp/Meier/Apostolovski/Starl/Schmidlechner (Hrsg.), Intersektionelle Benachteiligung und Diskriminierung. Soziale Realitäten und Rechtspraxis, Baden-Baden 2014 (zit.: *Lembke/Liebscher*, in: Intersektionelle Benachteiligung und Diskriminierung).

*Leonetti*, Dario/*Werner*, Alexander: Zur Übertragbarkeit etablierter Erklärungsansätze auf den digitalen Raum, Kriminalistik 2021, S. 651–657 (zit.: *Leonetti/Werner*, Kriminalistik 2021).

*Leopoldina, Deutsche Akademie der Naturforscher Leopoldina/acatech, Deutsche Akademie der Technikwissenschaften e. V./Union der deutschen Akademien der Wissenschaften*: Digitalisierung und Demokratie, Halle 2021 (zit.: *Leopoldina/acatech/Union der deutschen Akademien der Wissenschaften*, Digitalisierung und Demokratie).

*Liesching*, Marc: Die Durchsetzung von Verfassungs- und Europarecht gegen das NetzDG, MMR 2018, S. 26–30 (zit.: *Liesching*, MMR 2018).

*Liesching*, Marc/*Funke*, Chantal/*Hermann*, Alexander/*Kneschke*, Christin/*Michnick*, Carolin/*Nguyen*, Linh/*Prüßner*, Johanna/*Rudolph*, Sarah/*Zschammer*, Vivieen: Das NetzDG in der praktischen Anwendung: Eine Teilevaluation des Netzwerkdurchsetzungsgesetzes, Berlin 2021 (zit.: *Liesching et al.*, Das NetzDG in der praktischen Anwendung).

*Löber*, Lena Isabell/*Roßnagel*, Alexander: Das Netzwerkdurchsetzungsgesetz in der Umsetzung, MMR 2019, S. 71–76 (zit.: *Löber/Roßnagel*, MMR 2019).

*Loos*, Fritz: Zum „Rechtsgut" der Bestechungsdelikte, in: Stratenwerth/Kaufmann/Geilen/Hirsch/Schreiber/Jakobs/Loos (Hrsg.), Festschrift für Hans Welzel zum 70. Geburtstag am 25. März 1974, Berlin 1974, S. 879–895 (zit.: *Loos*, in: FS Welzel).

Löwe-Rosenberg: Die Strafprozessordnung und das Gerichtsverfassungsgesetz: Band 9/2 §§ 373b–406l StPO, Becker, Jörg-Peter/Erb, Volker/Esser, Robert/Graalmann-Scheerer, Kirsten/Hilger, Hans/Ignor, Alexander (Hrsg.), 27. Aufl., Berlin 2022 (zit.: *Bearbeiter:in*, in: Löwe-Rosenberg).

*Lüdemann*, Jörn: Grundrechtliche Vorgaben für die Löschung von Beiträgen in sozialen Netzwerken. Private Ordnung digitaler Kommunikation unter dem Grundgesetz, MMR 2019, S. 279–284 (zit.: *Lüdemann*, MMR 2019).

*Ludyga*, Hannes: Beseitigungs- und Unterlassungsanspruch gegen soziale Netzwerke wegen antisemitischer Inhalte, NJW 2024, S. 703–707 (zit.: *Ludyga*, NJW 2024).

*Maihofer*, Werner: Rechtsstaat und menschliche Würde, Frankfurt am Main 1968 (zit.: *Maihofer*, Rechtsstaat und menschliche Würde).

*von Mangoldt/Klein/Starck*: Huber, Peter M./Voßkuhle, Andreas (Hrsg.), Grundgesetz Kommentar Band 1: Präambel, Artikel 1–19, 7. Aufl., München 2018 (zit.: *Bearbeiter:in*, in: von Mangoldt/Klein/Starck).

*Martin*, Jörg: Strafbarkeit grenzüberschreitender Umweltbeeinträchtigungen. Zugleich ein Beitrag zur Gefährdungsdogmatik und zum Umweltvölkerrecht, Freiburg 1989 (zit.: *Martin*, Umweltbeeinträchtigungen).

*Martins*, Antonio: Der Begriff des Interesses und der demokratische Inhalt der personalen Rechtsgutslehre, ZStW 125 (2013), S. 234–258 (zit.: *Martins*, ZStW 125 (2013)).

*Marx*, Michael: Zur Definition des Begriffs „Rechtsgut", Köln 1972 (zit.: *Marx*, Definition des Begriffs „Rechtsgut").

*Matsuda*, Mari: Public Response to Racist Speech: Considering the Victim's Story, Michigan Law Review 1989, S. 2320–2381 (zit.: *Matsuda*, Michigan Law Review 1989).

*Matt*, Holger/*Renzikowski*, Joachim (Hrsg:), Strafgesetzbuch: Kommentar, 2. Aufl., München 2020 (zit.: *Bearbeiter:in*, in: Matt/Renzikowski).

*Maurach*, Reinhart/*Schroeder*, Friedrich-Christian: Strafrecht, Besonderer Teil 1: Straftaten gegen Persönlichkeits- und Vermögenswerte, 6. Aufl., Heidelberg 1977 (zit.: *Maurach/Schroeder*, Strafrecht BT 1).

*Maurach*, Reinhart/*Schroeder*, Friedrich-Christian/*Maiwald*, Manfred/*Hoyer*, Andreas/*Momsen*, Carsten: Straftaten gegen Persönlichkeits- und Vermögenswerte, 11. Aufl., Heidelberg 2019 (zit.: *Maurach et al.*, Straftaten gegen Persönlichkeits- und Vermögenswerte).

*Maurach*, Reinhart/*Zipf*, Heinz: Strafrecht Allgemeiner Teil. Teilband 1: Grundlehren des Strafrechts und Aufbau der Straftat, 8. Aufl., Heidelberg 1992 (zit.: *Maurach/Zipf*, Strafrecht AT 1).

*Maurer*, Johannes: Ein Gesetz gegen digitale Gewalt? Das Eckpunktepapier des BJM zwischen offenen Fragen und falschen Hoffnungen, NJOZ 2024, S. 257–263 (zit.: *Maurer*, NJOZ 2024).

*Mayen*, Thomas: Über die mittelbare Grundrechtsbindung Privater in Zeiten des Einflusses sozialer Netzwerke auf die öffentliche Kommunikation, ZHR 2018, S. 1–7 (zit.: *Mayen*, ZHR 2018).

*Mecklenburg*, Wilhelm: Internetfreiheit, ZUM 1997, S. 525–543 (zit.: *Mecklenburg*, ZUM 1997).

*Medienpädagogischer Forschungsverbund Südwest*: JIM Studie 2018 – Jugend, Information, Medien (zit.: *Medienpädagogischer Forschungsverbund Südwest*, JIM Studie 2018).

*Medienpädagogischer Forschungsverbund Südwest*: JIMPlus 2022 – Fake News und Hatespeech (zit.: *Medienpädagogischer Forschungsverbund Südwest*, JIMPlus Studie 2022).

*Meibauer*, Jörg: Hassrede – von der Sprache zur Politik, in: Meibauer (Hrsg.), Hassrede/Hate Speech. Interdisziplinäre Beiträge zu einer aktuellen Diskussion, Gießen 2013, S. 1–16 (zit.: *Meibauer*, in: Hate Speech. Interdisziplinäre Beiträge zu einer aktuellen Diskussion).

*Meier*, Bernd-Dieter: Kriminologie, 6. Aufl., München 2021 (zit.: *Meier*, Kriminologie).

*Meyer*, Andreas: Die Gefährlichkeitsdelikte. Ein Beitrag zur Dogmatik der „abstrakten Gefährdungsdelikte" unter besonderer Berücksichtigung des Verfassungsrechts, Münster 1992 (zit.: *Meyer*, Die Gefährlichkeitsdelikte).

*Meyer*, Stephan: Die Beeinträchtigung des subjektiven Sicherheitsgefühls als polizeiliche Gefahr?, in: Arndt/Betz/Farahat/Goldmann/Huber/Keil/Láncos/Schaefer/Smrkolj/Valta/Sucker (Hrsg.), Freiheit – Sicherheit – Öffentlichkeit, Baden-Baden 2009, S. 111–132 (zit.: *Meyer*, in: Freiheit – Sicherheit – Öffentlichkeit).

*Meyer-Goßner/Schmitt*: Strafprozessordnung mit GVG und Nebengesetzen, Schmitt, Bertram/Köhler, Marcus, 65. Aufl., München 2022 (zit.: *Bearbeiter:in*, in: Meyer-Goßner/Schmitt).

*Michael*, Lothar/*Morlok*, Martin: Grundrechte, 7. Aufl., Baden-Baden 2020 (zit.: *Michael/Morlok*, Grundrechte).

*Milker*, Jens: „Social-Bots" im Meinungskampf. Wie Maschinen die öffentliche Meinung beeinflussen und was wir dagegen unternehmen können, ZUM 2017, S. 216–222 (zit.: *Milker*, ZUM 2017).

*Mitsch*, Lukas: Soziale Netzwerke und der Paradigmenwechsel des öffentlichen Meinungsbildungsprozesses, DVBl 2019, S. 811–818 (zit.: *Mitsch*, DVBl 2019).

*Mitsch*, Wolfgang: Fahrlässige Tötung oder fahrlässige Beihilfe zum Totschlag?, ZJS 2011, S. 128–131 (zit.: *Mitsch*, ZJS 2011).

*Mitsch*, Wolfgang: Vorbereitung und Strafrecht, JURA 2013, S. 696–704 (zit.: *Mitsch*, JURA 2013).

*Mitsch*, Wolfgang: Maßstäbe für wissenschaftliche Strafgesetzgebungskritik. „Traditionelle" Maßstäbe, KriPoZ 2019, S. 29–34 (zit.: *Mitsch*, KriPoZ 2019).

*Mitsch*, Wolfgang: Die Strafbarkeitsvoraussetzungen des § 192a StGB, KriPoZ 2022, S. 398–403 (zit.: *Mitsch*, KriPoZ 2022).

*Möhrenschlager*, Manfred: Gewässerstrafrecht, in: Meinberg/Möhrenschlager/Link (Hrsg.), Umweltstrafrecht. Gesetzliche Grundlagen, verwaltungsrechtliche Zusammenhänge und praktische Anwendung, Düsseldorf 1989, S. 33–50 (zit.: *Möhrenschlager*, in: Umweltstrafrecht).

*Muckel*, Stefan: Grundrechtsberechtigung und Grundrechtsverpflichtung – Wer kann sich auf Grundrechte berufen und wer wird durch sie verpflichtet?, JA 2020, S. 411–417 (zit.: *Muckel*, JA 2020).

*Mühe*, Christiane: Mobbing am Arbeitsplatz – Strafbarkeitsrisiko oder Strafrechtslücke? Eine Betrachtung aus gegenwärtiger und zukunftsorientierter Perspektive, Berlin 2006 (zit.: *Mühe*, Mobbing am Arbeitsplatz).

*Müller*, Karsten/*Schwarz*, Carlo: Fanning the Flames of Hate: Social Media and Hate Crime, Journal of the European Economic Association 2021, S. 2131–2163 (zit.: *Müller/Schwarz*, Journal of the European Economic Association 2021).

*Müller-Franken*, Sebastian: Netzwerkdurchsetzungsgesetz: Selbstbehauptung des Rechts oder erster Schritt in die selbstregulierte Vorzensur? – Verfassungsrechtliche Fragen, AfP 2019, S. 1–14 (zit.: *Müller-Franken*, AfP 2019).

*Müller-Riemenschneider*, Severin: Anmerkung zu LG Frankfurt/M., Beschluss vom 14.5.2018 – 2-03 O 182/18, MMR 2018, S. 547–548 (zit.: *Müller-Riemenschneider*, MMR 2018).

*von Münch*, Ingo/*Kunig*, Philipp (Hrsg.): Grundgesetz Kommentar Band 1: Präambel bis Art. 69, 7. Aufl., München 2021 (zit.: *Bearbeiter:in*, in: von Münch/Künig).

Münchener Kommentar zum StGB Band 1: §§ 1–37 StGB, Erb, Volker/Schäfer, Jürgen (Hrsg.), 4. Aufl., München 2020 (zit.: *Bearbeiter:in*, in: MüKo StGB).

Münchener Kommentar zum StGB Band 2: §§ 38–79b StGB, Erb, Volker/Schäfer, Jürgen (Hrsg.), 4. Aufl., München 2020 (zit.: *Bearbeiter:in*, in: MüKo StGB).

Münchener Kommentar zum StGB Band 3: §§ 80–184k StGB, Erb, Volker/Schäfer, Jürgen (Hrsg.), 4. Aufl., München 2021 (zit.: *Bearbeiter:in*, in: MüKo StGB).

Münchener Kommentar zum StGB Band 4: §§ 185–262 StGB, Erb, Volker/Schäfer, Jürgen (Hrsg.), 4. Aufl., München 2021 (zit.: *Bearbeiter:in*, in: MüKo StGB).

Münchener Kommentar zum StGB Band 5: §§ 263–297 StGB, Erb, Volker/Schäfer, Jürgen (Hrsg.), 4. Aufl., München 2022 (zit.: *Bearbeiter:in*, in MüKo StGB).

Münchener Kommentar zum StGB Band 6: §§ 298–358 StGB, Erb, Volker/Schäfer, Jürgen (Hrsg.), 4. Aufl., München 2022 (zit.: *Bearbeiter:in*, in: MüKo StGB).

Münchener Kommentar zur Strafprozessordnung Band 2: §§ 151–332 StPO, Schneider, Hartmut (Hrsg.), 2. Aufl., München 2024 (zit.: *Bearbeiter:in*, in: MüKo StPO).

Münchener Kommentar zur Strafprozessordnung Band 3: §§ 333–500 StPO, Knauer, Christoph/Kudlich, Hans/Schneider, Hartmut (Hrsg.), 2. Aufl., München 2024 (zit.: *Bearbeiter:in*, in: MüKo StPO).

*Müssig*, Bernd J. A.: Schutz abstrakter Rechtsgüter und abstrakter Rechtsgüterschutz, Frankfurt am Main 1994 (zit.: *Müssig*, Schutz abstrakter Rechtsgüter und abstrakter Rechtsgüterschutz).

*Muttelsee*, Anna Bettina: Die Sicherung des Rechtsfriedens im Bereich der Privatklagedelikte. Analyse und Reformüberlegungen, Bonn 1991 (zit.: *Muttelsee*, Sicherung des Rechtsfriedens).

*Nelson*, Jacob/*Webster*, James: The Myth of Partisan Selective Exposure: A Portrait of the Online Political News Audience, Social Media + Society 2017, S. 1–13 (zit.: *Nelson/Webster*, Social Media + Society 2017).

*Nestler*, Nina: Praxiskommentar zu BGH, Beschl. v. 15.1.2015 – 4 StR 419/14 (LG Bielefeld), NStZ 2015, S. 396 (zit.: *Nestler*, NStZ 2015).

*Niggemann*, Sandra: Hasskriminalität in sozialen Netzwerken. Eine rechtliche Einordnung unter Berücksichtigung des Netzwerkdurchsetzungsgesetzes, Wiesbaden 2022 (zit.: *Niggemann*, Hasskriminalität in sozialen Netzwerken).

*Nisco*, Attilio: Psychische Integrität als strafrechtlich zu schützendes Rechtsgut. Systematische und rechtsvergleichende Anmerkungen, ZIS 2021, S. 1–10 (zit.: *Nisco*, ZIS 2021).

*Nolte*, Georg: Hate-Speech, Fake-News, das „Netzwerkdurchsetzungsgesetz" und Vielfaltsicherung durch Suchmaschinen. Vortrag auf dem interdisziplinären Symposium „Der Code als Gatekeeper: Vielfaltsicherung in Zeiten von Such- und Entscheidungsalgorithmen, Personalisierung und Fake-News" des Instituts für Urheber- und Medienrecht am 28.4.2017 in München, ZUM 2017, S. 552–565 (zit.: *Nolte*, ZUM 2017).

Nomos Kommentar: Strafgesetzbuch, Kindhäuser, Urs/Neumann, Ulfrid/Paeffgen, Hans-Ullrich/Saliger, Frank (Hrsg.), 6. Aufl., Baden-Baden 2023 (zit.: *Beurbeiter:in*, in: NK StGB).

*Nussbaum*, Maximilian: Die Beleidigung innerhalb sozialer Netzwerke – Zum Verhältnis von Äußerung und Weiterverbreitung ehrverletzender Werturteile de lege lata und lege ferenda, KriPoZ 2021, S. 215–222 (zit.: *Nussbaum*, KriPoZ 2021).

*Nussbaum*, Maximilian: Jenseits der Beleidigung unter Kollektivbezeichnung? – Überlegungen zur Verhetzenden Beleidigung gem. § 192a StGB, KriPoZ 2021, S. 335–342 (zit.: *Nussbaum*, KriPoZ 2021).

*Nyhan*, Brendan/*Reifler*, Jason: Displacing Misinformation about Events: An Experimental Test of Causal Corrections, Journal of Experimental Political Science Band 2 2015, S. 81–93 (zit.: *Nyhan/Reifler*, Journal of Experimental Political Science Band 2 2015).

*Oğlakcıoğlu*, Mustafa Temmuz: Haters gonna hate – and lawmakers hopefully gonna make something else, ZStW 132 (2020), S. 521–543 (zit.: *Oğlakcıoğlu*, ZStW 132 (2020)).

*Otto*, Harro: Persönlichkeitsschutz durch strafrechtlichen Schutz der Ehre, in: Evers/Friauf/Hanack/Reinhardt (Hrsg.), Persönlichkeit in der Demokratie: Festschrift für Erich Schwinge zum 70. Geburtstag, Köln 1973, S. 71–88 (zit.: *Otto*, in: FS Schwinge).

*Otto*, Harro: Anmerkung zu BVerfG, Beschluß vom 17.07.1984 – 1 BvR 816/82, NStZ 1985, S. 213–215 (zit.: *Otto*, NStZ 1985).

*Otto*, Harro: Kausalität und Zurechnung, in: Zaczyk/Köhler/Kahlo (Hrsg.), Festschrift für E. A. Wolff zum 70. Geburtstag am 1.10.1998, Berlin 1998, S. 395–416 (zit.: *Otto*, in: FS Wolff).

*Otto*, Harro: Die Unterbrechung des Zurechnungszusammenhangs als Problem der Verantwortungszuschreibung, in: Dölling (Hrsg.), Festschrift für Ernst-Joachim Lampe zum 70. Geburtstag, Berlin 2003, S. 491–514 (zit.: *Otto*, in: FS Lampe).

*Otto*, Harro: Grundkurs Strafrecht: Allgemeine Strafrechtslehre, 7. Aufl., Berlin 2004 (zit.: *Otto*, Strafrecht AT).

*Otto*, Harro: Grundkurs Strafrecht. Die einzelnen Delikte, 7. Aufl., Berlin 2005 (zit.: *Otto*, Grundkurs Strafrecht BT).

*Paal*, Boris P./*Hennemann*, Moritz: Meinungsbildung im digitalen Zeitalter. Regulierungsinstrumente für einen gefährdungsadäquaten Rechtsrahmen, JZ 2017, S. 642–651 (zit.: *Paal/Hennemann*, JZ 2017).

*Paal*, Boris P./*Hennemann*, Moritz: Meinungsvielfalt im Internet. Regulierungsoptionen in Ansehung von Algorithmen, Fake News und Social Bots, ZRP 2017, S. 76–79 (zit.: *Paal/Hennemann*, ZRP 2017).

*Panahi*, Tahireh: Gesetz gegen digitale Gewalt – auf Kollisionskurs mit dem DSA? Rechtliche Stellungnahme und Änderungsvorschläge zum BMJ-Eckpunktepapier, MMR 2023, S. 556–562 (zit.: *Panahi*, MMR 2023).

*Perron*, Walter: Tagungsbericht: Diskussionsbeiträge der Strafrechtslehrertagung 1987 in Salzburg, ZStW 99 (1987), S. 637–663 (zit.: *Perron*, ZStW 99 (1987)).

*Peukert*, Alexander: Gewährleistung der Meinungs- und Informationsfreiheit in sozialen Netzwerken, MMR 2018, S. 572–578 (zit.: *Peukert*, MMR 2018).

*Pille*, Jens-Ullrich: Meinungsmacht sozialer Netzwerke, Baden-Baden 2016 (zit.: *Pille*, Meinungsmacht sozialer Netzwerke).

Praxis der Strafzumessung: Gerhard Schäfer/Günther M. Sander/Gerhard van Gemmeren, 6. Aufl., München 2017 (zit.: *Bearbeiter:in*, in: Praxis der Strafzumessung).

*Preuß*, Tamina: Erforderlichkeit der Kriminalisierung des Cybermobbings – Sinnvolle Schließung einer Gesetzeslücke oder bloßes Symbolstrafrecht?, KriPoZ 2019, S. 97–104 (zit.: *Preuß*, KriPoZ 2019).

*Prittwitz*, Cornelius: Strafrecht als propria ratio, in: Heinrich/Jäger/Achenbach/Amelung/Bottke/Haffke/Schünemann/Wolter (Hrsg.), Strafrecht als Scientia Universalis. Festschrift für Claus Roxin zum 80. Geburtstag am 15. Mai 2011, Berlin 2011, S. 23–38 (zit.: *Prittwitz*, in: FS Roxin 2011).

*Puppe*, Ingeborg: Die Lehre von der objektiven Zurechnung und ihre Anwendung – Teil 1, ZJS 2008, S. 488–496 (zit.: *Puppe*, ZJS 2008).

*Puppe*, Ingeborg: Strafrecht Allgemeiner Teil: im Spiegel der Rechtsprechung, 5. Aufl., Baden-Baden 2023 (zit.: *Puppe*, Strafrecht AT).

*Puschke*, Jens: Legitimation, Grenzen und Dogmatik von Vorbereitungstatbeständen, Tübingen 2017 (zit.: *Puschke*, Legitimation, Grenzen und Dogmatik).

*Radtke*, Henning: Das Brandstrafrecht des 6. Strafrechtsreformgesetzes – eine Annäherung, ZStW 110 (1998), S. 848–883 (zit.: *Radtke*, ZStW 110 (1998)).

*Radtke*, Henning: Die Dogmatik der Brandstiftungsdelikte, Berlin 1998 (zit.: *Radtke*, Die Dogmatik der Brandstiftungsdelikte).

*Radtke*, Henning: Gefährlichkeit und Gefahr bei den Straßenverkehrsdelikten, in: Geisler/Kraatz/Kretschmer/Schneider/Sowada (Hrsg.), Festschrift für Klaus Geppert zum 70. Geburtstag am 10. März 2011, Berlin 2011, S. 461–478 (zit.: *Radtke*, in: FS Geppert).

*Raue*, Benjamin: Meinungsfreiheit in sozialen Netzwerken, JZ 2018, S. 961–970 (zit.: *Raue*, JZ 2018).

*Raue*, Benjamin: Die Regulierung von Hate Speech mit Mitteln des Zivilrechts. Zugleich eine Rechtfertigung der mittelbaren Drittwirkung der Grundrechte, JZ 2022, S. 232–240 (zit.: *Raue*, JZ 2022).

*Raue*, Benjamin/*Heesen*, Hendrik: Der Digital Services Act, NJW 2022, S. 3537–3543 (zit.: *Raue/Heesen*, NJW 2022).

*Reinbacher*, Tobias: Die Beleidigung im Internet – Der Regierungsentwurf eines Gesetzes zur Bekämpfung des Rechtsextremismus und der Hasskriminalität, NK 2020, S. 186–198 (zit.: *Reinbacher*, NK 2020).

*Reinbacher*, Tobias: Die „Weiterverbreitung" von Hate Speech in sozialen Medien – Fragen der Beteiligung an einer gemäß § 185 StGB strafbaren Beleidigung, JZ 2020, S. 558–563 (zit.: *Reinbacher*, JZ 2020).

*Rengier*, Rudolf: Das moderne Umweltstrafrecht im Spiegel der Rechtsprechung – Bilanz und Aufgaben, Konstanz 1992 (zit.: *Rengier*, Das moderne Umweltstrafrecht).

*Rengier*, Rudolf: Strafrecht: Allgemeiner Teil, 16. Aufl., München 2024 (zit.: *Rengier*, Strafrecht AT).

*Rengier*, Rudolf: Strafrecht: Besonderer Teil II. Delikte gegen die Person und die Allgemeinheit, 25. Aufl., München 2024 (zit.: *Rengier*, Strafrecht BT II).

*Renzikowski*, Joachim: Anmerkung zum Beschluß des BGH v. 04.09.1995 – 4 StR 471/95, JR 1997, S. 115–118 (zit.: *Renzikowski*, JR 1997).

*Renzikowski*, Joachim: Strafrecht in einer multikulturellen Gesellschaft, NJW 2014, S. 2539–2542 (zit.: *Renzikowski*, NJW 2014).

*Rettenberger*, Martin/*Leuschner*, Fredericke: Cyberkriminalität im Kontext von Partnerschaft, Sexualität und Peerbeziehungen: Zur Cyberkriminologie des digitalen sozialen Nahraums, Forensische Psychiatrie, Psychologie, Kriminologie 2020, S. 242–250 (zit.: *Rettenberger/Leuschner*, Forensische Psychiatrie, Psychologie, Kriminologie 2020).

*Reum*, Anika: Cybermobbing. Zur strafrechtlichen Relevanz der Schikane in den neuen Medien, Hamburg 2014 (zit.: *Reum*, Cybermobbing).

*Richter*, Christoph/*Geschke*, Daniel/*Klaßen*, Anja: Hass im Internet. Wie Hate Speech die Meinungsbildung junger Menschen bedroht, ZJJ 2020, S. 148–157 (zit.: *Richter/Geschke/Klaßen*, ZJJ 2020).

*Rieß*, Peter: Die Rechtsstellung des Verletzten im Strafverfahren. Gutachten C für den 55. Deutschen Juristentag, München 1984 (zit.: *Rieß*, Die Rechtsstellung des Verletzten im Strafverfahren).

*Ritze*, Klaus: Die „Sexualbeleidigung" nach § 185 StGB und das Verfassungsgebot „nulla poena sine lege", JZ 1989, S. 91–92 (zit.: *Ritze*, JZ 1989).

*Robert Koch Institut*: Psychische Gesundheit in Deutschland, 2021, abrufbar unter: https://edoc.rki.de/bitstream/handle/176904/9259/EBH_Bericht_Psyschiche_Gesundheit.pdf (letzter Abruf: 04.03.2024) (zit.: *Robert Koch Institut*, Psychische Gesundheit in Deutschland).

*Rogall*, Klaus: Gegenwartsprobleme des Umweltstrafrechts, Festschrift der Rechtswissenschaftlichen Fakultät zur 600-Jahr-Feier der Universität zu Köln, Köln 1988, S. 505–529 (zit.: *Rogall*, in: FS Universität Köln).

*Rönnau*, Thomas: Grundwissen – Strafrecht: Erfolgs- und Tätigkeitsdelikte, JuS 2010, S. 961–963 (zit.: *Rönnau*, JuS 2010).

*Roßnagel*, Alexander: Persönlichkeitsentfaltung zwischen Eigenverantwortung, gesellschaftlicher Selbstregulierung und staatlicher Regulierung, in: Bieber/Eifert/Groß/Lamla (Hrsg.), Soziale Netze in der digitalen Welt. Das Internet zwischen egalitärer Teilhabe und ökonomischer Macht, Frankfurt am Main 2009, S. 269–284 (zit.: *Roßnagel*, in: Soziale Netze in der digitalen Welt).

*Roxin*, Claus: Sinn und Grenzen staatlicher Strafe, JuS 1966, S. 377–387 (zit.: *Roxin*, JuS 1966).

*Roxin*, Claus: Strafrecht Allgemeiner Teil Band I: Grundlagen, der Aufbau der Verbrechenslehre, 4. Aufl., München 2006 (zit.: *Roxin*, Strafrecht AT I 4. Aufl.).

*Roxin*, Claus: Strafe und Strafzwecke in der Rechtsprechung des Bundesverfassungsgerichts, in: Hassemer/Kempf/Moccia (Hrsg.), In dubio pro libertate: Festschrift für Klaus Volk zum 65. Geburtstag, München 2009, S. 601–616 (zit.: *Roxin*, in: FS Volk).

*Roxin*, Claus: Zur Strafbarkeit des Geschwisterinzests, StV 2009, S. 544–550 (zit.: *Roxin*, StV 2009).

*Roxin*, Claus: Zur neueren Entwicklung der Rechtsgutsdebatte, in: Herzog/Neumann (Hrsg.), Festschrift für Winfried Hassemer, Heidelberg 2010, S. 573–597 (zit.: *Roxin*, in: FS Hassemer).

*Roxin*, Claus: Der gesetzgebungskritische Rechtsgutsbegriff, GA 2013, S. 433–453 (zit.: *Roxin*, GA 2013).

*Roxin*, Claus/*Greco*, Luís: Strafrecht Allgemeiner Teil Band I: Grundlagen, der Aufbau der Verbrechenslehre, 5. Aufl., München 2020 (zit.: *Roxin/Greco*, Strafrecht AT I).

*Rüdiger*, Thomas-Gabriel: Das Broken Web: Herausforderung für die Polizeipräsenz im digitalen Raum?, in: Rüdiger/Bayerl (Hrsg.), Digitale Polizeiarbeit. Herausforderungen und Chancen, Wiesbaden 2018, S. 259–300 (zit.: *Rüdiger*, in: Digitale Polizeiarbeit).

*Rüdiger*, Thomas-Gabriel: Polizei im digitalen Raum, APuZ Polizei 2019, S. 18–23 (zit.: *Rüdiger*, APuZ Polizei 2019).

*Rudolphi*, Hans-Joachim: Inhalt und Funktion des Handlungsunwertes im Rahmen der personalen Unrechtslehre, in: Schroeder/Zipf (Hrsg.), Festschrift für Reinhart Maurach zum 70. Geburtstag, Karlsruhe 1972, S. 51–74 (zit.: *Rudolphi*, in: FS Maurach).

*Rühs*, Christian: Gegen Personen des politischen Lebens gerichtete Beleidigung, üble Nachrede und Verleumdung: Welches Rechtsgut wird durch § 188 StGB geschützt?, ZIS 2022, S. 51–67 (zit.: *Rühs*, ZIS 2022).

*Ruppert*, Felix: Zur Vergeistigung der Körperverletzung – Schutz der Psyche auf Grundlage eines uferlosen Körperverletzungstatbestandes? Zugleich Besprechung von BGH, Beschl. v. 18. 08. 2015 – 3 StR 289/15, JR 2016, S. 686–693 (zit.: *Ruppert*, JR 2016).

*Saal*, Martin: Das Vortäuschen einer Straftat (§ 145d StGB) als abstraktes Gefährdungsdelikt, Berlin 1997 (zit.: *Saal*, Vortäuschen einer Straftat).

*Sachs*, Michael (Hrsg.): Grundgesetz: Kommentar, 9. Aufl., München 2021 (zit.: *Bearbeiter:in*, in: Sachs).

*Sahl*, Jan Christian/*Bielzer*, Nils: NetzDG 2.0 – Ein Update für weniger Hass im Netz, ZRP 2020, S. 2–5 (zit.: *Sahl/Bielzer*, ZRP 2020).

*Sajuntz*, Sascha: Die Entwicklung des Presse- und Äußerungsrechts im Jahr 2019, NJW 2020, S. 583–589 (zit.: *Sajuntz*, NJW 2020).

*Samson*, Erich: Kausalitäts- und Zurechnungsprobleme im Umweltstrafrecht, ZStW 99 (1987), S. 617–636 (zit.: *Samson*, ZStW 99 (1987)).

*Sánchez*, Jesús-María: Herausforderungen eines expandierenden Strafrechts, GA 2010, S. 307–322 (zit.: *Sánchez*, GA 2010).

*Satzger*, Helmut: Die Anwendung des deutschen Strafrechts auf grenzüberschreitende Gefährdungsdelikte, NStZ 1998, S. 112–117 (zit.: *Satzger*, NStZ 1998).

*Satzger*, Helmut/*Schluckebier*, Wilhelm/*Werner*, Raik (Hrsg.): Strafgesetzbuch Kommentar, 5. Aufl., Hürth 2021 (zit.: *Bearbeiter:in*, in: Satzger/Schluckebier/Widmaier).

*Schacky*, Susanne von: Das Privatklageverfahren und seine Berechtigung heute, München 1975 (zit.: *Schacky*, Das Privatklageverfahren).

*Schaffstein*, Friedrich: Das Verbrechen als Pflichtverletzung, Dahm (Hrsg.), Grundfragen der neuen Rechtswissenschaft, Berlin 1935, S. 108–142 (zit.: *Schaffstein*, in: Grundfragen der neuen Rechtswissenschaft).

*Schauf*, Michael: Entkriminalisierungsdiskussion und Aussöhnungsgedanke. Eine Würdigung des Privatklageverfahrens unter dem Aspekt der Entkriminalisierung der Bagatelldelikte, Karlsruhe 1983 (zit.: *Schauf*, Entkriminalisierungsdiskussion und Aussöhnungsgedanke).

*Schemmel*, Jakob: Soziale Netzwerke in der Demokratie des Grundgesetzes. Ein verfassungsrechtlicher Blick auf Empirie und Regelungsoptionen, DER STAAT 2018, S. 501–527 (zit.: *Schemmel*, DER STAAT 2018).

*Schewe*, Christoph S.: Das Sicherheitsgefühl und die Polizei: Darf die Polizei das Sicherheitsgefühl schützen?, Berlin 2009 (zit.: *Schewe*, Das Sicherheitsgefühl und die Polizei).

*Schiff*, Alexander: Schiff: Meinungsfreiheit in mediatisierten digitalen Räumen, MMR 2018, S. 366–371 (zit.: *Schiff*, MMR 2018).

*Schlaich*, Klaus/*Korioth*, Stefan: Das Bundesverfassungsgericht: Stellung, Verfahren, Entscheidungen, 12. Aufl., München 2021 (zit.: *Schlaich/Korioth*, Das Bundesverfassungsgericht).

*Schmidt*, Anja/*Witting*, Alexandra: Vorschlag für ein Gesetz zur Reform der Beleidigungsdelikte zur besseren Verfolgung von Hassrede und „Hate Storms", KriPoZ 2023, S. 190–198 (zit.: *Schmidt/Witting*, KriPoZ 2023).

*Schmidt*, Heiner Christian: Grundrechte als verfassungsunmittelbare Strafbefreiungsgründe. Zu Methode und Praxis der Verfassungseinwirkung auf das materielle Strafrecht, Baden-Baden 2008 (zit.: *Schmidt*, Grundrechte als verfassungsunmittelbare Strafbefreiungsgründe).

*Schmitt*, Josephine B.: Online-Hate Speech: Definition und Verbreitungsmotivationen aus psychologischer Perspektive, in: Kaspar/Gräßer/Riffi (Hrsg.), Online Hate Speech: Perspektiven auf eine neue Form des Hasses. Schriftenreihe zur digitalen Gesellschaft NRW, München 2017, S. 51–56 (zit.: *Schmitt*, in: Online-Hate Speech).

*Schmitt Glaeser*, Walter: Das Ansehen des Politikers als Problem des parlamentarischen Regierungssystems, ZRP 2000, S. 95–103 (zit.: *Schmitt Glaeser*, ZRP 2000).

*Schmoller*, Kurt: Fremdes Fehlverhalten im Kausalverlauf. Zugleich ein Beitrag zur fahrlässigen Beteiligung, in: Schmoller (Hrsg.), Festschrift für Otto Triffterer zum 65. Geburtstag, Wien 1996, S. 223–256 (zit.: *Schmoller*, in: FS Triffterer).

*Schneider*, Hans Joachim: Bedrohung durch Kriminalität – Neue Erkenntnisse der Viktimologie und der Vergleichenden Kriminologie, JURA 1996, S. 574–587 (zit.: *Schneider*, JURA 1996).

*Schneider*, Hans Joachim: Hass- und Vorurteilskriminalität (2.2), in: Schneider (Hrsg.), Internationales Handbuch der Kriminologie. Band 2: Besondere Probleme der Kriminologie, Berlin 2009, S. 297–338 (zit.: *Schneider*, in: Internationales Handbuch der Kriminologie Band 2).

*Schneider*, Hartmut: Das Inbrandsetzen gemischt genutzter Gebäude – BGH-Urt. v. 20.06.1986 – 1 StR 270/86, JURA 1988, S. 460–469 (zit.: *Schneider*, JURA 1988).

*Schneiders*, Monika/*Franke*, Karen: Kommunale Kriminalprävention: Bausteine zur kommunalen Sicherheitsvorsorge, Saarbrücken 2006 (zit.: *Schneiders/Franke*, Kommunale Kriminalprävention).

*Schoch*, Friedrich: Grundrechtsfähigkeit juristischer Personen, JURA 2001, S. 201–207 (zit.: *Schoch*, JURA 2001).

*Schöch*, Heinz: Die Rechtsstellung des Verletzten im Strafverfahren, NStZ 1984, S. 385–391 (zit.: *Schöch*, NStZ 1984).

*Schönke*, Adolf/*Schröder*, Horst (Begr.): Strafgesetzbuch: Kommentar, 30. Aufl., München 2019 (zit.: *Bearbeiter:in*, in: Schönke/Schröder).

*Schramm*, Edward: Über die Beleidigung von behinderten Menschen, in: Eser/Schittenhelm/Schumann (Hrsg.), Festschrift für Theodor Lenckner zum 70. Geburtstag, München 1998, S. 539–564 (zit.: *Schramm*, in: FS Lenckner).

*Schröder*, Horst: Abstrakt-konkrete Gefährdungsdelikte?, JZ 1967, S. 522–525 (zit.: *Schröder*, JZ 1967).

*Schroeder*, Friedrich-Christian: Die Bedrohung mit Verbrechen, in: Küper/Puppe/Tenckhoff (Hrsg.), Festschrift für Karl Lackner zum 70. Geburtstag am 18. Februar 1987, Berlin 1987, S. 665–675 (zit.: *Schroeder*, in: FS Lackner).

*Schubarth*, Martin: Grenzen der Strafbarkeit sexueller Zumutungen – OLG Hamburg vom 2.4.1980 – 1 Ss 12/80, JuS 1981, S. 726–728 (zit.: *Schubarth*, JuS 1981).

*Schulenburg*, Johanna: Dogmatische Zusammenhänge von Rechtsgut, Deliktsstruktur und objektiver Zurechnung, in: Hefendehl/von Hirsch/Wohlers (Hrsg.), Die Rechtsgutstheorie. Legitimationsbasis des Strafrechts oder dogmatisches Glasperlenspiel?, Baden-Baden 2003, S. 244–254 (zit.: *Schulenburg*, in: Die Rechtsgutstheorie).

*Schulte*, Philipp/*Kanz*, Kristina-Maria: Daumen hoch?! – Die Like-Funktion im sozialen Netzwerk Facebook aus strafrechtlicher Perspektive, ZJS 2013, S. 24–35 (zit.: *Schulte/Kanz*, ZJS 2013).

*Schulz*, Winfried: Medien und Wahlen, Wiesbaden 2015 (zit.: *Schulz*, Medien und Wahlen).

*Schulz*, Wolfgang: Von der Medienfreiheit zum Grundrechtsschutz für Intermediäre? Überlegungen zur Entwicklung der Gewährleistungsgehalte von Art. 5 Abs. 1 GG am Beispiel von Suchmaschinen, Computer und Recht 2008, S. 470–476 (zit.: *Schulz*, Computer und Recht 2008).

*Schünemann*, Bernd: Moderne Tendenzen in der Dogmatik der Fahrlässigkeits- und Gefährdungsdelikte, JA 1975, S. 787–798 (zit.: *Schünemann*, JA 1975).

*Schünemann*, Bernd: Über die objektive Zurechnung, GA 1999, S. 207–229 (zit.: *Schünemann*, GA 1999).

*Schünemann*, Bernd: Das Rechtsgüterschutzprinzip als Fluchtpunkt der verfassungsrechtlichen Grenzen der Straftatbestände und ihrer Interpretationen, in: Hefendehl/von Hirsch/Wohlers (Hrsg.), Die Rechtsgutstheorie. Legitimationsbasis des Strafrechts oder dogmatisches Glasperlenspiel?, Baden-Baden 2003, S. 133–154 (zit.: *Schünemann*, in: Die Rechtsgutstheorie).

*Schünemann*, Bernd: Rechtsgüterschutz, ultima ratio und Viktimodogmatik – von den unverrückbaren Grenzen des Strafrechts in einem liberalen Rechtsstaat, in: von Hirsch/Seelmann/Wohlers (Hrsg.), Mediating principles: Begrenzungsprinzipien bei der Strafbegründung, Baden-Baden 2006, S. 18–35 (zit.: *Schünemann*, in: Mediating principles).

*Schünemann*, Bernd: Vom schwindenden Beruf der Rechtswissenschaft unserer Zeit, speziell der Strafrechtswissenschaft, in: Hilgendorf/Schulze-Fielitz (Hrsg.), Selbstreflexion der Rechtswissenschaft, Tübingen 2015, S. 223–242 (zit.: *Schünemann*, in: Selbstreflexion der Rechtswissenschaft).

*Schünemann*, Bernd: Über Strafrecht im demokratischen Rechtsstaat, das unverzichtbare Rationalitätsniveau seiner Dogmatik und die vorgeblich progressive Rückschrittspropaganda, ZIS 2016, S. 654–671 (zit.: *Schünemann*, ZIS 2016).

*Schünemann*, Bernd: Versuch über die Begriffe von Verbrechen und Strafe, Rechtsgut und Deliktsstruktur, in: Saliger (Hrsg.), Rechtsstaatliches Strafrecht. Festschrift für Ulfrid Neumann zum 70. Geburtstag, Heidelberg 2017, S. 701–714 (zit.: *Schünemann*, in: FS Neumann).

*Schwarz*, Laura/*Heger*, Martin: Die verhetzende Beleidigung als neuer Straftatbestand zur Bekämpfung von Hasskriminalität. Eine kritische Betrachtung des § 192a StGB, ZStW 136 (2024), S. 57–102 (zit.: *Schwarz/Heger*, ZStW 136 (2024)).

*Schweiger*, Wolfgang: Der (des)informierte Bürger im Netz. Wie soziale Medien die Meinungsbildung verändern, Wiesbaden 2017 (zit.: *Schweiger*, Der (des)informierte Bürger im Netz).

*Schwenke*, Thomas: Nutzungsbedingungen sozialer Netzwerke und Onlineplattformen. Wirksamkeit der Rechteeinräumung an Nutzerdaten und nutzergenerierten Inhalten, WRP 2013, S. 37–41 (zit.: *Schwenke*, WRP 2013).

*Schwertberger*, Ulrike/*Rieger*, Diana: Hass und seine vielen Gesichter: Eine sozial- und kommunikationswissenschaftliche Einordnung von Hate Speech, in: Wachs/Koch-Priewe/Zick (Hrsg.), Hate Speech – Multidisziplinäre Analysen und Handlungsoptionen, Wiesbaden 2021, S. 53–80 (zit.: *Schwertberger/Rieger*, in: Hate Speech).

*Schwind*, Hans Dieter/*Ahlborn*, Wilfried/*Weiß*, Rüdiger: Empirische Kriminalgeographie – Bestandsaufnahme und Weiterführung am Beispiel von Bochum („Kriminalitätsatlas Bochum"), Wiesbaden 1978 (zit.: *Schwind/Ahlborn/Weiß*, Empirische Kriminalgeographie).

*Schwinge*, Erich: Teleologische Begriffsbildung im Strafrecht. Ein Beitrag zur strafrechtlichen Methodenlehre, Bonn 1930 (zit.: *Schwinge*, Teleologische Begriffsbildung).

*Seelmann*, Kurt: Atypische Zurechnungsstrukturen im Umweltstrafrecht, NJW 1990, S. 1257–1262 (zit.: *Seelmann*, NJW 1990).

*Seifert*, Ricarda Henriette: Hassrede in sozialen Netzwerken, Berlin 2024 (zit.: *Seifert*, Hassrede in sozialen Netzwerken).

*Sieber*, Ulrich: Legitimation und Grenzen von Gefährdungsdelikten im Vorfeld von terroristischer Gewalt – Eine Analyse der Vorfeldtatbestände im „Entwurf eines Gesetzes zur Verfolgung der Vorbereitung von schweren staatsgefährdenden Gewalttaten", NStZ 2009, S. 353–364 (zit.: *Sieber*, NStZ 2009).

*Sieber*, Ulrich/*Nolde*, Malaika: Sperrverfügungen im Internet: Nationale Rechtsdurchsetzung im globalen Cyberspace?, Berlin 2008 (zit.: *Sieber/Nolde*, Sperrverfügungen im Internet).

*Sigmund*, Julian: Strafrecht gegen Korruption im Sport? Erscheinungsformen des Match Fixing und Legitimation ihrer Kriminalisierung über die §§ 265c, 265d StGB, Baden-Baden 2021 (zit.: *Sigmund*, Strafrecht gegen Korruption im Sport?).

*Sina*, Peter: Die Dogmengeschichte des strafrechtlichen Begriffs „Rechtsgut", Basel 1962 (zit.: *Sina*, Dogmengeschichte).

*Singelnstein*, Tobias: Predictive Policing: Algorithmenbasierte Straftatprognosen zur vorausschauenden Kriminalintervention, NStZ 2018, S. 1–9 (zit.: *Singelnstein*, NStZ 2018).

*Singelnstein*, Tobias/*Kunz*, Karl-Ludwig: Kriminologie, 8. Aufl., Bern 2021 (zit.: *Singelnstein/Kunz*, Kriminologie).

*Smith*, Peter K./*Mahdavi*, Jess/*Carvalho*, Manuel/*Fischer*, Sonja/*Russel*, Shanette/*Tippett*, Neil: Cyberbullying: its nature and impact in secondary school pupils, Journal of Child Psychology and Psychiatry 2008, S. 376–385 (zit.: *Smith et al.*, Journal of Child Psychology and Psychiatry 2008).

*Spindler*, Gerald: Der Regierungsentwurf zum Netzwerkdurchsetzungsgesetz – europarechtswidrig?, ZUM 2017, S. 473–487 (zit.: *Spindler*, ZUM 2017).

*Spindler*, Gerald: Löschung und Sperrung von Inhalten aufgrund von Teilnahmebedingungen sozialer Netzwerke. Eine Untersuchung der zivil- und verfassungsrechtlichen Grundlagen, CR 2019, S. 238–247 (zit.: *Spindler*, CR 2019).

*Spindler*, Gerald/*Schuster*, Fabian (Hrsg.): Recht der elektronischen Medien, 4. Aufl., München 2019 (zit.: *Bearbeiter:in*, in: Spindler/Schuster).

*Sponholz*, Liriam: Der Begriff „Hate Speech" in der deutschsprachigen Forschung: eine empirische Begriffsanalyse, SWS-Rundschau 2020, S. 43–65 (zit.: *Sponholz*, SWS-Rundschau 2020).

*Sponholz*, Liriam: Digitaler Hass und Hatespeech: Eine begriffliche Einordnung, in: Hoven (Hrsg.), Das Phänomen „Digitaler Hass", Baden-Baden 2023, S. 17–36 (zit.: *Sponholz*, in: Das Phänomen „Digitaler Hass").

*Stächelin*, Gregor: Strafgesetzgebung im Verfassungsstaat. Normative und empirische materielle und prozedurale Aspekte der Legitimation unter Berücksichtigung neuerer Strafgesetzgebungspraxis, Berlin 1998 (zit.: *Stächelin*, Strafgesetzgebung im Verfassungsstaat).

*Stadler*, Tobias: Die Lebensleistung des Täters als Strafzumessungserwägung. Zugleich ein Beitrag zu den Grundlagen des Strafzumessungsrechts, Tübingen 2019 (zit.: *Stadler*, Die Lebensleistung des Täters als Strafzumessungserwägung).

*Stark*, Birgit/*Magin*, Melanie/*Jürgens*, Pascal: Ganz meine Meinung? Informationsintermediäre und Meinungsbildung – Eine Mehrmethodenstudie am Beispiel von Facebook, Düsseldorf 2017 (zit.: *Stark/Magin/Jürgens*, Ganz meine Meinung?).

*Stark*, Birgit/*Magin*, Melanie/*Jürgens*, Pascal: Maßlos überschätzt. Ein Überblick über theoretische Annahmen und empirische Befunde zu Filterblasen und Echokammern, in: Blum/Eisenegger/Ettinger/Prinzing (Hrsg.), Digitaler Strukturwandel der Öffentlichkeit. Historische Verortung, Modelle und Konsequenzen, Wiesbaden 2021, S. 303–322 (zit.: *Stark/Magin/Jurgens*, in: Ein Überblick über Filterblasen und Echokammern).

*Stegbauer*, Christian: Shitstorms: der Zusammenprall digitaler Kulturen, Wiesbaden 2018 (zit.: *Stegbauer*, Shitstorms).

*Steinbach*, Armin: Meinungsfreiheit im postfaktischen Umfeld, JZ 2017, S. 653–661 (zit.: *Steinbach*, JZ 2017).

*Steinberg*, Georg: Psychische Verletzung mit Todesfolge, JZ 2009, S. 1053–1060 (zit.: *Steinberg*, JZ 2009).

*Steinberg*, Georg: Strafe für das Versetzen in Todesangst: Psychische Gesundheit als strafrechtliches Rechtsgut, Baden-Baden 2014 (zit.: *Steinberg*, Strafe für das Versetzen in Todesangst).

*Steinl*, Leonie/*Schemmel*, Jakob: Der strafrechtliche Schutz vor Hassrede im Internet. Jüngste Reformen im Lichte des Verfassungsrechts, GA 2021, S. 86–100 (zit.: *Steinl/Schemmel*, GA 2021).

*Stern*, Klaus: Das Staatsrecht der Bundesrepublik Deutschland, Band III/1: Allgemeine Lehren der Grundrechte, München 1988 (zit.: *Stern*, Staatsrecht Band III/1).

*Stern*, Klaus: Idee und Elemente eines Systems der Grundrechte, in: Isensee/Kirchhof (Hrsg.), Handbuch des Staatsrechts der Bundesrepublik Deutschland Band IX: Allgemeine Grundrechtslehren, 3. Aufl., Heidelberg 2011 (zit.: *Stern*, in: Handbuch des Staatsrechts IX).

*Sternberg-Lieben*, Detlev: Rechtsgut, Verhältnismäßigkeit und die Freiheit des Strafgesetzgebers, in: Hefendehl/von Hirsch/Wohlers (Hrsg.), Die Rechtsgutstheorie. Legitimationsbasis des Strafrechts oder dogmatisches Glasperlenspiel?, Baden-Baden 2003, S. 65–82 (zit.: *Sternberg-Lieben*, in: Die Rechtsgutstheorie).

*Sternberg-Lieben*, Detlev: Die Sinnhaftigkeit eines gesetzgebungskritischen Rechtsgutsbegriffs – exemplifiziert am Beispiel der Beschimpfung religiöser Bekenntnisse, in: Stuckenberg/Gärditz/Paeffgen (Hrsg.), Strafe und Prozess im freiheitlichen Rechtsstaat: Festschrift für Hans-Ullrich Paeffgen zum 70. Geburtstag am 2. Juli 2015, Berlin 2015, S. 31–48 (zit.: *Sternberg-Lieben*, in: FS Paeffgen).

*Stratenwerth*, Günter: Strafrechtliche Unternehmenshaftung?, in: Geppert/Bohnert/Rengier (Hrsg.), Festschrift für Rudolf Schmitt zum 70. Geburtstag, Tübingen 1992, S. 295–307 (zit.: *Stratenwerth*, in: FS Schmitt 1992).

*Stratenwerth*, Günter: Zum Begriff des „Rechtsgutes", in: Eser/Schittenhelm/Schumann (Hrsg.), Festschrift für Theodor Lenckner zum 70. Geburtstag, München 1998, S. 377–391 (zit.: *Stratenwerth*, in: FS Lenckner).

*Struth*, Anna Katharina: Hassrede und Freiheit der Meinungsäußerung, Berlin 2019 (zit.: *Struth*, Hassrede und Freiheit der Meinungsäußerung).

*Stuckenberg*, Carl-Friedrich: Grundrechtsdogmatik statt Rechtsgutslehre. Bemerkungen zum Verhältnis von Strafe und Staat, GA 2011, S. 653–661 (zit.: *Stuckenberg*, GA 2011).

*Stuckenberg*, Carl-Friedrich: Rechtsgüterschutz als Grundvoraussetzung von Strafbarkeit?, ZStW 129 (2017), S. 349–362 (zit.: *Stuckenberg*, ZStW 129 (2017)).

*Stuckenberg*, Carl-Friedrich: Grenzen der Grenzen des Strafrechts?, ZStW 135 (2023), S. 904–946 (zit.: *Stuckenberg*, ZStW 135 (2023)).

Systematischer Kommentar zum Strafgesetzbuch Band I: §§ 1–37 StGB, Wolter (Hrsg.), 10. Aufl., Köln 2025 (zit.: *Bearbeiter:in*, in: SK StGB).

Systematischer Kommentar zum Strafgesetzbuch Band IV: §§ 174–241a StGB, Wolter/Hoyer (Hrsg.), 10. Aufl., Köln 2024 (zit.: *Bearbeiter:in*, in: SK StGB).

Systematischer Kommentar zum Strafgesetzbuch Band VI: §§ 303–358 StGB, Wolter/Hoyer (Hrsg.), 10. Aufl., Köln 2023 (zit.: *Bearbeiter:in*, in: SK StGB).

Systematischer Kommentar zur Strafprozessordnung Band VIII: §§ 374–500 StPO, Wolter (Hrsg.), 5. Aufl., Köln 2020 (zit.: *Bearbeiter:in*, in: SK StPO).

*Tassis*, Melina: Die Kommentierung von Statusmeldungen in sozialen Netzwerken aus strafrechtlicher Perspektive, Baden-Baden 2020 (zit.: *Tassis*, Die Kommentierung von Statusmeldungen in sozialen Netzwerken).

*Tenckhoff*, Jörg: Die Bedeutung des Ehrbegriffs für die Systematik der Beleidigungstatbestände, Berlin 1974 (zit.: *Tenckhoff*, Die Bedeutung des Ehrbegriffs).

*Tenckhoff*, Jörg: Grundfälle zum Beleidigungsrecht, JuS 1988, S. 457–460 (zit.: *Tenckhoff*, JuS 1988).

*Tettinger*, Peter J.: Der Schutz der persönlichen Ehre im freien Meinungskampf, JZ 1983, S. 317–325 (zit.: *Tettinger*, JZ 1983).

*Thüringer Landesmedienanstalt*: Schwerpunktanalyse der Medienanstalten 2017 zu rechtsextremen Webangeboten im lokalen und regionalen Raum, in: Die Medienanstalten (Hrsg.), Der Ton wird härter. Hass, Mobbing und Extremismus. Maßnahmen, Projekte und Forderungen aus Sicht der Landesmedienanstalten, Berlin 2019, S. 100–107 (zit.: *Thüringer Landesmedienanstalt*, in: Der Ton wird härter).

*Thurn*, John Philipp: Eugenik und Moralschutz durch Strafrecht? Verfassungsrechtliche Anmerkungen zur Inzestverbotsentscheidung des Bundesverfassungsgerichts, KJ 2009, S. 74–83 (zit.: *Thurn*, KJ 2009).

*Tiedemann*, Klaus: Tatbestandsfunktionen im Nebenstrafrecht. Untersuchungen zu einem rechtsstaatlichen Tatbestandsbegriff, entwickelt am Problem des Wirtschaftsstrafrechts, Tübingen 1969 (zit.: *Tiedemann*, Tatbestandsfunktionen).

*Trendelenburg*, Cornelius: Ultima ratio? Subsidiaritätswissenschaftliche Antworten am Beispiel der Strafbarkeit von Insiderhandel und Firmenbestattungen, Frankfurt am Main 2011 (zit.: *Trendelenburg*, Ultima ratio?).

*Tröndle*, Herbert: Strafgesetzbuch und Nebengesetze, 43. Aufl., München 1986 (zit.: *Tröndle*, StGB 43. Aufl.).

*Tschorr*, Sophie: Wenn der Staat Fake News verbreitet, ZfDR 2021, S. 381–393 (zit.: *Tschorr*, ZfDR 2021).

*Unger*, Simone: Parteien und Politiker in sozialen Netzwerken: Moderne Wahlkampfkommunikation bei der Bundestagswahl 2009, Wiesbaden 2012 (zit.: *Unger*, Parteien und Politiker in sozialen Netzwerken).

*Valerius*, Brian: Hasskriminalität – Vergleichende Analyse unter Einschluss der deutschen Rechtslage, ZStW 132 (2020), S. 666–689 (zit.: *Valerius*, ZStW 132 (2020)).

*Valerius*, Brian: Das geplante „Gesetz gegen digitale Gewalt", ZRP 2023, S. 142–144 (zit.: *Valerius*, ZRP 2023).

*Valerius*, Brian: Digitaler Hass. Anlass für eine Reform des Beleidigungsstrafrechts?, KriPoZ 2023, S. 242–248 (zit.: *Valerius*, KriPoZ 2023).

*Varol*, Anur/*Ferrara*, Emilio/*Davis*, Clayton/*Menczer*, Filippo/*Flammini*, Alessandro: Online Human-Bot Interactions: Detection, Estimation, and Characterization, in: Association for the Advancement of Artificial Intelligence (Hrsg.), Proceedings of the Eleventh International AAAI Conference on Web and Social Media, Palo Alto 2017, S. 280–289 (zit.: *Varol et al.*, in: Proceedings of the Eleventh International AAAI Conference).

*Vergho*, Raphael: Der Maßstab der Verbrauchererwartung im Verbraucherschutzstrafrecht, Freiburg 2009 (zit.: *Vergho*, Der Maßstab der Verbrauchererwartung).

*Vitt*, Elmar: Tagungsbericht. Diskussionsbeiträge der Strafrechtslehrtagung 1993 in Basel, ZStW 105 (1993), S. 803–820 (zit.: *Vitt*, ZStW 105 (1993)).

*Volkmann*, Uwe: Staatsrecht II. Grundrechte, 3. Aufl., München 2020 (zit.: *Volkmann*, Staatsrecht II).

*Volkmann*, Viktor: Hate Speech durch Social Bots. Strafrechtliche Zurechnung von Volksverhetzungen gem. § 130 Abs. 1 StGB, MMR 2018, S. 58–63 (zit.: *Volkmann*, MMR 2018).

*Voskamp*, Friederike/*Kipker*, Dennis-Kenji: Virtueller Pranger Internet: „Shitstorm" und „Cybermobbing" als Bühne für die Meinungsfreiheit? – Providerpflichten nach der BGH-Rechtsprechung, DuD 2013, S. 787–790 (zit.: *Voskamp/Kipker*, DuD 2013).

*Wachenfeld*, Felix: Wasserrechtliches Minimierungsgebot und Gewässerstrafrecht, Frankfurt am Main 1993 (zit.: *Wachenfeld*, Wasserrechtliches Minimierungsverbot).

*Wachs*, Sebastian/*Gámez-Guadix*, Manuel/*Wright*, Michelle F.: Online Hate Speech Victimization and Depressive Symptoms Among Adolescents: The Protective Role of Resilience, Cyberpsychology, Behavior, and Social Networking 2022, S. 416–423 (zit.: *Wachs/Gámez-Guadix/Wright*, Cyberpsychology, Behavior, and Social Networking 2022).

*Wacquant*, Loïc: Bestrafen der Armen. Zur neoliberalen Regierung der sozialen Unsicherheit, 2. Aufl., Opladen 2013 (zit.: *Wacquant*, Bestrafen der Armen).

*Wagner*, Heinz: Beleidigung eines Kollektivs oder Sammelbeleidigung? – OLG Frankfurt, JuS 1978, S. 674–679 (zit.: *Wagner*, JuS 1978).

*Walter*, Tonio: § 298 StGB und die Lehre von den Deliktstypen, GA 2001, S. 131–141 (zit.: *Walter*, GA 2001).

*Weigend*, Thomas: Bewältigung von Beweisschwierigkeiten durch Ausdehnung des materiellen Strafrechts?, in: Schmoller (Hrsg.), Festschrift für Otto Triffterer zum 65. Geburtstag, Wien 1996, S. 695–712 (zit.: *Weigend*, in: FS Triffterer).

Weisser Ring: Die unterschwellige Gefahr. Hass und Hetze – Warum Hasskriminalität so gefährlich ist und was man dagegen tun kann, abrufbar unter: https://weisser-ring.de/sites/default/files/wr200_wr_broschuere_hass_und_hetze_rzdigital.pdf (letzter Abruf: 04.03.2025) (zit.: Weisser Ring, Hass und Hetze).

*Welzel*, Hans: Das Deutsche Strafrecht. Eine systematische Darstellung, 11. Aufl., Berlin 1969 (zit.: *Welzel*, Das Deutsche Strafrecht).

*Wenzel*, Karl Egbert/*Burkhardt*, Emanuel H./*Gamer*, Waldemar/*Pfeifer*, Karl-Nikolaus/*Strobl-Albeg*, Joachim von: Das Recht der Wort- und Bildberichterstattung: Handbuch des Äußerungsrechts, 6. Aufl., Köln 2018 (zit.: *Wenzel et al.*, Das Recht der Wort- und Bildberichterstattung).

*Wernicke*, Konrad: Das neue Wasserstrafrecht, NJW 1977, S. 1662–1668 (zit.: *Wernicke*, NJW 1977).

*Wessels*, Johannes/*Beulke*, Werner/*Satzger*, Helmut: Strafrecht Allgemeiner Teil, 54. Aufl., Heidelberg 2024 (zit.: *Wessels/Beulke/Satzger*, Strafrecht AT).

*Wickler*, Peter: Wertorientierungen in Unternehmen und gerichtlicher Mobbingschutz, DB 2002, S. 477–484 (zit.: *Wickler*, DB 2002).

*Wieczorek*, Mirko Andreas: I share Gossip – Kapituliert die Rechtsordnung vor dem virtuellen Pranger?, AfP 2012, S. 14–18 (zit.: *Wieczorek*, AfP 2012).

*Wimmers*, Jörg/*Heymann*, Britta: Zum Referentenentwurf eines Netzwerkdurchsetzungsgesetzes (NetzDG) – eine kritische Stellungnahme, AfP 2017, S. 93–102 (zit.: *Wimmers/Heymann*, AfP 2017).

*Wischmeyer*, Thomas: Grundrechtliche Bindung privater Plattformbetreiber unter dem EU Digital Services Act. Rechtsgutachten im Auftrag der Gesellschaft für Freiheitsrechte e. V., abrufbar unter: https://freiheitsrechte.org/uploads/publications/Digital/Grundrechte-im-Digitalen/Gutachten-Wischmeyer-Gesellschaft-fuer-Freiheitsrechte-2023-Grundrechtsbindung-unter-dem-Digital-Services-Act.pdf (letzter Abruf: 04.03.2025) (zit.: *Wischmeyer*, Grundrechtliche Bindung privater Plattformbetreiber).

*Wischmeyer*, Thomas/*Meißner*, Peter: Horizontalwirkung der Unionsgrundrechte – Folgen für den Digital Services Act, NJW 2023, S. 2673–2678 (zit.: *Wischmeyer/Meißner*, NJW 2023).

*Wissenschaftliche Dienste*: Ausarbeitung: Üble Nachrede und Verleumdung. Strafrechtliche Ahndung und zivilrechtliche Abwehr, WD 7 – 3000 – 216/13, 2013 (zit.: *Wissenschaftliche Dienste*, WD 7 – 3000 – 216/13).

*Wittig*, Petra: Die Aufrechterhaltung gesellschaftlicher Stabilität bei John Rawls, ZStW 107 (1995), S. 251–284 (zit.: *Wittig*, ZStW 107 (1995)).

*Wohlers*, Wolfgang: Deliktstypen des Präventionsstrafrechts – zur Dogmatik „moderner" Gefährdungsdelikte, Berlin 2000 (zit.: *Wohlers*, Deliktstypen).

*Wohlers*, Wolfgang: Rechtsgutstheorie und Deliktsstruktur, GA 2002, S. 15–20 (zit.: *Wohlers*, GA 2002).

*Wohlers*, Wolfgang: Die Güterschutzlehre Birnbaums und ihre Bedeutung für die heutige Rechtsgutstheorie, GA 2012, S. 600–606 (zit.: *Wohlers*, GA 2012).

*Wolfslast*, Gabriele: Psychotherapie in den Grenzen des Rechts, Stuttgart 1985 (zit.: *Wolfslast*, Psychotherapie in den Grenzen des Rechts).

*Wolter*, Jürgen: Objektive und personale Zurechnung von Verhalten, Gefahr und Verletzung in einem funktionalen Straftatsystem, Berlin 1981 (zit.: *Wolter*, Objektive und personale Zurechnung).

*Wolters*, Gereon: Anmerkung zu Urteil des BGH v. 15.09.1998 – 1 StR 290/98, JR 1999, S. 208–210 (zit.: *Wolters*, JR 1999).

*Zabel*, Benno: Die Grenzen des Tabuschutzes im Strafrecht. Zur Vereinbarkeit von § 173 Abs. 2 S. 2 StGB mit dem Grundgesetz – zugleich Besprechung des Beschlusses des BVerfG v. 26.02.2008, JR 2008, S. 453–457 (zit.: *Zabel*, JR 2008).

*Zaczyk*, Rainer: Das Unrecht der versuchten Tat, Berlin 1989 (zit.: *Zaczyk*, Das Unrecht der versuchten Tat).

*Zieschang*, Frank: Die Gefährdungsdelikte, Berlin 1998 (zit.: *Zieschang*, Die Gefährdungsdelikte).

*Zipf*, Heinz/*Gössel*, Karl H.: Strafrecht Allgemeiner Teil. Teilband I: Grundlehren des Strafrechts und Aufbau der Straftat, 8. Aufl., Heidelberg 1992 (zit.: *Zipf/Gössel*, Strafrecht AT I).

*Zopfs*, Jan/*Küper*, Wilfried: Strafrecht Besonderer Teil: Definitionen mit Erläuterungen, 11. Aufl., Heidelberg 2022 (zit.: *Zopfs/Küper*, Strafrecht BT).

*Zweig*, Katharina A./*Deussen*, Oliver/*Krafft*, Tobias D.: Algorithmen und Meinungsbildung. Eine grundlegende Einführung, Informatik-Spektrum 2017, S. 318–326 (zit.: *Zweig/Deussen/Krafft*, Informatik-Spektrum 2017).

*Zweigle*, Thiemo Alexander: Gesetzgeber im Konflikt zwischen Rechtsstaatlichkeit und Terrorismusbekämpfung: Eine Untersuchung zu § 89a Abs. 2a StGB, Baden-Baden 2020 (zit.: *Zweigle*, Gesetzgeber im Konflikt).

# Sachwortverzeichnis

Abstraktes Gefährdungsdelikt 164 ff., 195, 215, 243 f., 248

Beleidigung 80, 88 f., 180 ff.
Broken-Web-Theorie 99 ff.
Broken-Windows-Theorie 97 f., 207 ff.
Bundesverfassungsgericht
- Bisherige Abwägung Meinungsfreiheit 69
- Mai-Beschlüsse 70 ff.
- Mittelbare Drittwirkung 45 ff.
- Rechtsgut 121 ff.

Deliktsstruktur 157 ff., 176, 183 ff.
Deliktsstrukturtrias 160 ff.
Digital Service Act 23, 66

Echo-Kammer 25, 27, 41, 55, 100, 189, 239
Ehre
- Achtungsanspruch 88
- Begriff 83 ff.
- Geltungswert 84 ff.
- Intensivierung des Ehrangriffs 93 ff.
- Rechtsgut 141
- Schutz de lege ferenda 238, 257
- Schutz über § 185 StGB 184 ff., 207 ff.
- Weitere Ehrverletzungen des Adressierten 94, 186, 238
- Weitere Ehrverletzungen Dritter 207 ff., 242
Entkriminalisierung 219 ff.

Fake News 28 f.
Filterblasen 25, 27, 41, 55, 239
Folgen von Beleidigungen in sozialen Netzwerken 82 ff.
Funktionsfähigkeit demokratischer Institutionen
- Einordnung als Rechtsgut 145 ff.
- Erläuterung 104 ff.
- Schutz de lege ferenda 241, 257
- Schutz über § 188 StGB 213 ff.

Grundrechte
- Medienfreiheit 41 f.
- Meinungsfreiheit 40 f.
- Wirtschaftsgrundrechte 43

Hass im Netz
- Begriff 51 f.
- Formen 53
- Strafbarkeit 55 ff.
Hate Speech 52 f.

Individualrechtsgut 126 f., 133, 141 ff., 146, 148 ff., 155 f., 199, 209, 213 f., 241, 254

Kollektivrechtsgut
- Einordnung 143 ff., 145 ff.
- Nicht-Addition 132
- Nicht-Ausschließbarkeit 131 f.
- Nicht-Distributivität 131 f.
- Nicht-Rivalität 131 f.
- Scheinrechtsgut 133 ff.
Kommentieren 33, 60, 95, 247, 261
Konkretes Gefährdungsdelikt 162 ff., 176, 184 ff.
Kumulationsdelikt
- Anwendung zum Schutz der Ehre Dritter 209
- Anwendung zum Schutz der Funktionsfähigkeit demokratischer Institutionen 214
- Anwendung zum Schutz der Meinungsfreiheit 195 ff.
- Kumulations-Vorbereitungsdelikt 178, 210
- Kumulationsgedanke 169 ff.
Künast-Entscheidungen 69 f., 72

Likes/Liken 30, 33, 81, 96, 185, 204, 216, 261

Meinungsfreiheit
- Einordnung 101 f.

- Rechtsgut 142
- Schutz de lege ferenda 238 f., 257
- Schutz über § 185 StGB 190 ff.
- Silencing effect 101 f., 105, 142, 190 f., 211

Menschenwürde
- Einordnung 110
- Rechtsgut 155
- Schutz de lege ferenda 249 ff., 257
- Schutz über § 185 StGB 217

Mittelbare Drittwirkung 43 ff.

Netzwerkdurchsetzungsgesetz 37, 64 ff.

Öffentlicher Diskurs
- Erläuterung 103
- Rechtsgut 143 f.

PKS 73 ff., 79 f., 99, 203, 221
Politiker:innen 29 ff., 54, 60, 72, 104 ff., 145 ff., 211 ff., 241 f., 253
Psychische Gesundheit
- Einordnung 109
- Rechtsgut 152 ff.
- Schutz de lege ferenda 243 ff., 257
- Schutz über § 185 StGB 216

Qualifikationen des § 185 StGB
- Ausgestaltung de lege ferenda 237 f.
- Mittels einer Tätlichkeit 227, 231 ff., 237
- Öffentlich 225, 231 ff., 237

- Verbreiten eines Inhaltes 226, 231 ff., 237
- Versammlung 225, 231 ff., 237

Reale Gewalt 107
Rechtsgut
- Legitimation 117
- Systemimmanenter Rechtsgutsbegriff 113
- Systemkritischer Rechtsgutsbegriff 114 ff.
- Verhältnismäßigkeitsgrundsatz 138 f.

Sicherheitsgefühl
- Erläuterung 108
- Rechtsgut 148 ff.

Soziale Netzwerke 22 ff.

Teilen 24, 30, 94 f., 185 ff., 208, 216, 234, 239
Transparenz-Berichte 76 ff.

Umfrageergebnisse 78 f., 102, 104 f., 109 f.
Unrecht
- Erfolgsunrecht 230, 233
- Handlungsunrecht 228 f., 231

Verletzungsdelikt 161, 191 ff., 208 f., 215, 243 ff.
Vorbereitungsdelikt 175, 178 ff.

Wahlen 29 f.

Yeliz Bulut

# Strafbarkeit der Hassrede in Sozialen Netzwerken

Phänomenologische und strafrechtliche Betrachtung

Seit einiger Zeit lässt sich das Phänomen der Hassrede in sozialen Netzwerken vermehrt beobachten. Dass durch Hassrede in sozialen Netzwerken nicht nur das allgemeine Persönlichkeitsrecht der Betroffenen angegriffen wird, sondern auch gesamtgesellschaftliche Folgen wie etwa Verstummungseffekte drohen, hat auch der Gesetzgeber erkannt und in den letzten Jahren mit zahlreichen Gesetzesänderungen im Strafgesetzbuch und anderen Gesetzen reagiert. Die Arbeit nimmt das Phänomen der Hassrede in sozialen Netzwerken näher in den Blick und analysiert, ob das geltende Strafrecht dieses strafrechtlich erfassen und sanktionieren kann. Dabei wird insbesondere auch das im Jahr 2021 in Kraft getretene Gesetz zur Bekämpfung von Hasskriminalität und Rechtsextremismus einer näheren Betrachtung unterzogen und untersucht, ob es dem Gesetzgeber gelungen ist, sein selbst gestecktes Ziel – die bessere Erfassung und Sanktionierung von Hassrede in sozialen Netzwerken – zu erreichen.

Internetrecht und Digitale Gesellschaft, Band 68
509 Seiten, 2025
ISBN 978-3-428-19232-8, € 119,90
Titel auch als E-Book erhältlich.

www.duncker-humblot.de